二级建造师继续教育系列教材

城市桥梁建造技术与案例

主　　编　付　涛　蒋宁生

副 主 编　王　亮

参编人员　郑建树　宋明康　路　鹏

中国矿业大学出版社

·徐州·

内 容 提 要

为了帮助城市桥梁工程从业人员更新知识，提高基本理论和业务水平，规范管理和施工，培养和造就一批高素质、职业化的工程项目管理人才，我们组织编写了《城市桥梁建造技术与案例》一书，对近年来城市桥梁建设过程中所涌现的新技术、新工艺、新材料、新设备和新方法进行归纳总结，并介绍了部分具有代表性的桥梁工程施工案例，以供今后类似工程参考。本书共分8章，分别介绍了城市桥梁的主要形式与构造、城市桥梁的主要施工方法及相关案例。

本书可供从事桥梁工程施工、管理的技术人员学习和参考，也可作为大中专院校相关专业的教学参考用书。

图书在版编目(CIP)数据

城市桥梁建造技术与案例 / 付涛，蒋宁生主编.
徐州 ：中国矿业大学出版社，2019.10

ISBN 978-7-5646-1032-6

Ⅰ.①城… Ⅱ.①付… ②蒋… Ⅲ.①城市桥－桥梁工程－继续教育－教材 Ⅳ.①U448.15

中国版本图书馆CIP数据核字(2019)第203544号

书　　名　城市桥梁建造技术与案例
主　　编　付　涛　蒋宁生
责任编辑　吴学兵
出版发行　中国矿业大学出版社有限责任公司
（江苏省徐州市解放南路　邮编 221008）
营销热线　(0516)83884103　83885105
出版服务　(0516)83995789　83884920
网　　址　http://www.cumtp.com　**E-mail**:cumtpvip@cumtp.com
印　　刷　日照报业印刷有限公司
开　　本　787 mm×1092 mm　1/16　**印张** 21　**字数** 524 千字
版次印次　2019年10月第1版　2019年10月第1次印刷
定　　价　81.00元

出版说明

为了加强建设工程项目管理，提高工程项目总承包及施工管理专业技术人员素质，规范施工管理行为，保证工程质量和施工安全，根据《中华人民共和国建筑法》《建设工程质量管理条例》《建设工程安全生产管理条例》和国家有关执业资格考试制度的规定，2002 年中华人民共和国人事部和建设部联合颁发了《建造师执业资格制度暂行规定》(人发〔2002〕111 号)，对从事建设工程项目总承包及施工管理的专业技术人员实行建造师执业资格制度。

注册建造师是以专业技术为依托、以工程项目管理为主业的注册执业人士。依据中华人民共和国住房和城乡建设部令第 32 号修订的《注册建造师管理规定》(自 2016 年 10 月 20 日起施行)，按规定参加继续教育是注册建造师应履行的义务，也是申请延续注册的必要条件。注册建造师应通过继续教育，掌握工程建设相关法律法规、标准规范，增强职业道德和诚信守法意识，熟悉工程建设项目管理新方法、新技术，总结工作中的经验教训，不断提高综合素质和执业能力。

根据《山东省二级建造师继续教育管理暂行办法》，受山东省建设执业资格注册中心委托，本编委会组织具有较高理论水平和丰富实践经验的专家、学者，编写了"二级建造师继续教育系列教材"。在编纂过程中，我们坚持"以提高综合素质和执业能力为基础，以工程实例内容为主导"的编写原则，突出系统性、针对性、实践性和前瞻性，体现建设行业发展的新常态、新法规、新技术、新工艺、新材料等内容。本套教材共 15 册，分别为《建设工程新法律法规与案例分析》《建设工程质量管理》《建设工程信息化技术实务》《建筑工程新技术概论》《建设工程项目管理理论与实务》《工程建设标准强制性条文选编》《装配式建筑技术与管理》《城市轨道交通建造技术与案例》《城市桥梁建造技术与案例》《城市管道工程》《城市道路工程施工质量与安全管理》《安装工程新技术》《建筑机电工程新技术及应用》《智慧工地与绿色施工技术》《信息化技术在建筑电气施工中的应用》。本套教材既可作为二级建造师继续教育用书，也可作为建设单位、施工单位和建设类大中专院校的教学及参考用书。

本套教材的编写得到了山东省住房和城乡建设厅、清华大学、中国海洋大学、山东大学、山东建筑大学、青岛理工大学、山东交通学院、山东中英国际工程图书有限公司、山东中英国际建筑工程技术有限公司、中国矿业大学出版社等单位的大力支持，在此表示衷心的感谢。

本套教材虽经反复推敲核证，仍难免有疏漏之处，恳请广大读者提出宝贵意见。

二级建造师继续教育系列教材编委会

2019 年 8 月

前言

近年来，随着我国城市化进程的不断加快，城市交通基础设施建设的规模逐年扩大，城市桥梁作为城市交通基础设施中的重要组成部分，也获得了长足的发展，一大批城市桥梁相继建成。在此过程中，积累了大量的技术资料和宝贵的施工经验，涌现出了一大批新技术、新工艺、新材料、新设备和新方法。为了帮助城市桥梁工程从业人员更新知识，提高基本理论和业务水平，规范管理和施工，培养和造就一批高素质、职业化的工程项目管理人才，我们组织编写了《城市桥梁建造技术与案例》一书，对近年来城市桥梁建设过程中所涌现的新技术、新工艺、新材料、新设备和新方法进行归纳总结，并介绍了部分具有代表性的桥梁工程施工案例，以供今后类似工程参考。

本书共分8章，重点介绍了城市桥梁的主要形式与构造、城市桥梁的主要施工方法，以及各具代表性的桥梁工程项目施工案例，可供从事城市桥梁工程施工管理的技术人员学习和参考，也可作为大中专院校相关专业的教学参考用书。

本书在编写过程中，得到了山东省住房和城乡建设厅、山东省建筑工程管理局、山东建筑大学等单位的大力支持，在此表示感谢。同时本书还参考了大量的文献资料，在此也向这些资料的作者表示感谢。

由于编者水平所限，书中不当之处在所难免，恳请专家和读者提出宝贵意见。

编　者

2019年3月

目　录

第一章 概 述

桥梁是用来跨越障碍的构造物，它是铁路、公路和城市道路等庞大交通网络的重要组成部分。

桥梁的建设要经过规划、工程可行性研究、勘察设计和施工等几个阶段。施工是实现桥梁设计意图的过程，同时桥梁施工技术的发展，也为更好地实现桥梁设计意图提供了灵活多样的手段，为增大桥梁跨度、改善结构性能和线形及应用新材料提供了充分的条件。

第一节 桥梁施工技术的发展

桥梁施工技术水平与同时代的生产力发展水平是密不可分的。我国在桥梁建造技术上有着悠久的历史和辉煌的成就。据史料记载，在大约3 000年前的周朝，我国就已在宽阔的渭河上架设大型浮桥；隋朝、唐朝是我国古代桥梁的兴盛时期，在桥梁形式、结构构造方面有着很多创新，可谓“精心构思，丰富多姿”；而到了宋朝，桥梁数量大增，其跨越能力和功能又有所提高，造型则更加丰富。其中典型的桥梁有石家庄赵州桥、泉州洛阳桥和漳州江东桥等。

赵州桥采用纵向并列砌筑法，将大拱圈纵分为28圈，每圈由43块拱石组成，每块拱石质量在1 t左右，用石灰浆砌筑。为了提高拱圈的强度和整体性，在拱石表面凿有斜纹，在拱石的纵向间安放一对腰铁，在主拱跨中拱背上设置5根铁拉杆，并在拱顶石砌筑时采用刹尖方法使拱石挤压紧密。从赵州桥的施工技术来分析，不难看出古代工匠十分熟悉拱桥的受力特性，其施工技术完全符合现代科学的原理，这也是赵州桥能完好保存至今的一个重要原因。

泉州洛阳桥是濒临海湾的大石桥，始建于1053年。该桥全长834 m、宽7 m，有46个桥墩，气势极为壮观。在海湾上建造大桥最大的困难是桥梁基础，在当时尚无现代施工设备的条件下，在波涛汹涌的入海口，首创了现代称为筏形基础的桥基。这种桥梁基础的做法是沿桥中线满抛大石块，在稳固的石基上建造桥墩。值得称颂的是它不仅创造性地采用了抛石技术，还巧妙地用牡蛎使筏形基础加固成整体。洛阳桥的石梁共300余根，每根质量20～30 t，这么重的梁在当时采用“激浪以涨舟，悬机以弦牵”的方法架设，据分析就是利用潮汐的涨落控制船的高低位置，使石梁浮运、起落，并以“悬机”牵引就位。古代工匠仅用人工、简单工具和借助自然力量建造大桥，这也是现代浮运架桥的原始雏形。

漳州江东桥总长约284 m，最大的石梁长达23.7 m，沿宽度由3根石梁组成，每根宽1.7 m、高1.9 m，质量达200 t。如此巨大的石梁在当时是采用何种方法架设安装就位的，至今仍无从考证，足见我国古代桥梁建造技术的高超。

19世纪中期，钢材的出现使钢结构桥梁得到蓬勃发展。美国在19世纪50年代从法国引进近代悬索桥技术后，于19世纪70年代发明了“空中纺线法”编纺悬索桥主缆。而在现代的悬索桥建造中，则多采用工厂预制的平行钢丝束作为主缆，其架设方法更加简单、快速。

19 世纪末 20 世纪初，钢筋混凝土得到广泛应用，而钢筋混凝土拱桥在跨越能力、结构体系和主拱圈截面形式上均有很大的优势。法国著名工程师弗莱西奈经过 20 年的研究，于 1929 年发明了预应力混凝土技术，从此各种新颖的桥式结构不断涌现，相应的各种桥梁施工方法也应运而生。

悬臂施工法最早在联邦德国使用，特别是在 1952 年采用这种方法成功地建成了莱茵河上的沃伦姆斯 T 形刚构桥后，这种施工方法就迅速传播至全世界。悬臂施工法的出现使大跨度预应力混凝土桥梁得到迅猛发展。同时，在拱桥施工中引入悬臂施工法，打破了以往由于施工因素而使拱桥发展停滞不前的状况，为钢筋混凝土拱桥的发展开辟了广阔的前景，并且大大提高了拱桥的跨越能力。

20 世纪 50 年代末，预应力混凝土梁桥的顶推施工法问世，并于 1959 年首次在奥地利的阿格尔桥上成功应用。近年来，顶推施工法由于其施工安全、设备简单等优点，发展较快，从而又促使连续梁桥得到推广。目前，连续梁桥的连续长度已超过 1 000 m。

20 世纪 50 年代，世界上出现了第一座现代钢斜拉桥，到 60 年代，预应力混凝土斜拉桥便开始大量修建。60 年代后，又发明了逐孔施工法、转体施工法等技术。

20 世纪八九十年代，世界各国的桥梁建设事业方兴未艾，特别是大跨深水桥梁日益增多。这些大型桥梁的成功建造，极大地提高了桥梁施工技术水平。

未来的桥梁建设将更加注重新技术、新工艺、新材料、新设备和新方法等的应用。在与之相关的桥梁施工技术方面，则将不断创新各种施工方法和施工工艺，以适应桥梁结构在体系、跨径、材料和结构性能等方面的发展要求。

第二节　桥梁施工方法

一、桥梁施工方法概述

桥梁施工可分为基础施工、墩(台)施工和上部结构施工。桥梁常见的施工方法如图 1-1 所示。

(一) 桥梁基础施工

桥梁基础作为桥梁整体结构的一部分，其结构的可靠性影响着整体结构的力学性能发挥。基础形式和施工方法的选用要针对桥梁结构的特点和要求，并结合现场地形和地质条件、水文条件、气候条件、施工条件、技术设备和工期等因素统筹考虑。

桥梁基础的形式大致可以归纳为扩大基础、桩和管柱基础、沉井基础、组合基础和地下连续墙基础几大类。

桥梁基础工程由于处于地面以下或在水中，涉及水和岩土的问题，从而增加了它的复杂程度。桥梁基础的施工方法都是针对具体的结构形式，无统一的模式。

(二) 桥梁墩(台)施工

桥梁墩(台)按建筑材料不同可分为圬工墩(台)、混凝土墩(台)、钢筋混凝土墩(台)和预应力混凝土墩(台)等多种形式，按施工方法不同可分为石砌式墩(台)、就地浇筑式墩(台)和预制装配式墩(台)。

- 桥梁施工方法
  - 基础施工
    - 扩大基础
    - 桩和管柱基础
    - 沉井基础（大型重力式基础）
    - 组合基础
    - 地下连续墙基础
  - 墩(台)施工
    - 石砌式墩(台)
    - 就地浇筑式墩(台)
    - 预制装配式墩(台)
  - 上部结构施工
    - 按构件制作地点分
      - 就地浇筑法
      - 预制安装法
    - 按结构形成方式分
      - 以桥位为基准
        - 固定支架整体现浇施工法
        - 大型构件预制安装施工法
        - 提升施工法
      - 以桥墩为基准
        - 悬臂施工法
        - 转体施工法
      - 以桥轴端点为基准
        - 逐孔施工法
        - 顶推施工法
      - 以桥横向为基准 — 横移施工法

图 1-1 桥梁施工方法

(三) 桥梁上部结构施工

预应力混凝土的应用、桥梁类型丰富与跨径幅度的增加、构件生产的预制化、结构设计技术的进步、机械设备的发展等,促进了桥梁上部结构施工方法的发展,形成了多种多样的施工方法,如图 1-1 所示。

按桥梁构件制作地点分,桥梁施工方法可分为就地浇筑法和预制安装法。按结构形成方式分,桥梁施工方法可分为以桥位为基准的固定支架整体现浇施工法、大型构件预制安装施工法和提升施工法;以桥墩为基准的悬臂施工法和转体施工法;以桥轴端点为基准的逐孔施工法和顶推施工法;以桥横向为基准的横移施工法。针对某一具体桥梁结构,并不一定是严格地按照某一工法和结构形成顺序进行施工,有很多时候是多种施工方法的组合。

下面介绍几种主要的施工方法。

1. 固定支架整体现浇施工法

固定支架整体现浇施工法是在桥位处搭设支架,在支架上浇筑混凝土,待混凝土达到一定强度后拆除模板和支架(见图 1-2)。

固定支架整体现浇施工法无须预制场地,而且不需要大型起吊、运输设备,桥跨结构整体性好,无须做梁间或节间的连接工作。它的缺点主要是工期长,施工质量易受季节性气候的影响而不容易控制,对于预应力混凝土梁则受混凝土收缩、徐变的影响而产生较大的预应力损失,施工中的支架、模板耗用量大,施工费用高,搭设的支架影响排洪、通航,且施工期间可能受到洪水和漂流物的威胁。

图 1-2 固定支架整体现浇施工法

2. 大型构件预制安装施工法

大型构件预制安装施工法是在预制工厂或在运输方便的桥址附近设置预制场进行整孔主梁或大型主梁节段的预制，然后采用一定的架设方法进行安装、连接，形成桥体结构的施工方法（见图 1-3）。

图 1-3 大型构件预制安装施工法

这种方法的主要特点是：构件采用预制，有利于确保其质量；采用上、下部结构平行作业，可缩短现场施工工期，降低工程造价；主梁构件在安装时一般已有一定龄期，因此可减少由混凝土收缩、徐变引起的变形；对桥下通航能力的影响则视采用的架设方式而定。但该施工方法对起吊设备有较高的要求。

3. 逐孔施工法

逐孔施工法是中等跨径预应力混凝土连续梁的一种施工方法，它使用一套设备从桥梁的一端逐孔施工，直到对岸（见图 1-4）。该方法又可分为使用移动支架逐孔组拼预制节段施工法和移动模架逐孔现浇施工法。下面仅介绍常用的移动模架逐孔现浇施工法。

移动模架逐孔现浇施工法是使用移动式脚手架和装配式模板，在桥上逐孔浇筑施工。移动模架像一座设在桥孔上的活动预制场，随着施工进程不断移动，连续进行现浇施工。移动模架由承重梁、导梁、台车、桥墩托架和模架等构件组成。在箱形梁两侧各设置一根承重梁，用来支承模架和承受施工重力。承重梁的长度要大于桥梁跨径，浇筑混凝土时承重梁支

图 1-4 逐孔施工法

承在桥墩托架上。导梁主要用于运送承重梁和活动模架，当一孔梁的施工完成后便进行脱模卸架，由前方台车和后方台车在导梁和已完成的桥梁上面，将承重梁和活动模架运送至下一桥孔。承重梁就位后，再将导梁向前移动。

移动模架逐孔现浇施工法的主要特点是：无须设置地面支架，不影响通航和桥下交通，施工安全、可靠；有良好的施工环境，保证施工质量，一套模架可多次周转使用，具有在预制场生产的优点；机械化、自动化程度高，可节省劳动力、降低劳动强度。但该方法的设备投资大，施工准备和操作都较复杂。移动模架逐孔现浇施工法宜用于跨径小于 50 m 的多跨长桥。

4. 悬臂施工法

悬臂施工法是从桥梁墩（台）开始向跨中不断接长梁体构件（包括拼装和现浇构件）的悬出架桥法（见图 1-5）。悬臂施工法可分为平衡悬臂施工法和不平衡悬臂施工法，也可分为悬臂浇筑施工法和悬臂拼装施工法。

图 1-5 悬臂施工法

在梁式桥施工中悬臂施工法的主要特点是：桥梁在施工过程中，因墩、梁固接，在主梁上将产生负弯矩，桥墩也要承受由施工而产生的弯矩；对非墩、梁固接的预应力混凝土梁桥，在施工时应采取措施使墩、梁临时固接，因而在整个桥梁的施工过程中存在着结构体系转换。

悬臂浇筑施工简便，结构整体性好，施工中可不断调整位置；悬臂拼装施工速度快，桥梁上、下部结构可平行作业，但施工精度要求比较高。悬臂施工法可不用或少用支架，施工不影响通航或桥下交通，节省施工费用，降低工程造价。

5. 转体施工法

转体施工法是将桥梁构件先在桥位处岸边（或路边及适当位置）进行预制，待混凝土达到设计强度后旋转构件就位的施工方法（见图 1-6）。

图 1-6 转体施工法

在转体施工中，桥梁结构的支座位置一般设定为施工时的旋转支承和旋转轴，桥梁完工后，按设计要求改变支承情况。

转体施工法的主要特点是：可利用施工现场的地形安排预制构件的场地；施工期间不断航，不影响桥下交通；施工设备少，装置简单，容易制作和掌握；减少高空作业，施工工序简单，施工迅速。转体施工适合于单跨和三跨桥梁，可在深水、峡谷中建桥采用，同时也适用于平原区，以及用于城市跨线桥。

6. 顶推施工法

顶推施工法是在沿桥纵轴方向的台后设置预制场地，分节段预制，并用纵向预应力筋将预制节段与施工完成的梁段连成整体，然后通过顶推装置施力，将梁体向前顶推出预制场地，之后继续在预制场进行下一节段梁的预制，如此循环操作直至施工完成（见图 1-7）。

图 1-7 顶推施工法

顶推施工法的特点是:可运用简易的施工设备建造长大桥梁,施工费用低,施工平稳、无噪声,可在深水区、山谷和高桥墩上使用,也可在曲率相同的弯桥和坡桥上使用;主梁在固定场地分段预制,连续作业,便于施工管理,避免了高空作业,结构整体性好;主梁一般为等高度梁,对变坡度、变高度的多跨连续梁桥和夹有平曲线或竖曲线较长的桥均无法适应;顶推施工时,梁的受力状态变化很大,施工阶段梁的受力状态与运营时期的受力状态差别较大,因此在梁的截面设计和预应力钢束布置时,为同时满足施工与运营的要求,将需较大的用钢量。

7. 横移施工法

横移施工法是在待安置结构的位置旁预制该结构物,并横向移动该结构物,将它安置在规定的位置上。横移施工法的主要特点是:在整个操作期间,与该结构有关的支座位置保持不变,即没有改变桥梁的结构体系。在横移期间,以临时支座支承该结构的施工重量。

横移施工法多用于正常通车线路上的桥梁工程的换梁,也可与其他施工方法配合使用。

8. 提升施工法

提升施工法是一种采用竖向运动施工就位的方法,即在未来安置结构物下的地面上预制该结构物并把它提升就位。采用提升施工法时常选取整体结构,其结构重达数千吨。使用该方法的要求是:在未来安置的结构物下面需要有适宜的地面,拥有一定起重能力的提升设备,地基承载力需满足施工要求,被提升的结构应保持平衡。

二、施工方法的选择

选择桥梁的施工方法,需要充分考虑桥位的地形、地质和环境,以及安装方法的安全性、经济性和施工速度等因素。同时,桥梁的施工与设计有着十分密切的关系,对不同结构形式的桥梁所采用的施工方法可不同,对同种结构形式的桥梁也可采用不同的施工方法,桥梁运营阶段的受力状况取决于所选用的施工方法。故而,桥梁设计往往预先假定施工方法,并在设计上考虑施工全过程的受力状态。设计与施工是相互配合、相互制约的。

桥梁施工方法的选定,可依据下列条件综合考虑。

(1) 使用条件:桥梁的结构形式和规模、梁下空间的限制、平面场地的限制等。

(2) 施工条件:工期要求、机械设备要求、施工管理能力、材料供应情况、架设施工经验和施工经济核算等。

(3) 自然环境条件:地形如山区或平原、地质条件及软弱层状况、对河道的影响、运输线路的限制等。

(4) 社会环境影响:即施工现场环境的影响,包括景观、污染、架设孔下的障碍、道路交通的阻碍、公共道路的使用及建筑限界等。

表 1-1 列出了典型桥梁上部结构可供选择的主要施工方法。在实际桥梁施工中,根据可选用的施工设备,施工方法又可进行细分。

表 1-1　各种类型桥梁上部结构可选择的主要施工方法

施工方法	适用跨径/m	梁桥			刚架桥	拱桥			斜拉桥	悬索桥
		简支梁	悬臂梁	连续梁		圬工拱	标准及组合体系拱	桁架拱		
固定支架整体现浇施工法	20～60	√	√	√	√	√	√		√	
大型构件预制安装施工法	20～50	√	√	√	√		√	√	√	√
逐孔施工法	20～60	√	√	√	√					
悬臂施工法	50～320		√	√	√		√	√	√	
转体施工法	20～140		√	√	√		√	√	√	
顶推施工法	20～70			√	√				√	
横移施工法	30～100	√	√	√					√	
提升施工法	10～80	√	√	√			√			

第二章　城市桥梁主要形式与构造

第一节　城市桥梁的基本组成和分类

一、城市桥梁的基本组成

典型城市桥梁由四个基本部分组成，即上部结构、下部结构、支座和附属设施。如图2-1所示为一座桥梁的概貌。

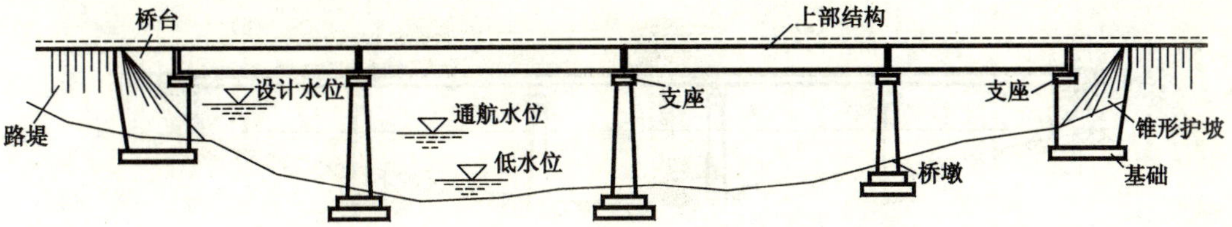

图 2-1　梁式桥概貌

上部结构是在线路中断时跨越障碍的主要承重结构，是桥梁支座以上跨越结构的总称。

下部结构包括桥墩、桥台和基础。

桥墩和桥台是支承上部结构并将其传来的恒载和车辆等活载再传至基础的结构物。通常设置在桥两端的称为桥台，设置在桥中间部分的称为桥墩。桥台除了上述作用外，还与路堤相衔接，并抵御路堤土压力，防止路堤填土的坍落。单孔桥只有两端的桥台，而没有中间的桥墩。

桥墩和桥台底部的奠基部分，称为基础，基础承担了从桥墩和桥台传来的全部荷载，这些荷载包括竖向荷载，以及地震力、水流冲刷力、船舶撞击墩身等引起的水平荷载。由于基础往往深埋于水下地基中，在桥梁施工中是难度较大的部分，也是确保桥梁安全的关键之一。

支座是设在墩(台)顶，用于支承上部结构的传力装置，它不仅要传递很大的荷载，并且要保证上部结构按设计要求能产生一定的变形。

桥梁的基本附属设施包括桥面系、伸缩缝、桥梁与路堤衔接处的桥头搭板和锥形护坡等。

二、城市桥梁的分类

(一) 按受力体系分类

城市桥梁按受力体系分，可分为梁式桥、拱式桥、刚构桥和斜拉桥等。

1. 梁式桥

梁式桥是一种在竖向荷载作用下无水平反力的结构，由于外力（恒载和活载）的作用方向与承重结构的轴线接近垂直，因而与同样跨径的其他结构体系相比，梁式桥内产生的弯矩最大，通常需用抗弯、抗拉能力强的材料（钢、配筋混凝土、钢-混凝土组合结构等）来建造。对于中、小跨径桥梁，目前在公路和城市桥梁上应用最广的是标准跨径的钢筋混凝土简支梁桥，施工方法有预制装配和现浇两种。这种梁式桥的结构简单，施工方便，简支梁对地基承载力的要求也不高，其常用跨径在 25 m 以下，当跨径较大时，需采用预应力混凝土简支梁桥，但跨度一般不超过 50 m。为了改善受力条件和使用性能，地质条件较好时，中、小跨径梁桥均可修建连续梁桥，对于很大跨径的大桥和特大桥，可采用预应力混凝土梁桥、钢桥和钢-混凝土组合梁桥。典型梁式桥形式如图 2-2 所示。

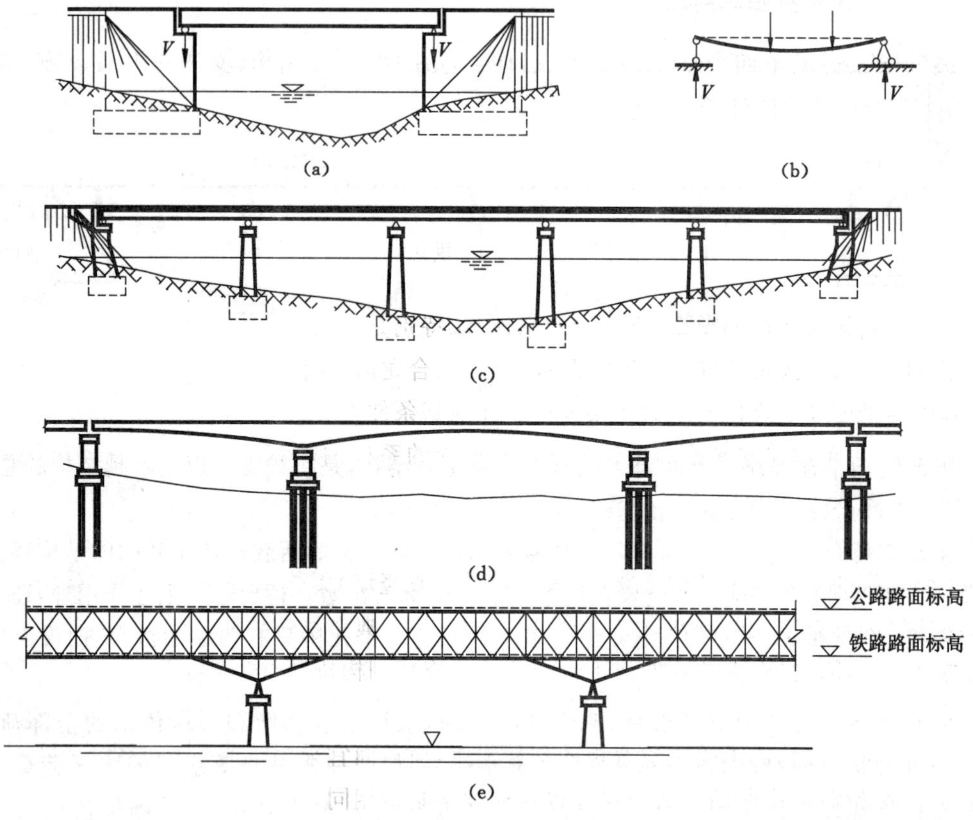

图 2-2　梁式桥

2. 拱式桥

拱式桥的主要承重结构是拱圈或拱肋。拱结构在竖向荷载作用下，桥墩和桥台将承受水平推力，根据作用力和反作用力原理，墩（台）向拱圈提供一对水平反力，水平反力将大大抵消在拱圈内由荷载所引起的弯矩。因此，与同跨径的梁式桥相比，拱式桥的弯矩、剪力和变形都要小得多。拱式桥的承重结构以受压为主，通常可用抗压能力强的圬工材料（如砖、石、混凝土）和钢筋混凝土等来建造。拱式桥不仅跨越能力强，而且外形酷似彩虹卧波，十分美观，在条件许可的情况下，修建拱式桥往往是经济合理的，一般在跨径 500 m 以内时它均可作为比选方案。

典型拱式桥形式如图 2-3 所示。

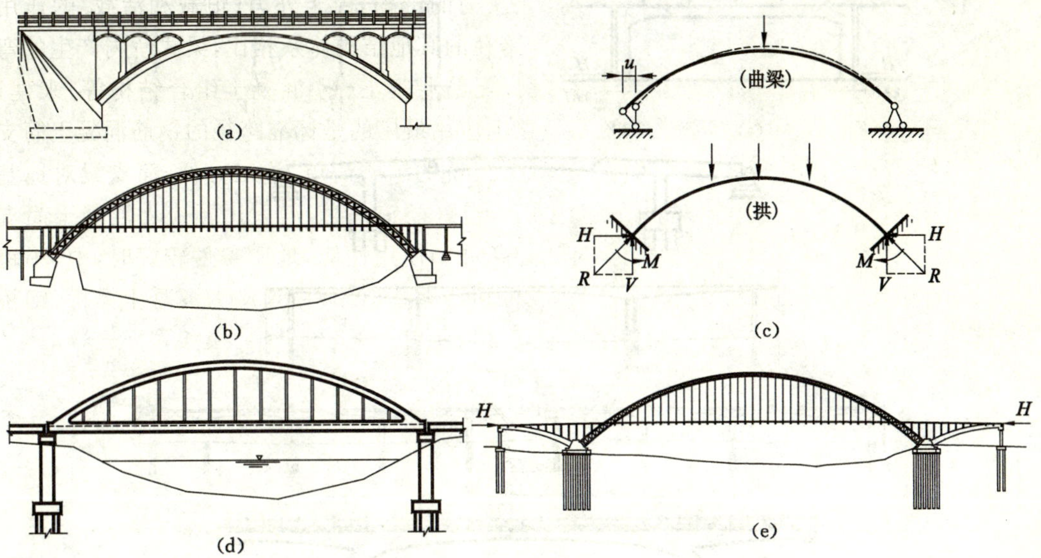

图 2-3　拱式桥

为了确保拱式桥的安全，下部结构和地基(特别是桥台)必须能经受住很大的水平推力作用，此外，与梁式桥不同，由于拱圈(或拱肋)在合龙前自身不能维持平衡，因而拱桥在施工过程中的难度和危险性要远大于梁式桥。在地基条件不适合于修建具有很大推力的拱式桥的情况下，也可建造水平推力由受拉系杆来承受的系杆拱桥，系杆可由钢、预应力混凝土或高强钢筋做成。

3. 刚构桥

刚构桥的主要承重结构是梁(或板)与立柱(或竖墙)整体结合在一起的刚架结构，梁和柱的连接处具有很大的刚性，以承担负弯矩的作用。典型刚构桥形式如图 2-4 所示，如门式刚构桥、T 形刚构桥(带挂孔的或不带挂孔的)、连续刚构桥、刚构-连续组合体系桥和斜腿刚构桥等。

刚构桥一般均需承受正负弯矩的交替作用，横截面宜采用箱形截面，连续刚构桥主梁受力与连续梁相近，横截面形式与尺寸也与连续梁基本相同。

4. 斜拉桥

斜拉桥由塔柱、主梁和斜拉索组成，受拉的斜拉索将主梁多点吊起，并将主梁的恒载和车辆等其他荷载传至塔柱，再通过塔柱基础传至地基。塔柱基本上以受压为主。跨度较大的主梁就像一条多点弹性支承(吊起)的连续梁一样工作。由于同时受到斜拉索水平分力的作用，主梁截面的基本受力特征是偏心受压。由于受到斜拉索的弹性支承，主梁内弯矩较小，使得主梁尺寸大大减小，结构自重显著减轻，从而大幅度地提高了斜拉桥的跨越能力。常用的斜拉桥是三跨双塔式结构，此外还有独塔双跨等形式，具体结构形式及布置方式应根据河流、地形、通航、美观等要求加以论证确定。典型斜拉桥形式如图 2-5 所示。

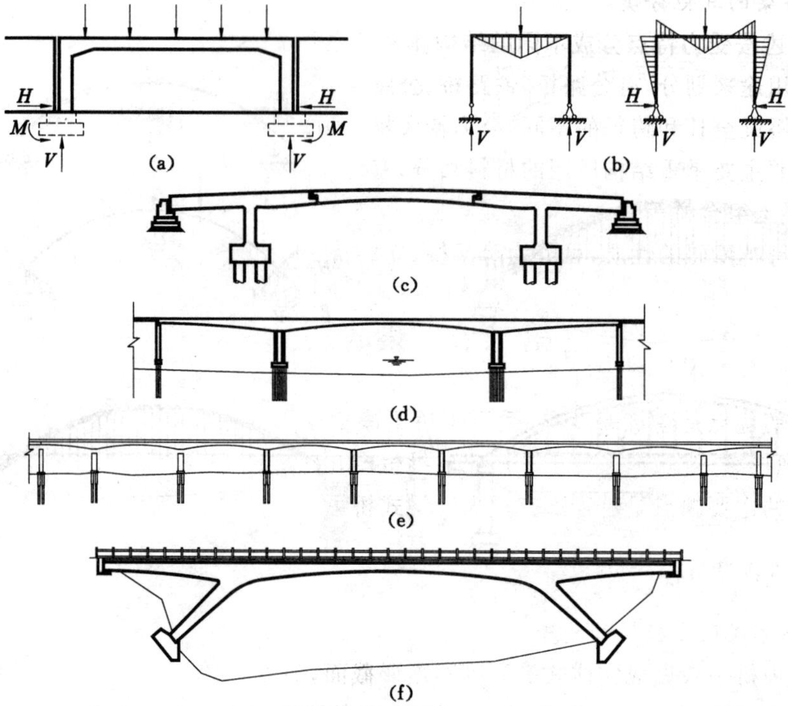

图 2-4　刚构桥

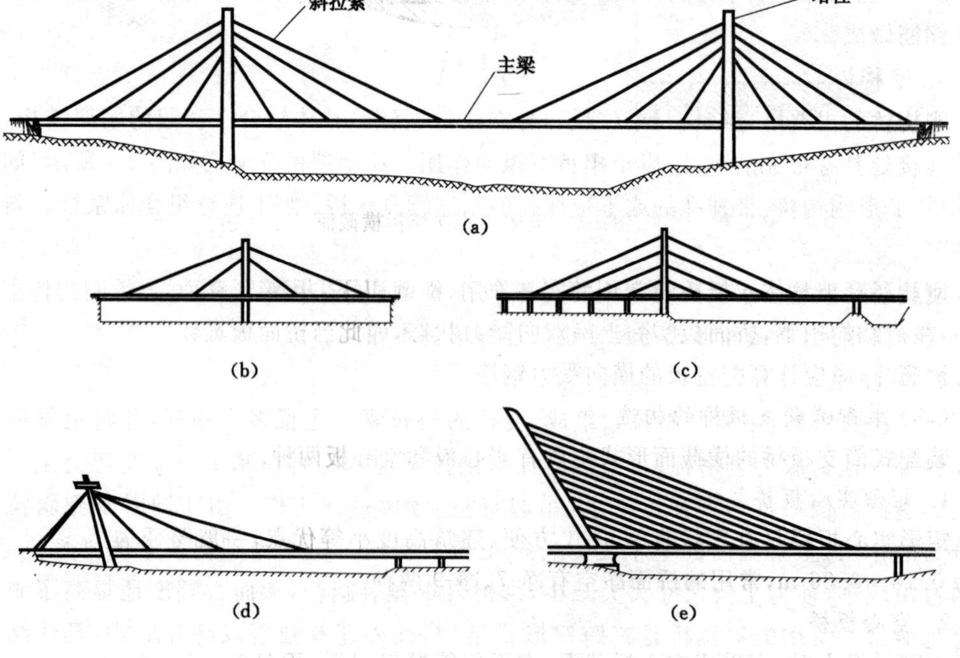

图 2-5　斜拉桥

（二）桥梁的其他分类

除了上述按受力特点分成不同的结构体系外，桥梁还有以下几种分类形式：

(1) 按用途来划分，有公路桥、铁路桥、公路铁路两用桥和人行桥等。

(2) 按桥梁全长和跨径的不同，分为特大桥、大桥、中桥、小桥和涵洞。

(3) 按照主要承重结构所用的材料划分，有圬工桥、钢筋混凝土桥、预应力混凝土桥、钢桥和钢-混凝土组合桥等。

(4) 按跨越障碍的性质，可分为跨河桥、立交桥、高架桥和栈桥。

第二节　梁式桥构造

梁式桥的优点是建筑高度小，适用于桥下净空受限制的桥梁。它的外形简单，制作方便，既便于现场整体浇筑，又便于工厂化成批生产，并且装配式梁式桥构件的重量小、架设方便。梁式桥的主要缺点是跨径不宜过大。梁式桥可分为板桥、简支梁桥和连续梁桥。

一、板桥构造

（一）整体式简支板桥的构造

整体式板桥一般做成实体式等厚度的矩形截面，如图 2-6(a)所示，为了减轻自重也可做成肋板式截面，如图 2-6(b)所示。常见的城市高架桥的板桥截面形式如图 2-6(c)、(d)所示。

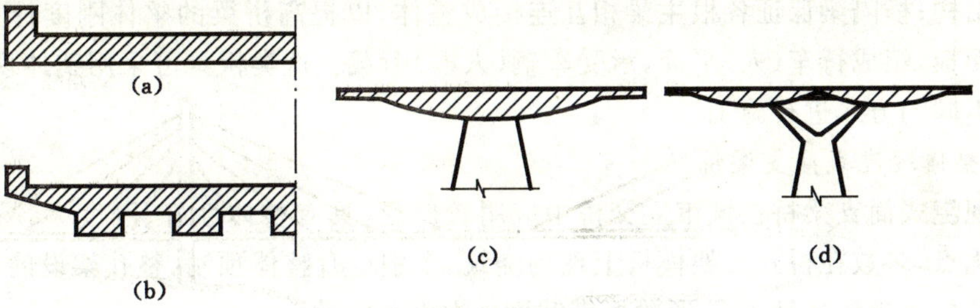

图 2-6　整体式简支板桥横截面

钢筋混凝土整体式板桥的常用跨径一般在 8 m 以下，板厚与跨径之比一般为 1/12～1/16，在荷载作用下，桥面板实际上呈双向受力状态，因此当桥面板宽较大时，除配置纵向的受力钢筋外，尚应计算配置板的横向受力钢筋。

（二）装配式简支板桥的构造

装配式简支板桥的横截面形式主要有实心板和空心板两种。

1. 矩形实心板桥

矩形实心板桥具有形状简单、施工方便、建筑高度小等优点，一般跨径为 1.5～8 m，板高为 0.16～0.36 m，常用的桥面净空有净-7、净-9 两种。

2. 空心板桥

当跨径增大时，宜采用空心板截面，它不仅能减轻自重，而且能充分利用材料。装配式钢筋混凝土空心板桥常用跨径为 6～13 m，板厚为 0.4～0.8 m；装配式预应力混凝土空心板桥适用的跨径为 8～20 m，板厚为 0.40～0.85 m。空心板截面开孔形式如图 2-7 所示。

装配式简支板桥板块之间必须采用横向连接构造，以保证板块共同承受车辆荷载。常用的横向连接方式有企口混凝土铰接和钢板焊接连接。企口混凝土铰接形式有圆形、菱形和漏斗形三种，如图 2-8 所示。

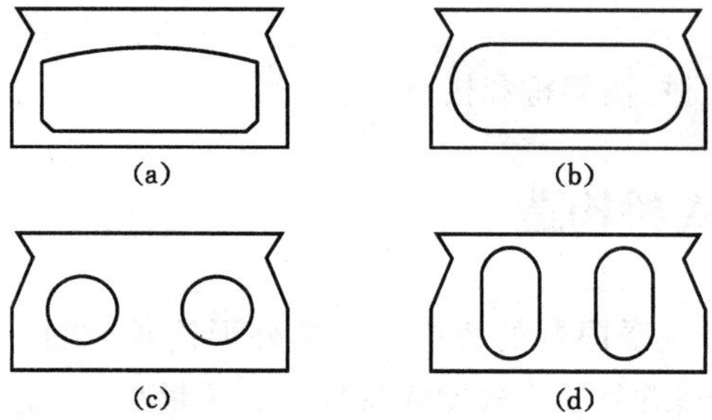

图 2-7　空心板截面开孔形式

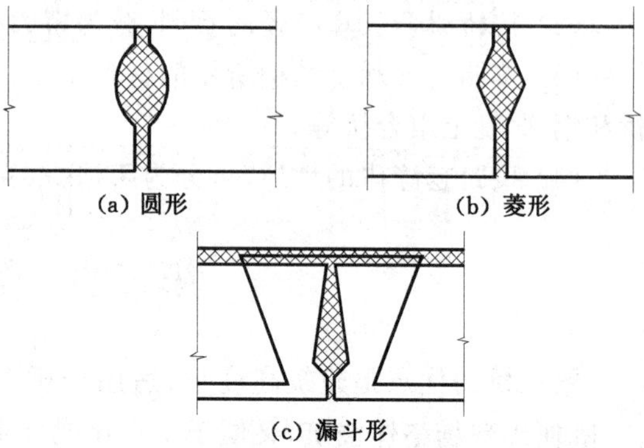

图 2-8　企口混凝土铰接形式

二、简支梁桥构造

混凝土肋梁桥具有受力明确、构造简单、施工方便等优点，是中、小跨径桥梁中应用最广的桥型。

简支肋梁桥的上部构造由主梁、横隔梁、桥面板和桥面构造等部分组成。主梁是桥梁的主要承重结构；横隔梁保证各根主梁相互连接成整体，以提高桥梁的整体刚度；主梁的上翼缘构成桥面板，组成行车(人)平面，承受车辆(人群)荷载。这类桥梁可采用整体现浇和预制装配两种不同的方式进行施工。

(一) 整体现浇式简支梁桥

整体现浇式简支梁桥在城市立交桥中应用较广泛，具有整体性好、刚度大、易于做成复杂形状等优点，多数在桥孔支架模板上现场浇筑，个别也有整体预制、整孔架设的情况。

常用的整体现浇式简支 T 形梁桥横截面如图 2-9 所示。

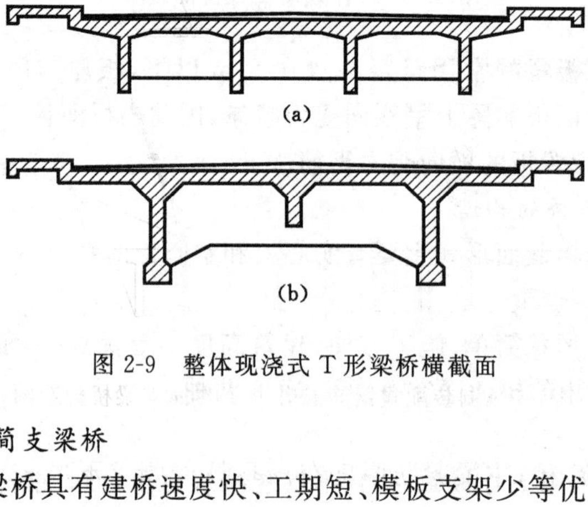

图 2-9　整体现浇式 T 形梁桥横截面

(二) 预制装配式简支梁桥

预制装配式简支梁桥具有建桥速度快、工期短、模板支架少等优点，目前已广泛应用于城市桥梁工程中。

预制装配式简支梁桥主梁的横截面形式可分为Π形、箱形和T形三种，如图2-10所示。

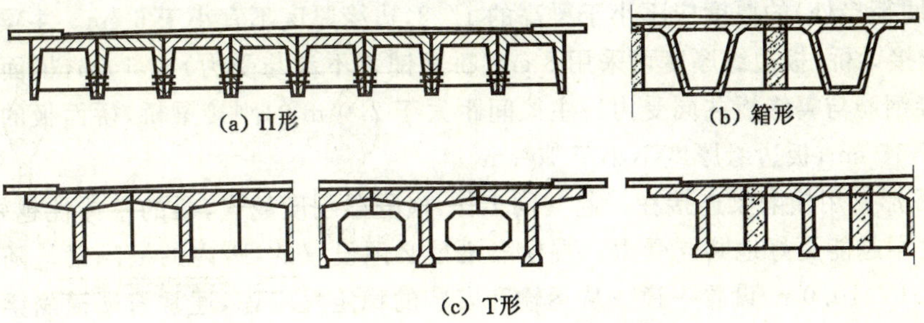

图2-10　预制装配式简支梁桥横截面

预制装配式T形梁桥和箱形梁桥是使用最为普遍的结构形式，其优点是制造简单、整体性好、接头施工方便。

图2-11所示为一座5片式T形梁桥的构造图，该桥桥面宽度为净-9+2×1.0 m人行道，梁的全长为19.96 m，计算跨径为19.50 m，主梁高度为1.50 m，全桥设置5道横隔梁。

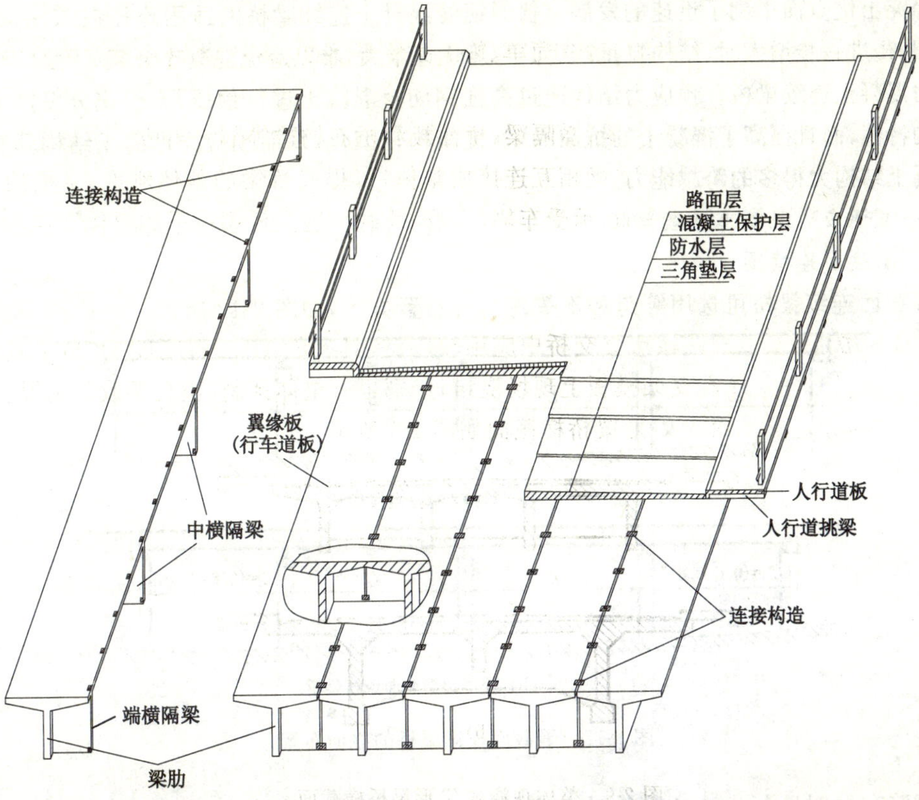

图2-11　预制装配式钢筋混凝土T形简支梁桥构造图

主梁跨径采用标准跨径，主梁梁肋厚度在满足抗剪要求下可适当减薄，但梁肋太薄，混凝土不易振捣密实。梁肋端部2.0～5.0 m范围内可逐渐加宽，以满足抗剪和安放支座的要求。对于预应力主梁梁肋，一般做成马蹄形，端部宽度尚应满足预应力锚具布置的要求。

预制装配式简支梁桥桥面板(翼缘板)一般采用变厚形式,其厚度随主梁间距而定,翼缘根部(与梁肋衔接处)的厚度应不小于梁高的1/12,边缘厚度不宜小于6 cm。主梁间距小于2.0 m的铰接梁桥,板边缘厚度可采用8 cm(桥面铺装不参与受力)或6 cm(桥面铺装通过预埋的连接钢筋与翼缘板共同受力);主梁间距大于2.0 m的刚接梁桥,桥面板的跨中厚度一般不小于15 cm,板边缘厚度不小于10 cm。

预制T形梁用横隔梁连接在一起共同工作,横隔梁刚度越大,梁的整体性越好,在荷载作用下各主梁越能更好地共同受力。端横隔梁是必须设置的,跨内的横隔梁将随跨径的大小宜每隔5.0～10.0 m设置一道。从运输和安装的稳定性考虑,通常将端横隔梁做成与梁同高。内横隔梁的高度一般为主梁梁肋高度的70%～90%。预应力梁的横隔梁常与马蹄的斜坡下端齐平,其中部可挖空,以减轻重量和利于施工。

三、连续梁桥构造

随着公路特别是高等级公路的迅速发展,对行车平顺舒适性提出了更高的要求。简支梁桥难以满足这个要求,而超静定结构连续梁桥以其结构刚度大、变形小、伸缩缝少和行车平稳舒适等突出优点而得到了迅速的发展。普通钢筋混凝土连续梁桥的适用跨径在15～30 m之间,当跨径进一步增大时,结构自重产生的弯矩迅速增大,难以避免混凝土开裂,于是广泛采用预应力混凝土连续梁桥。预应力结构通过高强钢筋对混凝土进行预压,不仅充分发挥了高强材料的特性,而且提高了混凝土的抗裂性,促使结构轻型化,因而预应力混凝土结构具有比钢筋混凝土结构大得多的跨越能力。

(一) 预应力混凝土连续梁桥

1. 等截面连续梁桥

等截面连续梁桥可选用等跨和不等跨两种布置方式,如图2-12所示。

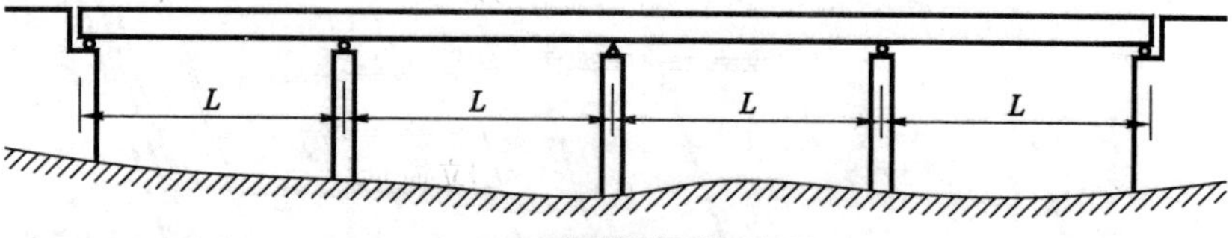

(a) 等跨等截面连续梁桥

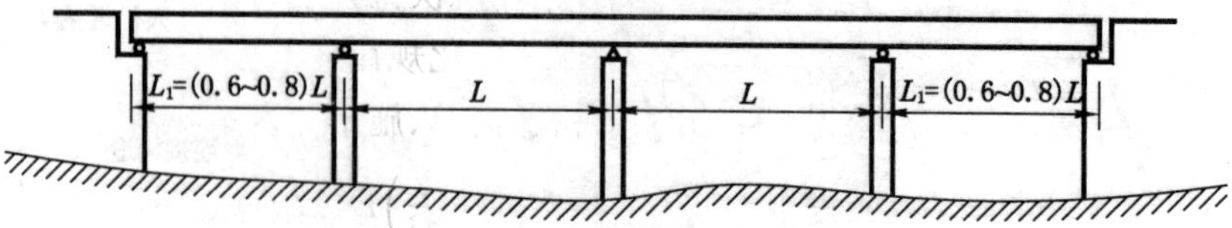

(b) 不等跨等截面连续梁桥

图2-12 等截面连续梁桥的立面布置

等跨布置时跨径大小主要取决于经济分孔和施工的设备条件,高跨比一般为1/15～1/25。当标准跨径较大时,为减少边跨正弯矩,可采用边跨跨径小于中跨跨径的结构形式布置,一般边跨与中跨跨径之比在0.6～0.8,如图2-12(b)所示。

等截面连续梁桥一般适用于中等跨径的桥梁,跨径以40～60 m为宜,从而使主梁构造简单、施工快捷。

2. 变截面连续梁桥

当连续梁的主跨跨径接近或大于 70 m 时，采用变截面连续梁桥更符合受力要求，高度变化基本上与内力变化相适应。

连续梁桥连续超过 5 跨时的内力情况虽然与 5 跨的相差不大，但连续跨数过多会增大温度变化的附加影响，造成梁端伸缩量很大，需设置大位移量的伸缩缝，因此连续梁桥一般不超过 5 跨，但也有为减少伸缩缝而采用多于 5 跨的情形。当需要在宽阔的河流或旱谷上修建很多孔连续梁时，通常可按 3～7 孔为一联分联布置，联与联的衔接处，通过两排支座支承在一个桥墩上。变截面形式的大跨径预应力混凝土梁桥，立面一般采用不等跨布置。但多于 3 跨的连续梁桥，除边跨外，其中间各跨一般采用等跨布置，以方便悬臂施工。对于多于 2 跨的连续梁桥，其边跨跨径一般为中跨的 60%～80%，如图 2-13(a)所示。当采用箱形截面的 3 跨连续梁桥时，边跨跨径甚至可减少至中跨的 50%～70%。有时为了满足城市桥梁或跨线桥的交通要求而需增大中跨跨径时，可将边跨跨径设计成仅为中跨的 50%以下，在此情况下，端支点上将出现较大的负反力，因此必须在该位置设置能抵抗拉力的支座或压重以消除负反力，如图 2-13(b)所示。

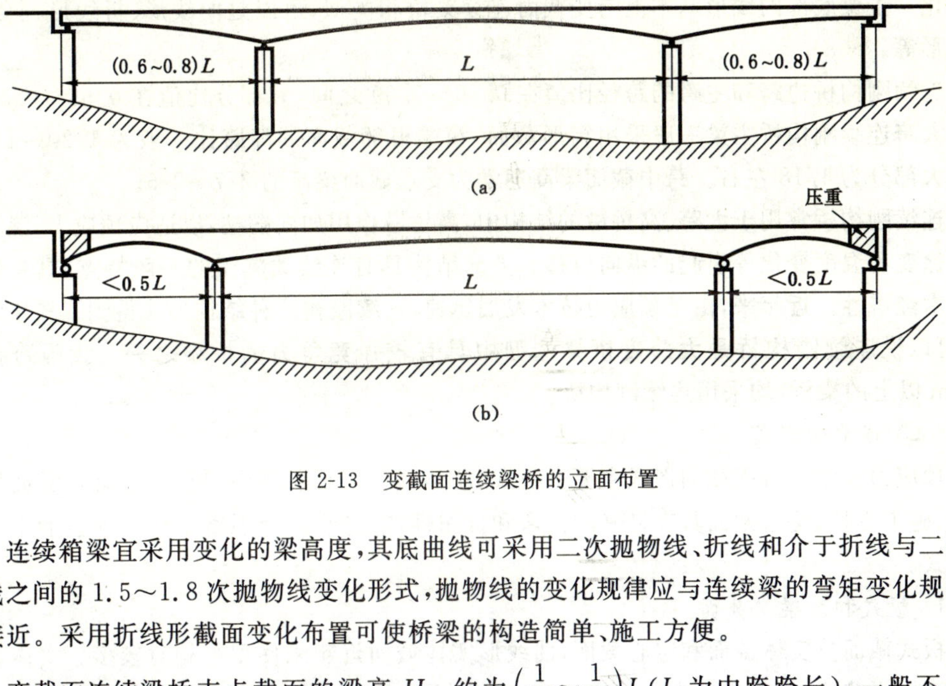

图 2-13　变截面连续梁桥的立面布置

连续箱梁宜采用变化的梁高度，其底曲线可采用二次抛物线、折线和介于折线与二次抛物线之间的 1.5～1.8 次抛物线变化形式，抛物线的变化规律应与连续梁的弯矩变化规律基本接近。采用折线形截面变化布置可使桥梁的构造简单、施工方便。

变截面连续梁桥支点截面的梁高 $H_{支}$ 约为 $\left(\frac{1}{18}\sim\frac{1}{16}\right)L$（$L$ 为中跨跨长），一般不小于 $\frac{L}{20}$；跨中梁高 $H_{中}$ 约为 $\left(\frac{2}{5}\sim\frac{2}{3}\right)H_{支}$。

变截面连续梁桥适合采用悬臂浇筑和悬臂拼装两种施工方法。大跨度预应力混凝土连续梁桥采用悬臂施工法施工时，存在墩梁临时固结和体系转换的工序，其结构稳定性应予以重视，因此施工较为复杂。

(二) 连续刚构桥

连续刚构桥结构的特点是梁体连续，墩、梁、基础三者固结为一个整体共同受力。连续刚构桥的典型形式如图 2-14 所示。

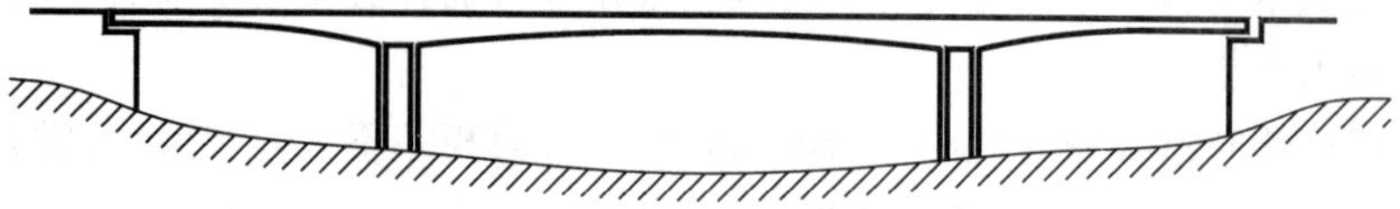
(a)

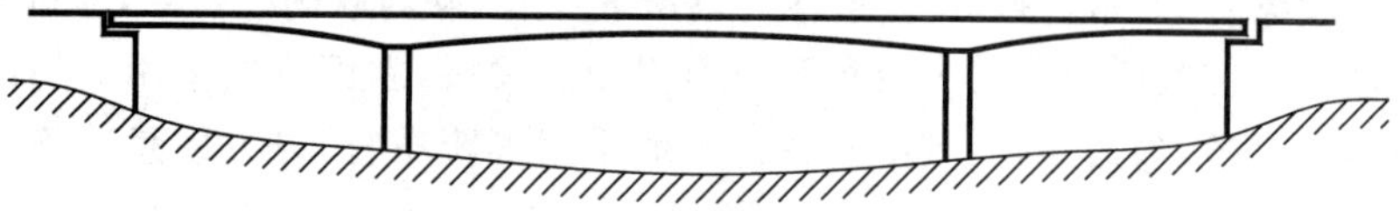
(b)

图 2-14 连续刚构桥

连续刚构桥的主梁在纵桥向一般采用不等跨变截面的结构布置形式，以适应主梁内力的变化。主梁底部的线形基本上与变截面连续梁桥相类似，可以是曲线形、折线形、曲线加折线形等。

连续刚构桥边跨和主跨的跨径比值在 0.50～0.69 之间，大部分比值在 0.55～0.58 之间。大跨连续刚构桥主梁一般采用箱形截面，箱梁根部截面的高跨比一般为 1/20～1/16，其中大部分为 1/18 左右。跨中截面梁高通常为支点截面梁高的 2/7～2/5。

连续刚构桥常用于大跨、高桥墩的结构中，高桥墩作用如同摆柱，以适应预应力、混凝土收缩徐变和温度变化等引起的纵向位移。上部结构具有连续梁施工的一般特点，具有较好的技术经济性。近年来，由于预应力技术发展迅速，连续刚构这种结构形式得到了较快的发展，可以说连续刚构桥是大跨度桥梁选型中具有较强竞争力的桥型之一。我国跨径在 180 m 以上的梁桥，均采用连续刚构桥。

（三）横截面形式

预应力连续梁桥横截面形式主要有板式、肋梁式和箱形。其中，板式、肋梁式截面构造简单、施工方便；箱形截面具有良好的抗弯和抗扭性能，是预应力混凝土连续梁桥的主要截面形式。

1. 板式和肋梁式截面

板式截面分实体截面和空心截面，曲线形实体截面近年来使用得相对较多。实体截面多用于中小跨径，且多配以有支架现浇施工，此时支点板厚为(1/20～1/16)L，变截面板跨中板厚为支点板厚的 2/3～5/6。空心截面常用于跨径 15～30 m 的连续梁桥，板厚一般为 0.8～1.5 m，亦以有支架现浇施工为主。肋梁式截面常用于预制架设施工，并在梁段安装后经体系转换为连续梁桥，其常用跨径为 25～50 m，梁高取 1.3～2.6 m。

2. 箱形截面

当连续体系梁桥的跨径在 40～60 m 甚至更大时，主梁多采用箱形截面，构造布置灵活，适用于有支架现浇施工、逐孔施工和悬臂施工等多种施工方式。常用的箱形截面有单箱单室、单箱双室和分离式双箱单室等，如图 2-15 所示。

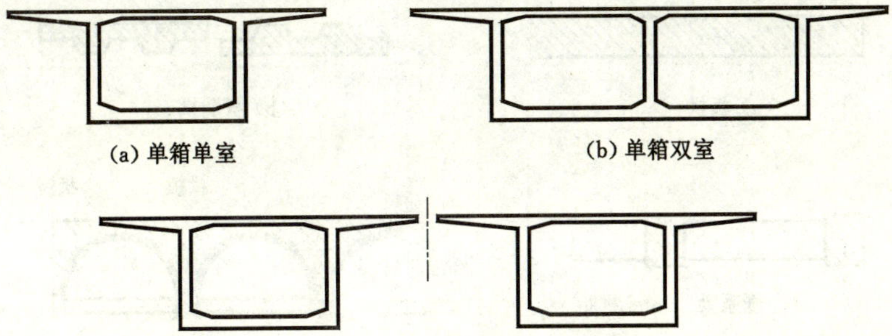

(a) 单箱单室　　(b) 单箱双室

(c) 分离式双箱单室

图 2-15　箱形截面形式

第三节　拱式桥构造

拱式桥(以下简称拱桥)是我国使用较广泛的一种桥型。拱桥跨越能力较大，能充分就地取材，与混凝土梁式桥相比，可以节省大量的钢材和水泥，且耐久性能好，维修、养护费用少，外形美观。

一、上承式拱桥的构造

（一）主拱的构造

1. 普通上承式拱桥

普通上承式拱桥主拱圈截面形式有板拱、板肋拱、肋拱、双曲拱、箱形拱、钢管混凝土拱、劲性骨架混凝土拱等，如图 2-16 所示。

(1) 板拱桥[图 2-16(a)、(b)]。

板拱桥是指主拱圈采用矩形实体截面的拱桥。它的构造简单、施工方便，通常只在地基条件较好的中、小跨径圬工拱桥中才采用这种形式。板肋拱的拱圈截面由板和肋组成。根据主拱圈弯矩的分布情况，在跨径中部肋可布置在下面。

(2) 肋拱桥[图 2-16(c)]。

肋拱桥是在板拱桥的基础上发展形成的，它是将板拱划分成两条或多条分离的、高度较大的拱肋，肋与肋间用横系梁相连，用较小的截面面积获得较大的截面抵抗矩，从而节省材料，减轻拱桥的自重，多用于大、中跨径拱桥。

(3) 双曲拱桥[图 2-16(d)]。

主拱圈横截面由一个或数个横向小拱单元组成，由于主拱圈的纵向及横向均呈曲线形，这种截面抵抗矩较相同材料用量的板拱大，故可节省材料。它在施工中可采用预制拼装，较之板拱有较大的优越性，但存在着施工工序多、组合截面整体性较差和易开裂等缺点，一般用于中、小跨径拱桥。

(4) 箱形拱桥[2-16(e)]。

主拱采用闭口箱形截面，截面抗扭刚度大，横向整体性和结构稳定性均较双曲拱好，适用于无支架施工。由于截面挖空，箱形拱的截面抵抗矩较相同材料用量的板拱大很多，所以

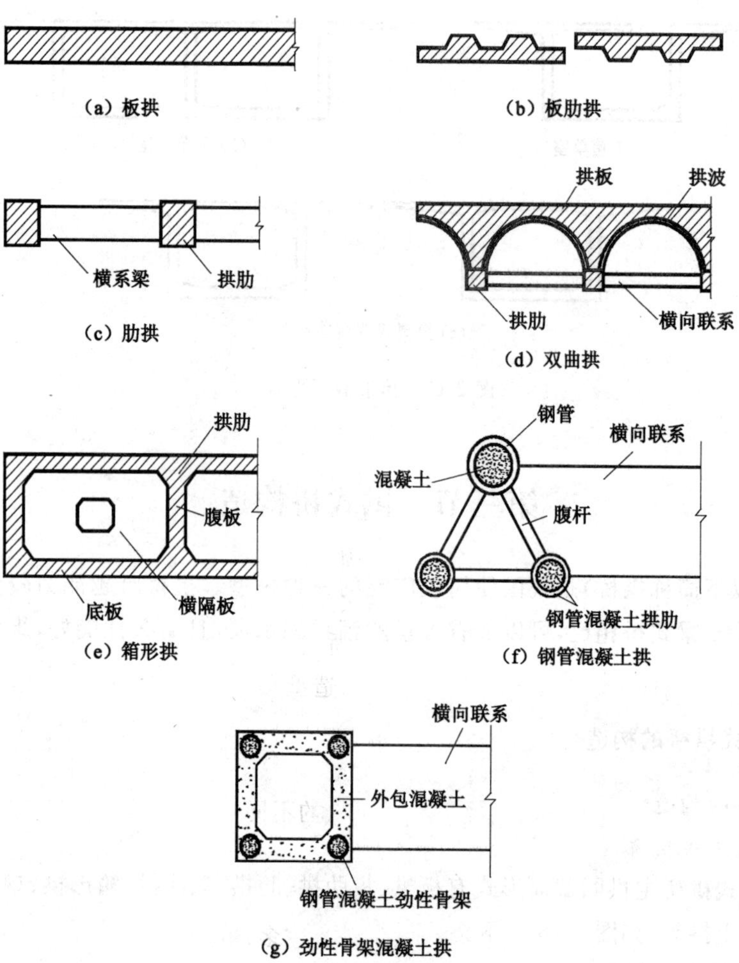

图 2-16 主拱圈横截面形式

能节省材料、减轻自重,相应地也减少下部结构材料用量,因此,箱形拱适用于大跨径拱桥。

(5) 钢管混凝土拱桥[图 2-16(f)]。

钢管混凝土主拱借助内填混凝土增强钢管壁的稳定性,利用钢管对核心混凝土的套箍作用,使核心混凝土处于三向受压状态,从而使其具有更高的抗压强度和抗变形能力。

钢管本身相当于混凝土的外模板,具有强度高、重量轻、易于吊装或转体的特点,可以先将空管拱肋合龙,再压注管内混凝土,从而大大降低了大跨径拱桥施工的难度,省去了支模、拆模等工序,并可适应先进的泵送混凝土工艺。

(6) 劲性骨架混凝土拱桥[图 2-16(g)]。

劲性骨架混凝土拱桥与普通钢筋混凝土拱桥的区别在于前者以钢骨拱桁架作为受力筋,它可以是型钢,也可以是钢管。该结构形式主要用在大跨度拱桥中,首先架设自重轻、刚度和强度均较大的钢管骨架,然后在空钢管内压注混凝土形成钢管混凝土,使骨架进一步硬化,再在钢管混凝土骨架上外挂模板浇筑外包混凝土,形成钢筋混凝土结构。劲性骨架混凝土拱桥跨越能力强、超载潜力大、施工方便,是一种极具发展前途的拱桥结构形式。

2. 整体型上承式拱桥

整体型上承式拱桥分为桁架拱桥和刚架拱桥。

桁架拱桥是一种有水平推力的桁架结构，其上部结构由桁架拱片、横向联系和桥面组成。桁架拱片是主要承重结构，由上、下弦杆，腹杆和实腹段组成。作为主要承重结构的桁架拱片在施工期间单独受力，在竣工后与桥面板共同受力。其中下弦杆为拱形，上弦杆一般与桥道结构组合成一整体而共同工作。在跨中部分，因上、下弦杆很靠近而做成实腹段。

桁架拱桥在施工中具有整体性好的优点。桁架拱桥的构件除桥面外绝大部分在施工中采用预制装配。其安装块件的尺寸和重量随运输和安装能力而定。通常，中等跨径的桁架拱片可分为两或三段。当起重能力较大时，分段还可减少，或者跨径还可增大。桁架拱桥的预制构件品种少，因此施工工序少、工期短，并且质量易于控制。

刚架拱桥的上部结构由刚架拱片、横向联系和桥面等部分组成。拱片是刚架拱桥的主要承重结构，一般由跨中实腹段的主梁、空腹段的次梁、主拱腿（主斜撑）、次拱腿（次斜撑）等构成，与桥面板一起形成刚架拱桥的主拱片。主梁和主拱腿的交接处称为主节点，次梁和次拱腿的交接处称为次节点。节点构造一般均按固接设计。刚架拱片可以采用现浇或预制安装的方法施工，为了减小吊装质量，可将主梁和次梁、斜撑等分别预制，用现浇混凝土接头连接。当跨径较大时，次梁还可分段预制。刚架拱桥属于有推力的高次超静定结构，具有构件少、质量轻、整体性好、刚度大、施工简便、造价低、造型美观等优点，可在软土地基上修建，被广泛用于跨径 25～70 m 的桥梁。

（二）拱上建筑的构造

拱上建筑是拱桥的一部分，按照拱上建筑采用的不同构造方式，可分为实腹式和空腹式两种。

1. 实腹式拱上建筑

实腹式拱上建筑构造简单，施工方便，填料数量较多，恒载较重，所以一般用于小跨径的拱桥。实腹式拱上建筑由拱腹填料、侧墙、护拱、变形缝、防水层、泄水管及桥面系（行车道、人行道、栏杆等）组成。

拱腹填料分为填充式和砌筑式两种。填充式拱腹填料应尽量做到就地取材，通常采用透水性好、土侧压力小的砾石、碎石、粗砂或卵石类等材料，分层夯实，还可采用其他轻质材料，如炉渣与黏土的混合物、陶粒混凝土等以减轻拱上建筑重量。砌筑式拱腹填料是在散粒料不易取得时才采用的一种干砌圬工方式。侧墙用于围护拱腹上的散粒填料，设置在拱圈两侧，通常采用浆砌块、片石。对混凝土或钢筋混凝土板拱，也可用钢筋混凝土护壁式侧墙，这种侧墙可以与主拱浇筑为一体。

2. 空腹式拱上建筑

大、中跨径的拱桥，特别是当矢高较大时，应以空腹式拱上建筑为宜。空腹式拱上建筑除具有实腹式拱上建筑相同的构造外，还具有腹孔和腹孔墩。根据腹孔构造，空腹式拱上建筑可分为拱式和梁式两种。

二、中、下承式拱桥的构造

中承式拱桥的行车道位于拱肋的中部，桥面系一部分用吊杆悬挂在拱肋下，一部分用刚架立柱支承在拱肋上，如图 2-17 所示。

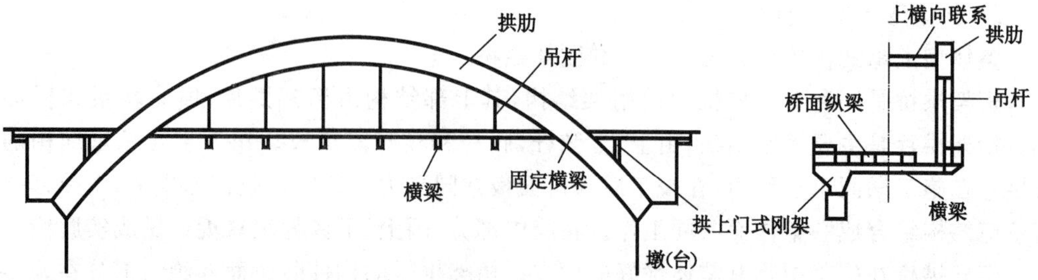

图 2-17　中承式钢筋混凝土拱桥的总体布置

下承式拱桥的桥跨结构由拱肋、悬吊结构和横向联系三部分组成，如图 2-18 所示。由于车辆在两片拱肋之间行驶，因此需要用吊杆将纵、横梁系统悬挂在拱肋下，在纵、横梁系统上支承车道板，组成桥面系。桥面系和这些传力构件统称为悬吊结构。

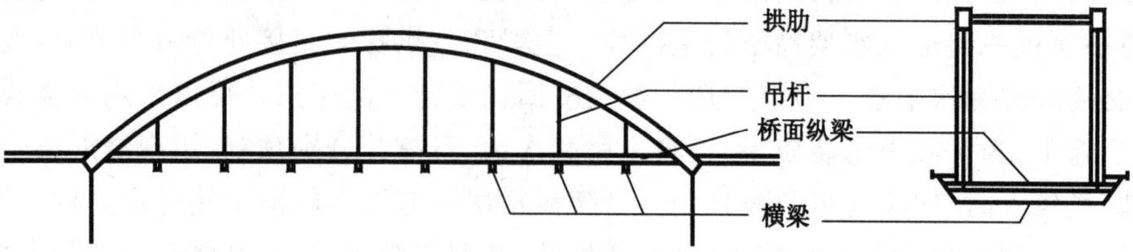

图 2-18　下承式钢筋混凝土拱桥的总体布置

中、下承式拱桥可以充分发挥拱圈混凝土材料的抗压性能。当桥梁的建筑高度受到严格限制时，可采用中、下承式拱桥满足桥下净空要求。在不等跨的多孔连续拱桥中，为了平衡左右桥墩的水平推力，将较大跨径一孔的矢跨比加大，做成中承式拱桥，可以减小大跨的水平推力。在平坦地形的河流上，采用中、下承式拱桥可以降低桥面高度，有利于改善桥梁两端引道的纵面线形，减少引道的工程数量。有时为了满足当地景观和美学的需要而采用多孔连续的中、下承式拱桥，其波浪形起伏、构件轻巧给人以美感。

中、下承式拱桥的主要承重构件是两个分离式的拱肋，组成拱肋的材料可以是钢筋混凝土、钢管混凝土、劲性骨架混凝土或纯钢材，两片拱肋一般在两个相互平行的平面内。有时也可使两拱肋顶部互相内倾，使之在水平面上的投影呈“X”形以提高拱肋的横向稳定性和承载力。为了保证两片拱肋的横向刚度和稳定性，以承受作用在拱肋、桥面及吊杆上的横向水平力，一般须在两片分离的拱肋间设置横向联系。横向联系可做成横撑、对角撑等形式。悬挂结构包括吊杆和桥面系等，吊杆将纵梁和横梁系统悬挂在拱肋下，桥面荷载通过吊杆和桥面系将作用力传递到拱肋上。行车道系由纵、横梁和车道板组成。车道板上铺桥面，安设人行道和栏杆等。

第四节　斜拉桥构造

斜拉桥主要由主梁、索塔和斜拉索三大部分组成。主梁一般采用混凝土结构、钢-混凝土组合结构或钢结构，索塔大都采用混凝土结构，而斜拉索则采用高强材料(高强钢丝或钢绞线)制成。

一、孔跨布局

双塔三跨式斜拉桥是一种最常见的孔跨布置方式，如图 2-19 所示。由于它的主跨跨径较大，一般适用于跨越较大的河流。

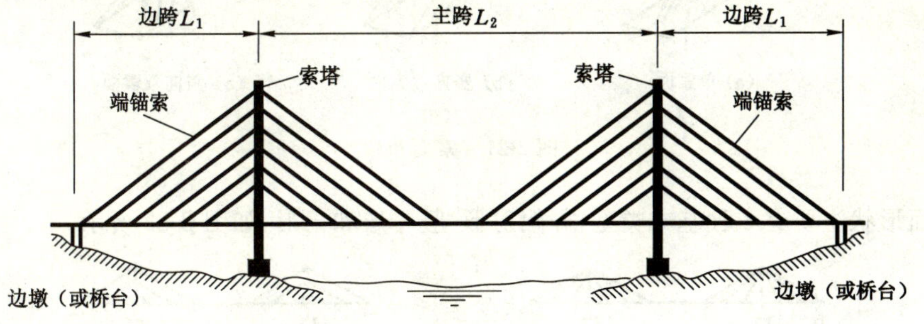

图 2-19　双塔三跨式斜拉桥

边跨与主跨的比例非常重要，边主跨之比应小于 0.5。对于活载比重较小的公路和城市桥梁，合理的边主跨之比为 0.40～0.45；而对于活载比重大的铁路桥梁，边主跨之比宜为 0.20～0.25。

独塔斜拉桥也是一种较常见的孔跨布置方式，如图 2-20 所示。它适用于跨越中小河流和城市通道。

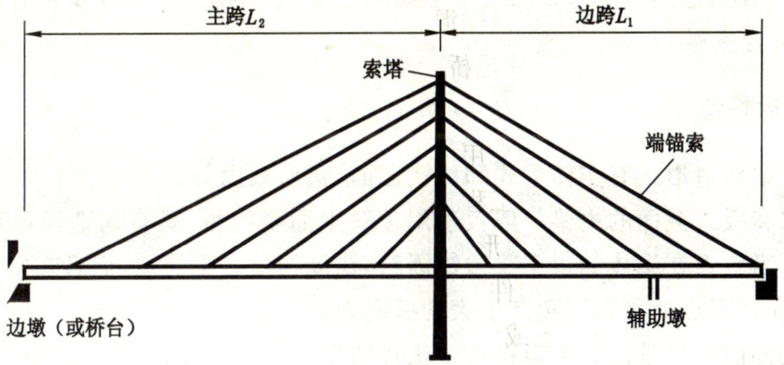

图 2-20　独塔斜拉桥

独塔双跨式斜拉桥的主跨跨径 L_2 与边跨跨径 L_1 之间的比例关系一般为 $L_1=(0.5\sim0.8)L_2$，但多数接近于 $L_1=0.66L_2$。

此外还有斜拉桥采用三塔四跨式或多塔多跨式。

二、索塔和拉索的布置

索塔沿桥纵向的布置有单柱式、A 形、倒 Y 形等几种，单柱式主塔构造简单；A 形和倒 Y 形在顺桥向刚度大，有利于承受索塔两侧斜拉索的不平衡拉力；A 形还可减小主梁在该点处的负弯矩。

索塔横桥方向的布置方式，可分为单柱式、双柱式、门形或 H 形、A 形、宝石形或倒 Y 形等。

索面位置一般有 3 种类型，即单索面、竖向双索面和斜向双索面，如图 2-21 所示。

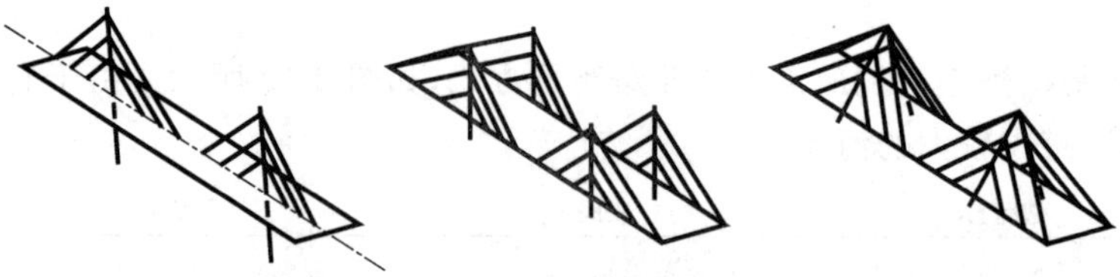

(a) 单索面　(b) 竖向双索面　(c) 斜向双索面

图 2-21　索面布置

索面形状主要有 3 种基本类型，即辐射形、竖琴形和扇形，如图 2-22 所示。

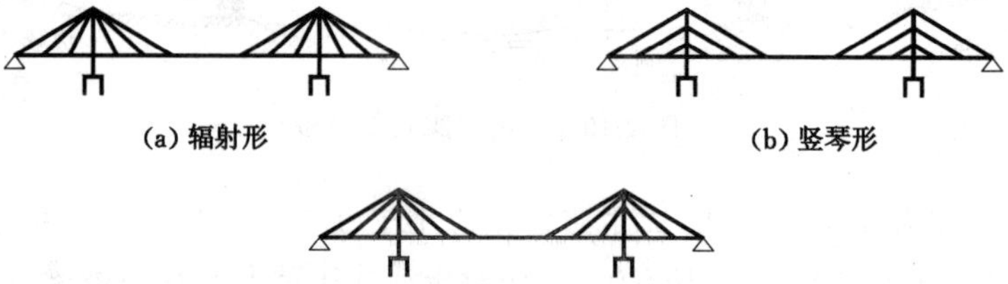

(a) 辐射形　(b) 竖琴形　(c) 扇形

图 2-22　斜拉索立面布置方式

斜拉桥索间距宜为 5～15 m，混凝土主梁因自重大，索距应小些，较大的索距适合于钢或钢-混凝土叠合主梁。

三、主梁的构造

斜拉桥主梁构造形式有实体梁式和板式截面、箱形截面等。

实体梁式和板式截面的主梁一般仅适用于双索面斜拉桥，具有构造简单和施工方便的优点。特别是当斜索在实体的边主梁中锚固时，锚固构造非常简单，而且在索面内具有一定的抗弯刚度，在锚固点处可以避免产生大的横向力。

实体梁式截面主梁是混凝土斜拉桥中比较简单的一种形式，可以采用分离式的主梁，两主梁间可以通过混凝土横梁和桥面板连接，如图 2-23 所示。

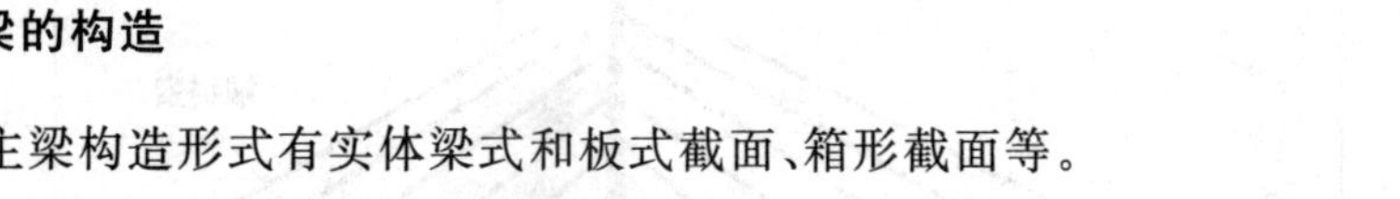

图 2-23　实体梁式主梁

混凝土箱形截面主梁是现代斜拉桥中经常采用的截面形式，如图 2-24 所示。箱形截面具有较大的抗弯和抗扭刚度，能适应稀索、密索、单索面或双索面等不同斜索布置；其组合截面，也可以方便地形成封闭式的单箱形式或分离式的双箱形式，以适应不同桥宽的需要；截面的组合构造也可以部分预制、部分现场浇筑，为桥梁施工方案提供了更多的选择。

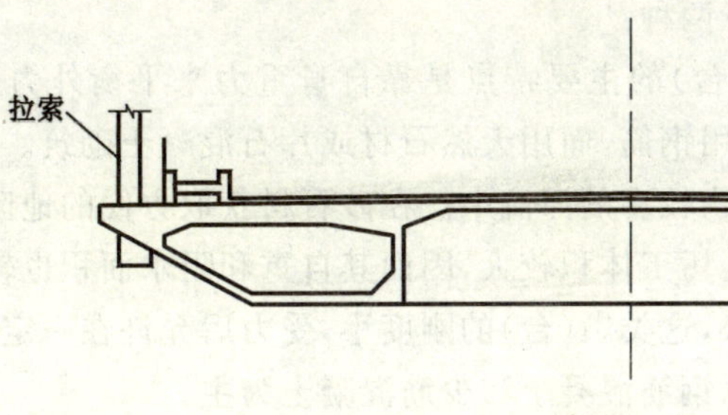

图 2-24 箱形截面主梁

第五节 桥梁墩(台)构造

桥梁墩(台)主要由墩(台)帽、墩(台)身和基础三部分组成,其结构形式多样,如图 2-25 所示。

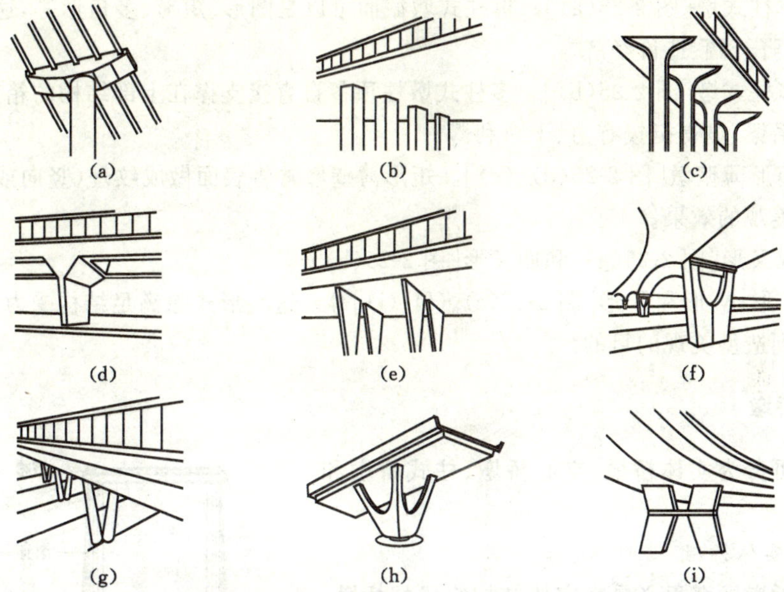

图 2-25 各种轻型桥墩(台)形式

墩(台)是桥梁的重要结构,支承着桥梁上部结构的荷载,并将它传给地基基础。桥墩指多跨(两跨以上)桥梁的中间支承结构物,它除承受上部结构的荷载外,还要承受流水压力、风力,以及可能出现的冰荷载,船只、排筏或漂浮物的撞击力。桥台一般设置在桥梁的两端,除了支承桥跨结构之外,它又是衔接两岸接线路堤的构筑物,挡土护岸,承受台背填土及填土上车辆荷载所产生的附加侧压力。因此,桥梁墩(台)不仅本身应具有足够的强度、刚度和稳定性,而且对地基的承载能力、沉降量,地基与基础之间的摩阻力等也都提出了一定的要求,以避免在这些荷载作用下有过大的水平位移、转动或者沉降发生。桥梁墩(台)的设计与结构受力、土质构造、地质条件、水文条件、流速及河床内的埋置深度密切相关。

桥梁墩(台)从总体上可分为以下两种：

一种是重力式墩(台)。这类墩(台)的主要特点是靠自身重力来平衡外力而保持其稳定,因此,墩(台)身比较厚实,可以不用钢筋,而用天然石材或片石混凝土砌筑。它适用于地基良好的大、中型桥梁,或流冰、漂浮物较多的河流中。在砂石料获取方便的地区,小桥也往往采用重力式墩(台)。其主要缺点是圬工体积较大,因而其自重和阻水面积也较大。

另一种是轻型墩(台)。一般说来,这类墩(台)的刚度小,受力后允许在一定的范围内发生弹性变形。所用的建筑材料大都以钢筋混凝土和少筋混凝土为主。

确定桥梁下部结构应遵循满足交通要求、安全耐久、造价低、维修养护少、施工方便、工期短、与周围环境协调和造型美观等原则。在桥梁的总体设计中,下部结构的选型对整个设计方案有较大的影响,合理的选型将使上、下部结构的造型协调一致,轻巧美观。

对于城市桥梁,在桥梁下部结构的造型选择上要从整体造型着眼,力求形式优美、构造轻盈、线条明快、纹理有质,各部分的形状尺寸要符合桥体结构受力的规律,结构匀称、比例适度,给人以稳重安全的感觉,要与周围环境、文化、习俗相协调,使其色彩和谐、开阔明朗,令人舒适爽快。近年来,国内外的城市桥梁中涌现出了各种丰富多彩的构造形式,主要有：

(1) 单柱式墩[图 2-25(a)]。单柱式墩截面可以是圆形、矩形、多角形等,这种桥墩的外貌轻盈、视野开阔、造价经济。

(2) 多柱式墩[图 2-25(b)]。多柱式墩柱顶各自直接支撑在上部结构的箱梁底板上,柱间不设横系梁,显得挺拔有力、干净利落。

(3) 矩形薄壁墩[图 2-25(d)、(e)]。矩形薄壁墩常将表面做成纹理(竖向或横向纹理),从而收到美观的效果。

(4) 双叉形[图 2-25(g)]和四叉形[图 2-25(h)]。

(5) T 形、V 形和 X 形[图 2-25(c)、(f)、(i)]等。这些形式除满足结构受力的要求外,都是为了达到造型美观的目的。

一、桥墩

桥墩可分为实体桥墩、空心桥墩、柱式桥墩和框架墩等。

(一) 实体桥墩

实体桥墩顾名思义是由实体结构组成的桥墩。按其截面尺寸和桥墩重量的不同又可分为实体重力式桥墩(图 2-26)和实体薄壁式桥墩(图 2-27)。它们由墩帽、墩身和基础构成。

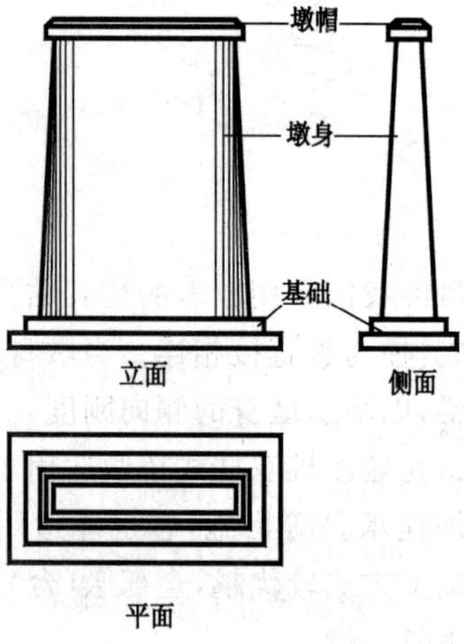

图 2-26 实体重力式桥墩

(二) 空心桥墩

在高大的桥墩中,为了减少圬工体积、节约材料、减轻自重、减少软弱地基的负荷,也可将墩身内部做成空腔体,即所谓空心桥墩。这种桥墩在外形上与实体重力式桥墩并无大的差别,只是自重较实体重力式的轻,介于重力式桥墩和轻型桥墩之间。

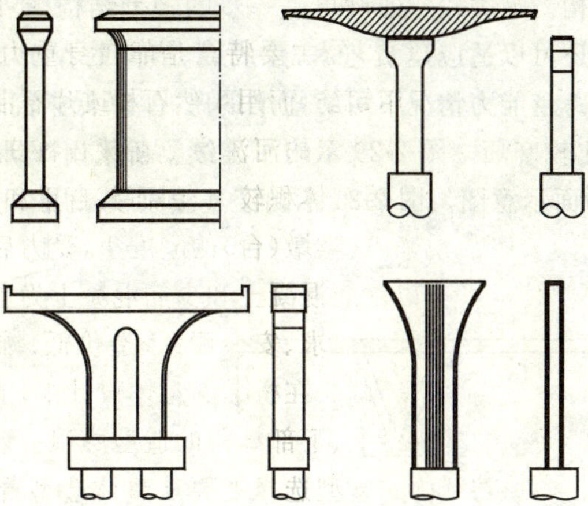

图 2-27　实体薄壁式桥墩

（三）柱式桥墩

柱式桥墩是由分离的两根或多根立柱（或桩柱）所组成。它的外形美观、圬工体积小，因此是目前桥梁中广泛采用的桥墩形式之一，特别是在较宽、较大的城市桥梁和立交桥中。

柱式桥墩的墩身沿桥横向常由 1～4 根立柱组成，柱身为 0.6～1.5 m 的大直径圆柱或方形、六角形等形式，当墩身高度大于 6 m 时，可设横系梁加强柱身横向联系。这种桥墩的刚度较大，适用性较广，并可与柱基配合使用。

柱式桥墩一般由基础之上的承台、柱式墩身和盖梁组成。双车道桥常用的形式有单柱式、双柱式、哑铃式和混合双柱式四种，如图 2-28 所示。

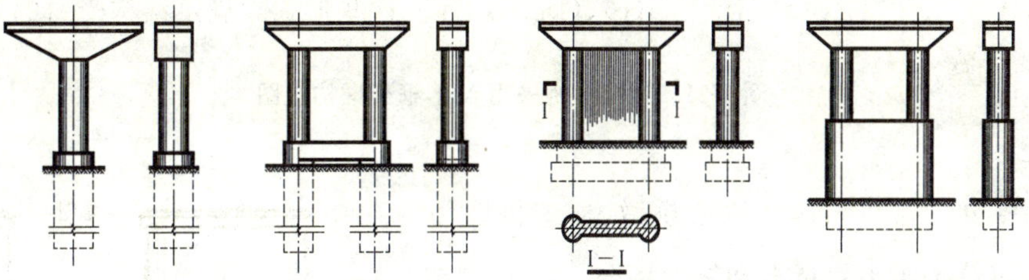

(a) 单柱式　(b) 双柱式　(c) 哑铃式　(d) 混合双柱式

图 2-28　柱式桥墩

目前我国采用较多的还有钻孔灌注桩双柱式桥墩，它由钻孔灌注桩、柱和钢筋混凝土墩帽组成，柱与桩直接相连。当墩身桩的高度大于 1.5 倍的桩距时，通常就在桩、柱之间布置横系梁，以增加墩身的侧向刚度。

钻孔灌注桩双柱式桥墩适用于多种场合和各种地质条件。通过增大桩径、桩长或用多排桩加建承台等措施，它也能适用于更复杂的软弱地质条件以及较大跨径和较高的桥梁。它的施工方式较优越，全部墩（台）工程都可以在水上作业，避免了最繁重的水下作业，故目前应用较广泛。

（四）框架墩

框架墩采用由构件组成的平面框架代替墩身，以支承上部结构，必要时可做成双层或更多层的框架支承上部结构。这类较空心墩更进一步的轻型结构，是以钢筋混凝土和预应力混凝土建成受力体系。还可以适应建筑艺术，建成纵、横向的 V 形、Y 形、X 形和倒梯形等墩身。这类桥墩在同样跨越能力情况下可缩短梁的跨径、降低梁高，使结构轻巧美观，但结构构造比较复杂、施工比较麻烦。图 2-29 示出了连续梁桥采用 V 形框架墩的构造，图 2-30 为一 V 形框架墩的横断面示意图。图 2-31 示出了连续梁桥采用 Y 形框架墩的构造。

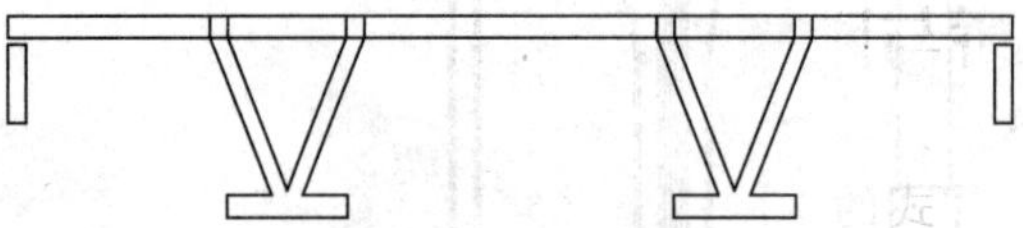

图 2-29　连续梁桥采用 V 形框架墩构造图

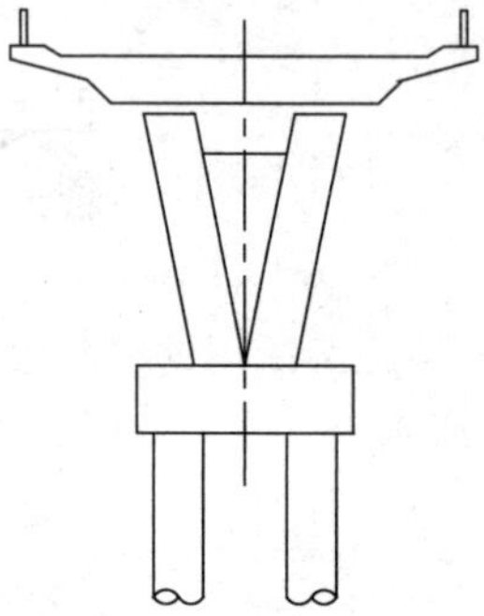

图 2-30　V 形框架墩横断面示意图

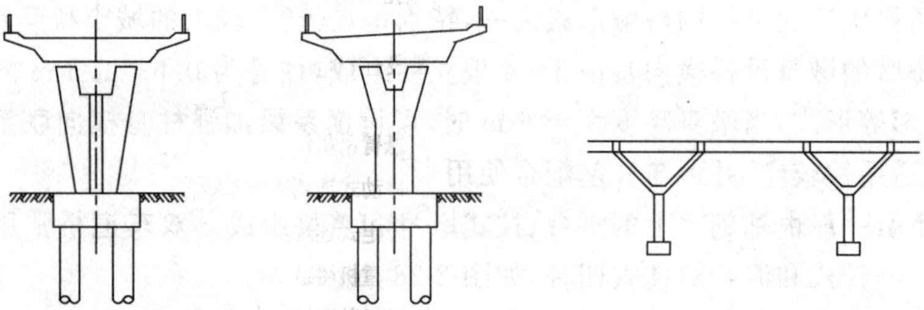

(a)　(b)　(c)

图 2-31　连续梁桥采用 Y 形框架墩构造图

二、桥台

桥台可分为重力式桥台和轻型桥台。

(一) 重力式桥台

重力式桥台的常用形式是 U 形桥台，它由台帽、台身和基础三部分组成。台后的土压力主要靠自重来平衡，故桥台本身多数由砌石、片石混凝土或混凝土等圬工材料建造，并用就地浇筑的方法施工。其优点是构造简单，可以用混凝土或片、块石砌筑，适用于填土高度在 8～10 m 以下或跨度稍大的桥梁。缺点是桥台体积和自重较大，也增加了对地基的要求。

(二) 轻型桥台

轻型桥台的体积轻巧、自重较小，一般由钢筋混凝土材料建造，它借助结构物的整体刚度和材料强度承受外力，从而可节省材料，降低对地基强度的要求和扩大应用范围，为在软土地基上修建桥台开辟了经济可行的途径。

常用的轻型桥台分为设有支撑梁的轻型桥台、钢筋混凝土薄壁桥台、加筋土桥台和埋置式桥台等几种类型。

第三章　城市桥梁主要施工方法

第一节　梁式桥与刚构桥施工方法

根据施工所用的机具设备和结构形成方式的不同，梁式桥与刚构桥典型的施工方法如图3-1所示。

- 梁式桥与刚构桥施工方法
  - 脚手架施工法
    - 固定支架整体现浇施工法
    - 移动支架
      - 移动支架预制安装法
      - 移动模架就地浇筑法
  - 大型构件预制安装施工法
    - 整孔架设施工法
    - 梁段-整体施工法
      - 简支-连续法
      - 单悬臂-连续法
      - 双悬臂-连续法
  - 悬臂施工法
    - 悬臂拼装法
      - 悬臂吊机法
      - 移动式连续桁架吊机法
      - 固定式连续桁架吊机法
      - 起重机拼装法
      - 递增装配法
    - 悬臂浇筑法
      - 挂篮浇筑法
      - 移动式连续桁架浇筑法
      - 固定式连续桁架浇筑法
      - 挂篮与桁架联合浇筑法
  - 逐孔施工法
    - 预制节段逐孔组拼施工法
    - 使用移动支架逐孔现浇施工法（移动模架法）
  - 顶推施工法
    - 单点顶推施工法
    - 双点顶推施工法
  - 转体施工法

图 3-1　梁式桥与刚构桥施工方法

一、固定支架整体现浇施工法

固定支架整体现浇施工法是一种古老的施工方法，它是在支架上安装模板、绑扎及安装钢筋骨架、预留孔道，并在现场浇筑混凝土与施加预应力的施工方法。由于施工需用大量的模板支架，一般仅在小跨径桥或交通不便的边远地区采用。随着桥梁结构形式的发展，出现了一些变宽桥、弯桥等复杂的预应力混凝土结构，又由于近年来临时钢构件、万能杆件和贝雷梁等的大量应用，在其他施工方法都比较困难，或经过比较认为该施工方法施工更方便、费用较低时，也有在中、大型桥梁中采用固定支架整体现浇施工法的。

（一）支架的形式

支架按其构造分为立柱式、梁式和梁-柱式支架；按材料可分为木支架、钢支架、钢木混合支架和万能杆件、贝雷梁拼装的支架等。图 3-2 所示为各种支架的构造简图。

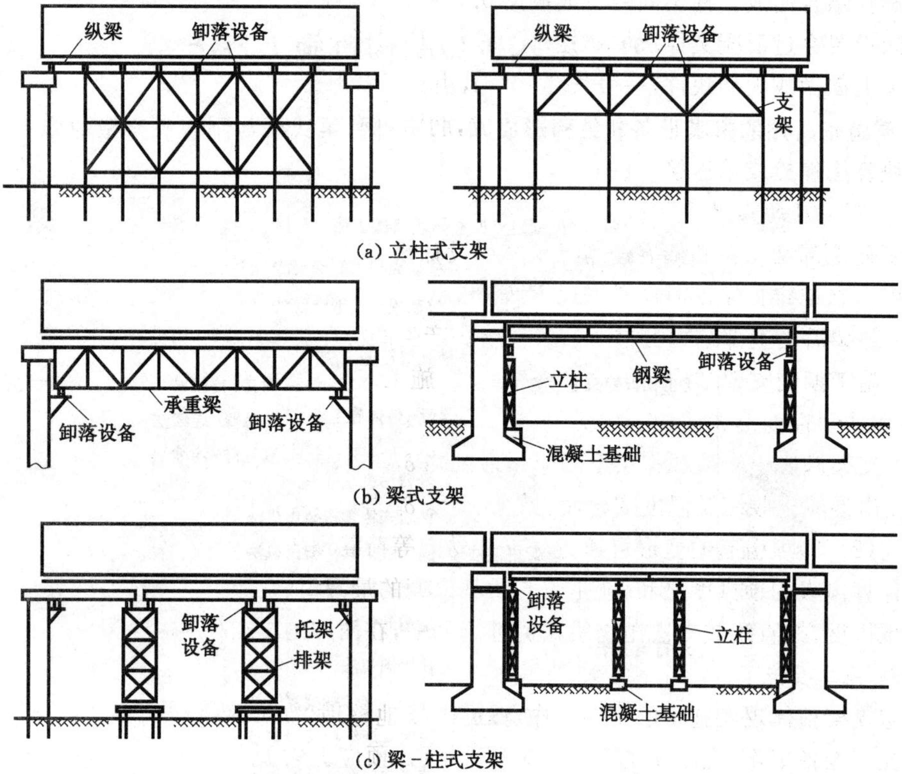

图 3-2　常用支架的主要构造

1. 立柱式支架

立柱式支架构造简单，可用于陆地或不通航河道及桥墩不高的小跨径桥梁施工。支架通常由排架和纵梁等构件组成。排架由枕木或桩、立柱和盖梁组成[图 3-2(a)]。一般排架间距 4 m，桩的入土深度按施工设计要求设置，但不小于 3 m。当水深大于 3 m 时，桩要用拉杆加强。一般需在纵梁下布置卸落设备。

2. 梁式支架

根据跨径不同，梁可采用工字钢、钢板梁或钢桁梁[图 3-2(b)]。一般工字钢用于跨径小于 10 m 的情况，钢板梁用于跨径小于 20 m 的情况，钢桁梁用于跨径大于 20 m 的情况。梁可以支承在墩旁支柱上，也可支承在桥墩上预留的托架或桥墩处的横梁上。

3. 梁-柱式支架

当桥梁较高、跨径较大或必须在支架下设通航孔或排洪时可用梁-柱式支架[图 3-2(c)]。梁支承在桥墩(台)及临时支柱或临时墩上，形成多跨的梁-柱式支架。

（二）模板

就地浇筑桥梁的模板常用木模和钢模。对预制安装构件，除钢模、木模外，也可采用钢木结合模板、土模和钢筋混凝土模板等。模板形式的选择主要取决于同类桥跨结构的数量和模板材料的供应。当建造单跨或 n 跨不同桥跨结构时，一般采用木模；当有 n 跨同样的桥跨结构时，从经济角度可采用大型模板块件组装或用钢模。

木模一般由横向内框架、外框架和模板组成。框架由竖向、水平向及斜向的方木或木条用钉或螺栓结合而成。框架间距一般取用 0.7～1.0 m，模板厚度可选用 4～5 cm，在梁肋的模板之间设置穿过混凝土撑块的螺栓。

钢模大都做成大型块件，一般长 3～8 m，由钢板和加劲骨架焊接组成。通常钢板厚度取用 4～8 mm。骨架由水平肋和竖向肋形成，肋由钢板或角钢做成，肋距 0.5～0.8 m。大型钢模块件用螺栓或销连接。

（三）预拱度的设置

为了使上部结构在卸架后能满意地获得设计规定的外形，必须在施工时设置一定数值的预拱度。在确定预拱度时应考虑以下因素：

(1) 卸架后由上部结构自重及活载一半所产生的挠度 δ_1。

(2) 施工期间支架结构在恒载及施工荷载(施工人员、机具、设备等荷载)作用下的弹性压缩 δ_2 和非弹性变形 δ_3。

(3) 支架基底土在荷载作用下的非弹性沉陷 δ_4。

(4) 由混凝土收缩及温度变化而引起的挠度 δ_5 等。

上述(2)(3)项引起的变形可通过对支架用同等荷载预压得到。根据梁的挠度和支架的变形所计算出来的预拱度之和，就是简支梁预拱度的最高值，它应设置在跨径的中点。其他各点的预拱度，按直线或二次抛物线比例进行分配，在两端的支点处则为零。

（四）施工要点

固定支架整体现浇施工的主要工序有：施工场地整理、支架和模板设立、钢筋和预应力钢束绑扎等准备工作，混凝土的制备、浇筑和养护，预应力索的张拉，模板、支架的拆除等。图 3-3 所示为钢筋混凝土简支梁桥固定支架整体现浇施工工序。

1. 准备工作

现场浇筑施工的梁式桥，在浇筑混凝土前要进行周密的准备工作和严格的检查。

应对支架和模板进行全面、严格的检查，核对设计图纸要求的尺寸、位置，检查支架的接头位置是否准确、可靠，卸落设备是否符合要求；检查模板的尺寸，制作是否密贴，螺栓、拉杆、撑木是否牢固，是否涂抹模板油及其他脱模剂等。

检查钢筋与套管是否正确地按设计图纸规定的位置布置，钢筋骨架绑扎是否牢固，套管端部、连接部分与锚具处应特别注意防止漏浆，检查锚具位置、压浆管和排气孔是否可靠。

检查混凝土供料、拌制、运输系统是否符合规定要求，在正式浇筑前对灌注的各种机具设备进行试运转，以防在使用中发生故障。

2. 混凝土制备

严格控制混凝土配合比和坍落度，随时测定混凝土的坍落度，并根据实际情况加入商品混凝土塑化剂等改善坍落度，使混凝土生产的质量水平维持在优良等级。

控制商品混凝土最大单方水泥用量，一般不宜超过 500 kg/m^3，大体积混凝土不宜超过

300 kg/m³。优先采用高标号水泥，加强配合比设计，加强振捣和养护，以防裂纹产生。

对泵送混凝土采用二次振捣，消散气泡，防止混凝土形成麻面、气孔缺陷。

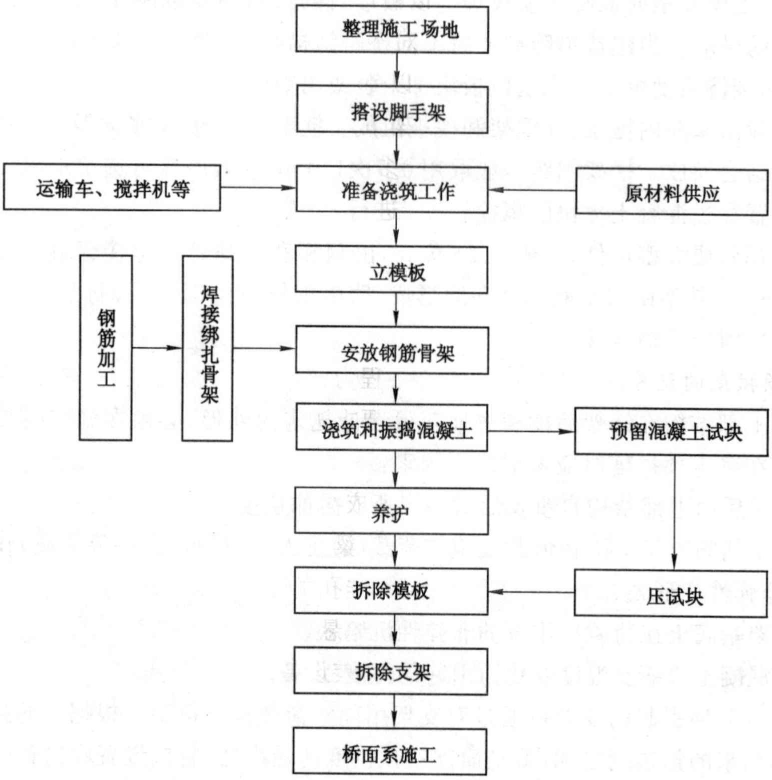

图 3-3　钢筋混凝土简支梁桥固定支架整体现浇施工工序图

3. 混凝土浇筑

混凝土的浇筑必须依据施工支架类型的不同，制订合适的混凝土浇筑方案进行施工。

为了达到桥跨结构的整体性要求和防止浇筑上层混凝土时破坏下层，浇筑层次的增加需有一定的速度，保证在先浇筑的一层混凝土初凝之前完成次一层的浇筑。

在考虑主梁混凝土浇筑顺序时需遵循的原则是不应使模板和支架产生有害的下沉。

混凝土的浇筑方法一般有分层浇筑法、斜层浇筑法和单元浇筑法。实际施工时，考虑到对浇筑的混凝土进行振捣的便利等因素，往往采用几种方法的组合。

4. 混凝土养护、预应力筋张拉及模板拆除

(1) 混凝土养护。

混凝土浇筑完成后进行养护，能促使混凝土硬化，并在获得规定强度的同时，防止混凝土干缩引起的裂缝，防止混凝土受雨淋、日晒，受冻及受荷载的振动、冲击。由于混凝土在硬化过程中发热，在夏季和干燥的气候下应进行湿润养护，而冬季则主要保护其不受冻，采用加温养护。

(2) 预应力筋张拉。

后张法预应力混凝土梁，须待混凝土强度达到设计要求后才能进行张拉，一般要在混凝

土强度达到设计强度的70%以上时才能进行。

(3) 模板拆除及卸架。

当混凝土强度达到设计强度的25%以后，可拆除侧模板；当混凝土强度不小于设计强度的70%以后，方可拆除各种梁的模板。对于预应力梁，应在预应力筋张拉完毕或张拉到一定数量后(根据设计要求)，再拆除模板，以免梁体混凝土受拉。

梁的卸架程序应从梁挠度最大处的支架节点开始，逐步卸落相邻两侧的节点，并要求对称、均匀、有顺序地进行；同时要求各节点分多次进行卸落，以使梁的沉落曲线逐步加大。通常简支梁、连续梁及刚构桥可从跨中向两端进行；悬臂梁则应先卸落挂梁及悬臂部分，然后卸落主跨部分。

二、大型构件预制安装施工法

大型构件预制安装施工法的一般施工过程为：在工厂或现场预制整孔梁或分段梁；进行预制梁段的起吊、运输和安装；根据桥梁结构要求进行结构体系转换。

(一) 梁体预制

对简支梁桥，预制构件一般以截面形式为依据，有空心板梁、T 形梁和单室箱梁。

对连续梁，其预制构件的形式较多，有简支梁组合、单悬臂简支梁和挂孔的组合、双悬臂简支梁和挂孔的组合、桥墩处的平衡悬臂梁和挂孔的组合以各种预制构件的组合形式而形成简支变连续、单悬臂变连续、双悬臂变连续、双悬臂 T 形刚构变连续的结构体系。预制构件单元的划分在很大程度上还取决于施工时安装设备的吊装能力。

(二) 预制梁的安装

1. 自行式吊车安装法

陆地桥梁、城市高架桥预制梁安装常使用自行式吊车吊装。先将梁运到桥位处，采用一台或两台自行式汽车吊机或履带吊机直接将梁片吊起就位，方法便捷，履带吊机的最大起吊能力达 3 000 kN。如图 3-4 所示。

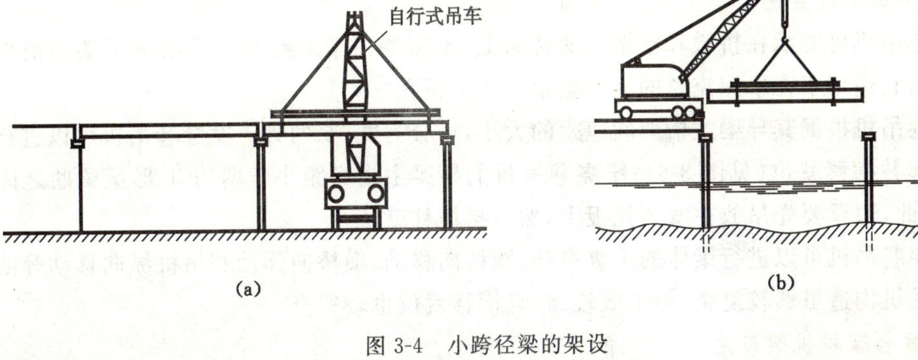

图 3-4　小跨径梁的架设

2. 缆索起重机架设法

缆索起重机架设法是通过缆索起重机的两跑车上设置的起吊设备将预制梁起吊提升、牵拉运行、就位安装。

该方法的最大优点是不受桥孔下的地基、河流水文状态等条件限制，也不需要导梁、龙门吊机等重型吊装设备，而且无扒杆移动等问题。

3. 跨墩龙门吊机架设法

跨墩龙门吊机架设法适用于岸上和浅水滩及不通航浅水区域安装预制梁。

两台跨墩龙门吊机分别设于待安装孔的前、后墩位置，预制梁由平车顺桥向运至安装孔的一侧，移动跨墩龙门吊机上的吊梁平车，对准梁的吊点放下吊架，将梁吊起。当梁底超过桥墩顶面后，停止提升，用卷扬机牵引吊梁平车慢慢横移，使梁对准桥墩上的支座，然后落梁就位，接着准备架设下一根梁。如图 3-5 所示。

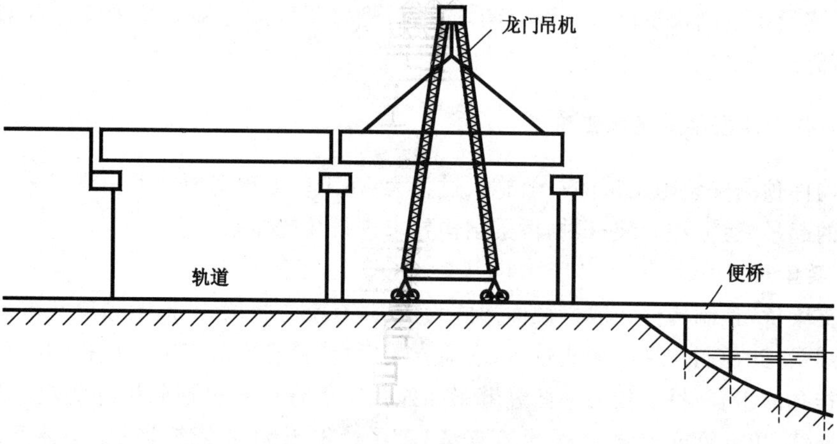

图 3-5　跨墩龙门吊机架设法

在水深不超过 5 m、水流平缓、不通航的中小河流上的小桥孔，也可采用跨墩龙门吊机架梁。这时必须在水上桥墩的两侧架设龙门吊机轨道便桥，便桥基础可用木桩或钢筋混凝土桩。

在水浅流缓而无冲刷的河上，也可用木笼或草袋筑岛来做便桥的基础。便桥的梁可用贝雷梁组拼。

4. 穿巷吊机架设法

穿巷吊机可支承在桥墩和已架设的桥面上，不需要在岸滩或水中另搭脚手架与铺设轨道，因此，它适用于在水深流急的大河上架设水上桥孔。

穿巷吊机根据其导梁主桁架间净距的大小，可分为宽、窄两种。宽穿巷吊机可以进行边梁的吊起并横移就位(见图 3-6)；窄穿巷吊机的导梁主桁净距小于两边 T 形梁梁肋之间的距离，因此，边梁要先吊放在墩顶托板上，然后再横移就位。

宽穿巷吊机可以进行梁体的垂直提升、顺桥向移动、横桥向移动和吊机纵向移动等四种作业。吊机构造虽然较复杂，但工效较高，且横移就位也较安全。

5. 联合架桥机架设法

联合架桥机架设法是以联合架桥机并配备若干滑车、千斤顶、绞车等辅助设备架设安装预制梁。

架梁时，先设导梁和轨道，用绞车将导梁拖移就位后，把蝴蝶架用平板小车推上轨道，将龙门吊机托运至墩上，再用千斤顶将吊机降落在墩顶，并用螺栓固定在墩的支承垫块上，用平车将梁运到两墩之间，由吊机起吊、横移、下落就位。待全跨梁就位后，铺设轨道，用蝴蝶架把吊机移至下一跨架梁。

这种方法的优点是可完全不设桥下支架，不受洪水威胁，架设过程中不影响桥下通车、通航，预制梁的纵移、起吊、横移、就位都比较便利；缺点是架设设备用钢材较多（可周转使用），较适用于多孔 30 m 以下孔径的装配式桥。

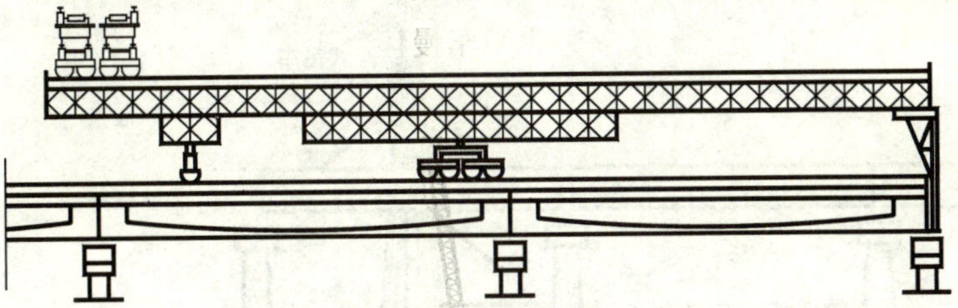

(a) 一孔架完后，前、后横梁移至尾部做平衡重

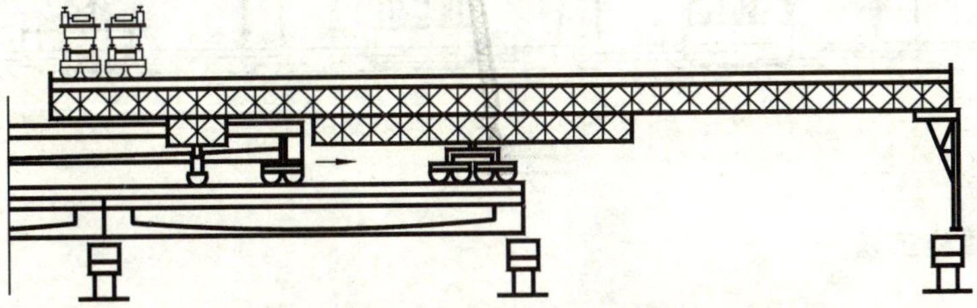

(b) 穿巷吊机向前移动一孔位置，并使前支腿支承 在墩顶上

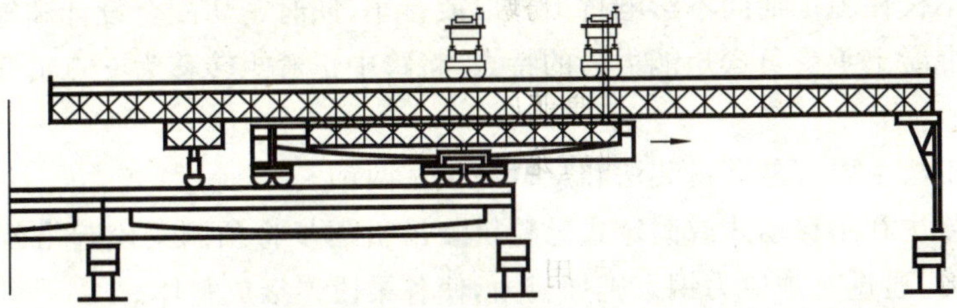

(c) 吊机前横梁吊起T形梁，梁的后端仍放在运梁平车上，继续前移

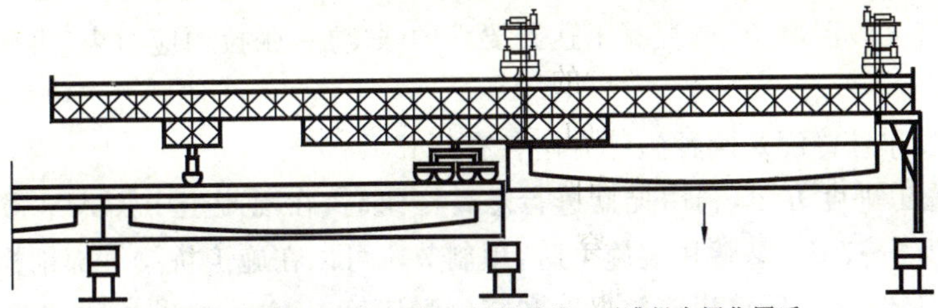

(d) 吊机后横梁也吊起T形梁，缓慢前移，对准纵向梁位置后，
先固定前后横梁，再用横梁上的吊梁小车横移落梁就位

图 3-6　宽穿巷吊机架梁步骤

6. 浮吊船架设法

在通航河道或水深河道上架桥，可采用浮吊船安装预制梁。该方法的施工速度快，高空作业较少，吊装能力强，是大跨多孔河道桥梁的有效施工方法。采用浮吊船架设要配置运输驳船，岸边设置临时码头，同时在浮吊架设时应有牢固锚碇，要注意施工安全。

利用浮吊船进行预制梁安装的两种方法是浮吊船充排水架设法和浮吊船支架拖拉架设

法。前者将预制梁装载在浮吊船上的支架枕木垛上，使梁底的高度高于墩（台）支座顶面0.2～0.3 m，然后将浮吊船拖运至架设孔，充水入浮吊船，使浮吊船吃水加深，降低梁底高度使预制梁安装就位。后者是将预制梁拖拉滚移到岸边，并将其一端拖至浮吊船支架上，再利用浮吊船将预制梁拖拉至对岸，用龙门架或扒杆安装就位。

浮吊船架设法如图 3-7 所示。

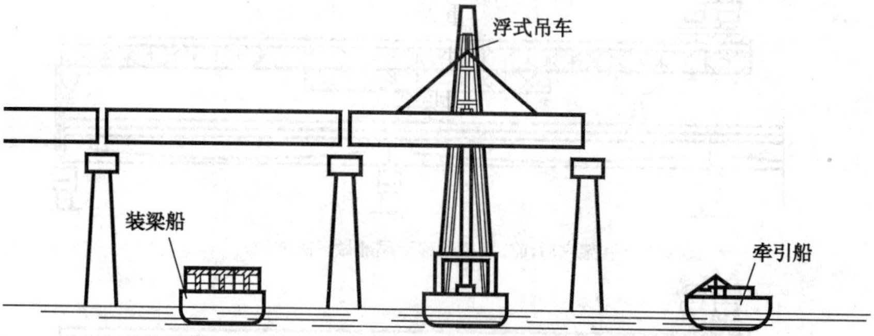

图 3-7　浮吊船架设法

三、悬臂施工法

悬臂施工法是国内外大跨径预应力混凝土悬臂梁、连续梁及刚构桥中最常用的施工方法之一。它不仅在施工期间不影响桥下通航或行车，同时密切配合设计和施工的要求，充分利用预应力混凝土承受负弯矩能力强的特点，将跨中正弯矩转移为支点负弯矩，提高了桥梁的跨越能力。

悬臂施工法主要有悬臂拼装法和悬臂浇筑法两种。

悬臂拼装法利用移动式或固定式悬臂拼装吊机逐步将预制梁段起吊就位，以环氧树脂胶做接缝材料，通过对预应力钢束施加应力，使各梁段连接成整体。

悬臂浇筑法采用移动式挂篮作为主要的施工设备之一，以桥墩为中心，对称向两岸利用挂篮逐段浇筑梁段混凝土，待混凝土达到要求的强度后，张拉预应力束，再移动挂篮，进行下一节段的施工。

悬臂拼装和悬臂浇筑两种施工方法各有利弊。

(1) 在施工进度方面，利用挂篮进行悬臂浇筑时，在混凝土中加入早强剂，每个节段施工周期通常为5～7 d。悬臂拼装施工时，预制节段可以在施工桥梁下部结构的同时进行，拼装时仅占用吊装定位、环氧树脂胶粘贴和穿束张拉等工序，一个节段拼装时间仅 1～1.5 d。所以从施工进度方面比较，悬臂拼装法速度比悬臂浇筑法要快得多，悬臂拼装法适合于快速施工。

(2) 在结构整体性方面，由于采用悬臂浇筑法施工时，梁体钢筋采用焊接，并对已建梁体表面混凝土进行了凿毛等类似工作缝的处理，结构整体性较好。

(3) 在施工变形控制方面，悬臂浇筑法施工时，可采用计算机程序对梁体逐段进行标高的控制和调整。悬臂拼装法施工时，因梁段已完成预制，能调整的余地相对较小，再加上施工中许多不确定荷载等因素，造成施工变形控制难度较大。

(4) 在施工适应性方面，悬臂浇筑施工时，遇冬季寒冷气候，混凝土蒸汽养护难度较大，所以会受到地域季节条件的影响，但不受桥下地形、水文或建筑物影响。悬臂拼装施工时，由于节段块件在预制场预制，养护条件较好，对低温状况下环氧树脂胶接缝的处理有较成熟的经验，如采用干接缝则不受低温影响。但悬臂拼装时，一般从桥下运输节段，再由悬臂拼装吊机吊起就位，所以对桥下地形及水文等情况有一定要求。

(5) 在起重能力要求方面，悬臂浇筑法施工时，对起重能力要求不高，仅起吊钢筋骨架及混凝土；但加长节段长度将增加混凝土自重及挂篮结构重力，而且要增加平衡重及挂篮后锚设施。悬臂拼装法施工时，需起吊节段块件，则要求悬臂拼装吊机起吊能力较大。一般节段长度为 2～5 m。悬臂拼装吊机一般可采用贝雷桁架或万能杆件拼装。

(一) 悬臂浇筑法

悬臂浇筑法施工如图 3-8 所示。

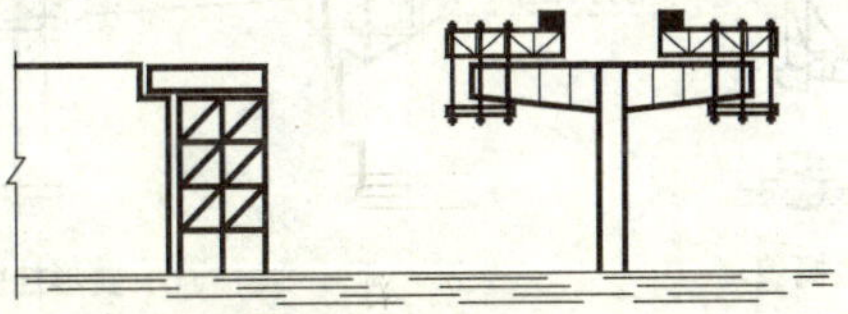

(a) 悬臂浇筑法概貌

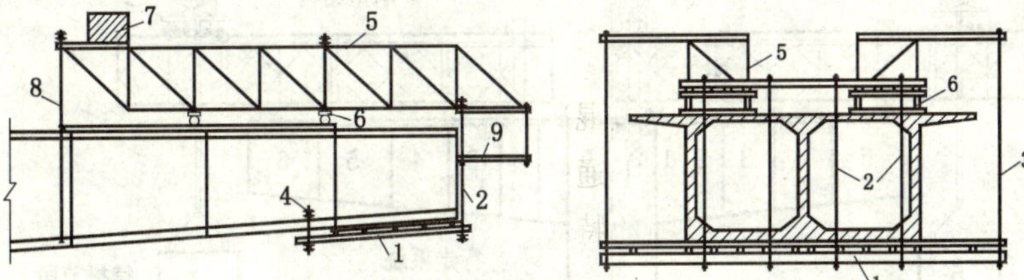

(b) 挂篮结构简图

1—底模架；2,3,4—悬吊系统；5—承重结构；6—行走系统；7—平衡重；8—锚固系统；9—工作平台。

图 3-8　悬臂浇筑法施工

悬臂浇筑的节段长度要根据主梁的截面变化情况和挂篮设备的承载能力来确定，一般可取 2～8 m。每个节段可以全截面一次浇筑，也可以先浇筑梁底板和腹板，再安装顶板钢筋及预应力管道，最后浇筑顶板混凝土，但需注意由混凝土龄期差而产生收缩、徐变的次内力。悬臂浇筑施工和周期一般为 6～10 d，依节段混凝土的数量和结构复杂的程度而定。合龙段是悬臂施工的关键部位。为了控制合龙段的准确位置，除了需要预先设计好预拱度和进行严密的施工监控外，还要在合龙段中设置劲性钢筋定位，采用超早强水泥，选择最合适的梁的合龙温度(宜低温)及合龙时间(夏季宜在晚上)，以提高施工质量。

(二) 悬臂拼装法

悬臂拼装法施工如图 3-9 所示。用于悬臂拼装的机具很多，有移动式吊车、桁架式吊车、缆式起重机、汽车吊和浮吊等。

图 3-9(b)是菱形挂篮吊机构造示意图。它由菱形主体构架、支承与锚固装置、起吊系统、自行走系统和工作平台等部分组成。与桁架式悬臂吊机[见图 3-9(c)]相比最大的不同点是它具有自行前移的机构，可以加快施工速度。

图 3-9(c)是桁架式悬臂吊机构造示意图，它由纵向主桁架、横向起重桁架、锚固装置、平衡重、起重系统、行走系统和工作吊篮等部分组成。起重系统由电动卷扬机、吊梁扁担及滑

车组等组成。吊机的整体纵移可采用钢管滚筒在临时轨道上滚移，由电动卷扬机牵引。工作吊篮挂于主桁架前端的吊篮横梁上，供施工人员施加预应力和压浆等操作之用。这种吊机结构最简单，故使用最普遍。

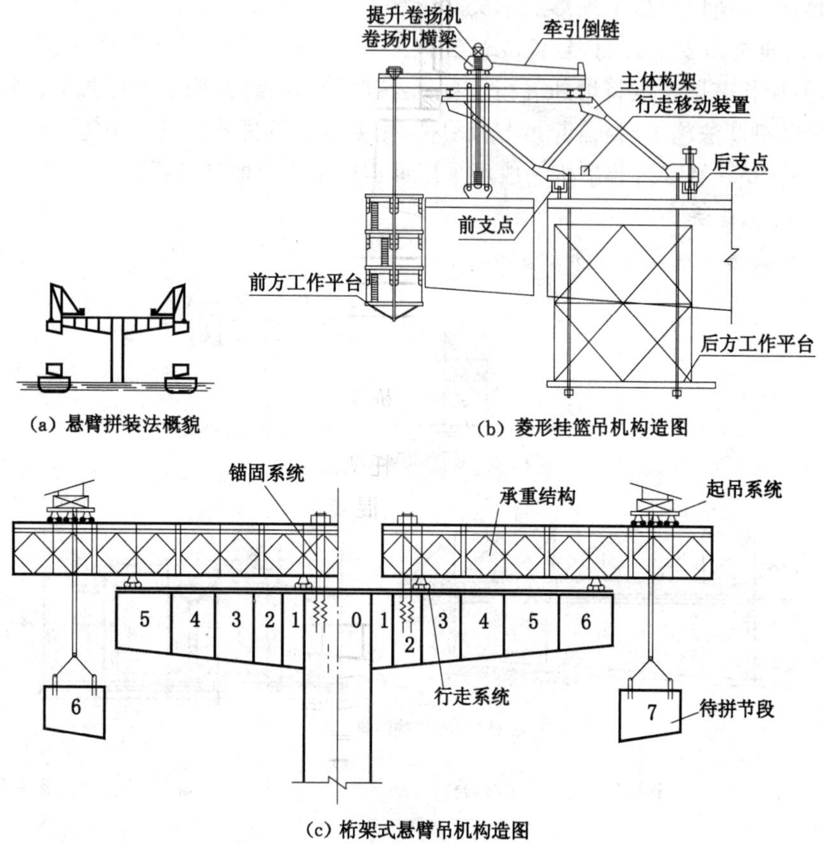

(a) 悬臂拼装法概貌　　(b) 菱形挂篮吊机构造图

(c) 桁架式悬臂吊机构造图

图 3-9　悬臂拼装法施工

预制节段之间的接缝可采用湿接缝和胶接缝。湿接缝宽度约为 0.1～0.2 m，拼装时下面设临时托架，梁段位置调准以后，便用高标号砂浆或小石子混凝土填实，待接缝混凝土达到设计强度以后再施加预应力。胶接缝是用环氧树脂加水泥在节段接缝面上涂上厚约 0.8 mm 的薄层，它在施工中可使接缝易于密贴，完工以后可提高结构的抗剪能力、整体刚度和不透水性，故应用较普遍。但胶接缝要求梁段接缝有很高的制造精度。

（三）悬臂施工法中的梁墩临时固接

对于 T 形刚构桥和连续刚构桥梁，因墩梁本身就是固接的，所以不存在梁墩临时固接的问题。但对于悬臂梁桥和连续梁桥来说，采用悬臂施工法时，就必须在 0 号块节段将梁体与桥墩临时固接或支承。图 3-10 是 0 号块梁段与桥墩临时固接的构造示意图，只要切断预应力筋后，便解除了临时固接，完成了结构体系的转换。

常见的临时固接、支承措施有：

(1) 将 0 号块梁段与桥墩用普通钢筋或预应力筋临时固接，待需要解除固接时切断。

(2) 在桥墩一侧或两侧加临时支承或支墩。

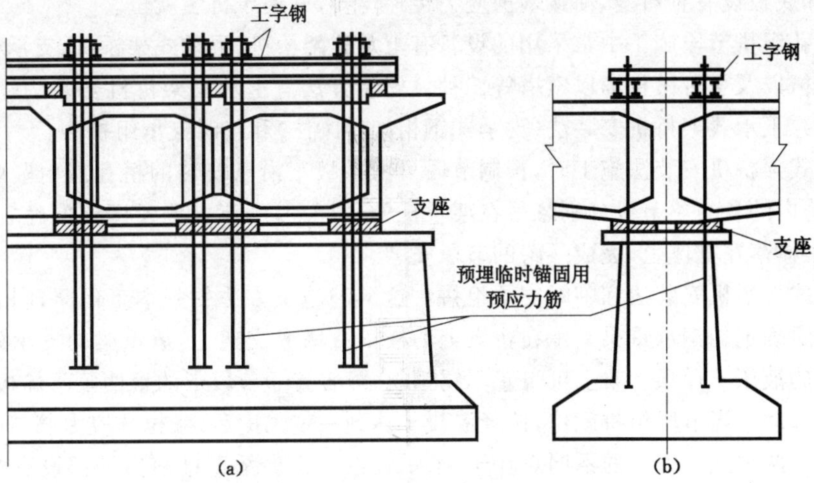

图 3-10　0 号块梁段与桥墩的临时固接构造

(3) 将 0 号块梁段临时支承在扇形或门式托架的两侧。

(4) 临时支承可用硫黄水泥砂浆块、砂筒或混凝土块等卸落设备，以使体系转换时较方便地撤除临时支承。

图 3-11 是几种不同的临时支架示意图。

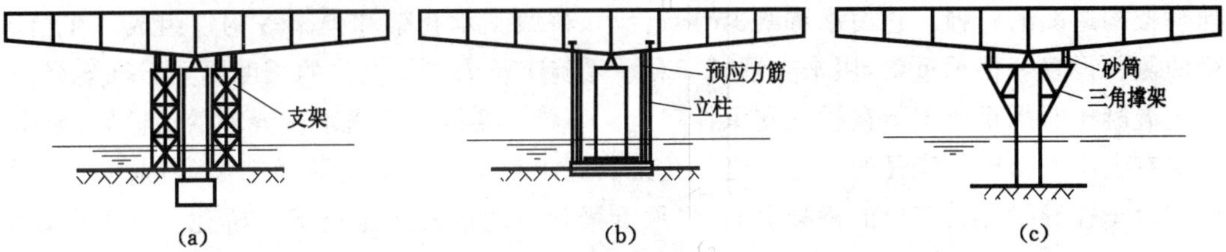

图 3-11　临时支架示意图

四、逐孔施工法

随着城市高架道路、轻轨交通的建设，中等跨径的长桥越来越多地得到利用，逐孔施工法应运而生。

逐孔施工法从桥梁一端开始，采用一套施工设备或一、两孔施工支架逐孔施工，周期循环，直到全部完成。它使施工单一标准化、工作周期化，并最大限度地减少了工费比例，降低了工程造价，自 20 世纪 50 年代末期以来，在连续梁桥的施工中得到了广泛应用和发展。

逐孔施工法从施工技术方面可分为两种类型：预制节段逐孔组拼施工法和使用移动支架逐孔现浇施工法，后者又称为移动模架法。

(一) 预制节段逐孔组拼施工法

主梁节段的划分原则需综合考虑桥梁跨径大小，架桥机的总吊装能力和性能，节段的横断面形状、预制工艺、运输，预应力布置和施工工期等因素。

按节段组拼进行逐孔施工，一般的组拼长度为桥梁的跨径，已成梁体与待连接的梁节段的接头设在桥墩处。主梁构造布置的另一特点是节段的连接部位，一般节段的腹板设有齿键，顶板和底板设有企口缝，使接缝剪应力传递均匀，并便于拼装就位。

在逐孔组拼节段施工中常采用的设备有上承式架桥机、下承式架桥机、支承桁架辅以起吊运输机械以及悬臂吊机辅以索塔等四种。安装方法有上承式架桥机安装法（下挂式高架钢桁架法）、下承式架桥机安装法（支承式钢桁架导梁法）和临时支承组拼法。

上承式架桥机安装法施工时，预制节段可由平板车沿已安装的桥孔或由驳船运至桥位后吊装，跨内的各主梁节段分别悬吊在架桥机的吊杆上，经节段位置调整准确后，张拉预应力，并使梁体落在支座上，完成一跨的节段安装。

下承式架桥机安装法和临时支承组拼法这两种施工方法的基本工作原理相同，即按桥墩间跨长所确定的钢承重梁支承在桥墩上的横梁或墩旁支架上，承重梁的支承处设有用于调整标高的液压千斤顶。梁上可设置不锈钢轨，配合置于节段下的聚四氟乙烯板，便于节段在导梁上移动。当节段组拼就位，接缝混凝土达到一定强度后，张拉预应力筋与前一跨桥组拼成整体。两种施工方法的不同点在于，下承式架桥机的承重梁前后端都设有配合架桥机前移的导梁，承重梁的前移通过液压千斤顶的顶进完成，而临时支承组拼法中的承重梁则需辅助的施工设备帮助移动至下一安装孔。这就要求钢承重梁便于装拆和移运，以适应多次转移逐孔拼装。

（二）使用移动支架逐孔现浇施工法（移动模架法）

移动模架法是使用移动式的脚手架和装配式的模板，在桥上逐孔浇筑施工。它像一座设在桥孔上的活动预制场，随着施工进程不断移动连续现浇施工。图 3-12 所示是上承式移动模架构造图的一种。它由承重梁、导梁、台车、桥墩支承托架和模架等构件组成。在箱形梁两侧各设置一根承重梁，用来支承模架和承受施工重力。承重梁的长度要大于桥梁跨径，浇筑混凝土时承重梁支承在桥墩支承托架上。导梁主要用于运送承重梁和活动模架，因此，需要有大于两倍桥梁跨径的长度。当一孔梁的施工完成后便进行脱模卸架，由前方台车和后方台车在导梁和已完成的桥梁上面，将承重梁和活动模架运送至下一桥孔。承重梁就位后，再将导梁向前移动。

五、顶推施工法

顶推施工法是在沿桥纵轴方向设立预制场，采用无支架的方法推移就位。此方法适用于水深、桥高及高架道路等情况。它能避免大量施工脚手架、不中断现有交通并可在较小的场地上进行施工，因此得到了广泛的应用。

顶推施工法的主要施工工序是在台后开辟预制场地，分节段预制梁身并用纵向预应力筋将各节段连成整体，然后通过顶推装置，并借助不锈钢板与聚四氟乙烯模压板组成的滑动装置，将梁逐段向对岸推进，待全部顶推就位后，落梁、更换正式支座，完成桥梁施工。

顶推施工法不仅用于连续梁桥（包括钢桥），同时也可用于其他桥型，如组合梁桥中的预制桥面板可在钢梁架设后，采用纵向顶推就位；简支梁桥则可先连续顶推施工，就位后解除梁跨间的连接；拱桥的拱上纵梁，可采用在立柱间顶推架设；顶推法还可在立交箱涵、地道桥和房屋建筑中使用。

顶推施工法的分类方式很多，一般按顶推力的施加位置和顶推装置的类型进行划分，顶推装置集中设置在桥台上或某一桥墩上时称为单点顶推；在多个墩（台）顶部设置顶推装置的称为多点顶推。

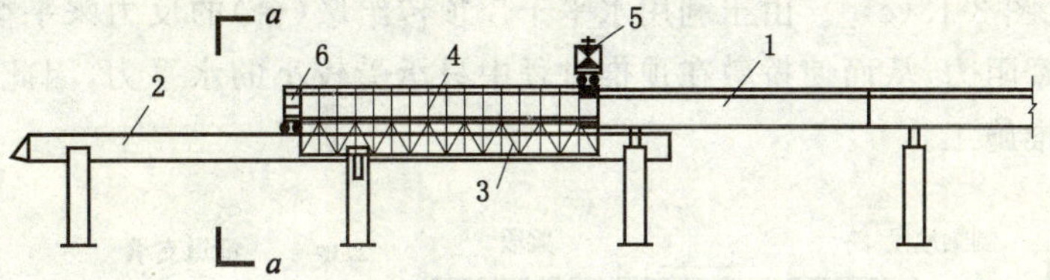

浇筑混凝土，施加预应力

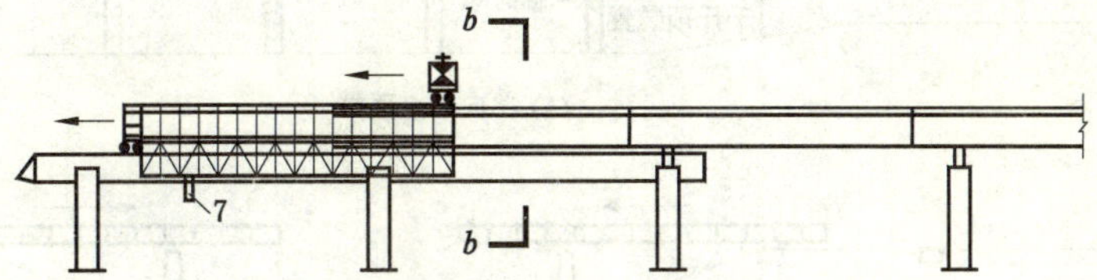

脱模移动模架梁

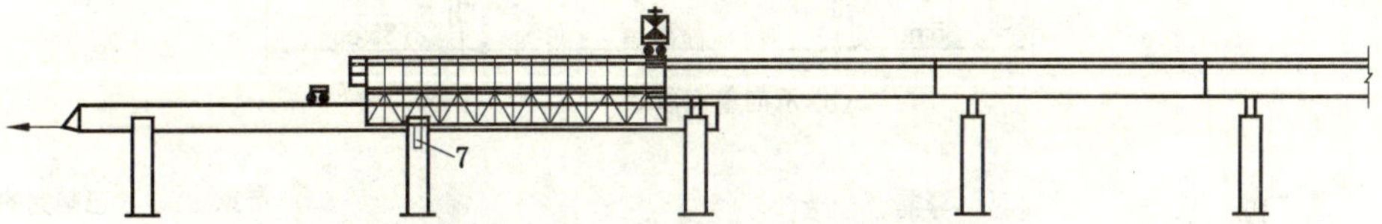

模架梁就位后，移动导梁，浇筑混凝土前准备工作

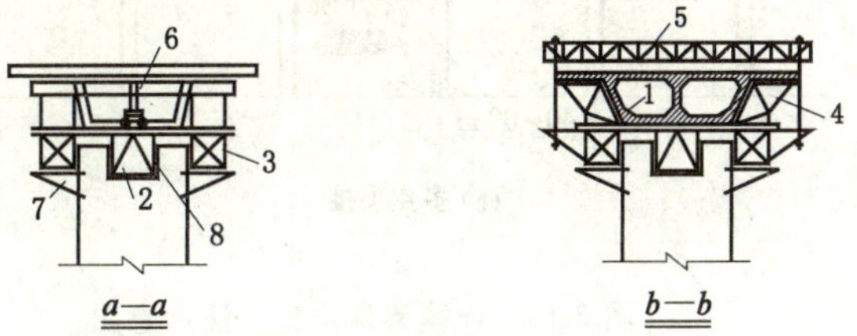

1—已完成的梁；2—导梁；3—承重梁；4—模架；5—后端横梁和悬吊台车；

6—前端横梁和支承台车；7—桥墩支承托架；8—墩(台)留槽。

图 3-12　上承式移动模架构造图

单点顶推又可分为单向单点顶推和双向单点顶推两种方式。只在一岸桥台处设置制作场地和顶推设备的称单向单点顶推[见图 3-13(a)]；为了加快施工进度，也可在河两岸的桥台处设置制作场地和顶推设备，从两岸向河中顶推，这样的方法称为双向单点顶推[见图 3-13(b)]。

在顶推中为了减小悬臂梁的负弯矩，一般要在梁的前端安装长度约为顶推跨径 60%～70%的钢导梁，导梁应自重轻而刚度大。顶推装置由水平千斤顶和竖直千斤顶组合而成，可以联合作用，其工序是顶升梁→向前推移→落下竖直千斤顶→收回水平千斤顶。

在顶推的过程中，各个桥墩墩顶均需布设滑道装置，它由混凝土滑台、不锈钢板和滑板组成。滑板则由上层氯丁橡胶和下层聚四氟乙烯板镶制而成，氯丁橡胶板与梁体接触使摩擦力增大，而聚四氟乙烯板与不锈钢板接触使摩擦力减至最小，借此就可使梁前进。

每个节段的顶推周期为 6～8 d，全梁顶推完毕后，便可解除临时预应力筋，调整、张拉和锚固后期预应力筋，再进行灌浆、封端、安装永久性支座，至此主体结构即告完成。

多点顶推是在每个墩(台)上设置一对小吨位的水平千斤顶，将集中的顶推力分散到各墩上[见图 3-13(c)]。由于利用水平千斤顶传给墩(台)的反力来平衡梁体滑移时在桥墩上产生的摩阻力,从而使桥墩在顶推过程中只承受较小的水平力,因此,可以在柔性墩上采用多点顶推施工。

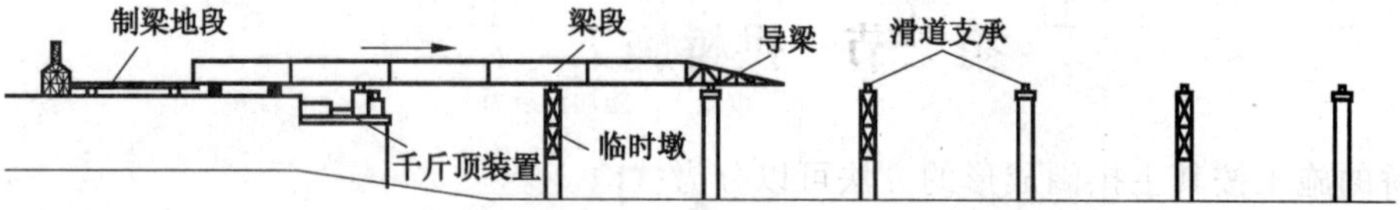

(a) 单向单点顶推

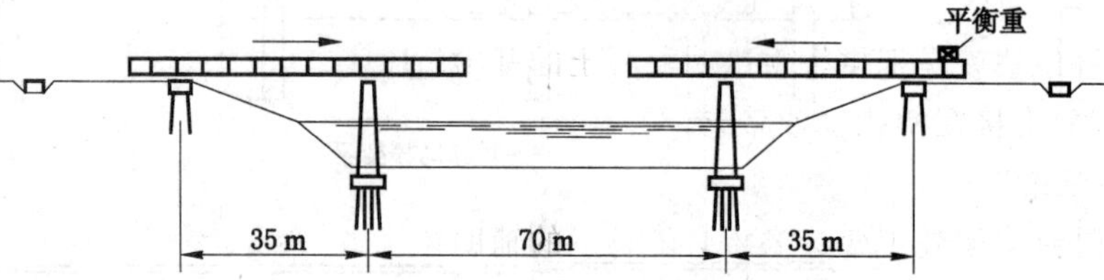

(b) 双向单点顶推

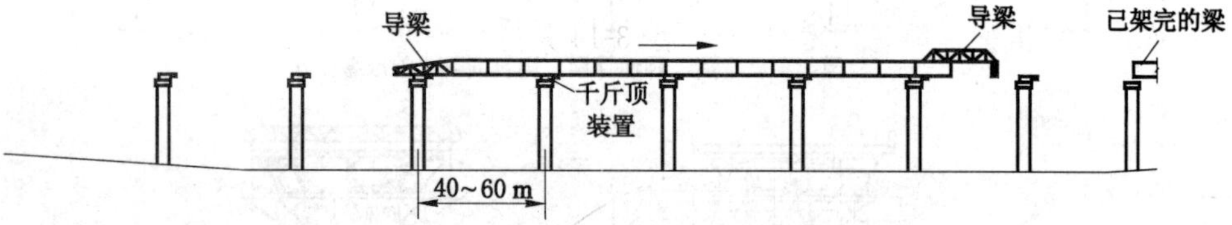

(c) 多点顶推

图 3-13　连续梁顶推施工法示意图

六、转体施工法

转体施工法是将梁体在河岸两侧分成半跨梁做有支架施工后,张拉预应力钢束并落架,形成由转动装置支承的转动体,随后通过一组牵引装置,牵引转动体转至桥梁轴线位置,进行梁体合龙施工及体系转换,完成桥面结构。

转体施工法避免了大量河上或高空作业;支架上现浇混凝土,结构整体性好,质量容易保证。转动系统的设计与施工是此法运用的关键。

江陵大桥位于江苏省苏州市吴江区内,主桥为三跨连续刚构,跨径组合为 50 m+86 m+50 m。为保证施工过程中不妨碍苏南运河通航及苏嘉公路的畅通,并尽量减小主桥长度、减轻转体时重量、降低工程造价,结合桥位地形,主桥采用偏心转体新工艺。

转动装置为钢筋混凝土铰支承,分为上盘和下盘。上盘为上承台的一部分,下盘为下承台的一部分。上、下盘中间放钢柱用以定位。下盘设在下承台顶面,其直径为 2.0 m,磨心曲面顶离承台顶面 30 cm,上、下盘曲面曲率半径略有不同。顶推时设两个顶推点,顶推点处上承台与下承台及环道通过 F4 板和不锈钢板摩擦进行滑动。为顶推需要在上承台左右两侧布置预应力束。

施工顺序为:桥墩的钻孔桩施工→修筑下承台及下磨盘,并同时修筑内外环道→上、下盘干磨磨合至摩擦因数 $\mu=0.08$，合上上转盘→上承台混凝土浇筑，同时要放好内外环道上的滑板构造→桥墩及上部结构箱梁体混凝土浇筑→测定各控制点标高，顶推上承台→转体到位后，进行合龙施工→上、下承台间用 C40 混凝土填塞封盘。

第二节　拱桥施工方法

拱桥的施工按其主拱圈成形的方法可以分为就地浇筑法、预制安装法和转体施工法。

一、就地浇筑法

就地浇筑法就是把拱桥主拱圈混凝土的基本施工工艺流程（立模、扎筋、浇筑混凝土、养护及拆模等）直接在桥孔位置完成。

（一）拱架

拱架是有支架施工建造拱桥必不可少的辅助结构，在整个施工期间，用以支承全部或部分拱圈和拱上建筑的重量，并保证拱圈的形状符合设计要求。

1. 满布立柱式拱架

满布立柱式拱架一般采用木材制作，图 3-14 是这种拱架的一般构造示意图。

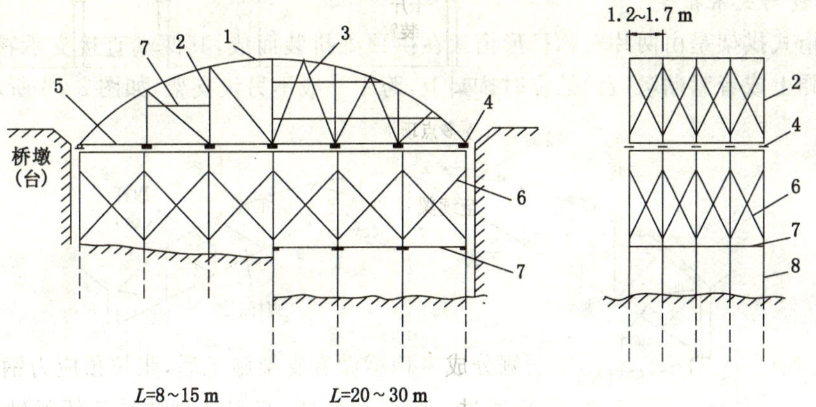

1—弓形木；2—立柱；3—斜撑；4—卸架设备；5—水平拉杆；6—斜夹木；7—水平夹木；8—桩木。

图 3-14　立柱式木拱架

满布立柱式拱架的上部由弓形木、立柱、斜撑和拉杆组成拱形桁架，又称拱盔，它的下部是由立柱和横向联系（斜夹木和水平夹木）组成支架，上、下部之间放置卸架设备（木楔或砂筒等）。

这种支架的立柱数目很多，只适合于桥不太高、跨度不大且无通航要求的拱桥施工。

2. 撑架式拱架

这种拱架的上部与满布立柱式拱架相同，其下部是用少数框架式支架加斜撑来代替众多数目的立柱，因此木材用量相对较少，如图 3-15 所示。

撑架式拱架构造上并不复杂，而且能在桥孔下留出适当的空间，减小洪水及漂流物的威胁，并在一定程度上满足通航的要求，是实际中采用较多的一种形式。

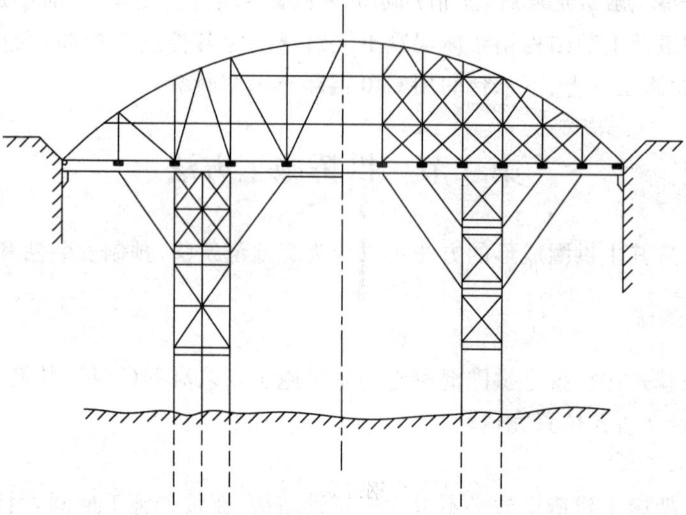

图 3-15　撑架式拱架

3. 三铰桁式木拱架

三铰桁式拱架是由两片对称弓形桁架在拱顶处拼装而成，其两端直接支承在墩(台)所挑出的牛腿上或者紧贴墩(台)的临时排架上，跨中一般不另设支架，如图 3-16 所示。

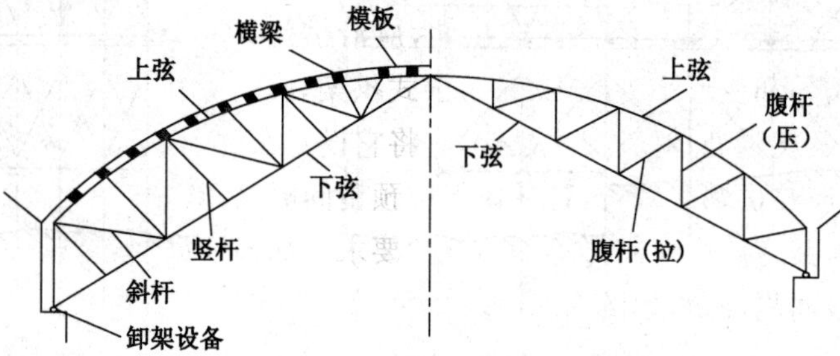

图 3-16　三铰桁式木拱架

这种拱架不受洪水、漂流物的影响，在施工期间能维持通航，适用于墩高、水深、流急或要求通航的河流。与满布立柱式拱架相比，三铰桁式拱架木材用量少，可重复使用，损耗率低；但对木材规格和质量要求较高，同时要求有较高的制作水平和架设能力。由于在拱铰处结合较弱，因此，除在结构构造上须加强纵横向联系外，还需设抗风缆索，以加强拱架的整体稳定性。在施工中应注意对称均匀浇筑混凝土，并加强观测。

4. 钢拱架

钢拱架一般采用桁架式，由单片拱形桁架构成。拱片之间的距离可为 0.4 m 或 1.9 m。它们可以被拼接成三铰、两铰或无铰拱架。当跨径小于 80 m 时多用三铰拱架，跨径 80～100 m 时多用两铰拱架，跨径大于 100 m 时多用无铰拱架。图 3-17 是两铰钢拱架构造示意图。由于钢拱架多用在大跨径拱桥的建造上，而它本身具有很大的重量，因此在安装时，还需借助临时墩和起吊设备，将它分为若干节段后再拼装而成。施工时再拆除临时墩与钢拱架的联系，施工完毕后，又借助临时墩逐段将它拆除。图 3-17(b)是这类拱架的安装示意图。

图 3-17 钢拱架构造示意图

(二) 拱圈混凝土的浇筑

在浇筑拱圈混凝土之前，必须在拱架上立好模板，绑扎或焊接好钢筋骨架。为了保证在整个施工过程中拱架受力均匀和变形最小，必须选择合适的浇筑方法和顺序。

对于跨径小于 16 m 的拱圈或拱肋混凝土，应按拱圈全宽从两端拱脚向拱顶对称地连续浇筑，并在拱脚混凝土初凝前全部完成，如预计不能在限定时间内完成，则应在拱脚预留一个隔缝并最后浇筑混凝土。

对于跨径大于或等于 16 m 的拱圈或拱肋，应沿拱跨方向分段浇筑。分段位置应以能使拱架受力对称、均匀和变形小为原则，对于拱式拱架，宜将分段位置设置在拱架受力反弯点、拱架节点、拱顶及拱脚处；对满布式拱架，宜将它设置在拱顶、$L/4$ 部位、拱脚及拱架节点处。各段的接缝面应与拱轴线垂直，各分段点应预留间隔槽，其宽度一般为 0.5～1.0 m，当安排有钢筋接头时，其宽度尚应满足钢筋接头的要求。如预计拱架变形较小，可减少或不设间隔槽，而采取分段间隔浇筑，如图 3-18 所示。

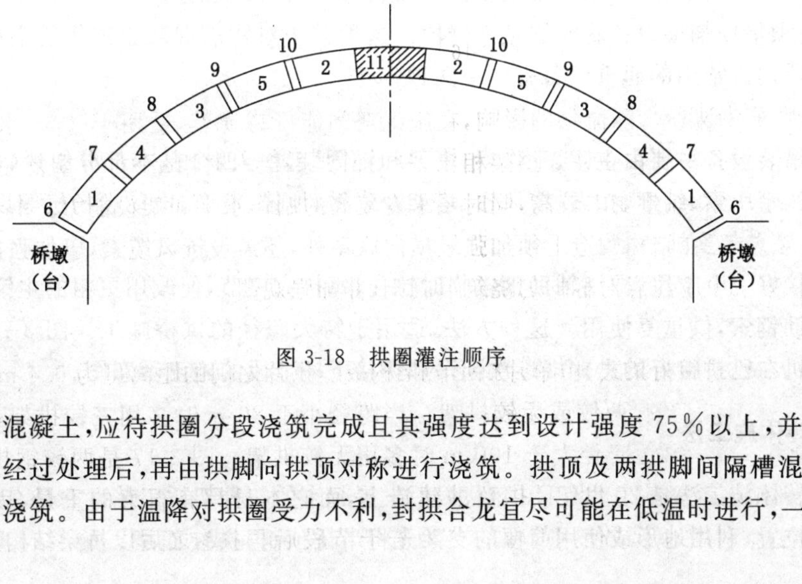

图 3-18 拱圈灌注顺序

间隔槽混凝土，应待拱圈分段浇筑完成且其强度达到设计强度 75%以上，并且接缝按施工缝要求经过处理后，再由拱脚向拱顶对称进行浇筑。拱顶及两拱脚间隔槽混凝土应在最后封拱时浇筑。由于温降对拱圈受力不利，封拱合龙宜尽可能在低温时进行，一般最高不超过 15 ℃，否则需采取一定的措施调整拱圈内力。封拱合龙前当用千斤顶施加压力的方法调整拱圈应力时，拱圈(包括已浇间隔槽)内的混凝土强度应达到设计强度。

浇筑大跨径拱圈(拱肋)混凝土时，宜采用分环(层)分段法浇筑，也可沿纵向分成若干条幅，中间条幅先行浇筑合龙，达到设计要求后，再按横向对称，分层浇筑合龙其他条幅。其浇筑顺序和养护时间应根据拱架荷载和各环负荷条件通过计算确定，并应符合设计要求。

在多孔连续拱桥中，当桥墩不是按单向推力墩设计时，就应注意相邻孔间对称均匀施工。

（三）拱架的卸落

卸架时间必须待拱圈混凝土达到一定强度后才能进行，为了保证拱圈或整个上部结构逐渐均匀降落，以便使拱架所支承的桥跨结构重量逐渐转移给拱圈自身来承担，拱架不能突然卸除，而应按照一定的卸架程序进行。

一般卸架的程序是：对于满布式拱架的中小跨径拱桥，可从拱顶开始，逐渐向拱脚对称卸落；对于大跨径拱圈，为了避免拱圈发生“M”形的变形，也可从两边 $L/4$ 处逐次对称地向拱脚和拱顶均匀地卸落。卸架时宜在白天气温较高时进行，这样的条件对卸落拱架工作较有利。

二、预制安装法

预制安装法按主拱圈结构所采用的材料不同，可以分为整体安装法和节段悬拼法两种。

（一）整体安装法

整体安装法适合于钢管混凝土系杆拱的整片起吊安装，因为钢管混凝土拱肋在未灌混凝土之前具有重量轻的优点。在施工中应注意施工顺序，使设计中对全桥横向稳定有利的杆件先安装或浇筑，可以先安装肋间横撑，浇筑支承节点和端横梁混凝土，再安装内横梁和沿系杆纵向分条合龙安装桥面板等。

（二）节段悬拼法

节段悬拼法是将主拱圈结构划分成若干节段，先放在现场的地面或场外工厂进行预制，然后运送到桥孔的下面，利用起吊设备提升就位，进行拼接，逐渐加长直至成拱。每拼完一个节段，必须借助辅助设备临时固定悬臂段。这种方法对钢筋混凝土或钢管混凝土主拱圈的施工都适用。常用的起重设备有以下两种：

1. 缆索吊装设备

缆索吊装设备主要由主索、工作索、塔架和锚固装置等四个基本部分组成，具体包括主索、起重索、牵引索、结索、扣索、缆风索、塔架及索鞍、地锚、滑车、电动卷扬机等设备和机具。

2. 伸臂式起重机

每拼接好一个节段，即用辅助钢索临时拉住，每拼完三节，便改用更粗的主钢索拉住，然后拆除辅助钢索，供重复使用。这种方法，适用于特大跨径的拱桥施工。图 3-19 是利用伸臂式起重机在已拼接好的悬臂端逐次起吊和拼接下一节段的施工示意图。

三、转体施工法

桥梁转体施工法是 20 世纪 40 年代以后发展起来的一种架桥工艺。它是在河流的两岸或适当的位置，利用地形或使用简便的支架先将半桥预制完成，之后以桥梁结构本身为转动体，使用一些机具设备，分别将两个半桥转体到桥位轴线位置合龙成桥。

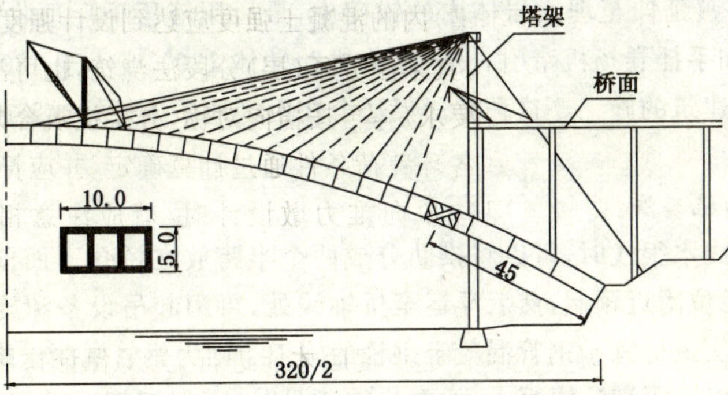

图 3-19　悬臂拼装示意图(单位:m)

转体施工将复杂的、技术性强的高空及水上作业变为岸边的陆上作业，它既能保证施工的质量安全，减少了施工费用和机具设备，同时在施工期间不影响桥位通航。

转体的方法可分成平面转体、竖向转体和平竖结合转体。

平面转体又可分为有平衡重转体和无平衡重转体。有平衡重转体一般以桥台背墙作为平衡重，并利用桥体上部结构转体用拉杆(或拉索)的锚碇反力墙，以稳定转动体系和调整重心位置。拱桥的有平衡重转体受到转动体系重量的限制，过大的平衡重则不经济，一般适用于跨径在 100 m 以内的拱桥。

无平衡重转体不需要作为平衡重的结构，而是以两岸山体岩土锚洞作为锚碇来平衡半跨桥梁悬臂状态时产生的拉力，并以立柱的上端做转轴，下端设转盘，通过转动体系进行平面转体，如图 3-20 所示。由于取消了平衡重，此种转体方法大大减轻了转动体系的重量，减少了圬工数量，为桥梁转体施工向大跨径发展开辟了新的途径。

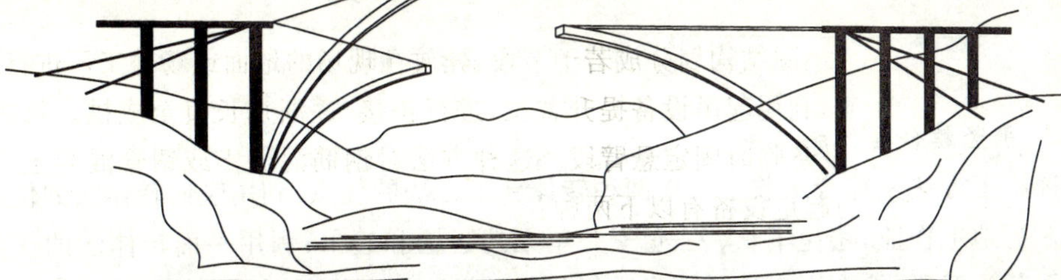

图 3-20　平面转体施工示意图

竖向转体则可根据桥位处的场地情况，或利用桥位处无水或水很少的施工现场，将拱肋在桥位处现浇或拼装成半跨，以拱脚为转动轴，用扒杆等起吊安装；或采用类似桥墩施工中的滑模施工法，在竖向现浇半跨拱肋，随后通过转动控制系统使拱肋绕拱脚转动至合龙。

在受到地形条件限制，不可能在桥梁的设计平面和桥位竖平面内预制时，可利用平竖结合转体法进行施工。

(一) 平面转体施工法

这种施工方法是将主拱圈分为两个半跨，分别在两岸利用地形做简单支架，现浇或者拼装拱肋，再安装拱肋间横向联系（横隔板、横系梁等），把扣索的一端锚固在拱肋的端部（靠拱顶）附近，经引桥桥墩延伸至埋入岩体内的锚碇中，最后用液压千斤顶收紧扣索，使拱肋脱模，借助环形滑道和手摇卷扬机牵引，慢速地将拱肋转体 180°（或小于 180°），最后再进行主拱圈合龙段和拱上建筑的施工。这种方法仅适合在山区地质条件好或跨越深谷的地形条件下采用。

（二）竖向转体施工法

当桥位处无水或水很浅时，可以将拱肋分成两个半跨放在桥孔下面预制。如果桥位处水较深，则可以在桥位附近预制，然后浮运至桥轴线处，再用起吊设备和旋转装置进行竖向转体施工。这种方法最适宜于钢管混凝土拱桥的施工。因为钢管混凝土拱桥的主拱圈必须先让空心钢管成拱以后再灌注混凝土，故在旋转起吊时，不但钢管自重相对较轻，而且钢管本身强度也高，易于操作。图 3-21 是应用扒杆吊装系统对钢管拱肋进行竖向转体施工的示意图。它的主要施工过程是，将主拱圈从拱顶分成两个半拱在地面胎架上完成，经过对焊接质量、几何尺寸、拱轴线形等验收合格后，由竖立在两个主墩顶部的两套扒杆分别将其旋转拉起，在空中对接合龙。

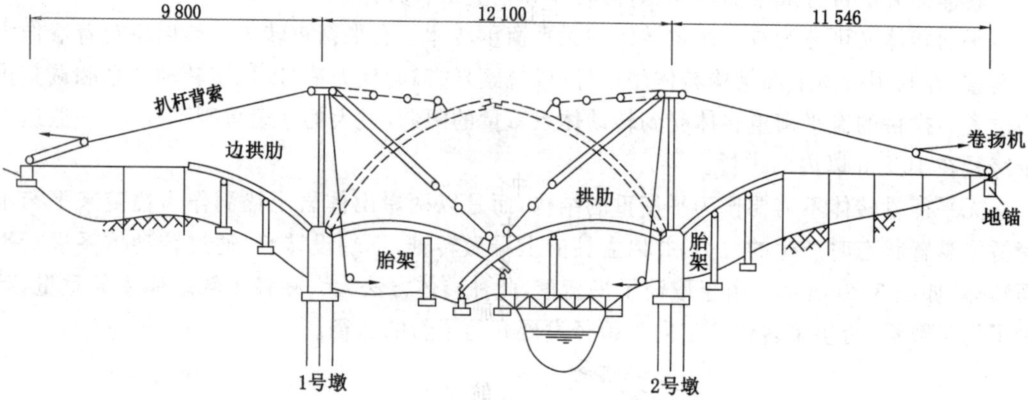

图 3-21　扒杆吊装系统总布置图

（三）平竖结合转体施工法

这种施工方法是综合吸收了上述两种转体施工方法的优点，利用竖向转体法的优点，变高空作业为地上作业，避免了长、大、重安装单元的运输和起吊；利用平面转体法的优点，将全桥三孔分为两段，放在主河道的两岸进行预制和拼装，将桥跨结构的施工对主航道航运的影响降到最低限度。利用边孔作为中孔半拱的平衡重，使整个转体施工形成自平衡体系，免除了在岸边设置锚碇构造。

第三节　斜拉桥施工方法

一、主塔施工

钢索塔施工一般为预制吊装。混凝土索塔施工大体上可分为搭架现浇、预制吊装和滑模浇筑等几种方法，分述如下：

搭架现浇法工艺成熟，无须专用的施工设备，能适应较复杂的断面形式，对锚固区的预留孔道和预埋件的处理也较方便，但是比较费工、费料、速度慢。跨度 200 m 左右的斜拉桥，一般塔高(指桥面以上部分)在 40 m 上下，搭架现浇法比较适合。

预制吊装法要求有较强的起重能力和专用的起重设备，当桥塔不是太高时，可以加快施工进度，降低高空作业的难度和劳动强度。东营黄河公路大桥塔高 69.7 m，桥面以上 56.4 m，采用钢箱与混凝土组合结构，预制吊装。国外的钢斜拉桥桥塔基本上都是采用预制吊装方法施工。我国混凝土斜拉桥用预制吊装方法的不多，如 1981 年建成的四川省金川县曾达桥，塔高 24.5 m，是卧地预制而成，从地面上用绞车和滑轮组扳起，由锚于对岸山壁上的钢丝绳和滑轮提供吊装力。

滑模浇筑法的最大优点是施工进度快，适用于高塔的施工。塔柱无论是竖直的或是倾斜的都可以用这个方法，但对斜拉索锚固区预留孔道和预埋件的处理要困难些。在工程中也有称为爬模，或称为提模的，其构造大同小异。滑模是指模板沿着所浇筑的混凝土由千斤顶(螺旋式或液压式)带动而向上滑升，它要求所浇筑的混凝土强度必须达到模板滑升所必需的强度。提模则是拆模后把模板挂在支架上，模板随着支架的提升而上升。支架的提升是在塔的四周设置若干组滑车组，其上端与塔柱内预埋件连接，下端与支架的底框架连接，支架随拉动手拉葫芦而徐徐上升。

二、主梁施工

一般说来，混凝土梁式桥施工中的任一种合适的方法，如支架上拼装或现浇、悬臂拼装或浇筑、顶推法和平转法等，都有可能在混凝土斜拉桥上部结构的施工中采用。由于斜拉桥梁体尺寸较小，各节间有拉索，还可以利用索塔来架设辅助钢索，因此更有利于采用各种无支架施工法。其中悬臂施工法是混凝土斜拉桥施工中普遍采用的方法。

(一) 有支架施工法

当所跨越的河流通航要求不高或岸跨无通航要求，且容许设置临时支墩时，可以直接在脚手架上拼装或浇筑，也可以在临时支墩上设置便梁，在便梁上拼装或浇筑。

(二) 顶推施工法

当桥下不允许设置过多临时支架，如跨越道路、铁路的高架桥，可以考虑采用顶推法。

(三) 悬臂拼装施工法

悬臂拼装施工法主要用在钢主梁(桁架梁或箱形梁)的斜拉桥上。钢主梁一般先在工厂加工制作，再运至桥位处吊装就位。钢梁预制节段长度应从起吊能力和方便施工方面考虑，一般以布置 1～2 根斜拉索和 2～4 根横梁为宜，节段与节段之间的连接分全断面焊接和全断面高强螺栓连接两种，连接之后必须严格按照设计精度进行预拼装和校正。常用的起重设备有悬臂吊机、大型浮吊及各种自制吊机。这种方法的优点是钢主梁和索塔可以同时在不同的场地进行施工，因此具有施工快速和方便的特点。

图 3-22(a)所示是双塔斜拉桥采用悬臂拼装法施工时全桥合龙之前的全貌，图 3-22(b)所示是取其中一座索塔从两侧逐节扩展的过程。

(四) 悬臂浇筑施工法

悬臂浇筑施工法主要用在具有预应力混凝土主梁的斜拉桥上。其主梁混凝土的悬臂浇筑与一般预应力混凝土梁式桥的基本相同。这种方法的优点是结构的整体性好，施工中不需用大吨位悬臂吊机和运输预制节段块件的驳船；但其不足之处是在整个施工过程中必须严格控制挂篮的变形和混凝土收缩、徐变的影响，相对于悬臂拼装法而言其施工周期较长。

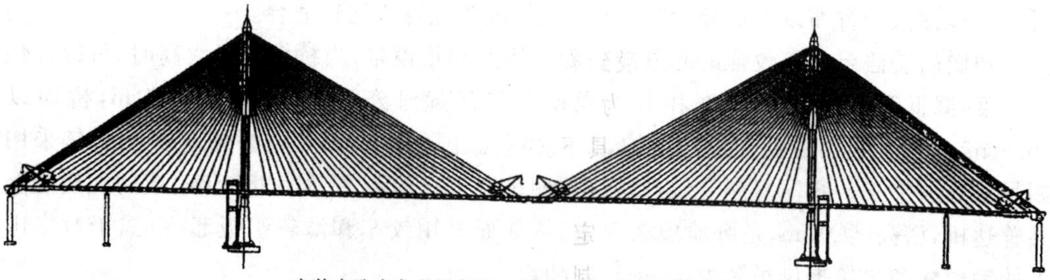

安装中孔合龙段钢主梁，全桥合龙，待钢主梁合龙立即释放临时固接构造，使全桥呈全漂浮结构体系

(a)

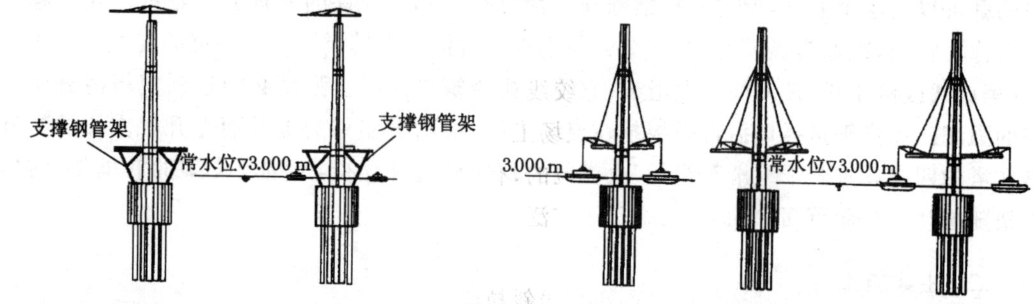

步骤 ① ② ③ ④ ⑤

① 利用塔上塔吊搭设 0 号、1 号块件临时用的支撑钢管架；② 利用塔吊安装好 0 号及 1 号块件；
③ 安装好 1 号块件的斜拉索，并在其上架设主梁悬臂吊机，拆除塔上塔吊和临时支撑架；
④ 利用悬臂吊机安装两侧的 2 号块的钢主梁，并挂相应的两侧斜拉索；⑤ 重复上一循环直至全桥合龙。

(b)

图 3-22 悬臂拼装施工法施工程序图

图 3-23 所示是斜拉桥采用悬臂浇筑施工法的施工程序图。

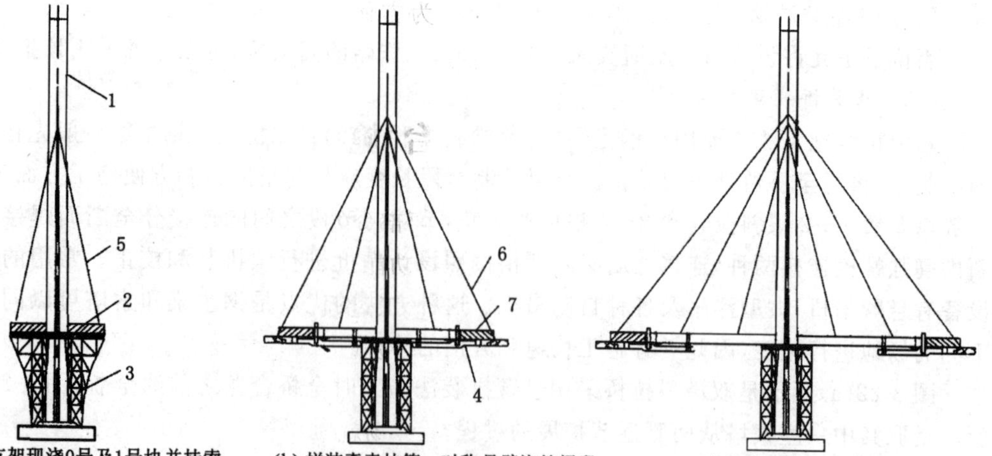

(a) 支架现浇0号及1号块并挂索 (b) 拼装牵索挂篮，对称悬臂浇筑梁段 (c) 挂篮前移，依次悬臂浇筑梁段

1—索塔；2—现浇梁段；3—现拼支架；4—前支点挂篮；5—斜拉索；6—前支点斜拉索；7—悬浇梁段。

图 3-23 悬臂浇筑施工法施工程序图

三、斜拉索施工

(一) 拉索的安装

拉索的安装就是将成品拉索架设到索塔锚固点和主梁锚固点之间的位置上。

采用卷扬机组安装拉索时，一般为单点起吊，当拉索上到桥面以后，便可从索塔孔道中放下牵引绳，连接拉索的前端，在离锚具下方一定距离设一个吊点，索塔吊架用型钢组成支架，配置转向滑轮。当锚头提升到索孔位置时，采用牵引绳与吊绳相互调节，使锚头位置准确牵引至索塔孔道内就位后，将锚头固定。

采用索塔施工时的提升吊机，用特制的扁担梁捆扎拉索起吊。拉索前端由索塔孔道内伸出的牵引索引入索塔拉索锚孔内，下端用移动式吊机提升。吊机法操作简单快速，不易损坏拉索，但要求吊机有较大的起重能力。

(二) 拉索张拉

斜拉索的张拉一般可分为拉丝式(钢绞线夹片群锚)锚具张拉和拉锚式锚具张拉两种。其中拉锚式锚具张拉因施工操作方便及现场工作量较少等优点而被更多地采用。根据设计要求及现场实际情况，有采用塔部一端张拉的，有采用梁部一端张拉的，也有采用塔、梁部两端张拉的，其中以塔部一端张拉使用最为广泛。

1. 拉丝式锚具张拉

对于配装拉丝式夹片群锚锚具的钢绞线斜拉索，挂索时先要在拉索上方设置一根粗大钢缆作为辅助索，拉索的聚乙烯套管先悬挂在辅助索上，然后逐根穿入钢绞线，用单根张拉的小型千斤顶调好每根钢绞线的初应力，最后用群锚千斤顶整体张拉。新型的夹片群锚拉索锚具，第一阶段张拉使用拉丝方式，调索阶段使用拉锚方式。

2. 拉锚式锚具张拉

拉锚式锚具斜拉索张拉均为整体张拉。根据目前的技术水平，国内外拉索锚具、千斤顶、拉索的设计吨位已达到“千吨”级水平，大吨位拉索整体张拉工艺已十分成熟。无论是一端张拉还是两端张拉，一般情况下都需在斜拉索端头接上张拉连接杆，之后使用大吨位穿心式千斤顶实施斜拉索的张拉调索。为方便施工，张拉杆大都采用分节接长，而非整根通长。

第四节　桥梁墩(台)施工方法

桥梁墩(台)施工是桥梁工程施工中的一个重要部分，其施工质量的优劣，不仅关系到桥梁上部结构的制作与安装质量，而且对桥梁的使用功能也关系重大。因此，墩(台)的位置、尺寸和材料强度等都必须符合设计规范要求。在施工过程中，首先应准确地测定墩(台)位置，正确地进行模板制作与安装，同时采用经过正规检验的合格建筑材料，严格执行施工规范的规定，以确保施工质量。

桥梁墩(台)施工方法通常分为两大类：一类是现场就地浇筑与砌筑，一类是拼装预制的混凝土砌块、钢筋混凝土或预应力混凝土构件。多数工程采用前者，优点是工序简便，机具较少，技术操作难度较小；但工期较长，需耗费较多的劳动力与物力。近年来，交通建设迅速发展，施工机械(起重机械、混凝土泵送机械及运输机械)也随之有了很大进步，采用预制装配构件建造桥梁墩(台)的施工方法有新的进展,其特点是既可确保施工质量、减轻工人劳动强度,又可加快工程进度、提高工程效益,对施工场地狭窄,尤其对缺少砂石地区或干旱缺水地区等建造墩(台)更有着重要意义。

一、混凝土及钢筋混凝土墩(台)就地浇筑施工

就地浇筑的混凝土墩(台)施工有两个主要工序,一是制作与安装墩(台)模板,二是混凝土浇筑。

(一)墩(台)模板施工要点

墩(台)模板的设计与施工应符合如下要求:具有必需的强度、刚度和稳定性,能可靠地承受施工过程中可能产生的各项荷载,保证结构物各部形状、尺寸准确;宜优先使用胶合板和钢模板;模板板面平整,接缝严密不漏浆;拆装容易,施工操作方便,保证安全。

模板一般用木材、钢材或其他符合设计要求的材料制成。木模重量轻,便于加工成结构物所需要的尺寸和形状,但装拆时易损坏,重复使用次数少。对于大量或定型的混凝土结构物,则多采用钢模板。钢模板造价较高,但可重复多次使用,且拼装拆卸方便。

常用的模板类型有以下几类。

1. 拼装式模板

拼装式模板是将各种尺寸的标准模板利用销钉进行连接,并与拉杆、加劲构件等组成墩(台)所需形状的模板。将墩(台)表面划分为若干小块,尽量使每部分板扇尺寸相同,以便于周转使用。板扇高度通常与墩(台)分节灌注高度相同,一般可为3～6 m,宽度可为1～2 m,具体视墩(台)尺寸和起吊条件而定。拼装式模板由于在厂内加工制造,因此板面平整、尺寸准确、体积小、重量轻,拆装容易、快速,运输方便,故应用广泛。

2. 整体吊装模板

整体吊装模板是将墩(台)模板水平分成若干段,每段模板组成一个整体,在地面拼装后吊装就位。分段高度可视起吊能力而定,一般可为2～4 m。整体吊装模板的优点:安装时间短,无须设施工接缝,加快了施工进度,提高了施工质量;将拼装模板的高空作业改为平地操作,有利于施工安全;模板刚性较强,可少设拉筋或不设拉筋,节约钢材;可利用模外框架做简易脚手架,无须另搭施工脚手架;结构简单,装拆方便,对建造较高的桥墩(台)较为经济。

3. 组合型钢模板

组合型钢模板是将各种长度、宽度及转角的标准构件,用定型的连接件拼成结构用模板,具有体积小、重量轻、运输方便、装拆简单、接缝紧密等优点,适用于在地面拼装、整体吊装的结构上。

4. 滑动模板和提升模板

适用于各种类型的桥墩(台)。

各种模板在工程上的应用,可根据墩(台)高度、墩(台)形式、机具设备、施工期限等条件,因地制宜,合理选用。

模板安装前应对模板尺寸进行检查;安装时要坚实牢固,以免振捣混凝土时引起跑模漏浆;安装位置要符合结构设计要求。有关模板制作与安装的允许偏差如表3-1和表3-2所列。

表 3-1　模板制作的允许偏差

项次	项目		允许偏差/mm
木模板	(1) 模板的长度和宽度		±5.0
	(2) 不刨光模板相邻两板表面高低差		3.0
	(3) 刨光模板相邻两板表面高低差		1.0
	(4) 平板模板表面最大的局部不平(用 2 m 直尺检查)	刨光模板	3.0
		不刨光模板	5.0
	(5) 拼合板中木板间的缝隙宽度		2.0
	(6) 榫槽嵌接紧密度		2.0
钢模板	(1) 外形尺寸	长和宽	−1～0
		肋高	±5
	(2) 面板端偏斜		≤0.5
	(3) 连接配件(螺栓、卡子等)的孔眼位置	孔中心与板面的间距	±0.3
		板端孔中心与板端的间距	−0.5～0
		沿板长、宽方向的孔	±0.6
	(4) 板面局部不平(用 300 mm 长平尺检查)		1.0
	(5) 板面和板侧挠度		±1.0

表 3-2　模板安装的允许偏差

项次	项目		允许偏差/mm
1	模板标高	(1) 基础	±15
		(2) 墩(台)	±10
2	模板内部尺寸	(1) 基础	±30
		(2) 墩(台)	±20
3	轴线偏位	(1) 基础	±15
		(2) 墩(台)	±10
4	装配式构件支承面的标高		−5～+2
5	模板相邻两板表面高低差		2
	模板表面平整(用 2 m 直尺检查)		5
6	预埋件中心线位置		3
	预留孔洞中心线位置		10
	预留孔洞截面内部尺寸		0～+10

（二）混凝土浇筑施工要点

墩(台)身混凝土施工前，应将基础顶面冲洗干净，凿除表面浮浆，整修连接钢筋。灌注混凝土时，应经常检查模板、钢筋及预埋件的位置和保护层的尺寸，确保位置正确，不发生变形。混凝土施工中，应切实保证混凝土的配合比、水灰比和坍落度等技术性能指标满足规范要求。

1. 混凝土的运送

桥梁墩(台)具有垂直高度较高、平面尺寸相对较小的特点,因此其混凝土的浇筑方法有别于梁或承台等构件。

墩(台)混凝土运输不仅有水平距离,而且存在施工较为困难的垂直运输距离。通常混凝土运输方式有:利用卷扬机械、升降电梯送手推车上平台,利用塔式吊机吊斗输送混凝土,利用混凝土输送泵将混凝土送至高空吊斗等。墩(台)混凝土的水平与垂直运输相互配合方式与适用条件可参照表 3-3 选用。如混凝土数量大、浇筑振捣速度快时,可采用混凝土皮带输送机或混凝土输送泵。运输带速度应不大于 1.2 m/s,其最大倾斜角,当混凝土坍落度小于 4 cm 时,向上传送为 18°,向下传送为 12°;当坍落度为 4～8 cm 时,则分别为 15°与 10°。

表 3-3　混凝土运送方式及适用条件

水平运输	垂直运输	适用条件		附注
人力混凝土手推车、内燃翻斗车、轻便轨人力推运翻斗车、混凝土吊车	手推车	中、小桥梁,水平运距较近	$H<10$ m	搭设脚手架,铺设坡道,用卷扬机拖拉手推车上平台
	轨道爬坡翻斗车		$H<10$ m	
	皮带输送机		$H<10$ m	倾角不宜超过 18°,速度不超过 1.2 m/s。高度不足时,可用 2 台串联使用
	履带(或轮胎)起重机起吊高度≈30 m		10 m$<H<$20 m	用吊斗输送混凝土
	木制或钢制扒杆		10 m$<H<$20 m	用吊斗输送混凝土
	墩外井架提升		$H>20$ m	在井架上安装扒杆提升吊斗
	墩内井架提升		$H>20$ m	适用于空心桥墩
	无井架提升		$H>20$ m	适用于滑动模板
轨道牵引车输送混凝土、翻斗车或混凝土吊斗汽车倾卸车、汽车运送混凝土吊斗、内燃翻斗车	履带(或轮胎)起重机起吊高度≈30 m	大、中桥梁,水平运距较远	20 m$<H<$30 m	用吊斗输送混凝土
	塔式吊机		30 m$<H<$50 m	用吊斗输送混凝土
	墩外井架提升		$H<50$ m	井架可用万能杆件组装
	墩内井架提升		$H>50$ m	适用于空心桥墩
	无井架提升		$H>50$ m	适用于滑动模板
索道吊机		$H>50$ m		
混凝土输送泵		$H<50$ m		可用于大体积实心墩(台)

注:H 为墩(台)高度。

2. 混凝土浇筑

为防止墩(台)基础第一层混凝土中的水分被基底吸收或基底水分渗入混凝土,对墩(台)基底处理除应符合天然地基的有关规定外,尚应符合以下规定:

(1) 基底为非黏性土或干土时,应将其润湿。

(2) 如为过湿土时,应在基底设计标高下夯填一层 10～15 cm 厚片石或碎(卵)石层。

(3) 基底面为岩石时,应加以湿润,铺一层厚 2～3 cm 水泥砂浆,然后于水泥砂浆凝结前浇筑第一层混凝土。

墩(台)身钢筋的绑扎应和混凝土的浇筑配合进行。在配置第一层垂直钢筋时，应有不同的长度，同一断面的钢筋接头应符合施工规范的规定。水平钢筋的接头，也应内外、上下互相错开。钢筋保护层的净厚度，应符合设计要求。如无设计要求时，则可取墩(台)身受力钢筋的净保护层不小于 30 mm，承台基础受力钢筋的净保护层不小于 35 mm。墩(台)身混凝土宜一次连续浇筑，否则应按桥涵施工规范的要求，处理好连接缝。墩(台)身混凝土未达到终凝前，不得泡水。混凝土、钢筋混凝土基础及墩(台)外形尺寸允许偏差如表 3-4 所列。

表 3-4　混凝土、钢筋混凝土基础及墩(台)外形尺寸允许偏差　　单位：mm

项次	项目		扩大基础	承台	墩(台)身	柱式墩(台)	墩(台)帽
1	断面尺寸		±50	±30	±20	±15	±20
2	垂直或斜坡				0.3%H，且不大于 20	0.3%H，且不大于 20	
3	底面标高		±50				
4	顶面标高		±30	±20	±10	±10	±10
5	轴线偏位		25	15	10	10	10
6	预埋件位置				10		
7	相邻间距					±20	
8	平整度						
9	跨径	$L_0 \leqslant 60$ m			±20		
		$L_0 > 60$ m			$\pm L_0/3\ 000$		
10	支座垫石顶面标高						±2

注：H 为结构高度；L_0 为标准跨径。

墩(台)是大体积圬工，为避免水化热过高而导致混凝土因内外温差引起裂缝，可采取如下措施：

(1) 采用改善骨料级配、降低水灰比、掺加混合材料与外加剂、掺入片石等方法减少水泥用量。

(2) 采用水化热低的大坝水泥、矿渣水泥、粉煤灰水泥、低标号水泥等。

(3) 减小浇筑层厚度，加快混凝土散热速度。

(4) 混凝土用料应避免日光暴晒，以降低初始温度。

(5) 在混凝土内埋设冷却管通水冷却。

当浇筑的平面面积过大，不能在前层混凝土初凝或能重塑前浇筑完成次层混凝土时，为保证结构的整体性，宜分块浇筑。分块时各分块面积不得小于 50 m^2，每块高度不宜超过 2 m，块与块间的竖向接缝面应与墩(台)身或基础平截面短边平行，与平截面长边垂直。上、下邻层间的竖向接缝应错开位置做成企口，并应按施工接缝处理。

二、装配式墩(台)施工

装配式墩(台)是将高大的墩(台)沿垂直方向，按一定模数水平分成若干构件或再垂直分成若干构件，在桥址周围的预制场地上进行浇筑，通过车、船运至现场拼装。目前经常采用的有砌块式、柱式和管节式或环圈式墩(台)等。在起吊能力允许的情况下,更有将整个桥墩作为独立构件预制的。

装配式墩(台)比较适用于桥梁长度较长、桥墩数量较多、桥墩高度相对较高,现场无混凝土拌合施工场地或较难布置,混凝土输送管道设备较难布置的桥梁墩(台)的施工。装配式墩(台)的主要特点是:可以在预制场预制构件,受周围环境干扰少,但相对来说对运输、起重机械设备要求较高。

装配式柱式墩是将桥墩分解成若干轻型部件,在工厂或工地集中预制,再运送到现场装配成桥梁。其形式有双柱式、排架式、板凳式和刚架式等。施工工序为预制构件、安装连接与混凝土填缝养护等。其中拼装接头是关键工序,既要牢固、安全,又要结构简单、便于施工。常用的拼装接头有以下几种。

1. 承插式接头

将预制构件插入相应的预留孔内,插入长度一般为1.2～1.5倍的构件宽度,底部铺设2 cm砂浆,四周以半干硬性混凝土填充,常用于立柱与基础的连接。

2. 钢筋锚固接头

构件上预留钢筋或型钢,插入另一构件的预留槽内,或将钢筋互相焊接,再灌注半干硬性混凝土,多用于立柱与顶帽处的连接。

3. 焊接接头

将预埋在构件中的铁件与另一构件的预埋铁件用电焊连接,外部再用混凝土封闭。这种接头易于调整误差,多用于水平连接杆与主柱的连接。

4. 扣环式接头

相互连接的构件按预定位置预埋环式钢筋,安装时柱脚先坐落在承台的柱芯上,上、下环式钢筋互相错接,扣环间插入U形短钢筋焊牢,四周再绑扎钢筋一圈,立模浇筑外围接头混凝土。它要求上、下扣环预埋位置正确,施工较为复杂。

5. 法兰盘接头

在相连接构件两端安装法兰盘,连接时用法兰盘连接,要求法兰盘预埋位置必须与构件垂直。接头处可不用混凝土封闭。

装配式柱式墩(台)应注意墩(台)柱构件与基础顶面预留杯形基座编号,并检查各个墩(台)高度和基座标高是否符合设计要求;基座杯口四周与柱边的空隙不得小于2 cm;墩(台)柱吊入基座杯内就位时,应在纵横方向测量,使柱身竖直度或倾斜度及平面位置均符合设计要求;对重大、细长的墩柱,需用风缆或撑木固定后方可摘除吊钩;在墩(台)柱顶安装盖梁前,应先检查盖梁口预留槽眼位置是否符合设计要求,否则应先修凿;柱身与盖梁(顶帽)安装完毕并检查符合要求后,可在基座杯空隙与盖梁槽眼处灌注稀砂浆,待其硬化后,撤除楔子、支撑或风缆,再在楔子孔中灌填砂浆。

三、高墩、塔的滑模和爬模施工

(一) 滑模施工

滑模结构提升设备主要由提升千斤顶、支承顶杆及液压控制装置等几部分组成。

1. 滑模组装

在墩位上就地进行组装时,安装步骤为:

(1) 在基础顶面搭枕木垛,定出桥墩中心线。

(2) 在枕木垛上先安装内钢环,并准确定位,再依次安装辐射梁、外钢环、立柱、顶杆、千斤顶和模板等。

(3) 提升整个装置,撤去枕木垛,再将模板落下就位,随后安装余下的设施;内外吊架待模板滑升至一定高度,及时安装;模板在安装前,表面需涂润滑剂,以减少滑升时的摩阻力;组装完毕后,必须按设计要求及组装质量标准进行全面检查,并及时纠正偏差。

2. 灌注混凝土

滑模宜灌注低流动度或半干硬性混凝土,灌注时应分层、分段对称地进行,分层厚度以20～30 cm为宜,灌注后混凝土表面距模板上缘宜有不小于10～15 cm的距离。混凝土入模时,要均匀分布,采用插入式振捣器振捣,振捣时应避免触及钢筋及模板,振捣棒插入下一层混凝土的深度不得超过5 cm;脱模时混凝土强度应为0.2～0.5 MPa,以防在其自重压力下坍塌变形。为此,可根据气温、水泥标号经试验后掺入一定量的早强剂,以加快混凝土强度的形成;脱模后8 h左右开始养护,用吊在下吊架上环绕墩身的带小孔的水管来进行,养护水管一般设在距模板下缘1.8～2.0 m处效果较好。

3. 提升与收坡

整个桥墩灌注过程可分为初次滑升、正常滑升和最后滑升三个阶段。从开始灌注混凝土到模板首次试升为初次滑升阶段。初灌混凝土的高度一般为60～70 cm,分三次灌注,在底层混凝土强度达到0.2～0.4 MPa时即可试升。将所有千斤顶同时缓慢起升5 cm,以观察底层混凝土的凝固情况。现场鉴定可用手指按刚脱模的混凝土表面,如果基本按不动,但留有指痕,砂浆不沾手,用指甲划过有痕,滑升时能耳闻"沙沙"的摩擦声,就表明混凝土已具有0.2～0.4 MPa的脱模强度,可以开始缓慢提升20 cm左右。初升后,经全面检查设备,即可进入正常滑升阶段。即每灌注一层混凝土,滑模提升一次,使每次灌注的厚度与每次提升的高度基本一致。在正常气温条件下,提升时间不宜超过1 h。最后滑升阶段是混凝土已经灌注到所需的高度,不再继续灌注,但模板尚需继续滑升的阶段。灌完最后一层混凝土后,每隔1～2 h将模板提升5～10 cm,滑动2～3次后即可避免混凝土与模板胶合。滑模提升时应做到垂直、均衡一致,顶架间高差不大于20 mm,顶架横梁水平高差不大于5 mm。并要求三班连续作业,不得随意停工。

随着模板的提升,应转动收坡丝杠,调整墩壁曲面的半径,使之符合设计要求的收坡坡度。

4. 接长顶杆、绑扎钢筋

模板每提升至一定高度后,就需要穿插进行接长顶杆、绑扎钢筋等工作。为不影响提升的时间,钢筋接头均应事先配好,并注意将接头错开。对预埋件及预埋的接头钢筋,滑模抽离后,要及时清理,使之外露。

5. 混凝土停工后的处理

在整个施工过程中,由于工序的改变,或发生意外事故,使混凝土的灌注工作停止较长时间,即需要进行停工处理。例如,每隔半小时左右稍提升模板一次,以免黏结;停工时在混凝土表面要插入短钢筋等,以加强新老混凝土的黏结;复工时还需将混凝土表面凿毛,并用水冲走残渣,湿润混凝土表面,灌注一层厚度为2～3 cm的1∶1水泥砂浆,然后再灌注原配合比的混凝土,继续滑模施工。

（二）液压爬模施工

爬模施工特别适宜于空心高桥墩的施工。此种模板具有设备投资较省、节约劳动力、降低劳动强度、适用范围较广和易于保证质量等优点。

液压爬模的工艺原理是以空心墩已凝固的混凝土墩壁为承力主体，以内爬支腿机构的上、下爬架及液压顶升油缸为爬升设备的主体。先将上爬架的 4 个支腿(爬靴)收紧以缩小外廓尺寸，然后操作液压控制台开关，两顶升油缸活塞杆支撑在下爬架上，两缸体同时向上顶升，并通过上爬架、外套架带动整个爬模向上爬升。待行程达到要求的高度时，停止爬升，调节专门杆件，伸出 4 个支腿，并使就位爬靴支在爬升支架上，然后操纵液压控制台，使活塞杆收回，带动下爬架、内套架上升就位，并把下爬架支腿支撑好。施工要点如下。

1. 爬模组装

可在地面拼装成几组大件，利用辅助起重设备在基础上进行组拼，也可将单构件在基础上拼装。

2. 爬升工艺

配置两层大模板或组合钢模，按一循环一节模板施工。当上一节模板灌注完毕，经过 10 h 左右养护，便可开始爬升，爬升就位后拆除下一节模板，同时进行钢筋绑扎，并把拆下的模板立在上节模板之上，再进行混凝土灌注、养护、爬模爬升等工序。按此循环，两节模板连续倒用，直到浇筑完整个墩身。

3. 墩帽施工

当网架工作平台的上平面高于墩顶 30 cm 时停止爬升。在墩壁的适当位置预埋连接螺栓，将墩壁内模拆除，并把 L 形外挂支架顶部杆件连接在预埋螺栓上，以此搭设墩帽外模板。将内爬井架的外套架的一节杆件嵌入桥墩帽里，并利用空心墩顶部内爬井架结构及墩壁预埋螺栓支设实墩的底模板，仍用爬模本身的塔吊完成墩顶实心段和墩帽的施工。

4. 爬模拆卸

爬模的拆卸是伴随着墩顶段施工同时进行的。

第五节　桥梁基础施工方法

桥址处构成地基的岩体与土层性质的复杂多变性，其规律是难以掌握的，故从施工角度来说，基础类型与施工方法的正确选择，不仅关系到造价的高低、工期的长短，而且还关系施工的难易程度甚至结构物的成败。因此，一个合理的施工方案，必须根据桥址处的地质条件、水文条件、桥梁结构体系、环境条件及施工条件等诸因素，经过综合考虑和反复论证比选之后才能加以确定，使得在基础施工及其后的桥梁使用期间，不仅基础自身的安全可靠性和耐久性得到保障，而且将对桥址周围环境可能产生的危害降到最低限度。本节主要介绍桥梁中常用的明挖扩大基础和桩基础的施工工艺。

一、明挖扩大基础施工

扩大基础或明挖基础属直接基础，是将基础底板设在直接承载地基上，来自上部结构的荷载通过基础底板直接传递给承载地基。扩大基础的施工方法通常是采用明挖的方式进行的。在开挖基坑前，应做好复核基坑中心线、方向和高程，并应按地质水文资料，结合现场情况，决定开挖坡度、支护方案以及地面的防水、排水措施。如果地基土质较为坚实，开挖后能保持坑壁稳定，可不设置支撑，采取放坡开挖。实际工程由于土质条件差，开挖深度、放坡受到用地或施工条件限制等因素影响，需采取各种加固坑壁措施，诸如挡板支撑、钢木结合支撑、混凝土护壁等。在开挖过程中有渗水时，则需要在基坑四周挖边沟或集水井以利排除积水。在水中开挖基坑时，通常需预先修筑临时性的挡水结构物（称为围堰），如草袋围堰等，尔后将基坑内水排干，再开挖基坑。基坑开挖至设计标高后，必须抓紧进行坑底土质鉴定、清理与整平工作，及时砌筑基础结构物。故明挖扩大基础施工的主要内容包括基础的定位放样、基坑开挖、基坑排水、基底检验与处理以及基础圬工浇（砌）筑等。

（一）基础定位放样

为建筑基础开挖的临时性坑井称为基坑。基坑属于临时性工程，其作用是提供一个空间，使基础的砌筑作业得以按照设计所指定的位置进行。

在基坑开挖前，先进行基础的定位放样工作，以便正确地将设计图上的基础位置准确地设置到桥址上。放样工作系根据桥梁中心线与墩（台）的纵横轴线，推出基础边线的定位点，再放线画出基坑的开挖范围。具体的定位工作视基坑深浅而有所不同。基坑较浅时，可使用挂线板，拉线挂垂球进行定位。基坑较深时，设置定位桩形成定位线进行定位。基坑各定位点的标高及开挖过程中标高检查，一般用水准测量方法进行。

（二）陆地基坑开挖

基坑大小应满足基础施工要求，对有渗水土质的基坑坑底开挖尺寸，需按基坑排水设计（包括排水沟、集水井、排水管网等）和基础模板设计而定，一般基底尺寸应比设计平面尺寸各边增宽 0.5～1.0 m。基坑可采用垂直开挖、放坡开挖、支撑加固或其他加固的开挖方法，具体应根据地质条件、基坑深度、施工期限与经验，以及有无地表水或地下水等现场因素来确定。

1. 坑壁不加支撑的基坑

对于在干涸无水河滩、河沟中，或有水经改河或筑堤能排除地表水的河沟中，在地下水位低于基底，或渗透量少，不影响坑壁稳定，以及基础埋置不深，施工期较短，挖基坑时不影响邻近建筑物安全的施工场所，可考虑选用坑壁不加支撑的基坑。

黏性土在半干硬或硬塑状态，基坑顶缘无活荷载，稍松土质基坑深度不超过 0.5 m，中等密实（锹挖）土质基坑深度不超过 1.25 m，密实（镐挖）土质基坑深度不超过 2.00 m时，均可采用垂直坑壁基坑。基坑深度在 5 m 以内，土的湿度正常时，基坑可按表 3-5 所示，采用斜坡坑壁开挖或按坡度比值挖成阶梯形坑壁，每梯高度 0.5～1.0 m 为宜，可作为人工运土出坑的台阶。基坑深度大于 5 m 时，可参照表 3-5 坑壁坡度适当放缓，或加做平台。土的湿度影响坑壁的稳定性时，基坑坡度应采用缓于该湿度下土的天然坡度或采取加固坑壁的措施。当基坑有地下水时，地下水位以上部分可以放坡开挖；地下水位以下部分，若土质易坍塌或水位在基坑底以上较深时，应加固开挖。

无水基坑，对于一般小桥涵的基础，基坑工程量不大，可用人力施工方法；大、中桥基础工程，基坑深，基坑平面尺寸较大，挖方量多，可用机械或半机械施工方法。

如表 3-6 所列无水基坑开挖方法可供参考。

表 3-5 基坑坑壁坡度

土层种类	坑壁坡度(高∶宽)		
	坡顶无荷载	坡顶有静荷载	坡顶有动荷载
砂类土	1∶1	1∶1.25	1∶1.5
卵石、砾类土	1∶0.75	1∶1	1∶1.25
粉质土、黏质土	1∶0.33	1∶0.5	1∶0.75
极软岩	1∶0.25	1∶0.33	1∶0.67
软质岩	1∶0	1∶0.1	1∶0.25
硬质岩	1∶0	1∶0	1∶0

注:1. 坑壁有不同土层时,基坑坑壁坡度可分层选用,并酌设平台。

2. 坑壁土类按照现行《公路土工试验规程》(JTG E40)划分。

3. 岩石单轴极限抗压强度<5.5 MPa、5.5～30 MPa、>30 MPa时,分别定为极软岩、软质岩和硬质岩。

4. 1∶0表示可直立开挖。

表 3-6 无水基坑开挖方法

地质及支撑状况	挖掘方法	提升方法	运输方法	备注
土质,无支撑	挖土机(正铲)	挖土机(正铲)	挖土机直接装车	挖土机在坑底
土质,无支撑	挖土机(反铲)	挖土机(反铲)	挖土机回旋弃土	挖土机在坑缘上
土质,无支撑	挖土机(索铲)	挖土机(索铲)	挖土机回旋弃土	挖土机在坑缘上
土质或石质,无支撑或有支撑	人力或风动工具	传送带(H<4.5 m)	传送带接运	传送带可分设在坑下或坑上
土质或石质,无支撑或有支撑	人力或风动工具	吊车,各种动臂吊机或摇头扒杆,携带活底吊罐	回旋弃土或直接装车	吊升机具在坑缘或坑下,必要时可在坑上设脚手平台接运
土质,无支撑或有支撑	吊车抓泥斗: 软土(无凿双开) 硬土(有凿双开) 漂石或大砾石(四开)	抓泥斗	吊臂回旋弃土或直接装车	
土质或石质,无支撑或有支撑	人力或风动工具	人力吊杆带活底木斗	吊车回旋自动弃土或装车	
土质或石质,无支撑或有支撑	人力或风动工具	爬坡车: 有轨(石质) 无轨(土质)	爬坡车接斗车或手推车	
土质,无支撑或有支撑	人力挖掘	铁锹向上翻弃(H<2.0 m)	倒装远运	

基坑施工过程中应注意以下几点:

(1) 在基坑顶缘四周适当距离处设置截水沟,并防止水沟渗水,以避免地表水冲刷坑壁,影响坑壁稳定性。

(2) 坑壁边缘应留有护道,静荷载距坑边缘不小于0.5 m,动荷载距坑边缘不小于1.0 m;

垂直坑壁边缘的护道还应适当增宽;水文地质条件欠佳时应有加固措施。

(3) 应经常注意观察坑边缘顶面土有无裂缝,坑壁有无松散塌落现象发生,以确保安全施工。

(4) 基坑施工不可延续时间过长,自开挖至基础完成,应抓紧时间连续施工。

(5) 如用机械开挖基坑,挖至坑底时,应保留不小于 30 cm 厚的底层,在基础浇筑圬工前,用人工挖至基底标高。

(6) 基坑应尽量在少雨季节施工。

(7) 基坑宜用原土及时回填,对桥台及有河床铺砌的桥墩基坑,则应分层夯实。

2. 坑壁有支撑的基坑

当基坑壁坡不易稳定并有地下水渗入,或放坡开挖场地受到限制,或基坑较深、放坡开挖工程数量较大,不符合技术经济要求时,可视具体情况,采取挡板支撑、钢木结合支撑、混凝土护壁及锚杆支护等加固坑壁措施。

常用的坑壁支撑形式有:直衬板式坑壁支撑、横衬板式坑壁支撑、框架式支撑及其他形式的支撑(如锚桩式、锚杆式、锚碇板式、斜撑式等)。坑壁有支撑的施工,按土质情况不同,可一次挖成或分段开挖,每次开挖深度不宜超过 2 m。

(三) 水中基坑开挖

桥梁墩(台)基础大多位于地表水位以下,有时流水还比较快,而施工时都希望在无水或静止水条件下进行。桥梁水中基坑开挖最常用的施工方法是围堰法。围堰的作用主要是防水和围水,有时还起着支撑施工平台和基坑坑壁的作用。

围堰的结构形式和材料要根据水深、流速、地质情况、基础形式及通航要求等条件进行选择。任何形式和材料的围堰,均必须满足下列要求:

(1) 围堰顶高宜高出施工期间最高水位 70 cm,最低不应小于 50 cm,用于防御地下水的围堰宜高出水位或地面 20～40 cm。

(2) 围堰外形应适应水流排泄,大小不应压缩流水断面过多,以免壅水过高危害围堰安全,以及影响通航、导流等。围堰内形应适应基础施工的要求,并留有适当的工作面积。堰身断面尺寸应保证有足够的强度和稳定性,使基坑开挖后,围堰不致发生破裂、滑动或倾覆。

(4) 围堰要求防水严密,应尽量采取措施防止或减少渗漏,以减轻排水工作量。对围堰外围边坡的冲刷和筑围堰后引起河床的冲刷均应有防护措施。

(5) 围堰施工一般应安排在枯水期进行。

桥梁中应用的围堰类型及其适用条件如表 3-7 所列。

(四) 基坑排水

基坑坑底一般多位于地下水位以下,地下水会经常渗进坑内,因此必须设法把坑内的水排出,以便于施工。要排出坑内渗水,首先要估算涌水量,方能选用适当的排水设备。渗水量的计算可参考相关计算手册。

桥梁基础施工中常用的基坑排水方法有以下几类。

1. 集水坑排水法

除严重流沙外,此方法在一般情况下均可适用。集水坑(沟)的大小,主要依据渗水量的大小而定;排水沟底宽不小于 0.3 m、纵坡坡度为 1‰～5‰,如排水时间较长或土质较差时,沟壁可用木板或荆笆支撑防护。集水坑一般设在下游位置，坑深应大于进水笼头高度，并用荆笆、竹篾、编筐或木笼围护，以防止泥沙阻塞吸水笼头。

表 3-7　围堰类型及适用条件

堰的类型		适用条件
土石堰	土堰	水深 1.5 m 以内，流速≤0.5 m/s，河床不透水，河边浅滩；如外坡有防护措施时，可不限于小于 0.5 m/s 的流速
	草(麻)袋堰	水深 3.0 m 以内，流速在 1.5 m/s 以内，河床不透水
	木桩竹条堰	水深 1.5～7.0 m，流速≤2.0 m/s，能打桩，不透水河床，盛产竹木地区
	竹篱堰	水深 1.5～7.0 m，流速≤2.0 m/s，能打桩，不透水河床，盛产竹木地区
	竹笼堰	适用范围较广，盛产竹木地区
	堆石土堰	河床不透水、多岩石的河谷，流速在 3 m/s 以内
木堰	木板堰	水深 2 m，流速≤2.0 m/s，较坚实土质河床，盛产竹木地区
	杩槎堰	水深 2 m，流速≤2.0 m/s，较坚实土质河床，盛产竹木地区
	木笼堰	深水、急流，或有流冰、深谷、险滩，河床坚硬平坦无覆盖层，盛产竹木地区
套箱	木(钢)套箱	深水，流速≤2.0 m/s，无覆盖层，平坦的岩石河床
	钢丝网混凝土套箱	深水，流速≤2.0 m/s，无覆盖层，平坦的岩石河床
板桩围堰	木板桩围堰	单层木板桩适用于水深在 2～4 m，能打下木板桩的土质河床；双层木板桩中填亚黏土墙，适用于水深 4～6 m
	钢板桩围堰	深水或深基坑，各种土质河床，防水性能好，整体刚度较强
	钢筋混凝土板桩围堰	深水或深基坑，黏性土、砂类土及碎石土类河床，可作为基础结构的一部分，亦有采用拔除周转使用的，能节省大量木材
双壁钢围堰		深水基础施工

2. 井点排水法

当土质较差有严重流沙现象，地下水位较高，挖基较深，坑壁不易稳定，用普通排水方法难以解决时，可采用井点排水法。井点排水适用于渗透系数为 0.5～150 m/d 的土壤中，尤其在 2～50 m/d 的土壤中效果最好。降水深度一般可达 4～6 m，二级井点可达 6～9 m，超过 9 m 时应选用喷射井点或深井点法。具体可视土层的渗透系数、要求降低地下水位的深度及工程特点等，选择适宜的井点排水法和所需设备。各种井点法的适用范围如表 3-8 所列。

表 3-8　各种井点法的适用范围

序号	井点类型	土层渗透系数/(m/d)	降低水位深度/m
1	轻型井点	0.1～80	≤6～9
2	喷射井点	0.1～50	8～20
3	射流泵井点	0.1～50	≤10
4	电渗井点	0.002～0.1	5～6
5	管井井点	20～200	3～5
6	深井泵	10～80	＞15

用井点法降低土层中地下水位时，应尽可能将滤水管埋设在透水性较好的土层中；并应在水位降低的范围内，设置水位观测孔；对整个井点系统应加强维修和检查，以保证不间断地进行抽水；还应考虑到水位降低区域构筑物受其影响而可能产生的沉降，为此要做好沉降观测，必要时应采取防护措施。

井点排水法因所需设备较多，施工布置较复杂，费用较大，应进行技术经济比较后采用。

3. 其他排水法

对于土质渗透系数较大、挖掘较深的基坑，可采用板桩法或沉井法。此外，视工程特点、工期及现场条件等，还可采用帷幕法，即将基坑周围土层用硅化法、水泥灌浆法、沥青灌浆法及冻结法等处理成封闭的不透水的帷幕。帷幕法除自然冻结法外，均因所需设备较多、费用较大，在桥涵基础施工中应用较少。自然冻结法在我国北方地区应用前景较好，一般采用分格分层开挖，即将已冻结的水或土壤从上往下逐层分格开挖，连续开挖通过水层或饱和土层直到河底，再通过河床覆盖层到达基础设计标高。浅滩处可用砂土筑岛代替水，因为土的冻结速度比水快。河中水深大于 2 m 时，可考虑采用将套箱直接排水沉到河底，以缩短凿冰时间。

（五）基底检验与处理

1. 基底检验

基础是隐蔽工程，基坑施工是否符合设计要求，在基础浇筑前应按规定进行检验。基坑开挖并处理完毕，应首先由施工人员自检并报请检验，确认合格后填写地基检验表。经检验签证的地基检验表由施工单位保存作为竣工交验资料；未经签证，不得砌筑基础。检验的目的在于确定地基的容许承载力大小、基坑位置和标高是否与设计文件相符，以确保基础的强度和稳定性，不致发生滑移等灾害。

基底检验的主要内容应包括：检查基底平面位置、尺寸大小及标高；检查基底土质均匀性、地基稳定性及承载力等；检查基底处理和排水情况；检查施工日志及有关试验资料等。按照《公路桥涵施工技术规范》(JTG/T F50)的要求，基底平面周线位置允许偏差不得大于 20 cm，基底标高偏差不得超过±5 cm(土质)、−20～+5 cm(石质)。

基底检验根据桥涵大小、地基土质复杂情况（如溶洞、断层、软弱夹层、易溶岩等）及结构对地基有无特殊要求等，按以下方法进行：

(1) 小桥涵的地基，一般采用直观或触探方法，必要时进行土质试验。特殊设计的小桥涵对地基沉降有严格要求且土质不良时，宜进行荷载试验。对经加固处理后的特殊地基，一般采用触探或做密实度检验等。

(2) 大、中桥和填土 12 m 以上涵洞的地基，一般由检验人员用直观、触探、挖试坑或钻探试验（钻深至少 4 m）等方法，检验土质容许承载力是否符合设计要求。对地质特别复杂，或在设计文件中有特殊要求，或虽经加固处理又经触探、密实度检验后尚有疑问时，需进行荷载试验，确认符合设计要求后，方可进行基础结构物施工。

2. 基底处理

天然地基上的基础是直接靠基底土壤来承担荷载的，故基底土壤状态的好坏，对基础及墩（台）、上部结构的影响极大，不能仅检查土壤名称与容许承载力大小，还应为土壤更有效地承担荷载创造条件，即要进行基底处理工作。基底处理方法视基底地质条件而异，表 3-9 汇总了一般的处理方法，可供参考。

表 3-9 基底处理方法

基底地质条件	处理办法
岩层	1. 未风化的岩层基底，应清除岩面碎石、石块、淤泥、苔鲜等； 2. 风化的岩层基底，开挖基坑尺寸要少留或不留富余量，灌注基础圬工时，同时将坑底填满，封闭岩层； 3. 岩层倾斜时，应将岩面凿平或凿成台阶，使承重面与重力线垂直，以免滑动； 4. 砌筑前，岩层表面用水冲洗干净
碎石及砂类土壤	承重面应修理平整夯实，砌筑前铺一层 2 cm 厚的浓稠水泥砂浆
黏土层	1. 铲平坑底时，不能扰动土壤天然结构，不得用土回填； 2. 必要时，加砌一层 10 cm 厚的夯填碎石，碎石面不得高出基底设计标高； 3. 基坑挖完处理后，应在最短时间内砌筑基础，防止暴露过久变质
湿陷性黄土	1. 基底必须有防水措施； 2. 根据土质条件，使用重锤夯实、换填、挤密桩等措施进行加固，改善土层性质； 3. 基础回填不得使用砂、砾石等透水土壤，应用原土加夯封闭
软土层	1. 基底软土小于 2 m 时，可将软土层全部挖除，换以中、粗砂，砾石，碎石等力学性质较好的填料，分层夯实； 2. 软土层深度较大时，应布置砂桩(或砂井)穿过软土层，上层铺砂垫层
冻土层	1. 冻土基础开挖宜用天然或人工冻结法施工，并应保持基底冻土层不融化； 2. 基底设计标高以下，铺设一层 10～30 cm 粗砂或 10 cm 的贫混凝土垫层作为隔热层
溶洞	1. 暴露的溶洞应用浆砌片石、混凝土填充，或填砂、砾石后，压水泥浆充实加固； 2. 检查有无隐蔽溶洞，在一定深度内钻孔检查； 3. 有较深的溶沟时，也可用钢筋混凝土盖板或梁跨越，亦可改变跨径避开
泉眼	1. 插入钢管或做木井，引出泉水使其与圬工隔离，再用水下混凝土填实； 2. 在坑底凿成暗沟，上放盖板，将水引出至基础以外的汇水井中抽出，圬工硬化后，停止抽水

软土及软弱饱和黏土层，地基承载力小、沉降量大，进行处理时，可根据软土层的厚度及其物理力学性质、承载力大小、施工期限、施工机具和材料供应等因素，因地制宜、就地取材，采取换填土、砂砾垫层、袋装砂井、排水塑料板桩、生石灰桩、真空预压及粉体喷射搅拌等处理方法。

（六）基础圬工浇(砌)筑

通常的基础施工可分为无水砌筑、排水浇砌及水下灌注三种情况。基础结构物的用料应在基坑开挖完成前准备好，以保证及时浇砌基础，避免基底土质变差。

排水砌筑的施工要点是：确保在无水状态下砌筑圬工；禁止带水作业及用混凝土将水挤出模板外的灌注方法；基础边缘部分应严密隔水；水下部分圬工必须待水泥砂浆或混凝土终凝后才允许浸水。

水下灌注混凝土一般只有在排水困难时采用。基础圬工的水下灌注分为水下封底和水下直接灌注基础两种。前者封底后仍要排水再砌筑基础，封底只是起封闭渗水的作用，其混凝土只作为地基而不作为基础本身，适用于板桩围堰开挖的基坑。

水下封底混凝土的质量不易控制，故封底厚度除了按计算确定外，还应参照实际经验。为满足防渗漏的要求，封底混凝土的最小厚度一般为 2 m 左右。

现今桥梁基础施工中，水下混凝土的灌注方法广泛采用的是垂直移动导管法，混凝土经导管输送至坑底，并迅速将导管下端埋没，随后混凝土不断地输送到被埋没的导管下端，从而迫使先前输送到的但尚未凝结的混凝土向上和向四周推移。随着基底混凝土的上升，导管亦缓慢地向上提升，直至达到要求的封底厚度时，则停止灌入混凝土，并拔出导管。当封底面积较大时，宜用多根导管同时或逐根灌注，按先低处后高处、先周围后中部次序并保持大致相同的标高进行，以保证使混凝土充满基底全部范围。导管的根数及在平面上的布置，可根据封底面积、障碍物情况、导管作用半径等因素确定。导管的有效作用半径则因混凝土的坍落度大小和导管下口超压力大小而异。

对于大体积的封底混凝土，可分层分段逐次灌注。对于强度要求不高的围堰封底水下混凝土，也可以一次由一端逐渐灌注到另一端。

在正常情况下，所灌注的水下混凝土仅其表面与水接触，其他部分的灌注状态与空气中灌注无异，从而保证了水下混凝土的质量。至于与水接触的表层混凝土，可在排干水而外露时予以凿除。

采用导管法灌注水下混凝土要注意以下几个问题：

(1) 导管应试拼装，球塞应试验通过，施工时严格按试拼的位置安装。导管试拼后，应封闭两端，充水加压，检查导管有无漏水现象。导管各节的长度不宜过大，连接应可靠而又便于装拆，以保证拆卸时中断灌注时间最短。

(2) 为使混凝土有良好的流动性，粗骨料粒径以 20～40 mm 为宜。坍落度应不小于 18 cm，一般倾向于用大一些。水下混凝土水泥用量比空气中同等级的混凝土增加 20%。

(3) 必须保证灌注工作的连续性，在任何情况下不得中断灌注。在灌注过程中，应经常测量混凝土表面的标高，正确掌握导管的提升量。导管下端务必埋入混凝土内，埋入深度一般不应小于 0.5 m。

(4) 水下混凝土的流动半径，要综合考虑到对混凝土质量的要求、水头的大小、灌注面积的大小、基底有无障碍物及混凝土拌合机的生产能力等因素来决定。通常，流动半径在 3～4 m 范围内是能够保证封底混凝土的表面不会有较大的高差，并具有可靠的防水性，只要处理得当，可以保证封底混凝土的防水性能。

浇筑基础时，应做好与台身、墩身的接缝连接，混凝土基础与混凝土墩(台)身的接缝，周边应预埋直径不小于 16 mm 的钢筋或其他铁件，埋入与露出的长度不应小于钢筋直径的 30 倍，间距不大于钢筋直径的 20 倍。混凝土或浆砌片石基础与浆砌片石墩(台)身的接缝，应预埋片石做榫，片石厚度不应小于 15 cm，片石的强度要求不低于基础或墩(台)身混凝土或砌体的强度。施工后的基础平面尺寸，其前后、左右边缘与设计尺寸的容许误差不大于±50 mm。

二、桩基础施工

当地基浅层土质较差，持力土层埋藏较深，需要采用深基础才能满足结构物对地基强度、变形和稳定性要求时，可用桩基础。桩基础是常用的桥梁基础类型之一。

桩基础的分类方法如下：① 按材料分为木桩、钢筋混凝土桩、预应力混凝土桩和钢桩，桥梁基础中应用较多的是钢筋混凝土桩和预应力混凝土桩；② 按制作方法分为预制桩和钻(挖)孔灌注桩；③ 按施工方法分为锤击沉桩、振动沉桩、射水沉桩、静力压桩、就地灌注桩和钻孔埋置桩等，其中锤击沉桩、振动沉桩、射水沉桩、静力压桩又统称为沉入桩。桩基础的施工方法应依据地质条件、设计荷载、施工设备、工期限制及对邻近建筑物产生的影响等来选择。

（一）沉入桩基础

沉入桩所用的基桩主要为预制的钢筋混凝土桩和预应力混凝土桩。

断面形式常用的有实心方桩和空心管桩两种。方桩尺寸为 30 cm×30 cm、30 cm×35 cm、35 cm×35 cm、35 cm×40 cm、40 cm×40 cm，桩长为 10～24 m。管桩一般由工厂以离心成型法制成，目前成品规格为管桩外径 40 cm、55 cm 两种，分为上、中、下三节，管壁厚度为 8～10 cm。

PHC(高强预应力)混凝土离心管桩已在工程上广泛应用，上海市延安东路高架道路与外环快速干道等工程均有采用。PHC 离心管桩系工厂化生产，制桩标准化程度高，具有混凝土强度高(C80)、施工可贯入性好、穿透力强、耐久性好及吨位承载造价低等特点，且桩型、桩长可根据用户要求及施工情况灵活选配和拼接。

PHC 管桩的桩尖可按场地土质类型选用开口式或闭口式，其中开口式可减少打桩过程中外排土量，从而减轻对周围建筑物和地下管道、管线等挤压效应。表 3-10 为上海市应用的 PHC 管桩技术参数表，表 3-11 为其结构参数表。

表 3-10　PHC 管桩技术参数表

外径×壁厚 /mm	型号	有效预应力 σ_{cc} /MPa	抗裂弯矩 M_{cra} /(kN·m)	极限弯矩 M_{ud} /(kN·m)	单桩垂直容许承载力 N_d/kN	沉桩容许锤击压力 P/kN	沉桩容许锤击抗拉力 P_L/kN	焊接接头处抗裂弯矩 M_w /(kN·m)	接头处容许锤击抗拉力 P_w/kN
400×95	A	5.0	52	77	1 600	3 433	673	150	2 122
	AB	6.2	63	104	1 500	3 325	782		
500×100	A	5.0	99	148	2 300	4 739	929	188	2 653
	AB	6.3	121	200	2 200	4 576	1 091		
600×105	A	5.2	164	246	3 100	6 169	1 310	228	3 183
	AB	6.1	201	332	3 000	6 022	1 395		

表 3-11　PHC 管桩结构参数表

名称		符号	单位	规格					
桩型外径×壁厚		$d_1 \times t$	mm	A600×105	AB600×105	A500×100	AB500×100	A400×95	AB400×95
混凝土强度等级		C	MPa	80		80		80	
截面尺寸	外径	d_1	mm	600		500		400	
	内径	d_2	mm	390		300		210	
	壁厚	t	mm	105		100		95	
截面面积		A_0	cm^2	1 632		1 256		910	

表 3-11(续)

名称		符号	单位	规格					
桩长度		L	m	8		10		12	
预应力钢筋	直径	ϕ	mm	9.2	11	9.2	11	9.2	11
	根数	N_a	根	12		10		7	
	周径	d_p	mm	496		409		309	
	截面积	A_p	cm^2	7.68	10.8	6.4	9	4.48	6.3
	含筋率	μ	%	0.47	0.66	0.51	0.72	0.49	0.69
螺旋钢筋	两端(螺距×长度)	$S_1\times l_1$	mm	ϕ_b5:50×1 200		ϕ_b5:50×1 200		ϕ_b5:50×1 200	
	中间(螺距)	S_2	mm	ϕ_b5:100		ϕ_b5:100		ϕ_b4:100	
钢端板	外径	d_1	mm	598		498		398	
	内径	d_2	mm	390		300		210	
	厚度	σ	mm	20		19		19	
	焊缝口	$a\times l$	mm	11×4.5		11×4.5		11×4.5	
单位长度质量		m	kg	426		328		238	

沉桩前应处理空中和地面上、下的障碍物，平整场地或搭设支架、平台，做好准备工作。沉入桩的施工方法主要有锤击沉桩、振动沉桩、静力压桩和水中沉桩等。

1. 锤击沉桩

锤击沉桩一般适用于中密砂类土、黏性土。由于锤击沉桩依靠桩锤的冲击能量将桩打入土中，因此一般桩径不能太大(不大于 0.6 m)，入土深度在 40 m 左右，否则对沉桩设备要求较高。沉桩设备是桩基施工的质量与成败的关键，应根据土质，工程量，桩的种类、规格、尺寸，施工期限，现场水电供应等条件选择。

锤击沉桩的主要设备有桩锤、桩架及动力装置三部分。表 3-12 为常用沉桩机具的适用范围。冲击锤的选择，原则上是重锤低击。

表 3-12 常用沉桩机具适用范围参考表

序号	沉桩机具种类	适用范围	优缺点
1	坠锤	1. 适宜于打木桩及断面较小的混凝土桩； 2. 在一般黏性土、砂类土、含有少量砾石的土中均可使用	设备简单，使用方便，能调整落距，冲击力可大可小，但速度慢、效率较低
2	单动汽锤	适宜于打各种桩	汽锤冲程短，不易损坏桩头，起落锤速度快，效率较高
3	双动汽锤	1. 适宜于打各种桩； 2. 可用于打斜桩； 3. 使用压缩空气时可用于水下打桩； 4. 可做拔桩机	冲击次数多，冲击力大，工作效率高，可不用桩架打桩。但设备笨重，移动不方便

表 3-12(续)

序号	沉桩机具种类	适用范围	优缺点
4	柴油机桩锤	1. 适宜于打各种桩及钢板桩； 2. 不宜在过软和过硬土中打桩	附有桩架、动力设备，机架轻，移动方便，燃料消耗少，沉桩效率高
5	振动沉桩机锤	1. 适宜于打各种桩； 2. 不宜打斜桩及有接头的木桩； 3. 宜用于松散砂土、亚黏土、黄土和软土，在密实黏性土、风化岩、砾石中效果差	沉桩速度快，施工操作简易安全，能辅助拔桩
6	静力压桩机	1. 适用于不能有噪声和振动影响邻近建筑物的软土地区； 2. 桩的断面宜为 40 cm×40 cm 或 ϕ45 cm 以内管桩	无噪声、无振动，桩配筋简单，短桩可接，便于运输。只适用于松软地基，需要塔架设备，运输、安装不便
7	射水沉桩设备	1. 适用于砂土、砂砾或其他坚硬的地基； 2. 大断面的混凝土桩及空心管桩配合射水可加快下沉； 3. 不宜用于大卵石及坚硬的黏土层或厚度超过 50 cm 的泥炭层； 4. 不宜用于承受水平推力及上拔的锚固桩或离建筑物较近的桩	配合锤击沉桩，可加快进度，效率高，桩不易打坏。不宜打沉斜桩，设备较多，只能配合锤击或震动沉桩，不能单用射水沉桩

按锤重与桩重的比值，可依表 3-13 选用。

表 3-13　锤重与桩重比值表

桩的类别	锤的类别			
	单动汽锤	双动汽锤	柴油机桩锤	坠锤
钢筋混凝土桩	0.4～1.4	0.6～1.8	1.0～1.5	0.35～1.5
木桩	2.0～3.0	1.5～2.5	2.5～3.5	2.0～4.0
钢板桩	0.7～2.0	1.5～2.5	2.0～2.5	1.0～2.0

沉桩前，应对桩架、桩锤、动力机械等主要设备部件进行检查；开锤前应再次检查桩锤、桩帽或送桩与桩的中轴线是否一致；锤击沉桩开始时，应严格控制各种桩锤的动能，用坠锤和单动汽锤时，提锤高度不宜超过 0.50 m；用双动汽锤时，可少开气阀降低气压和进气量，以减少每分钟的锤击数；用柴油机桩锤时，可控制供油量以减少锤击能量；如桩尖已沉入到设计标高，但贯入度仍达不到要求时，应继续下沉至达到要求的贯入度为止。沉桩时，如遇到贯入度突然发生急剧变化，桩身突然发生倾斜、移位，桩不下沉，桩锤有严重的回弹现象，桩顶破碎或桩身开裂、变形，桩侧地面有严重隆起现象等时，应立即停止锤击，查明原因，采取措施后方可继续施工。

沉桩过程中应注意：桩帽与桩周围应有 5～10 mm 间隙，以便锤击时桩在桩帽内可做微小的自由转动，避免桩身产生超过许可的扭转应力；打桩机的导向杆应予固定，以便施打时稳定桩身；导向杆设置应保证桩锤上、下活动自由；预制桩顶面应附有适合桩帽大小的桩垫，其厚度视桩垫材料、桩长及桩尖所受抗力大小决定，桩垫破碎后应及时更换；选用的桩帽，应将锤的冲击力均匀分布于桩顶面。

锤击沉桩的停锤控制标准如下：

(1) 设计桩尖标高处为硬塑黏性土、碎石土、中密以上的砂土或风化岩等土层时，根据贯入度变化并对照地质资料，确认桩尖已沉入该土层，贯入度达到控制贯入度。

(2) 当贯入度已达到控制贯入度，而桩尖标高未到达设计标高时，应继续锤入 0.10 m 左右(或锤击 30～50 次)，如无异常变化即可停锤；若桩尖标高比设计标高高得多时，应报有关部门研究确定。

(3) 设计桩尖标高处为一般黏性土或其他松软土层时，应以标高控制，贯入度作为校核。当桩尖已达设计标高，而贯入度仍较大时，应继续锤击，使其接近控制贯入度。

(4) 在同一桩基中，各桩的最终贯入度应大致接近，而沉入深度不宜相差过大，避免基础产生不均匀沉降。如因土质变化太大，致使各桩贯入度或沉桩深度相差过大时，应报有关部门研究，另行制定停锤标准。对于特殊设计的桩，桩尖设计标高有高低时(如拱桥的桥台桩等)，应按设计要求处理。

从沉桩开始起，应严格控制桩位及竖桩的竖直度或斜桩的倾斜度。在沉桩过程中，不得采用顶、拉桩头或桩身办法来纠偏，以防桩身开裂并增加桩身附加弯矩。

2. 振动沉桩

振动沉桩适用于砂质土、硬塑及软塑的黏性土和中密及较松散的碎、卵石类土。对于软塑类黏性土及饱和砂质土，当基桩入土深度小于 15 m 时，可只用振动沉桩机。除此情况外，宜采用射水配合沉桩。在选择沉桩机(锤)时，应验算振动上拔力对桩身结构的影响。同时应注意确保振动沉桩机、机座、桩帽连接可靠，沉桩和桩中心轴线尽量保持在同一直线上。每一根桩的沉桩作业应一次完成，不可中途停顿，以免土层的摩阻力恢复，增加下沉困难。

振动沉桩停振控制标准，应以通过试桩验证的桩尖标高控制为主，以最终贯入度或可靠的振动承载力公式计算的承载力作为校核。

3. 静力压桩

静力压桩系采用静压力将桩压入土中，即以压桩机的自重克服沉桩过程中的阻力，适用于高压缩性黏土或砂性较轻的亚黏土层。沉桩速度视土质状况而异。同一地区、相同截面尺寸与沉入深度的桩，其极限承载能力与锤击沉桩大体相同。

静力压桩的准备工作包括：根据地质钻探、静力触探或试桩资料估算压桩阻力；选用压桩设备，但应注意使设计承载力大于压桩阻力的 40%；压桩施工用辅助设备及测量仪器的检查校定等。压桩作业开始后，应尽可能连续施工，减少停顿次数和时间，以免产生过大的启动阻力。桩尖接近设计标高时，应严格控制压桩进程。当遇到插桩初压时，桩尖即有较大走位和倾斜，或沉桩过程中桩身倾斜或下沉速度加快，以及压桩阻力突然剧增或压桩设备倾斜等情况时，应暂停施压，分析原因，及时处理。

4. 水中沉桩

在河流水浅时，一般可搭设施工便桥、便道、土岛和各种类型脚手架组成的工作平台，其上安置桩架并进行水中沉桩作业。

在较宽阔的河中，可将桩安设在组合的浮体上或固定平台，亦可使用专用打桩船。此外还可采用以下方法。

(1) 先筑围堰后沉基桩法：一般在水不深，桩基临近河岸时采用此法。

(2) 先沉基桩后筑围堰法：一般适用于较深的水中桩基。此法包括拼装导向围笼并浮运至墩位，抛锚定位，围笼下沉接高；在围笼内插打定位桩，下沉其余基桩，然后插打钢板桩，组成防水围堰；以及其后的吸泥、水下混凝土封底等工序。

(3) 用吊箱围堰修筑水中桩基法：一般适用于修筑深水中的高桩承台。悬吊在水中的套箱，在沉桩时用作导向定位，沉桩完后封底抽水，浇筑水中混凝土承台。

(二) 灌注桩基础

钻孔灌注桩的桩长可以根据持力土层的起伏面变化，并按使用期间可能出现的最不利内力组合配置钢筋，钢筋用量较少，便于施工，故应用较为普遍，国内某些省市桥梁桩基中钻孔灌注桩占 80%以上。表 3-14 为钻孔灌注桩与沉入桩的比较，两者各有特点，可根据设计要求、机具设备、地质条件、场地情况和施工工期等因素，综合分析，合理选用。

表 3-14 钻孔灌注桩与沉入桩的比较

序号	项目	沉入桩	钻孔灌注桩
1	截面尺寸	截面尺寸较小，一般方桩或圆桩其边长或直径均小于 60 cm	截面尺寸较大，多为圆桩，直径 60～200 cm
2	桩入土深	采用射水配合沉桩，一般不超过 30 m	一般可达 50 m，滨州黄河大桥有直径 1.5 m、长 100 m 的成功施工经验
3	桩的承载力	由于桩径和桩长较小，一根桩的承载力较钻孔桩小，故一个墩(台)需用的桩数较多	一根桩的承载力较沉入桩大，故一个墩(台)需用的桩数较少，有些桥墩只有 2～4 根钻孔灌注桩
4	施工进度	按一根桩计，一般沉入桩较快。按一个墩(台)的桩基础计，沉入桩较慢	按一根桩计，钻孔灌柱桩较慢。按一个墩(台)的桩基础计，钻孔灌注桩较快
5	需用钢筋数量	由于预制桩在吊桩时要考虑吊装产生的吊装应力，沉桩时要考虑拉应力，故需用钢筋数量较多	不考虑吊装应力和深桩拉应力，长桩的下部有时可不设钢筋，故需用钢筋数量较少
6	对周围环境影响	除静力压桩外，锤击和振动沉入的噪声和振动波影响附近环境和建筑物安全	噪声和振动波很小，对周围环境影响不大
7	接桩问题	由于桩架高度控制，一般桩长超过 20 m 的需接桩	一般无须接桩
8	沉桩或钻孔位置	一般沉入桩桩架和沉桩设备较钻孔桩钻架和钻孔设备高大、笨重	一般钻孔钻、钻架和设备较矮小、轻便
9	施工场地	就地预制桩时，需较大的制桩、堆桩场地和制桩用水泥、钢筋和砂石料场地，但沉桩时，占用场地不大	采用正、反循环回转钻孔需设置泥浆沉淀循环池，占地较大，其他钻孔工艺占地不大，灌注混凝土时，需水泥、钢筋、砂石料场地
10	用水情况	用射水配合沉桩时，用水量较大，否则用水量很少	用正、反循环回转钻孔时用水量较多，用其他工艺钻孔，只清孔时用水量较多。总的来说钻孔桩用水较多
11	适应的土层	对细粒土均可适应，但对较大的卵漂石层不能采用沉入桩	各种土层均适应，对卵漂石层可采用冲击锥工艺钻孔。遇到岩层时，正、反循环采用牙轮钻头也可钻进

灌注桩的成孔方法很多,各自适应于不同地层与环境条件,在桥梁工程中应用较多的有沉管灌注桩、钻孔(冲孔)灌注桩和挖孔灌注桩等。

1. 沉管灌注桩

采用锤击或振动方法将钢管沉入土内,然后在管内灌注混凝土(或钢筋混凝土),随灌随拔管而形成灌注桩。钢管下端应设活瓣桩尖或预制混凝土桩尖,并保持桩尖在桩管中线上。预制混凝土桩尖混凝土标号不得低于C30。在拔管过程中,拔管速度应均匀,桩管内应至少保持高约2 m的压头混凝土,对于易坍塌的土层,压头混凝土还应提高。在淤泥及含水量饱和的软土层中振动拔管时,应采用反插法施工,即桩管灌入混凝土后,先振动再开始拔管,每次拔管高度0.5～1.0 m,往下反插深度0.3～0.5 m,同时应分段添加混凝土,保持管内混凝土面始终不低于地表面,或高于地下水位1.0～1.5 m,拔管速度不得大于0.5 m/min。穿过淤泥夹层时,应适当放慢拔管速度,并减小拔管高度和反插深度。

锤击沉管灌注桩的混凝土充盈系数小于1.0时,应采用全部复打处理;对于断桩及缩颈部位明确的桩,可采用局部复打处理,其复打深度必须在断桩层或缩颈区1.0 m以下。复打施工必须在第一次灌注的混凝土初凝前进行,前后两次沉管的轴线应重合。群桩基础施工时,施工邻桩的间隔时间不得超过本桩混凝土的实际初凝时间,使本桩的混凝土尚有随邻桩振动的可塑性,混凝土桩身不致开裂。

沉管灌注桩的一个显著优点是完全排除了塌孔的危险,并且可以将桩的底部清理得十分干净,是就地灌注桩各种施工方法中比较可靠的一种方法,适用于黏性土、砂类土和小粒中密的碎石类土地层。但是,由于振动与向下压入钢管的力量有限,其适用的施工深度一般不大于40 m。

2. 钻孔(冲孔)灌注桩

钻孔灌注桩系指采用不同的钻孔方法,在土中形成一定直径的井孔,达到设计标高后,将钢筋骨架吊入井孔中,灌注混凝土形成桩基础。

(1) 钻孔方法。

钻孔灌注桩的关键是钻孔。钻孔的方法可归纳为三种类型,即冲击法、冲抓法与旋转法。

冲击法系用冲击钻机或卷扬机带动冲锥,借助锥头自重下落产生的冲击力反复冲击破碎土石或把土石挤入孔壁中,用泥浆浮起钻渣,或用抽渣筒或空气吸泥机排出钻渣而形成钻孔。

冲抓法系用冲抓锥靠自重产生冲击力切入土层或破碎土层,叶瓣抓土、弃土以形成钻孔。

旋转法系用人力或钻机,通过钻杆带动锥或钻头旋转切削土壤,用泥浆浮起排出钻渣而形成钻孔。

每种方法又因动力与设备功能的不同而分为多种。表3-15为国内常用的钻孔方法的适用范围。

根据上述各种钻孔方法的适用范围和特点,结合机具设备供应情况、设计和工期要求及土层状况,可以合理选择钻孔方法。

钻孔灌注桩施工因成孔方法的不同和现场情况各异,施工工艺流程不会完全相同。在施工前,要安排好施工计划,编制具体的工艺流程图,作为安排各工序施工操作和进度的依据。

表 3-15 国内常用钻孔方法的适用范围参考

序号	成孔设备(方法)	适用范围			
		土层	孔径/cm	孔深/m	泥浆作用
1	机动推钻	黏性土,砂土,砾石粒径小于 10 cm,含量少于 30%的碎石土	60～160	30～40	护壁
2	正循环回转钻机	黏性土,砂土,砾、卵石粒径小于 2 cm,含量少于 20%的碎石土,软岩	80～200	30～100	浮悬钻渣并护壁
3	反循环回转钻机	黏性土,砂土,卵石粒径小于钻杆内径 2/3,碎石含量少于 20%的碎石土,软岩	80～250	泵吸<40 气举 100	护壁
4	正循环潜水钻机	淤泥,黏性土,砂土,砾、卵石粒径小于 10 cm,碎石含量少于 20%的碎石土	60～150	50	浮悬钻渣并护壁
5	反循环潜水钻机	各类土层	60～150	泵吸<40 气举 100	护壁
6	全护筒冲抓和冲击钻机	各类土层	80～200	30～40	不需泥浆
7	冲抓锥	黏性土,砂土,砾石,松散卵石	60～150	20～40	护壁
8	冲击实心锥	各类土层	80～200	50	浮悬钻渣并护壁
9	冲击管锥	黏性土,砂土,砾石,松散卵石	60～150	50	浮悬钻渣并护壁
10	冲击、振动沉管	软土,黏性土,砂土,砾石,松散卵石	25～50	20	不需泥浆

当同时有几个桩位施工时,要注意相互的配合,避免干扰与冲突,并尽可能做到均衡地使用机具与劳动力,既要抓紧新钻孔的施工,也要做好已成桩的养护和质量检验工作。

对于硬质岩层宜采用机械钻进法。表 3-16 列出了用于基岩或漂砾石等硬地基的螺旋钻进施工法、回转钻进施工法、全套管回转钻进施工法和冲击钻进施工法的钻进方法、特点及适用范围等。

表 3-16 常用机械钻进施工法的钻进方法、特点及适用范围

项目	螺旋钻进施工法	回转钻进施工法	全套管回转钻进施工法	冲击钻进施工法
钻进方法	通过螺旋钻下端的特殊钻头钻进基岩,或者通过配置在相互反转的外侧套管下端的特殊钻头钻进基岩,通过螺旋钻杆排渣	通过钻链给滚刀钻头加压,由转盘或动力头回转钻头钻进基岩。钻渣采用泵吸方式或者气举方式排出	利用配置在回转套管下端的特殊钻头钻进基岩,套管内挖岩通过冲抓头、螺旋钻、钻头钻挖。一般多使用冲抓头通过强大的回转力除去地下障碍物	障碍物利用重锤或者潜孔锤钻进基岩,钻渣采用泵吸方式或者气举正循环方式排出

表 3-16(续)

项目	螺旋钻进施工法	回转钻进施工法	全套管回转钻进施工法	冲击钻进施工法
特点	钻进不需要泥浆； 施工简单； 垂直精度高； 噪声低、振动小	可任意选择钻井直径； 适于水上施工； 不需要长护筒； 噪声低、振动小	通过强力回转可钻进各种硬岩； 减摩阻性好； 可钻进深井； 井壁坍塌少	钻渣处理效果好； 可防止泥浆漏失； 结构简单、故障少； 可自动运转
地基条件	适于钻进岩块、卵石、漂石、软岩、硬岩。但是，钻进硬岩时需辅以冲击	可根据岩质选定有互换性的钻头形式，从软岩到硬岩均能钻进	适于钻进岩块、卵石、漂石、软岩、硬岩。钻进硬岩时需辅以冲击	适于钻进岩块、卵石、软岩、硬岩
钻井直径、钻进深度	钻井直径 650～1 500 mm、钻进深度 50 m	钻井直径 800～3 000 mm、钻进深度 70 m	钻井直径 1 000～2 000 mm、钻进深度 50 m	钻井直径 650～1 200 mm、钻进深度 40 m
施工条件、施工精度	斜桩的最大施工角度陆地 15°，海上 20°。垂直精度，螺旋钻 1/200，螺旋钻＋环形削式 1/300	可在水上施工，垂直精度 1/200	斜桩的施工角度陆地 12°，垂直精度 1/300～1/400	可在水上施工，垂直精度 1/200
施工注意事项	用特殊形状专业钻头能够破碎、钻进岩块和卵石	在岩石、卵石块径比钻杆直径大的地层钻进能力下降	钻进节理少的基岩，需要研究排渣方法	在有大块坚硬漂石的地层，压入套管困难

(2) 钻孔灌注桩的施工工艺流程。

钻孔灌注桩施工的主要工序是：埋设护筒、制备泥浆、钻孔(冲孔)、孔径检查与清底、钢筋笼制作与吊装，以及灌注水下混凝土等。

① 埋设护筒。

钻孔成败的关键是防止孔壁坍塌。当钻孔较深时，在地下水位以下的孔壁土在静水压力下会向孔内坍塌，甚至发生流沙现象。钻孔内若能保持比地下水位高的水头，增加孔内静水压力，能稳定孔壁、防止塌孔。

制作护筒的材料有木、钢、钢筋混凝土三种。护筒要求坚固耐用、不漏水，其内径应比钻孔直径大(旋转钻约大 20 cm，潜水钻、冲击或冲抓锥约大 40 cm)，每节长度 2～3 m。一般常用钢护筒，在陆上与深水中均能使用，钻孔完成后可取出重复使用。护筒底部及其周围一定范围内应夯填黏土，借助黏土压力及隔水作用，保持护筒稳定，保护孔口地面。在深水中埋设护筒时，先打入导向架，再用锤击或振动加压沉入护筒。护筒入土深度视土质和水的流速而定。护筒平面位置的偏差不得大于 5 cm，倾斜度不得大于 1%。

② 制备泥浆。

钻孔泥浆由水、黏土(膨润土)和添加剂组成，具有悬浮钻渣、冷却钻头、润滑钻具、增大静水压力，并在孔壁形成泥皮、隔断孔内外渗流、防止塌孔的作用。调制的钻孔泥浆及经过循环净化的泥浆，应根据钻孔方法和地层情况采用不同的性能指标，一般可参照表 3-17 选用。泥浆稠度应视地层变化或操作要求机动掌握，泥浆太稀，排渣能力小，护壁效果差；泥浆太稠会削弱钻头冲击功能，降低钻进速度。

表 3-17　泥浆性能指标表

钻孔方法	地层情况	泥浆性能指标						
		密度 ρ /(g/cm³)	黏度 T/cSt	静切力 Q/Pa	含砂率 η/%	胶体率 /%	失水率 β/[mL/(30 min)]	pH 值
正循环回转、冲击	黏性土	1.05～1.25	16～22	1.0～2.5	4～8	＞90～95	＜25	8～10
	砂类土 碎石土 卵石 漂石	1.2～1.45	19～28	3～5	4～8	＞90～95	＜15	8～10
推钻、冲抓	黏性土	1.10～1.20	18～24	1～2.5	＜4	＞95	＜30	8～12
	砂类土 碎石土	1.2～1.4	22～30	3～5	＜4	＞95	＜20	8～12

注：1. 地下水位高，或其流速大的，指标取高限，反之取低限。

2. 地质较好，孔径或孔深较小的，指标取低限。

3. 泥皮厚除正循环旋转冲击的砂类土等≤2 mm 外，其余均≥3 mm。

4. 用推钻、冲抓、冲击方法钻进时，可用黏土碎块投入孔内，用钻锥自行造浆固壁。

5. 若当地缺乏优质黏土不能调制出合格泥浆时，可掺用添加剂以改善泥浆性能，各种添加剂掺量见《公路桥涵施工技术规范》(JTG/T F50)。

6. 在不易坍塌的黏性土层中，使用推钻、冲抓、反循环回转方法钻进时，可用清水，提高水头，使之大于 2 m 来维护孔壁。

③ 钻孔(冲孔)。

灌注桩一般采用螺旋钻头或冲击锥等成孔，或用旋转机具辅以高压水冲成孔。钻孔必须在孔位、孔径、孔形、孔深等方面都能满足设计要求，因此在钻孔中必须采取有效措施，以尽量减少事故发生。尤其特别要注意保证钻进的垂直度。

④ 孔径检查与清底。

钻孔的直径、深度和孔形直接关系到成桩质量，是钻孔桩成败的关键。为此，除了钻孔过程中严谨操作、密切观测监督外，在钻孔达到设计要求深度后，应采用适当器具对孔深、孔径、孔形等认真检查，符合设计要求后，填写“终孔检查证”。

清孔的目的是抽、换孔内泥浆，清除钻渣和沉淀层，尽量减小孔底沉淀厚度，防止桩底存留过厚沉淀土层而降低桩的承载能力；此外，清孔还为灌注水下混凝土创造良好条件，使测深正确，灌注顺利。清孔应紧接在终孔检查后进行，避免隔时过长而引起泥浆沉淀过厚，导致孔壁坍塌。清孔的方法有抽浆法、换浆法、掏渣法、喷射清孔法及用砂浆置换钻渣清孔法等，应根据设计要求、钻孔方法、机具设备和土质条件确定。其中抽浆法清孔较为彻底，适用于各种钻孔方法的灌注桩。对孔壁易坍塌的钻孔，清孔时操作要细心，防止塌孔。换浆法适用于正、反循环旋转钻机，优点是不易塌孔，不需增加机具，只需将钻机稍提离孔底 0.1～0.2 m 空转，把钻孔内悬浮钻渣较多的泥浆换出；缺点是因要使排出泥浆的含砂率与换入泥浆的含砂率接近，故清孔时间较长，且清孔不彻底。

清孔的质量要求：对摩擦桩，孔底沉淀土的厚度，中、小桥不得大于(0.4～0.6)d(d 为桩的直径)，大桥按设计文件规定。清孔后的泥浆性能指标，含砂率为 4%～8%，密度为 1.10～1.25 g/cm³，黏度为 18～20 cSt。对支承桩(柱桩、嵌岩桩)，宜用抽浆法清孔，并宜清理至吸泥管出清水为止。灌注混凝土前，孔底沉淀土厚度不得大于50 mm。若孔壁易坍塌，必须在泥浆中灌注混凝土时，建议采用砂浆置换钻渣清孔法，清孔后的泥浆含砂率不大于4%。其他泥浆性能指标同摩擦桩要求。对于沉淀土厚度的测量，用冲击、冲抓锤时，沉淀土厚度从锥头或抓锥底部所到达的孔底平面算起。关于沉淀土厚度测量方法，可在清孔后用取样盒(开口铁盒)吊到孔底，待到灌注混凝土前取出，直接量测沉淀在盒内的沉渣厚度。

⑤ 钢筋笼制作与吊装。

⑥ 灌注水下混凝土。

3. 挖孔灌注桩

挖孔灌注桩系用人工和适当的小型爆破，配合简单机具挖掘成孔，灌注混凝土(或钢筋混凝土)成桩，适用于无地下水或少量地下水的土层和岩层。桩分圆形和方形两种，用人力挖掘的方桩边长或圆桩孔径不宜小于1.4 m，孔深一般不宜超过20 m；用机械挖掘并用钢护筒护壁的孔，其孔径不宜小于0.8 m。挖孔时必须采取孔壁支撑，支撑形式视土质、渗水情况、工期与工地条件而定，一般可用就地灌注混凝土或用便于拆装的钢、木支撑。支护应高出地面，支护结构应经过验算。挖孔过程中，必须有可靠的安全措施，并应经常检查孔洞内的二氧化碳含量，二氧化碳浓度如超过3%，应增设通风设施，以保障人身安全。挖孔达到设计深度后，应进行孔底处理，孔底不应有松渣、淤泥、沉淀等扰动过的软层。如遇孔底地质条件与设计要求不符，应会同相关单位研究处理措施。

挖孔灌注桩的优点是所需机具设备少，成孔后可直观检查孔内土质状况，基桩质量有可靠保证。对于挖掘过深(超过15～20 m)，或渗水量稍大等情况，应慎重地选择施工工艺，增加防范措施和通风，加强施工监测，以确保施工质量和人身安全。

4. 施工中常见事故处理

常见的钻孔事故有塌孔、钻孔偏斜、扩孔与缩孔、钻孔漏浆、掉钻落物、糊钻、形成梅花孔、卡钻、钻杆折断等。其处理方法如下：

(1) 遇有塌孔，应认真分析原因和查明位置，然后进行处理。塌孔不严重时，可回填至塌孔位置以上，并采取改善泥浆性能、加高水头、埋深护筒等措施，继续钻进。塌孔严重时，应立即将钻孔全部用砂或小砾石夹黏土回填，暂停一段时间后，查明塌孔原因，采取相应措施重钻。塌孔部位不深时，可采取深埋护筒法，将护筒周围土夯填实，重新钻孔。

(2) 遇有孔身偏斜、弯曲时，一般可在偏斜处吊住钻锥反复扫孔，使钻孔正直。偏斜严重时，应回填黏性土到偏斜处，待沉积密实后重新钻进。

(3) 遇有扩孔、缩孔时，应采取防止塌孔和钻锥摆动过大的措施。缩孔是钻锥磨损过度、焊补不及时或因地层中有遇水膨胀的软土、黏土泥岩造成的。对前者应及时补焊钻锥，对后者应用失水率小的优质泥浆护壁。对已发生的缩孔，宜在该处用钻锥上下反复扫孔以扩大孔径。

(4) 钻孔漏浆时，如护筒内水头不能保持，宜采取将护筒周围回填土筑实、增加护筒埋置深度、适当减小水头高度或加稠泥浆、倒入黏土慢速转动等措施；用冲击法钻孔时，还可填入片石，碎、卵石土，反复冲击以增强护壁。

(5) 由于钻锥的转向装置失灵、泥浆太稠、钻锥旋转阻力过大或冲程太小，钻锥来不及旋转，易导致梅花孔（或十字槽孔，多见于冲击钻孔），可采用片石或卵石与黏土的混合物回填钻孔，重新冲击钻进。

（6）糊钻、埋钻常出现于正、反循环（含潜水钻机）回转钻进和冲击钻进中，此时应对泥浆稠度、钻渣进出口、钻杆内径大小、排渣设备进行检查计算，并控制适当的进尺。若已严重糊钻，则应停钻，提出钻锥，清除钻渣。冲击钻锥糊钻时，应减小冲程、降低泥浆稠度，并在黏土层上回填部分砂、砾石。遇到塌方或其他原因造成埋钻时，应使用空气吸泥机吸出埋钻的泥沙，提出钻锥。

（7）卡钻常发生在冲击钻孔，卡钻后不宜强提，只宜轻提，轻提不动时，可用小冲击钻锥冲击或用冲、吸的方法将钻锥周围的钻渣松动后再提出。

（8）掉钻落物时，宜迅速用打捞叉、钩、绳套等工具打捞；若落物已被泥沙埋住，应按前述各项措施，先清除泥沙，使打捞工具接触落体后再行打捞。

处理钻孔事故时，在任何情况下，严禁施工人员进入没有护筒或其他防护设施的钻孔中处理故障。

5. 质量检验与质量标准

钻孔在终孔和清孔后，应使用仪器对成孔的孔位、孔深、孔形、孔径、竖直度（斜度）、泥浆相对密度、孔底沉淀厚度等进行检验。挖孔桩可采用直观检验丈量法。钻孔灌注桩、挖孔灌注桩成孔质量允许偏差如表 3-18 所列，沉管灌注桩的质量允许偏差如表 3-19 所列。

表 3-18　钻孔灌注桩、挖孔灌注桩成孔质量允许偏差

编号	项目	允许偏差	附注
1	孔的中心位置	群桩：不大于 10 cm 单排桩：不大于 5 cm	斜桩以水平面偏差值计算
2	孔径	不小于设计桩径	
3	倾斜度	直桩：小于 1/100 斜桩：小于设计斜度的 ±2.5%	
4	孔深	摩擦桩：不小于设计规定 柱桩：比设计深度超深不小于 5 cm	柱桩是指支承在岩面及嵌入岩层的桩
5	孔内沉淀土厚度	摩擦桩：不大于（0.4～0.6）d（d 为设计桩径） 柱桩：不大于设计规定	应尽量争取不大于 0.4d
6	清孔后泥浆指标	密度 1.05～1.2 g/cm^3 黏度 17～20 cSt，含砂率＜4%	在钻孔的顶、中、底分别取样检验，以其平均值为准

注：编号 6 是指用换浆法清孔后，拟在泥浆中灌注水下混凝土的要求。

表 3-19　沉管灌注桩质量允许偏差

项　目			允许偏差
竖桩中心位置	桩数为 1～2 根或单排桩基中的桩		5 cm
	桩数为 3～20 根的桩基中的桩		$D/2$
	桩数大于 20 根的桩基中的桩	最外边的桩	$D/2$
		中间桩	D

表 3-19(续)

项　　目		允许偏差
倾斜度	竖桩	1/100
	斜桩(倾斜角的正切值)	15%

注:1. D 为桩径;

2. 倾斜角为斜桩中心线与竖直线的夹角。

每根灌注桩应留取混凝土抗压强度试件不少于 2 组。同时应采用钻取芯样法或超声波法、机械阻抗法、水电效应法等无破损检测法对桩的匀质性进行检测。检测应符合下列规定:① 宜对各墩(台)有代表性的桩用无破损法进行检测,重要工程或重要部位的桩宜逐根检测;无条件用无破损法检测时,以及钻孔桩为柱桩时,应采用钻取芯样法检测总桩数的 3%~5%(不少于 2 根);对柱桩应钻到桩底 0.5 m 以下。② 对质量有怀疑的桩及因灌注故障处理过的桩,均应进行检测。

钻孔桩水下混凝土的质量应符合以下规定:

(1) 强度应不低于设计强度。除检查灌注过程中预留试块的抗压强度外,还应凿平桩头,凿取桩头混凝土试块做抗压强度试验,一般可按基桩总数的 5%~10%抽查;大桥的钻孔桩,应以地质钻机钻取桩身混凝土芯样做抗压试验,同时检查桩尖沉淀土实际厚度和桩底土层情况,钻取的芯样直径应不小于 70 mm。

(2) 桩身混凝土无断层或夹层,钻孔桩桩底不高于设计标高,桩底沉淀厚度不大于设计规定。应仔细检查分析所有各桩径的混凝土灌注记录,并用无破损方法检验桩身,认为其中某些桩的质量可疑,则应以地质钻机钻通全桩取芯样,检查该桩有无夹泥、断桩、混凝土质量松软,并做芯样的抗压强度试验。

(3) 桩头凿除预留部分无残余松散层和薄弱混凝土层;需嵌入承台内的桩头及锚固钢筋长度符合规范要求。

第四章　预制吊装箱梁桥施工案例

第一节　工 程 概 况

一、工程简介

某工程位于北京市南部大兴区，地处大兴区最南端与河北省廊坊市交界处，北距天安门 50 km、距首都机场约 67 km，西距京九铁路 4.3 km，南距永定河北岸大堤约 1 km。

该项目设计起点为南五环（五环立交北侧，桩号 K12＋549.248），设计终点为北京新机场（新机场北围界，桩号 K39＋759.131），全长约 27.2 km，主线全长 27.2 km，双向八车道，设计速度 100～120 km/h，估算总投资约 172.6 亿元，2018 年年底建成通车。

XJC11 施工合同段起讫桩号：K22＋311.707～K31＋439.734，长度 9.128 km，主要工作内容为小箱梁预制与安装工程。

二、工程数量

供应第 5 标段（1 989 片）、第 6 标段（1 829 片）预制小箱梁，共 3 818 片箱梁。

第 5 标段互通匝道 165 片，其中匝道 1 计 31 片，匝道 2 计 37 片，匝道 3 计 43 片，匝道 4 计 54 片。

第 6 标段互通匝道 225 片，其中匝道 1 计 54 片，匝道 2 计 27 片，匝道 3 计 75 片，匝道 4 计 54 片。

非共构 506 片，其中，X 线 253 片，Y 线 253 片；共构主线 2 922 片。

主要工程量如表 4-1 和表 4-2 所列。

表 4-1　中/边梁的主要工程量

序号	工程名称	跨径	单位	中/边梁	数量	合计
1	桥梁工程	24.7 m	片	中梁	149	243
2			片	边梁	94	
3		30 m	片	中梁	66	106
4			片	边梁	40	
5		32.7 m	片	中梁	2 232	3 469
6			片	边梁	1 237	

表 4-2　第 5 标段和第 6 标段的主要工程量

工程名称	项目	工程数量表												备注
		第 5 标段				轨道单位	第 6 标段						轨道单位	
		匝道 1	匝道 2	匝道 3	匝道 4	共构主线	匝道 1	匝道 2	匝道 3	匝道 4	X 线	Y 线	共构主线	
桥梁工程数量/片	数量	31	37	43	54	1 824	54	27	75	69	253	253	1 098	
	小计	165				1 824	225				506		1 098	
	汇总	1 989					1 829							
	总计	3 818												

三、工程特点及重难点

(一) 工程特点

(1) 政治意义重大,质量要求高。该项目的建成将会成为新国门的第一路,代表着我国高速公路建筑最高形象,质量规划高、要求严。

(2) 施工影响因素多,土建单位征迁协调难度大,架梁工作面是否如招标约定时间交付不可预估。该项目施工内容与京霸高速、轨道交通、地方道路等施工交叉作业,架梁路线协调、管控难度大。

(二) 工程重难点

(1) 工程量较大,有效工期紧张。该项目设 3 个预制梁标段,相邻第 10 标段工程量为 3 000 片,相邻第 12 标段箱梁为 2 000 片,该标段为 3 818 片,工程量最大。该工程跨越 2 个冬季,同时考虑两会、国际商会、环境因素、雾霾治理等环保要求,实际有效工期仅 11 个月,管理难度大。

(2) 交叉作业多,施工困难。该工程与京霸城际、轨道交通新机场线等同时施工,场地有限,交叉作业多,协调配合难度大,混凝土等材料资源供应需要重点关注。

(3) 不利因素多,架梁工作面移交时间不确定,制约整体施工安排。同一个业主的土建第 5 标段总计 4 条匝道,梁数为 165 片,土建第 6 标段 4 条匝道总计 225 片,X 线+Y 线=506 片。而轨道交通单位的共构主线总计有 2 922 片,约占总量的 77%。按招标约定,业主应在 7 月开始移交架梁工作面,轨道交通单位 10 月开始提供工作面。

(4) 安全风险大。该工程架梁高度最高 35 m,且高峰每日架梁约 30 片,施工设备多,77%上跨轨道交通架设。且宽度大、安全风险较大;结合工期安排,同时施工作业点多,安全管理压力大。

第二节　箱梁预制施工方案

一、施工工艺流程与施工方案

(一) 施工工艺流程

施工工艺流程如图 4-1 所示。

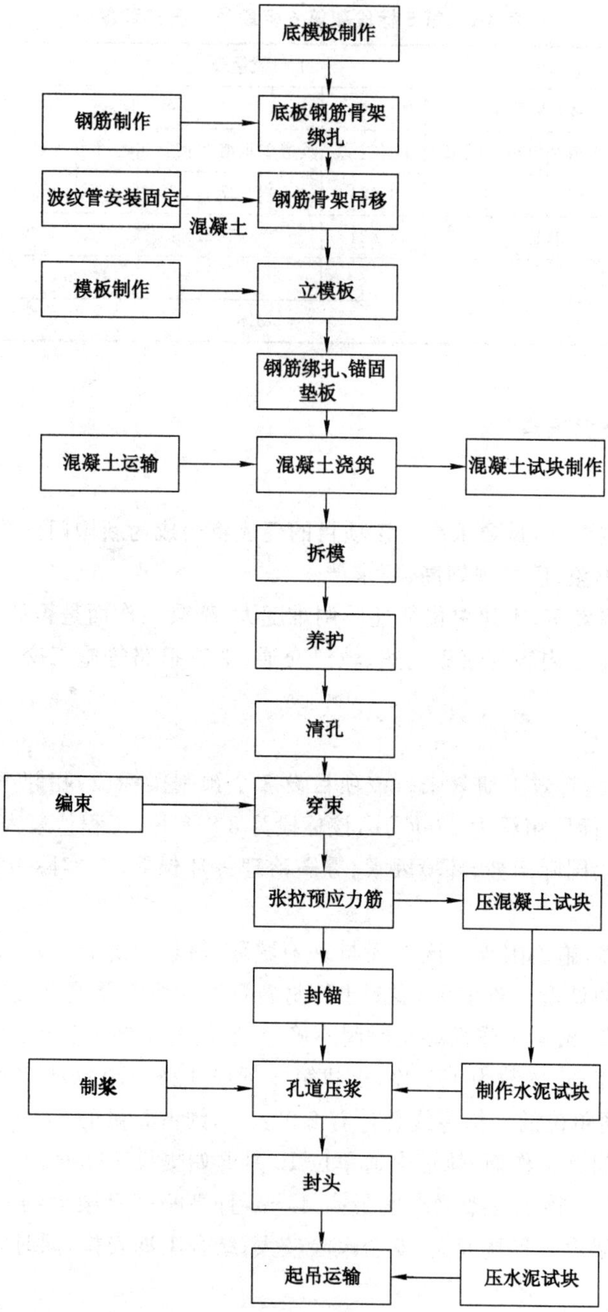

图 4-1 箱梁预制施工工艺流程图

(二) 施工方案

1. 施工准备

预制梁场划分成制梁区和存梁区两大作业区。制梁区主要有制梁台座、钢筋绑扎台座、钢筋加工区、钢绞线编束区等;存梁区主要有存梁台座和办公用房。

(1) 制梁区建设:制梁区设置预制台座 140 个,4 条生产线。台座横向中心间距为 3 m、5.75 m、5.75 m、5.75 m、5.75 m、3 m,共 29 m,预制台座纵向端头间距为 7 m,每条生产线场地内设置台座 7 排，每排 5 个，采用液压整体式模板，台座高度设置为 65 cm。台座拉杆孔中心距台座顶距离 10 cm，台座顶铺设 10 mm 厚钢板。

(2) 存梁区：设置 5 排存梁区，采用 C25 混凝土条形枕梁，预制梁体存放于枕梁上，且不影响梁板吊装位置。

(3) 排水及养护管道：安装供水设备，夏季箱梁采用自动喷淋养护设备，箱梁顶搭设棚架并用土工布覆盖，冬季采用蒸汽锅炉养护。台座两端设置排水沟，排水沟内侧面设置养护管道，养护水及污水流至沉淀池沉淀后再排放。

2. 台座准备

台座采用 65 cm 厚 C30 混凝土浇筑，两侧预埋角钢，底板打磨整平后铺设 10 mm 厚的钢板与角钢焊接。台座内设直径 8 cm 的 PVC 管，间距 50 cm 作为模板对拉杆预留孔。考虑到预制箱梁的尺寸不等，设置通用台座，台座底设置多个吊装孔。1#、2#、4# 生产区设置 32.7 m 箱梁，台座端头 1.9 m 处设置提梁孔。3# 生产区设置 32.7 m、30.8 m、30 m 箱梁，台座端头 1.9 m、2.475 m 处设置提梁孔。5# 生产区设置 32.7 m、27.3 m、26.15 m、24.7 m 箱梁，台座端头 1.9 m、4.85 m 处设置提梁孔。台座纵向按设计规定值设置二次抛物线反拱，反拱设置为 1.5 m。台座的基底用压路机压实，使其具有足够的承载力；当达不到 200 kPa 时，采用地基处理，台座间的地面用混凝土硬化。台座两侧设置排水槽以利养护和施工排水。

3. 外模板输出

箱梁外模板采用模板厂加工的定型整体式钢模板，钢模尺寸准确，支架稳定性好、结构适应性强，支架间距布置合理，支架间模板背肋设置应满足强度、刚度、局部稳定性要求。外模由模板系统、支撑系统和调节系统构成，外模可以纵向移动、横向移动、支撑整体下落等。模板接缝平整、严密，保证混凝土在强烈振动下不漏浆，并且要求钢模表面抛光处理，以保证混凝土的光洁度。

箱梁整体式外模板，采用轨道行走系统，控制外模纵向移动，使用液压千斤顶作为调节系统，控制外模横向移动，从而调整模板高度及断面尺寸。模板调整符合要求后，模板底部先采用拉筋定位，采用圆形混凝土垫块做保护层。堵头板钢模与芯模之间采取螺栓连接，中间塞海绵条，以防止漏浆，同时便于拆卸。

4. 底腹板钢筋制作及安装

钢筋集中下料，在制作棚内按设计要求由数控弯曲机进行加工制作成半成品，按每片梁用量分型号捆绑放置并标识，二次搬运至底腹板和顶板钢筋加工模具台座处，实行统一加工成型。

盘圆钢筋或不顺直的钢筋在加工弯制前先调直，钢筋表面的油渍、漆污、水泥浆、浮土、铁锈等清除干净；钢筋应平直，无局部折曲；加工后的钢筋，表面不得有削弱钢筋截面的伤痕。

钢筋加工前，钢筋班必须根据施工图的各种钢筋形状和长度做出钢筋下料单，并据此下料加工。编制钢筋下料单时应根据梁体钢筋编号和供应料尺寸的长短，统筹安排以减少钢筋的损耗。

钢筋下料前，将钢筋外观有缺陷的部分先切掉。不带弯钩的钢筋下料长度误差为 ±15 mm，带弯钩及弯折钢筋下料长度误差为 $\pm d$(d 为钢筋的直径，单位 mm)。

钢筋的下料弯曲加工在钢筋棚内进行，加工好的钢筋运至钢筋绑扎胎具上进行分体（底腹板为一体、顶板为一体）绑扎。

钢筋笼绑扎成型后，在底腹板位置设置高强混凝土垫块，腹板 3 cm，底板 3 cm，顶板 2.5 cm，由三角桁架配合龙门吊将钢筋笼吊至模板内，从而做到规范化加工。

5. 底腹板波纹管安装

波纹管采用塑料波纹管，管道接头处的连接套管采用大一级直径的同类管道，其长度宜为被连接管道内径的 5～7 倍，并用透明胶带密封好。

波纹管在安装前应通过 1 kN 径向力的作用，且不变形，同时应做灌水试验，确保无变形、渗漏现象。

为保证波纹管定位坐标准确，在绑扎台架下方对管道纵向位置按图纸设计依次编号明示。竖向位置固定采用在腹板钢筋上焊接波纹管下层支撑筋，再加设“井”形架电焊于钢筋骨架上。其间距直线段为 0.8 m，曲线段为 0.4 m。

6. 芯模安装

芯模为整体式抽拉内模，组装完成后，采用龙门吊一次吊装到位，箱梁底腹板钢筋骨架绑扎安装完毕后，开始安装芯模。芯模拼装完毕后检查腹板的厚度，不可因模板偏向一侧而使腹板的厚度改变。混凝土对芯模产生浮力，存在隐性上浮现象，为确保芯模不上浮，芯模上部施加压杠，间距为 2.5 m，解决芯模上浮问题。

（1）芯模拆除后要进行整修、清理和喷涂脱模剂。

（2）利用龙门吊整体吊装芯模。

（3）复测芯模的纵轴线平面位置和端部位置，并利用龙门吊进行调整。

（4）芯模吊装前严禁站人。

7. 顶板钢筋安装及绑扎

为了保证钢筋绑扎精度、加快进度，梁体钢筋在绑扎胎具上进行整体绑扎，待检查合格后再吊装入模进行其他工序施工。顶板钢筋绑扎按钢筋骨架中钢筋间距与钢筋直径利用角钢上焊接定位钢筋头进行顶板钢筋的定位。

现场绑扎时，钢筋骨架用铅丝绑扎或采用点焊加强方式焊接牢固，钢筋焊接必须由持证专业操作人员进行焊接，绑扎铅丝头向里按倒，不得伸向钢筋保护层，松扣、缺扣的数量不应超过绑扎数的 10%。

8. 混凝土浇筑

（1）浇筑前的准备。

浇筑混凝土前，应对模板尺寸钢筋预埋件及拉杆顶丝加以检查，发现问题应及时处理。

浇筑混凝土前应将模板内的杂物和钢筋上的油污等清除干净。当模板有缝隙和孔洞时，应予堵塞。

检查振捣器是否处于良好状态。

（2）浇筑工艺。

在高温季节浇筑混凝土时，混凝土入模温度应小于 30 ℃，应避免模板和新浇筑的混凝土直接受阳光照射。混凝土入模前模板和钢筋的温度以及附近的局部气温均不应超过 40 ℃。混凝土成型后应及时覆盖，并应尽可能避开炎热天气浇筑混凝土。

在低温条件下（当昼夜平均气温低于 5 ℃或最低气温低于－3 ℃时）浇筑混凝土时，应采取适当的保温防冻措施，防止混凝土提前受冻。保温防冻措施应满足施工安全要求。混凝土入模温度不应低于 5 ℃。

浇筑时防止混凝土离析，混凝土自由倾落高度不超过 2 m，超过 2 m 时两端底板采用滑槽、腹板和底板中间段采用串筒辅助输送混凝土，并保持预埋管道不发生挠曲或位移。

混凝土浇筑前用清水润湿大料斗（不要留残余水）。从梁的两端向跨中开始浇筑，然后从箱梁一端向另一端分层浇筑腹板混凝土。振捣方式采用高频振捣器和插入式振捣器相结合。高频振捣器布设，竖向距底板高 15 cm 设置第一排，距底板高 75 cm 设置第二排，纵向间距 1.5 m 上下两排按梅花状布置。振捣时间控制在 30～50 s，防止漏振、过振，以混凝土停止下沉、不出现气泡、表面出现泛浆为度。混凝土浇筑尽量避开高温时段。浇筑过程安排专人检查模板，发现问题及时处理。

顶板混凝土振捣要“快插慢拔”，严禁利用振捣棒摊铺混凝土。振捣棒要插入下层 10 cm，振捣棒移动间距要不大于其振捣半径的 1.5 倍，移动间距一般大约 50 cm，每点振捣时间大约 30 s。对每一振捣部位，必须振捣到该部位混凝土密实为止。密实的标志是混凝土停止下沉，不再冒出气泡，表面呈现平坦、泛浆。

9. 拆模及养护

拆模：按规范要求，当混凝土抗压强度达到 2.5 MPa 时，方可拆除内模板，新浇筑的混凝土在 16 h 左右，可拆除外模板。气温较低或冬季施工时，拆模时间须适当延长。人工操作，龙门吊配合。拆除过程中须注意保护成品，严禁乱撬乱砸。

(1) 内模板拆除。

在距离梁端头 5 m 位置放置卷扬机，利用卷扬机分节抽拉，拆除时卷扬机与箱梁芯模抽拉方向严禁站人，拆除后的内模板利用龙门吊调离，施工前对设备及附属设施进行性能安全检查，确保设备处于良好运行状态。

(2) 外模板拆除。

该项目均为自行式液压模板，安排专人进行液压系统的操作，先调整支撑系统，查看模板轨道前进方向无人或无其他异常后，横移模板，之后将模板滑移至下一台座处。模板平移滑动时附近严禁站人，并有专人进行指挥。

拆模后，如发现混凝土面有外观缺陷，及时对缺陷部位进行修饰。

箱梁及时进行养护作业，覆盖土工布，养护时间不少于 7 d。同时注意保护预留预应力孔道，严禁将水和其他物质灌入孔道。

10. 钢绞线的加工及穿束

下料：钢绞线的下料长度应通过计算确定，考虑孔道长度、锚具厚度、千斤顶长度、张拉伸长值等因素。在平坦的场地上铺设方木，用钢尺标注好下料长度，人工将钢绞线拉紧，然后用砂轮机进行切割，严禁采用电弧切割。

编束：将切割好的钢绞线按单孔束数逐根理顺，在端头同一位置缠绕白胶带，按顺序进行分类编号，并用透明胶带包裹好。钢绞线编束首先采用单根扎丝对单孔钢绞线从左到右打十字结依次捆绑好，绑扎间距为 1 m，然后将两侧钢绞线同时收拢用扎丝二次绑扎，保证编束牢固、顺直。钢绞线端部设计 65 cm 为工作长度，穿束前两端应做好标识，用以控制穿束端穿出孔道长度。

穿束：穿束前应检查锚垫板和孔道，其位置应准确，孔道内应通畅，无水和其他杂物。用透明胶带将钢绞线端部包裹严密，以减小穿束阻力。人工穿束到标识位置后，拆除端部包裹胶带。用相同编号的锚具对应钢绞线的编号进行安装，防止缠绕，影响张拉施工。

夹片：夹片安装后先用套管轻敲，可以用平口螺丝刀微调夹片间隙，保证间隙均匀，受力均衡。而后敲紧夹片，准确定位。用塑料布包裹好锚具和钢绞线，张拉前避免锈蚀和污染。

11. 钢绞线张拉

箱梁混凝土达到设计强度的85%后，且混凝土龄期不少于7 d时，方可张拉预应力钢束。钢绞线张拉采用智能张拉系统，主要由预应力智能张拉仪、智能千斤顶、高压油管、自带内置无线网卡的笔记本电脑等组成。施工时采用4台智能千斤顶与4台预应力智能张拉仪配套，通过无线网络与一台笔记本电脑相连接的方法，同时将电线、油管、专用千斤顶、天线、数据线准确安装完毕。将预应力智能张拉仪主机和专用千斤顶布置于张拉端，并使之能与电脑控制站保持直线可视状态，检查预应力智能张拉仪与千斤顶之间的连接点，包括油管、数据连接线等，实现“多顶同步”张拉。张拉前，再次检查确定梁板两端千斤顶安装正确，然后启动梁板两端设备(按下绿色“油泵启动”按钮)，启动设备，电机运转声音正常、平顺。仪器进行5 min预热；温度低于10 ℃时，进行15～30 min预热。预热完毕后，通知梁板两侧人员注意安全，点击控制软件的“开始张拉”按钮，即可启动预应力的数控张拉。张拉程序如下：0→10%σ_k(σ_k为张拉控制应力)→20%σ_k→100%σ_k，张拉速率应控制在每分钟10%～15%σ_k。

张拉前将回归方程等相关参数输入智能张拉系统，张拉时密切注意在电脑上观测压力值和位移值是否正常，有异常立即点击“暂停张拉”按钮并进行相关检查。电脑在张拉施工过程中严禁运行其他程序，操作人员时刻关注相关数值，严禁离开控制台。每一孔张拉完成后，设备自动退顶，保存数据，并自动跳到下一个张拉步骤。

预应力筋在张拉控制应力达到稳定后方可锚固。对于夹片式锚具，锚固后夹片顶面应平齐，其相互间的错位不宜大于2 mm，且露出锚具外的高度不应大于2 mm。

施工要点：① 当千斤顶使用超过6个月或300次或在使用过程中出现不正常现象或检修以后应重新校验。② 施工现场已具备确保全体操作人员和设备安全的必要的预防措施。③ 工作夹片的安装两侧开口缝隙应大致相等。实施张拉时，应使千斤顶的张拉力作用线与预应力筋的轴线重合。④ 预应力筋在张拉控制应力达到稳定后方可锚固。锚固后的外露长度不宜小于30 mm。⑤ 锚固完毕并经验收合格后用砂轮机将端头多余的预应力筋切割，严禁用电弧焊切割。而后进行封锚，采用高强度水泥浆进行封堵，保护层厚度不小于50 mm。⑥ 采用应力和伸长值进行双控，实测伸长量与理论伸长量相比较误差应保持在6%以内，发现伸长量异常应立即停止张拉，查明原因，并报监理工程师，待处理完毕后再继续张拉。

12. 孔道压浆

预应力筋张拉后，孔道应尽早压浆，且应在48 h内完成。否则应采取塑料薄膜包裹处理避免预应力筋锈蚀。

为了满足规范要求，选用搅拌机的转速应不低于1 000 r/min，搅拌机的形状应与转速相匹配，其叶片的线速度不宜小于10 m/s，最高线速度宜限制在20 m/s，且应能满足在规定的时间内搅拌均匀的要求。用于临时储存浆液的储浆罐亦具有搅拌功能，且应设置网格尺寸不大于3 mm的过滤网。浆液自拌制完成至压入孔道的延续时间不宜超过40 min，且在使用前和压注过程中应连续搅拌，对因延迟使用所致流动度降低的水泥浆，不得通过额外加水增加其流动度。

孔道压浆采用 M50 水泥浆，使用符合规范要求的专用压浆材料。压浆前将材料码放整齐，按配合比进行准确称重、计量拌合。水胶比控制为 0.26～0.28，初始流动度控制在 10～17 s，自由膨胀率为 24 h 内 0～3，试验合格后方可进行压浆作业。压浆过程中制作不少于 3 组的试件。

孔道压浆采用大循环压浆施工工艺。压浆前须通水，一是检验管道是否畅通，二是冲洗管道内残存的渣尘及有害物质；冲洗后，应使用不含油的压缩空气将孔道内的所有积水吹出。对曲线孔道应从最低点的压浆孔压入，对结构或构件中以上下分层设置的孔道，应按先下层后上层的顺序进行压浆。

若压力值降低小于 0.02 MPa 即认可孔道能基本达到并维持真空。打开进浆口阀门，启动压浆泵，压浆的压力控制在 0.5～0.7 MPa，连续对同一管道进行压浆。压浆的充盈度应达到孔道另一端饱满，其排气孔排出与规定流动度相同的水泥浆为止，关闭出浆口，保持一个不小于 0.5 MPa 的稳压期，该稳压期的保持时间宜为 3～5 min。确保孔道压浆饱满且满足规范要求。

13. 封锚

孔道压浆完毕，经检查无不饱满情况，浆体已凝固后，及时进行梁体封锚作业。

(1) 绑扎封锚钢筋之前，先将锚垫板表面和锚环上的黏浆、堵头铲除干净。检查锚穴四壁凿毛情况（无光面、露石子即可），清除锚穴四壁的浮浆、灰渣等杂物，并清洗浸润锚穴四壁。

(2) 对锚具、锚垫板及外露钢绞线防水处理必须在压浆后封锚前完成。

(3) 防水处理后利用车有螺纹的短钢筋安装于锚垫板端面上的螺栓孔中，与设计锚穴钢筋网片绑扎在一起，保证封锚混凝土与梁体连为一体。

(4) 封锚混凝土采用标号不低于 C50 混凝土。

(5) 封锚混凝土要加强振捣，要求混凝土密实，无蜂窝麻面，与梁端面平齐，封锚后混凝土面与梁体混凝土的错台不超过 2 mm。

(6) 封锚混凝土的养护。

封锚混凝土表面用清水润湿，充分保持混凝土湿润，防止封端混凝土与梁体之间产生裂纹。封锚混凝土采用自然养护，夏季采用保水性较好的土工布覆盖洒水，且土工布必须完全遮盖住封锚混凝土，不得使封锚混凝土暴露在太阳下。不得使用麻袋或对混凝土表面有污染的材料进行覆盖，以免影响混凝土外观质量。采用洒水养护对封锚混凝土进行养护以保证养护不间断。洒水次数以能保持混凝土表面充分潮湿为度。

温度低时使用塑料薄膜加土工布且最外侧使用草袋等保温性能较好的材料，保持混凝土的温度，避免因天气寒冷影响混凝土性能。

14. 存梁

压浆封锚完毕的梁，待浆液强度达到 50 MPa 时，方可吊装。

存梁区应在两端做好枕梁，枕梁高 30 cm。其基础牢固，以防止存梁发生下沉，导致梁体正弯矩大处出现断裂等意外。

在桥梁下部构造施工完毕后，具备安装箱梁条件以进行箱梁的安装。存梁期不超过 90 d。

二、施工质量保证措施

（一）钢筋施工

（1）到场的钢筋必须按不同钢种、等级、牌号、规格及生产厂家分批验收、分批堆放且存储在高于地面的平台，垫木或其他支承物上并尽量保护它不受机械损伤和不暴露在可使钢筋生锈的环境中。

（2）钢筋接头避免在最大应力处设置，并尽可能使接头交错排列，接头间距相互错开距离不小于 30d（d 为钢筋直径，下同），且不小于 500 mm。

（3）布置在同一区段的受拉钢筋接头，其截面积不得超过钢筋总面积的 50%，在受压区内不限制。

（4）在受拉区，Ⅰ级钢筋绑扎搭接的末端做成 180°弯钩，Ⅱ级钢筋绑扎搭接的末端做成 90°弯钩，在受压区直径等于或小于 12 mm 的光圆钢筋末端以及轴心受压构件任何直径的纵向钢筋末端均不设弯钩，但搭接长度不小于 30d。

（5）在一个构件任一搭接区段内，搭接接头钢筋的截面积，对受拉钢筋不得超过钢筋总面积的 25%，对受压钢筋不得超过钢筋总面积的 50%。

（6）同一根钢筋，两接头间距离不小于 1.3 倍搭接长度，绑扎接头与钢筋起弯点之间的距离不小于 10d，且接头不得位于最大拉力截面处。

（二）模板施工

（1）模板吊装过程中，严禁模板正下方及抽出正前方站人。

（2）当作业高度超过 2 m 时，使用的工具等必须放入箱盒或工具袋中，严禁直接放在模板上，防止掉落。禁止模板工直接攀登模板上下。

（3）抽动芯模模板时，芯模抽拉前检查设备是否安全可靠。卷扬机与箱梁之间严禁站人。

（4）要严格遵守操作规程，保证模板液压设备安全可靠，使用前检查各部位连接牢固。

（5）制作合格牢固的支架，防止模板倾覆伤人。

（6）现场施工作业人员严禁带病作业，若有突发疾病病史，必须告知现场管理人员。

（7）施工前，须有班组长组织召开班前会，介绍相关施工流程及安全注意事项；检查设备的安全状态，并有安全员（兼职安全员）巡视监控作业流程。

（8）施工中，施工队伍需严格按照施工方案组织施工，现场管理人员严格监督施工方案的落实情况。

（9）施工后，施工队伍须严格按照工地文明施工要求，清理现场工具等杂物，严格按照该项目文明施工要求清理现场。

（三）混凝土施工

（1）梁体混凝土所用的粗骨料、细骨料、水泥、水及外加剂均符合技术规范要求，并具备相关的试验报告。

（2）混凝土每盘用量必须严格过磅，粗、细骨料其精度需达到 2%，水、水泥、减水剂允许误差为各自重量的±1%。

（3）不允许用加水或其他办法变更混凝土的稠度，浇筑时坍落度不在规定界限之内的混凝土不得使用，混凝土拌合时严格控制搅拌时间。

(4) 预应力混凝土连续梁的梁体一般为水平分层、一次整体浇筑成型。浇筑时除用附着式振捣器振捣外，还要用插入式振捣器振实各部位。

（四）预应力施工

(1) 施加预应力前，对混凝土构件进行检验，外观尺寸符合质量标准要求；张拉时强度不低于设计规定，设计未规定时，不低于设计标号的85%。

(2) 穿束前检查锚垫板和孔道，锚垫板位置正确，孔道内畅通、无水分和杂物。浇筑混凝土前穿束的孔道，在可能条件下，在管道安装后、浇筑混凝土前检查预应力钢材是否能在管道内自由滑动。

(3) 预应力钢材在张拉控制应力达到稳定后方可锚固。

（五）孔道压浆施工

(1) 压浆时必须根据实验室交付的配合比资料拌制水泥浆，且压浆机必须以0.7 MPa的常压连续进行作业。

(2) 为保证压浆质量，压浆分两次进行，两次间隔时间不少于30 min，第二次压浆从梁的另一端进行。

(3) 压浆一般采用水泥浆，空隙大的孔道，水泥浆中可掺入适量的细砂。水泥浆的强度不低于设计规定。

(4) 水泥浆自调制至灌入孔道的时间，视气温情况而定，一般不宜超过30～45 min。水泥浆在使用前和压注过程中经常搅动。

(5) 压浆前，须将孔道冲洗洁净、湿润，如有积水用吹风机排除。压浆时，对曲线孔道和竖向孔道由最低的压浆孔压入，由最高点的排气孔排除。

(6) 压浆缓慢、均匀地进行。比较集中和邻近的孔道，宜先连续压浆完成，以免窜到邻孔的水泥浆凝固、堵塞孔道；不能连续压浆时，后压浆的孔道在压浆前用压力水冲洗畅通。

(7) 压浆后从检查孔抽查压浆的密实情况，如有不实，及时处理纠正。

(8) 压浆过程中及压浆后48 h内，结构混凝土温度不低于5 ℃，否则采取保温措施。当气温高于35 ℃时，压浆宜在夜间进行。

三、雨季施工质量保证措施

（一）雨季施工工期保证措施

施工调度与当地气象部门建立定时联系，随时掌握气象情况。每天及时收听天气预报，了解气象变化趋势，以指导施工。

提前备足防雨、防汛器具和材料，如车辆、水泵、水管、塑料薄膜、草袋、木材及其施工工具等，做好防汛的准备工作。

雨天施工时，购买雨衣、雨鞋等必要的防雨用品，确保工程质量，加快工程进度。

加强防洪防汛宣传工作力度，强化全体员工防洪防汛思想意识，发生汛情，及时排除，以免影响施工工期。

把工程施工与防洪防汛工作结合起来，成立以项目经理为组长的抗洪领导小组，以施工队长为队长、各施工队抽调经验丰富、年富力强的施工人员组成防汛抢险突击队，制定防汛抢险措施，对施工机械应做好应急措施，并做好防汛材料、防汛机具、防汛车辆的计划和准备工作，随时应付突发事件，确保工程施工不受影响。

(二) 雨季施工安全保证措施

雨季施工时配足雨具,加强人力、机械调动,合理组织和分配施工项目,优先选择对施工和安全影响不大的项目进行施工。

雨季应做好防雷工作,完善安全和避雷设施。现场中、小型机械必须加雨罩或搭设防雨篷,闸箱的防泄漏电接地应灵敏有效。

把安全工作与防洪防汛工作结合起来,成立以项目经理为组长的抗洪领导小组,以施工队长为队长的抗洪突击队,随时处理突发事件。雨季期间执行 24 h 值班制度,对施工场地、管线等进行监控,有异常情况及时报告并采取有效的保护措施。

加强防洪防汛宣传工作力度,强化全体员工防洪防汛思想意识,发生汛情,及时排除。

随时关注当地气象变化。

(三) 雨季施工质量保证措施

做好临时排水与设计排水系统相结合,保持现场排水设施的畅通,现场应备足防雨器材保证雨水顺利排出。

雨季施工时,砂浆、混凝土的拌制严格控制水灰比,要经常测定砂、石的含水率,以利掌握加水量。雨天浇筑的混凝土,应适量减少坍塌度。若遇到连续雨天浇筑混凝土时,用篷布将已浇尚未初凝的混凝土和继续浇筑的混凝土部位加以覆盖,以保证混凝土的质量。

及时收听天气预报,有暴雨、大雨天气时,提前将施工机械转移到相对较高的地方,防止大暴雨冲走机械。并对养护中的混凝土构件采取防护措施,避免冰雹对混凝土结构表面造成破坏。

第三节 预制箱梁安装施工方案

结合预制梁场生产及现场实际情况,先进行土建第 5 标段匝道(1、2、3、4)、土建第 6 标段匝道(1、2、3、4)及土建第 6 标段标尾的 1.2 km X 线、Y 线,共计三处工作面预制箱梁的架设工作,其中 X 线和 Y 线箱梁,土建第 5 标段、土建第 6 标段箱梁安装采用履带吊架设,再进行共构主线箱梁的架设,由于共构主线数量大且桥幅宽,计划采用履带吊架设半幅、另半幅采用履带吊喂梁架桥机形式架设,主线与互通匝道分流、汇流处采取架桥机辅以履带吊架设。

一、履带吊架设预制箱梁施工方案

(一) 工程施工特点

该工程采用的 250 t 履带吊站位及运梁道路必须压实、整平,确保工作地面承载力不低于 220 kPa,平整度符合规范设计要求。单片小箱梁的质量、跨度及高度都很大,起吊难度高,安装要求高,必须测量精确到位。

因此,250 t 履带吊工作时,站位及工作区域需铺垫砖渣压实,然后铺路基箱板,以达到地基承载力要求,带载行走时坡度≤2°。小箱梁应按设计规定的吊点位置起吊或移运,尽可能使吊点垂直受力,保证吊装安全。双机抬吊时,两台吊机的起重机构动作要同步;每台吊机的起升机构中的钢丝绳都应保持垂直;吊装最大质量不超过单台吊机额定起重量 80%、单机带载行走时载荷系数不大于 75%,作业时专人统一指挥。

(二) 预制箱梁安装方案

1. 施工工艺

施工工艺:测量放样→桥下处理→梁场装梁→箱梁运输→支座安装→箱梁吊装。

2. 准备工作

(1) 运梁便道准备:运梁便道要求平整、密实,转弯半径要满足运输 40 m 箱梁要求。

(2) 熟悉设计图纸,做到对图纸了如指掌。

(3) 首先用水准仪对各支座垫石顶面标高进行复核测量,如不符合设计要求,应凿平或凿除重新浇筑,直至符合设计要求为止。支座垫石检测标准如表 4-3 所列。

表 4-3　支座垫石检测标准

检查项目	规定值或允许偏差	检查方法和频率
混凝土强度/MPa	在合格标准内	按《公路工程质量检验评定标准》(JTG F80/1—2017)附录 D 检查
轴线偏位/mm	5	全站仪或经纬仪:支座垫石纵横方向检查
断面尺寸/mm	±5	尺量:检查 1 个断面
顶面高程/mm	±2	水准仪:检查中心及四角
顶面四角高差/mm	1	
预埋件位置/mm	5	尺量:每件

(4) 支座安装:在支承垫石上按设计图纸标出支座中心线,同时在下钢板及支座上也标出十字中心线,将支座安放在垫石上,使支座同垫石中心线相重合,支座就位准确。箱梁按设计图纸标出支座中心线,落梁时与支座中心线重合,准确安放。落梁时,为防止梁与支座发生横向位移,用木制三角垫块在梁两侧加以定位,待落梁工作全部完成后予以拆除。支座安装检测标准如表 4-4 所列。

表 4-4　支座安装检测标准

检查项目		规定值或允许偏差/mm	检查方法和频率
支座中心与主梁中心线偏位		2	经纬仪、钢尺:每支座
支座顺桥向偏位		10	经纬仪或拉线:每支座
支座高程		±5	水准仪:每支座
支座四角高差	承压力≤500 kN	1	水准仪:每支座

(5) 箱梁架设现场作业面净空、净宽满足作业要求,地基能够承受施工中的荷载,保证不塌陷、不变形;运梁路面平坦,地基有足够的承载力,最小曲率半径不小于运梁车的允许转弯半径;运梁车运输前应与地方做好协调工作;在运梁车通过的界限内,不得有任何障碍物,在交叉路口设置警示牌,配置安全员。

(6) 梁板运输前先进行梁板外观质量的检查工作,并根据梁板编号进行运输、吊装。

3. 预制箱梁运输方案

(1) 预制箱梁起吊。

制梁场龙门吊使用刚性吊具和柔性绳具抬吊,起吊点距离梁端 2 m 处,边梁翼缘板一侧的吊装钢绳必须从吊装预留孔中穿过，减少对梁体的磨损，将梁体放于运梁车上。运梁车两边采取固定措施，防止箱梁倾覆。

① 便道的检查：在箱梁运输前对运梁车需通行的便道进行检查。查看便道的宽度是否满足，便道上是否存在障碍物，便道是否平整以及便道地基承载力是否满足运梁车通行等。对不符合要求的路段须及时进行整修。

② 运梁车的车况检查：运梁车必须满足运行的要求，达不到要求或病车严禁运输。运梁车驾驶员必须持证上岗，且有丰富的行车经验。定期对运梁车进行检查、保养，确保梁片运输工作的顺利。

③ 运梁车运梁施工技术条件：

a. 运梁车在梁场停放后，采用梁场龙门吊将梁吊至运梁车上方。

b. 装车时，箱梁的纵向中心线应与拖车的托架中心严格对中，重心应落在运梁车纵向中心线上，严禁中心偏位，偏差不得超过 20 mm。

c. 箱梁必须绑牢、稳定，拖车的托架上应有相应的保护措施，如用橡胶皮包裹或用方木支垫等，以防止梁体损坏。在箱梁的两侧设置临时支撑以防止箱梁倾覆，并进行检查确保无患以后方可运输出场。同时定期对运梁车进行检查、保养，确保运梁工作顺利进行。

d. 运输过程中，应在梁车两侧安全距离内由专人沿路看护及指挥过往车辆与行人，以防梁片支撑松动掉落伤人。

e. 运梁车重载速度为 3～5 km/h，由专人操作控制动力。

f. 随车应有专人监视箱梁固定措施是否牢固。

(2) 预制箱梁运输。

① 采取压车行驶，在运梁车前方有车辆开道，疏散行人及占道车辆等；在运梁车后方有车辆跟随，随时注意运梁车情况，发现构件有松动情况立即要求运输车停车检查并重新做好安全防护。

② 严格要求运梁车驾驶员遵守交通规则，并做到减速慢速行驶，以确保箱梁及交通安全。

③ 跨越交叉路口时，必须设专人指挥，指挥人员不少于 2 名。指挥人员要求佩戴袖章，手持红旗，并配备哨子。

④ 装车时，梁部下方使用垫木支垫，就位时应缓慢平稳，就位准确，就位后必须先支垫好后，方可松开吊具。

⑤ 运梁车经过的道路必须有足够的宽度、平整度和强度，避免沉陷等现象发生。

⑥ 运梁拖车运输时速度应控制在 5 km/h 以内，并悬挂安全标志，配备适当器具，保证在有障碍物情况下安全通过，车上除一名驾驶员主驾外，还应指派一名助手协助瞭望，及时反映安全情况和处理安全事宜，平板拖车上不得坐人。

⑦ 重车下坡应缓慢行驶，避免紧急刹车，驶至转弯或险要地段应降低车速，同时注意两侧行人和障碍物。

⑧ 装卸车应选择平坦、坚实的路面为装卸点，装卸车时平板车应刹闸和支垫轮胎，避免溜车。

⑨ 运输车辆必须由有证人员驾驶，无证人员禁止驾驶，严禁酒后驾车。

(3) 运输设备的选择。

运梁车分前后主副车，便于运输各种长度的混凝土箱梁，能够把梁从预制场地通过便道运至架梁工位。

箱梁运输车组参数如表 4-5 所列。

表 4-5　箱梁运输车组参数表

序号	项目名称	单位	参数值
1	额定载质量	t	160
2	适应纵坡	%	±5
3	适用横坡	%	±4
4	主车功率	kW	75
5	行走速度(重车)	m/min	38.1
6	行走速度(空车有五挡)	m/min	93.3
7	倒车速度(空车)	m/min	12.18

(4) 运载及捆扎方式。

① 运载方式。

根据箱梁规格及运输路线的通行条件，预制箱梁采用重型牵引车挂车机组运载，主要由重型牵引车和重型拖车前后承载方式运输，该车组转向灵活，承重性强，方便运输。

② 捆扎方式。

为防止运输过程中，因颠簸和倾斜造成箱梁位移，装车后须进行捆扎紧固。每车组选用直径为 19.5 mm 的钢丝绳两套，每车配备倒链 8 只、包角 8 只，用钢丝绳打围，包角垫在钢丝绳与箱梁梁体的结合部位，保护梁体及钢丝绳不受损伤，梁体与车体之间用硬木支垫，防止污损梁体。倒链紧固，将箱梁与前后车转盘紧固为一体。运输过程中驾驶员和助手要经常停车检查倒链的松紧度，发现松动及时加固。

运梁便道施工和维护，沿线路运输协调、征拆等工作由项目部负责，道路坡度不大于 5%。在通过既有公路时，设专人提前封闭交通，保证安全距离不小于 50 m，确认运梁车安全通过后再放行。在所有交叉处均设明显安全标示、警示牌等。

本标段箱梁运输采用运梁车进行运输。箱梁从存梁台座起吊前，牵引运输车就位，前车和后车必须在同一条直线上，而且车间距满足梁体长度要求。箱梁起吊采用在两头兜底的方法进行。起吊时采用两根直径 68 mm 的钢丝绳进行兜底，为避免起吊时钢丝绳损坏箱梁翼板、底板边缘外观及磨损钢丝绳，必须在钢丝绳与箱梁翼板接触位置采取支垫措施。箱梁起吊时必须在安全员的监督和指导下进行。箱梁放置于牵引运输车上后，在翼板位置支垫方木，以增强横向稳定性，保证箱梁运输过程的安全。箱梁运输过程中由安全员全程伴随，并且配置交通指挥员指挥运输沿线的交通，以避免造成交通堵塞等现象。

4. 履带式起重机

履带式起重机，是一种利用履带行走的动臂旋转起重机。履带接地面积大，通过性好，适应性强，可带载行走，适用于建筑工地的吊装作业，也可进行挖土、夯土、打桩等多种作业。

但履带式起重机行走速度慢，对路面破坏性大，在进行长距离转移时，应用平板拖车或铁路平板车运输。

（1）主机技术性能参数如表 4-6 所列。

表 4-6 主机技术性能参数

项目		数值	备注
最大起吊质量×幅度/(t×m)		250×5	
基本臂时自重/t		250	
主臂长度/m		20～83	
固定副臂长度/m		12～30	
固定副臂最大起吊质量/t		32	
固定副臂安装角度/(°)		10,30	
主臂＋固定副臂最大长度/m		71＋30	
塔式副臂长度/m		21～51	
塔式副臂最大起吊质量/t		55	
塔式工况主臂工作角度/(°)		65、75、85	
主臂＋塔式副臂最大长度/m		59＋51	
卷筒单绳速度	主起升/(m/min)	102	卷筒第四层
	副起升/(m/min)	102	卷筒第四层
	变幅/(m/min)	45	卷筒第四层
回转速度/(r/m)		0～1.39	
行走速度/(km/h)		0～0.98	
爬坡能力/%		30	
接地比压/MPa		0.1	
总外形尺寸(长×宽×高)/m		10.6×7.2×3.9	不含桅杆臂架
发动机	额定功率/转速/[kW/(r/min)]	256/2 100	228/2 100
	最大输出扭矩/转速/[N·m/(r/min)]	1 750/1 200	1 505/1 400
履带轨距×接地长度×履带板宽度/mm		6 000×7 935×1 400	

（2）机具设备。

① 运输设备：运输拖车及相应的设施。

② 安装设备：两台 250 t 履带吊(SCX2500)，其参数如表 4-7 所列。

表 4-7 SCX2500 履带吊的参数

吊车型号	作业半径/m	额定载荷/t	吊装最大质量/t	载荷系数/%	备注
SCX2500	8～9	168.3	124	73.7	双机抬吊

③ 安全设备：安全帽、安全网、安全带、防滑鞋等。

④ 其他设备：枕木、钢丝绳、缆风绳、撬棍、锤、电焊机等。

⑤ 各机具设备必须经过相关质量技术监督部门检验，符合要求后方可使用。

⑥ 施工前应保证梁的运输及吊装设备等机械设备已安排就绪，并经检验良好、各种证件齐全。提、运、架等设备安装到位后，在线下标段架梁位置拼装履带式起重机，并调试试用。运输拖车调试好准备使用。

5. 履带式起重机架梁方案

(1) 箱梁吊点、质量、重心、形状、尺寸。

① 吊点及质量。由于该工程预制箱梁梁长为 32.7 m、30 m、24.7 m，吊装时采用双机抬吊。根据设计位置选取吊装点，箱梁最重为 120 t。

② 重心、形状、尺寸。箱梁两端对称，重心在中线上，吊装时尽量保持梁顶面水平，使得两台吊车起重量均匀分配。

(2) 吊装施工准备。

① 对盖梁的中轴线、支座垫石的标高进行复测，在支座垫石及橡胶支座上标明支座中心位置，并且标出箱梁的中线。将箱梁上的杂物清理干净、防止坠落。

② 箱梁预制后，对每片梁进行编号、测量外形各部尺寸、标出中心线、测量梁体拱度、通气孔疏通等检查验收，并做好详细记录，验收合格方可吊装。

③ 根据现场地基情况、架梁位置等因素将履带吊车安置稳定。

④ 检查钢丝绳是否有损伤，各紧固螺钉是否松动及皮带松紧程度。

⑤ 吊车手刹是否制动，吊车放下支架后，工作半径有效高度以外 5 m 内障碍物应予以清除。

⑥ 工作前空负荷运行 5 min 以上，检查工作机构运行是否正常，安全装置是否可靠；待梁运至现场后，指挥人员指挥运梁车停至指定位置，现场施工人员将吊绳按兜底法固定在梁两端，并在钢丝绳拐角处做好保护，防止绳索受到磨损，产生安全隐患。等准备工作一切就绪后，吊车在指挥人员的指挥下缓缓起梁，箱梁的安装受梁的质量和形状限制，应根据场地情况对履带吊做相应布置。

(3) 地基处理。

250 t 履带吊站位及运梁道路必须整平、压实，确保工作地面承载力不小于 220 kPa。

现场对履带吊站位及行走道路进行碾压整平，碾压完成后对地基承载力进行钎探检测，若地基承载力大于 220 kPa，直接进行吊装作业，若地基承载力小于 220 kPa，进行 50 cm 级配换填处理，并进行碾平夯实，经钎探检测符合设计要求后进行吊装作业。

(4) 吊装方案。

两履带吊分立于桥墩一侧，运梁通道位于桥梁主体左侧，起吊点距梁端头 2 m。保证箱梁平稳，当左右两幅同时采用履带吊时，先架设外侧边梁，逐片架至另一侧边梁处。履带吊从运梁车起梁后，在吊装指挥人员的指挥下，协同迁移。迁移的过程中，要缓慢而稳定，履带吊行进的通道提前进行整修，确保履带吊行进平稳，保证吊梁安全。

具体步骤如下：

① 吊车就位。1# 吊车斜于待架跨外侧，2# 吊车于待架跨间。

② 安装支座、运梁车对位喂梁。运梁车斜插入待架跨间，调整对位，吊车升起主臂配合运梁车对位。对位完成后吊车伸出主臂，下放吊钩，连接吊具。

③ 提梁。吊车接管预制梁，提升至高于盖梁 1.5 m，运梁车离开。

④ 提梁转体。两台吊车同步吊梁转体，调整使梁体与待架方向保持一致。

⑤ 送梁就位、落梁。两台吊车同步移梁，对正落梁。

箱梁吊起后在技术人员配合下缓缓落梁，架梁落梁时，确保箱梁的纵轴线与支座中心线相平行，如果定位不准，必须重新进行调整，直至达到规定要求为止。

6. 箱梁(板)安装实测项目

箱梁(板)安装实测项目如表 4-8 所列。

表 4-8 箱梁(板)安装实测项目

项次	检查项目		规定值或允许偏差	检查方法和频率
1	支承中心偏位/mm	梁	5	尺量:每孔抽查 4～6 个支座
		板	10	
2	倾斜度/%		1.2	吊垂线:每孔检查 3 片箱梁
3	箱梁(板)顶面纵向高程/mm		−5～+8	水准仪:抽查每孔 2 片,每片 3 个点
4	相邻箱梁(板)顶面高差/mm		8	尺量:每相邻箱梁(板)

(三) 预制箱梁吊装的质量控制措施

1. 箱梁吊装的一般要求

(1) 梁板安装前，必须进行梁板安装放线、清除盖梁顶面杂物、安装支座、完成梁板凿毛及板体清理工作。对梁板进行全面检查，不合格的梁板禁止安装。

(2) 在梁体上标明支座中心线，盖梁上弹出平向吊装线，箱梁上弹出纵向吊装线，确保梁间距、直顺度，防止梁板错台。

(3) 盖梁顶面放样，弹出每片梁的端线、位置线，弹出支座的中心线(纵横向)。

(4) 每次安装梁前必须全面检查吊装、运输设备的安全。

(5) 吊装钢丝绳与梁板边角接触位置要用边空角角钢保护，角钢与梁体间夹垫土工布等软质材料；钢丝绳要使用吊环扣接或防脱钩销接，不得直接拴接。

(6) 梁板安装时盖梁、垫石的强度应符合设计要求。支撑结构和预埋件的尺寸、标高及平面位置符合设计要求。混凝土和压浆强度不得低于设计所要求的吊装强度。

(7) 梁板边板不得密贴防震挡块。梁板安装后边板线形要顺直，板间不得有错台。

(8) 在未进行横向联系施工的梁体上运梁，必须对梁体进行荷载试验，保证运梁过程中不损坏梁体。

(9) 不得随意扰动护栏、伸缩缝等预埋钢筋。

(10) 安装完成一孔后，检查桥面宽度、中线偏位、顶面高程是否满足需求，不满足时需及时调整。调整合格后，再跨孔安装。

2. 质量控制措施

(1) 预制箱梁需待混凝土强度达到 100%才能起吊。

(2) 支座安装前将盖梁支座面清理干净，顶面标高要符合设计要求，标高误差小于 3 mm。

(3) 梁体安放时，必须平稳，支点处必须接触严密、稳固。设专人检查支座安装情况，就位不准或支座与梁底不密贴时，必须吊起梁体，重新安放使梁底与支座密贴、稳固。

(4) 平面控制:梁体安放就位后,及时拉线检查梁边线、端头中心线(或支座中心线)与盖梁的控制线偏移情况。如超出允许偏差值,吊起重新就位,直至偏差值在允许范围内。

(5) 垂直控制:梁体安装就位后,用线锤在梁体侧面进行垂直度检测,如超出允许偏差值,吊起重新校正就位,直至符合要求为止。

3. 工期保障措施

(1) 对项目实施动态计划管理,及时对工程进度实施跟踪检查和调整。

(2) 加快组织、协调人员、机械的进场,配备充足的施工机具与材料,抓紧有利的施工季节,进行各工序的施工。

(3) 项目部建立岗位目标责任制,逐项分解施工目标,确立目标承包责任制,明确各岗位的分工与协作,加强监督与考核,以此来调动施工管理与施工生产人员的积极性,增强其工作的责任感,提高施工生产的效率。

(4) 加强计划实施的监督和总结工作,对工程计划的实施进行监督,并定期召开季度、月度和周生产会议,及时协调生产安排,及时调集人力、材料和机械设备,集中力量保障关键项目工期目标的实现。

(四) 安全保证措施

1. 组织保障

项目部成立安全管理领导小组,项目经理为组长,总工程师和项目常务经理为副组长,各部门和施工队负责人为组员。项目执行经理负责主持安全管理领导小组工作。工区成立相应组织,设专职安全员,工班设兼职安全员,负责各项安全工作的落实,预防事故的发生。建立项目部、施工队和班组三级组织体系,严格运行各项制度,系统管理,做到令行禁止。

2. 技术保障

(1) 起重吊装作业前应详细勘查现场,按照工程特点、作业环境、施工工艺、施工方法、起重机械的选型、钢丝绳及索具的选用、地基承载力等的要求,制定各种防护措施。

(2) 安排专门人员进行现场安全管理,确保操作规程的遵守和安全措施的落实。

(3) 参加起重吊装作业人员,包括司机、起重机、信号指挥、电焊工等均应经专业培训、考核合格取得上岗证,方可进行作业。

(4) 整个吊装过程是一个系统工程,应切实加强各工种、班组的协调配合,强调统一指挥。

(5) 起重机械进入现场后应经检查验收,完善各项手续后方可使用;重新组装的起重机械应按规定进行试运转(包括静载、动载试验),并对各种安全装置进行灵敏可靠度的测试,确认符合要求后方可使用。

(6) 起重吊装作业前进行安全技术交底,内容包括吊装工艺、构件重量及注意事项等。

(7) 起吊时,必须统一指挥,动作配合协调,吊重分配合理,不得超过单机允许起重量的75%。

(8) 箱梁的架设必须完善支撑保护体系,特别是边梁更要引起高度重视。

(9) 在露天有4级及以上大风或大雨、大雪、大雾等恶劣天气时,应停止起重吊装作业。雨雪过后作业前,应先试吊,确认制动器灵敏可靠后方可进行作业。

(10) 当进行高处吊装作业或司机不能清楚地看到作业地点或信号时,设置信号传递人员。在天然光线不足的工作地点或者在夜间进行工作,都应设置足够的照明设备。

(11) 起重机不得靠近输电线路作业，起重机的任何部位与架空输电导线的安全距离不得小于规定值。

(12) 严禁使用编结接长的钢丝绳；起重吊装索具和吊具使用前按施工方案设计要求进行逐件检查验收。

(13) 施工现场使用的各类建筑机械必须严格执行《建筑机械使用安全技术规程》(JGJ 33)的各项规定，并坚持做好"十字"作业；起重开关必须灵活、准确，严禁使用扳把开关，宜使用控制开关。

(14) 从事高空作业人员要定期进行体检；经医生诊断，凡患有心脏病、贫血病、高血压病、低血压病、癫痫病及其他不适合高空作业的病症、肢体残缺者不得从事高空作业。

(15) 饮酒后禁止从事高空作业。

(16) 施工现场应设置鲜明、醒目的指示标志和警示标志，确保行人、车辆的安全；如果需要占道，先履行审批手续后，加强组织交通疏导，施工现场应加强保卫措施，防止行人或其他无关人员误入施工现场。

二、架桥机架设预制箱梁施工方案

(一) 箱梁安装前施工准备

1. 技术准备

(1) 开工前对所有现场管理人员及技术人员、施工人员进行技术培训，落实技术交底，使现场管理人员及技术人员、施工人员熟悉图纸及施工流程，施工控制标准及施工控制要点。结合地质勘探图纸及现场勘查资料掌握了解场地情况，如与箱梁安装冲突，及时找相关单位协助解决。

(2) 测量放线：复核支座垫石标高、箱梁安装位置放样。支座垫石和支座安装验收合格后，方可进行吊梁施工。

(3) 实验室做好开工前支座等相关材料检测、送检及其他试验相关工作。

(4) 做好每片预制箱梁的报验工作，在预制箱梁出场前全部检验完毕。

(5) 报验资料齐备，每片预制箱梁的过程资料(原材料报验预检记录、张拉记录、孔道压浆记录、箱梁 28 d强度报告等)。

(6) 提前做好板式橡胶支座等安装准备工作。

2. 安全准备

(1) 项目部与吊装单位签订"安全生产协议"。

(2) 组织适应工程要求的施工队，开展技术培训，提高操作技能。

(3) 对各种进场机械设备进行保养、维护等验收工作。相关证件、证书做好存档工作。

(4) 熟悉现场情况、行车路线、行车顺序。

3. 机械准备

(1) 根据施工需要，结合实际情况，配备箱梁安装相应机械。

(2) 对机械设备进行全面检修，检查验收合格，满足施工需要。

(3) 使用后应注意设备安放。

机械配备数量如表 4-9 所列。

表 4-9　机械配备数量表

序号	机械名称	规格型号	单位	数量	备注
1	架桥机	JHJ160-40	台	3	
2	汽车运梁车	380 马力	辆	10	根据施工要求以后增加
3	发电机	200 kW	台	1	应急

注:JHJ160-40 型架桥机性能参数如表 4-10 所列。

表 4-10　JHJ160-40 型架桥机性能参数表

参数	单位	数值
额定起重量	t	140
最大跨径	m	34.5(混凝土梁 32.7)
适应坡度	%	2
天车提升速度	m/min	0.62
天车纵移速度	m/min	4.0(重载/空载)
天车横移速度	m/min	2.8
架桥机纵移速度	m/min	0～2.38
架桥机横移速度	m/min	1.54
最大提升高度	m	6
架桥机总长	m	61
可架弯桥最小半径	m	300
可架梁最大宽度	m	4
架桥机总重	t	约 130
总功率	kW	约 75.0

4. 架桥机在施工前的注意事项

(1) 检查架桥机各运动部位安全装置是否安全可靠、灵敏,如有问题应及时调整更换、修理。

(2) 检查架桥机各运动部件部位润滑情况,按要求加注润滑油(脂)。

(3) 检查液压系统各动作部位动作可靠性。

(4) 检查各电器、电机等部件动作可靠性。

(5) 检查机械结构部件可靠性。

(6) 架桥机必须经过空载调试、静动态试验,确认设备达到设计指标后方可投入使用。

(二) 预制箱梁安装

1. 箱梁运输

运梁车运梁分为地面运输和桥面运输两种情况,可与架桥机过孔同时进行,运梁车开至预制厂,门吊起吊箱梁(带支座)至运梁车上,并对箱梁进行稳固处理。运梁车运行前检查桥面是否安全可靠,并采取必要的保护措施来满足运梁的安全要求。

(1) 地面运梁。正常运行速度选用在 5 m/min,箱梁预留孔的位置应撇开运梁车的支撑位置,保证提梁钢丝绳可以方便拿出。箱梁放好之后,按照布置的运梁车行走路线进行送往架梁区,采用提梁龙门喂梁,架桥机横移架梁。

(2) 桥面运输。

由于桥面有预埋筋，因此在桥上运梁时要将轨道预埋筋砸平，在使用运梁车在桥面上进行运梁，待箱梁架设完成后将轨道预埋筋恢复。

在桥面上运输时，要在已架设好的箱梁的适当位置摆设锥桶或彩旗，保证运梁车的灯光照到锥桶上起到反射光的作用，在夜间行驶过程中提示驾驶员，注意行走方向和行走范围。

在已架设好的箱梁上，布置千米标志牌，每隔 1 000 m 布置一个，提醒司机适当提速或减速，满足运梁的安全需要，完成每天的运梁和架梁的任务。

梁伸缩缝预留槽的位置，在每片箱梁安装完成后准确及时地做好施工记录。

2. 架桥机过孔工艺

(1) 架桥机过孔。

架桥机过孔按如下步骤施工：

① 架桥机架完一孔桥后，解除支腿纵移小车约束，用手拉葫芦和撑杆把前支腿与已架预制梁固定拉紧撑好，架桥机进入过孔状态。如图 4-2 所示。

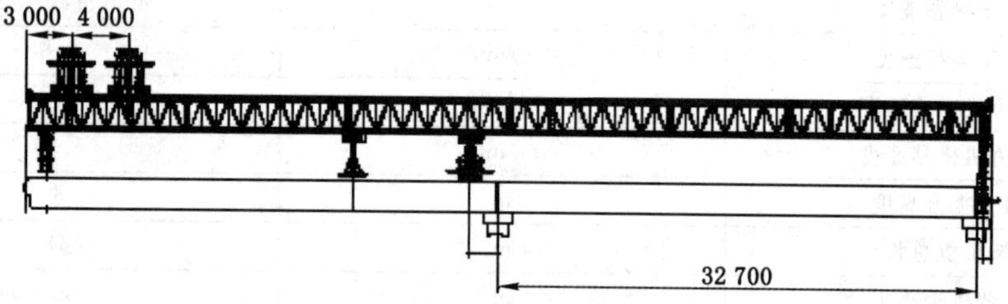

图 4-2　施工步骤一

② 支后支腿、中托轮、前支腿，将中支腿前移 32.7 m。如图 4-3 所示。

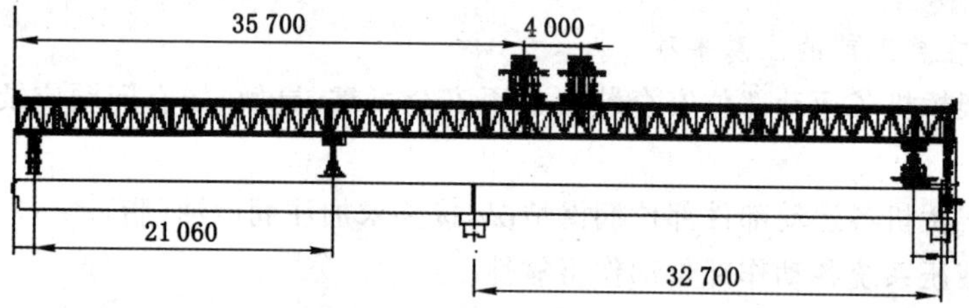

图 4-3　施工步骤二

③ 收后支腿、前支腿，驱动中托及中支腿纵移电机前将导梁前移（两天车同时同步向后运动，保持与运梁车位置相对静止）。如图 4-4 所示。

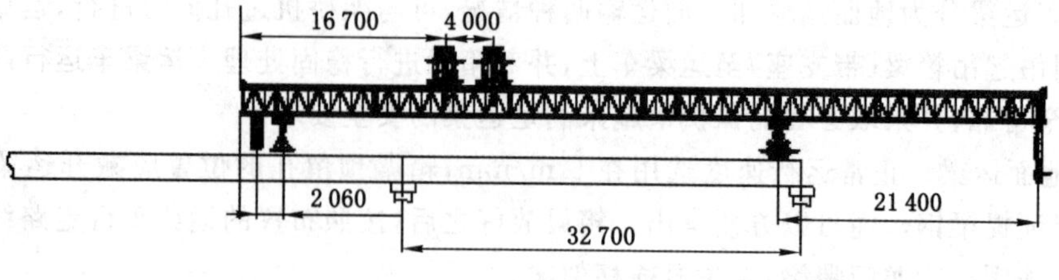

图 4-4　施工步骤三

④ 支后支腿，将中拖轮前移。如图 4-5 所示。

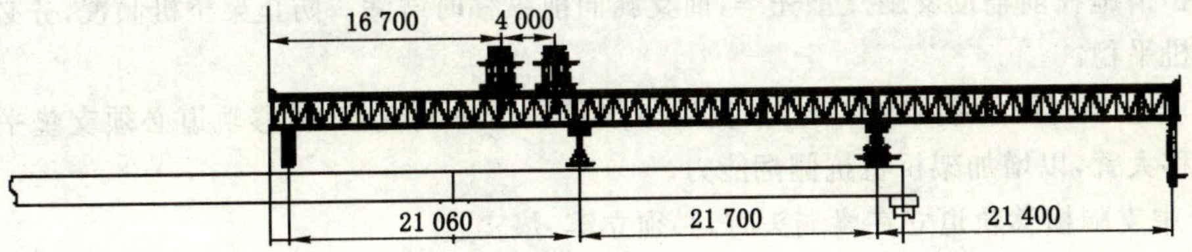

图 4-5　施工步骤四

⑤ 收后支腿，驱动中托、中支腿纵移电机（两天车同步向后运动，保持与运梁车位置相对静止），将导梁前移 13.7 m 使前支腿到达前方桥墩盖梁上方前部架梁位。如图 4-6 所示。

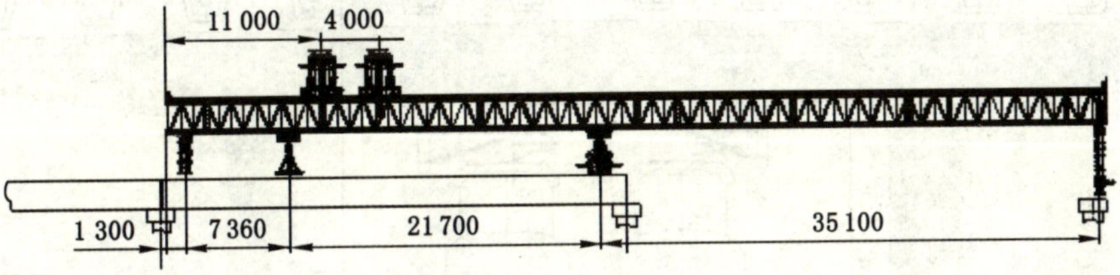

图 4-6　施工步骤五

⑥ 支好前支腿、收中托轮并前移，过孔完毕准备架梁。如图 4-7 所示。

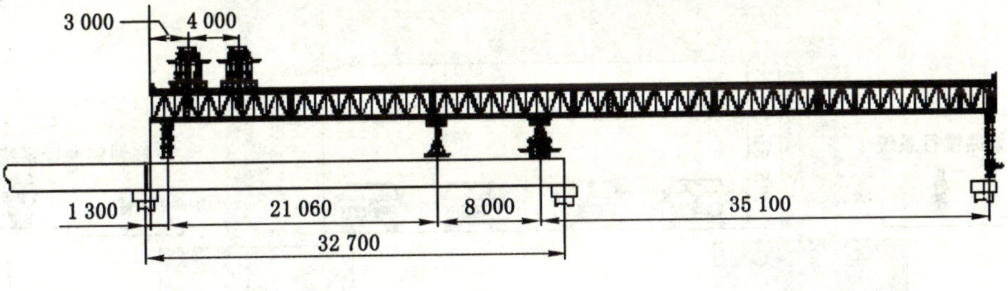

图 4-7　施工步骤六

(2) 架桥机过孔、前移作业要点。

① 架桥机架设箱梁时，中支腿及其横移轨道一般在已架好的梁板上或钢箱梁桥面上，此时必须观察已架好的梁板或钢箱梁桥的牢固程度。

② 下一跨桥对面是钢箱梁桥，架桥机前支腿在钢箱梁桥面上运行时，必须去掉前支腿短节，以便降低前支腿高度。

③ 坡道架梁时，架桥机机身前后要调平，调平的方法是用前后油缸调整，然后用前后伸缩节来调平，保证架桥机前后高差不超过 0.2%。

④ 架桥机过孔、前移作业时，施工现场必须有领导跟班作业，安全员、技术员监护，关键部位有专人盯控。

⑤ 过孔施工严格按照过孔步骤执行，准备工作不到位不过孔。

⑥ 过孔施工过程中，在架梁完毕、过孔对位开始前，前支腿和桥面用刚性支撑放于桥面

用木楔楔紧。再用 2 个 5 t 链条葫芦和钢丝绳套将前支腿和已架梁片两侧连接拉紧保护。辅助保护措施在前辅助支腿支垫完毕，前支腿向前纵移时解除。防止架桥机倾覆，务必要保证架桥机平稳。

⑦ 架桥机过孔及前移施工时，前支腿带横移轨道一同横移，横移轨道必须支垫平稳后方可前移大臂，以增加架桥机抗侧翻能力。

⑧ 中支腿横移轨道立在梁端头时，必须立牢、垫实。

3. 箱梁架设

桥梁结构示意图如图 4-8 所示。箱梁架设按如下顺序进行：

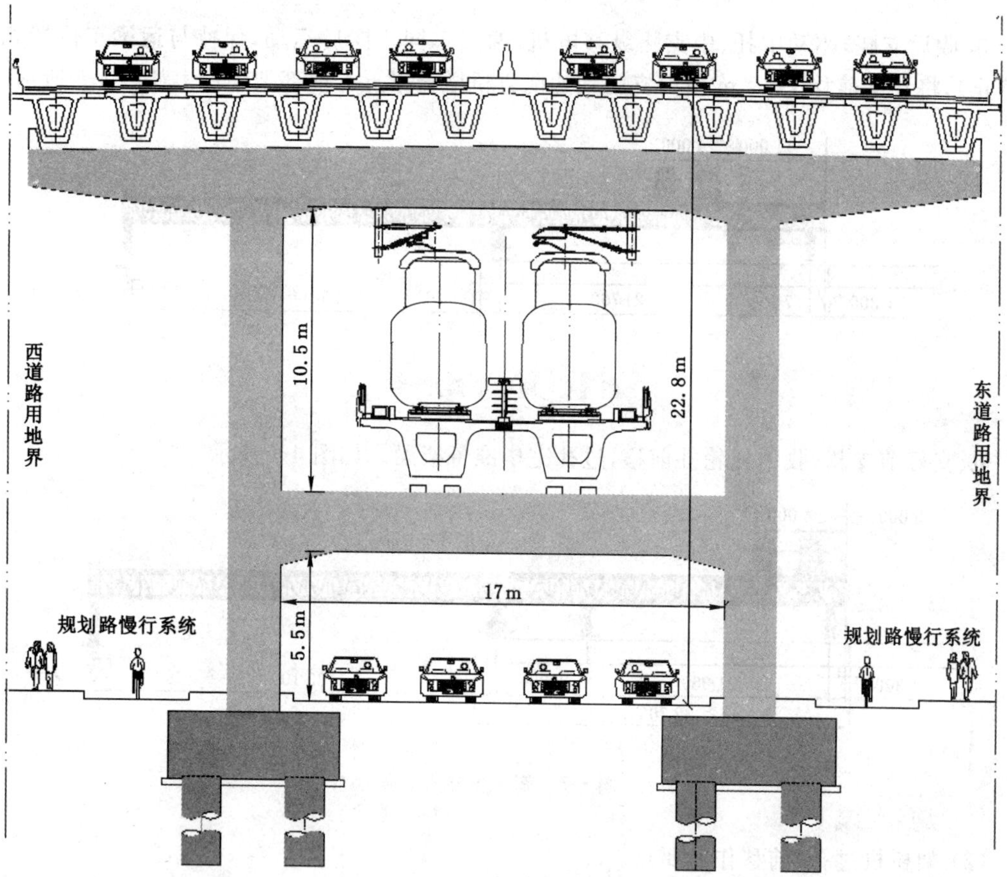

图 4-8　桥梁结构示意图

(1) 横移轨道的铺设：用枕木和钢板进行调平铺设。

(2) 提梁：采用履带吊提梁或根据上述方案一后面喂梁。

(3) 架桥机带梁横移：架桥机提梁至桥面后，架桥机进行整机横移，使得架桥机中心线处于与安装位置轴线同一直线上，沿着中、后支腿下铺设的横移轨道，整体横移，横移到待架梁位置。

(4) 落梁：架桥机横移到位并固定后，两台纵移天车同步、平稳地将小箱梁往前送到安装位置，同步启动卷扬机落梁，使支承部位尽可能同时落在临时支座上，位置有偏差时可通过纵移天车或横移天车进行前后、左右调整，以保证安装位置准确。小箱梁就位后，在确认临时支座位置正确、受力均匀、接触密实后松钩及解开吊装索具，吊钩同步起升，两台纵移天车后移到已安装跨上，完成第一片箱梁(7号中梁)的架设。

(5) 架桥机整机横移返回至起始位置，做好架设下一片梁的准备。

(6) 其他12片梁按以上操作顺序依次架设，分别为6、8、9、10、12、11、5、4、3、1、2。

(7) 每片箱梁吊装就位后要进行临时支护，每相邻的两片箱梁要进行横向临时固结，以确保箱梁就位后的安全。

(8) 完成一跨箱梁架设。

4. 架桥机安全作业要求

(1) 架桥机操作人员由经过培训并颁发操作证书，了解桥机的机械构造、性能和熟悉架梁方法的人员操作；在工作时，一定要集中精力，必须有足够的睡眠，工作中不准打瞌睡，严禁酒后作业，高空作业时必须佩戴安全帽并系好安全带。

(2) 司机接班时，应对制动器、吊钩、钢丝绳和安全装置进行检查。各电机、制动器是否灵活可靠，空载情况下应校检各限位开关。发现不正常时，应在操作前排除。

(3) 开车前，必须鸣铃或报警。操作中接近人时，亦应给以断续铃声或报警。

(4) 吊装前，应统一指挥信号，吊装时，指挥人员发出的信号与操作人员意见不一致时操作人员应发出询问信号，在确认指挥信号与指挥意图一致时，才能开车。对紧急停车信号，不论何人发出都应立即执行。

(5) 操作人员要做到“十不吊”：

① 指挥信号不明或不当不吊。

② 重量不明或超重不吊。

③ 构件捆绑不妥不吊。

④ 吊(索)具不合格不吊。

⑤ 构件上有人或散件时不吊。

⑥ 歪拉斜吊不吊。

⑦ 电铃、吊钩限位器失灵不吊。

⑧ 制动器不可靠及安全装置不灵不吊。

⑨ 不良气候超规不吊。

⑩ 预制梁被挂住或预制梁紧固不牢不吊。

(6) 操作架桥机时，应合理掌握控制按钮，除两手外，不允许身体其他部位接触控制面板，吊装过程使用控制按钮操作，不可利用安全装置来停车。另外，操作人员不能离开控制柜，以防突发情况发生，而不能采取紧急措施。

(7) 注意事项：

① 电机运行前必须在减速机中加$32^{\#}$轻型机油。

② 检查电气开关，使开关指令与轮箱的运行方向一致。

③ 检查各螺栓连接处是否有松动的现象，高强度螺栓必须用扭矩扳手，达到预紧力。

④ 变换轮箱运动方向时，必须让机构完全停止时，再反启动。

⑤ 架桥机喂梁时，切记将支腿定位销插入支腿调节孔中使油缸不受力。

⑥ 吊梁前检查轨道是否平整压实，运梁车重载是只能采用低速挡启动和运行；运梁车运梁时，前后必须有人相随，随时注意轨道、预制梁的平稳性，以防止预制梁倾倒。运梁车载

上预制梁后，如不能立即启动并运行则必须用卡子卡死运梁车。

⑦ 喂梁前必须仔细检查主梁及前支架各部分销子是否销定，且插上防退销，切忌前支架腿撑起油缸到位后不锁销子而加载，检查塞垫、枕木、轨道及连接板的安装是否符合要求。

⑧ 喂梁时注意运梁车或龙门吊与架桥机主横梁台车纵移的速度差。运梁车或主桁架移动时，运行线路上有人时，必须发出警告信号。

⑨ 架桥机在吊运预制梁过程中，如遇到起升机构制动突然失灵时，操作人员应立即发出信号，通知附近人员离开，并迅速按动控制按钮反复起落预制梁，并开动小车选择安全地点，把箱梁放下，不应放任自由下落，随后再进行检修，决不可在吊运过程中进行检修。

⑩ 在吊预制梁时，应使承载均匀、平稳，不能忽起忽落，起升机构的钢丝绳应保持垂直，同时起吊和降落做到同步，注意控制好前、后端的高度差，在架桥机所受的负荷不能超过其最大起重量的情况下方可起吊预制梁。

5. 质量保证措施

(1) 根据该项目工程，由主管工程师负责设计审定桥梁安装设备方案、性能、使用要求，达到安全、高效、可靠，上报甲方、监理单位审批，并通过北京市轨道交通专家库中专家论证后，方可进行现场施工。

(2) 选派有经验的管理人员、技术人员和施工人员从事该项工程的施工。

(3) 加强和设计部门、监理管理部门和甲方的配合，请求帮助和指导。

(4) 架梁前，对架梁设备的吊绳、各种控制开关及各种相应的零配件进行全面检查，确认符合要求时，方可进行移梁、架梁作业。

(5) 认真做好核对梁体、支座尺寸及相关放线工作，做到准确无误、标示明显。

(6) 架梁过程中，有关吊梁、落梁等均应符合相关的质量要求和安全要求。

(7) 严格执行工序检验制度。

(8) 架梁设备拼装完成后，必须先进行试运行，检查各连接部位是否牢靠，电气连接是否正确，液压系统是否有漏油现象，机械及结构部分是否有卡滞现象，各转动部位润滑情况，油箱内油位情况。

(9) 试运行液压系统，纵向走行轨道是否牢靠、可靠。

(10) 每架完一跨，必须对架梁设备进行一次全面检查，无问题后方可进行下一跨架设。

(11) 安装作业不准超负荷运行，不得斜吊提升作业。

(12) 架桥机横移、运梁车运梁时，行走轮两侧均应有人随行监护，如速度失控，应马上断开电源，并用铁鞋强制停机。

(13) 架桥机就位必须严格控制位置尺寸，确保箱梁顺利安装。

(14) 在工程施工中，应严格按照招标文件和相关质量法规的要求，建立健全工程质量保证体系。

重要提示：架桥机喂梁时，切记将支腿定位销轴插入支腿调节孔中使油缸不受力；架桥机在配重过孔时，后支腿随架桥机整体向前移动，架桥机过孔完成后，喂梁之前要用销轴插入支腿的调节孔中，使油缸不受力。

第五章　现浇箱梁桥施工案例

第一节　桩基施工

一、工程概况

某新建工程第 5 标段，设计起讫桩号为 K22＋311.707～K27＋143.357，标段全长 4.83 km，桥梁宽 38 m，此段桥梁为高速公路与轨道交通线共构，上部结构均采用简支小箱梁结构或简支钢箱梁。

该标段上跨魏永路部分设置枢纽互通立交一座——魏永路立交，包括 Z1、Z2、Z3、Z4 四条匝道，每条匝道均由路基和匝道桥组成，全长 3 644.61 m。四条匝道分别位于新魏永路两侧，与魏永路平交，标准段匝道宽 10 m，其中 Z3 和 Z4 匝道均上跨兴东路，匝道上跨兴东路部位上部结构采用简支钢箱梁结构，其余上部采用现浇混凝土连续箱梁和简支小箱梁结构，梁宽均为 10 m。该工程桩基形式均为摩擦桩，共计 308 根，桩径分为 1.2 m 和 1.5 m 两种。

二、技术方案

（一）钻孔桩工艺流程

钻孔灌注桩主要工艺流程如图 5-1 所示。

（二）管线刨验

(1) 刨验前将已施放好的桩位用十字线引到刨验区以外，并进行保护。

(2) 桩基位于混凝土路面或沥青路面的，先采用空压机将硬路面凿除，然后采用人工继续进行刨验。

(3) 刨验区域：具体刨验区域以承台边线为准，刨验宽度 1 m，刨验深度 1.8～2.5 m 为宜。

(4) 刨验过程中若发现异常情况，如发现管线等，必须立即暂停施工，通知现场主管工程师，待主管工程师到场确认，并通知管线所属单位，得到允许后方可进行下步工序。管线如需切改，现场技术人员应精确绘制好地下管线位置及走向，报相关部门进行切改工作，确保管线安全及不影响桩基施工。

刨验示意图如图 5-2 所示。

（三）导管气密性试验

(1) 导管在使用前进行水密承压和接头抗拉等试验。水密试验时的水压应不小于孔内水深 1.3 倍压力，也不应小于导管壁和焊缝可能承受灌注混凝土时最大内压力 p 的 1.3 倍。p 值按下式计算：

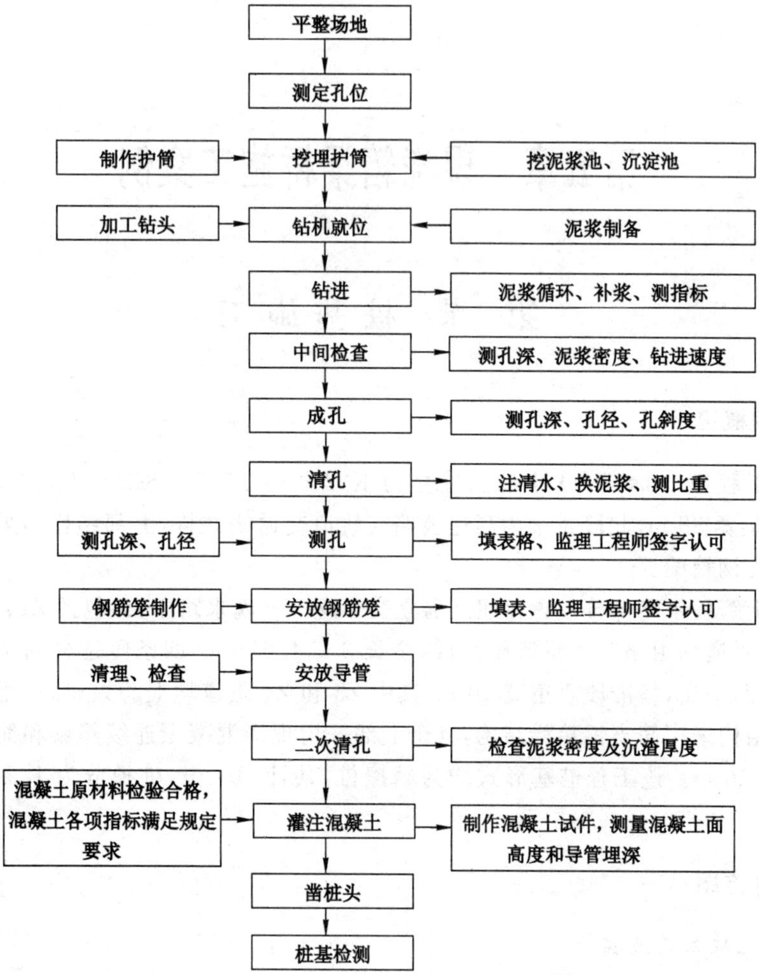

图 5-1　钻孔灌注桩主要工艺流程

图 5-2　承台、泥浆池位置刨验示意图

$$p = \gamma_c H_c - \gamma_w H_w$$

式中　p——导管可能受到的最大内压力，kPa；

γ_c——混凝土拌合物的重力密度，24 kN/m^3；

H_c——导管内混凝土柱最大高度(以导管全长或预计的最大高度计)，m；

γ_w——井孔内水或泥浆的重力密度，kN/m^3；

H_w——井孔内水或泥浆的深度，m。

根据上式计算得 $p=24\times38-11\times38=494$(kPa)。

(2) 导管接头连接处应有胶皮垫圈，连接时要打紧。

(3) 准备好灌注时用的漏斗、钢筋网篦子及球胆等，篦子应满足防止混凝土中大块石子及杂物堵塞导管。

(四) 埋设护筒

(1) 钢护筒用不小于 8 mm 钢板卷制而成，长度为 2～4 m，直径比设计桩径大 20～40 cm。

(2) 护筒基坑开挖前，必须根据桩位中心引出十字护桩并看护好，作为基坑开挖和钻机对中的依据，确保桩位准确。

(3) 钻孔场地应清除杂物，换除软土，平整压实。

(4) 埋设钢护筒，护筒内径比桩径大 20～40 cm，护筒顶面高出施工地面 30 cm，护筒顶应高于稳定后的承压水位 2.0 m 以上。

护筒埋置深度符合下列规定：护筒埋置深度 2～4 m，对于砂类土应将护筒周围 0.5～1.0 m 范围内的砂土挖除，然后回填黏土并夯实。护筒四周回填黏土时，应分层夯实；护筒顶面中心与设计桩位偏差不大于 5 cm，倾斜度不大于 1%。

(5) 孔形和倾斜度宜采用专用仪器测定，孔径采用外径不小于钻孔桩直径，长度为 4～6 倍外径的钢筋检孔器吊入钻孔内检测，且各桩基作业班组在桩基开钻前应提前制作好检孔器，并报主管工程师和现场监理检验。

(五) 泥浆的制备

(1) 泥浆池制备：该工程部分位于已有道路线路地段，施工时必须保证路面的清洁。泥浆池设置两排横杆钢管防护栏，栏杆柱打入地面深度不小于 50 cm，防护栏埋设距泥浆池边缘 1 m，立柱间距不大于 2 m；防护栏设置安全网，挂设安全警示标志。

(2) 泥浆制作：泥浆质量是保证钻孔质量和安全的又一重要环节，根据地层情况及时调整泥浆性能。

为提高泥浆黏度和胶体率，可在泥浆中掺入适量的碳酸钠、烧碱等，其掺量应经试验决定。造浆后应试验全部性能指标，钻孔过程中应随时检验泥浆比重和含砂率等各项指标，并填写泥浆试验记录表。

膨润土泥浆具有比重低、黏度好、含砂量少、失水量少、泥浆薄、稳定性强、固壁能力高、钻具回转阻力小、钻进率高、造浆能力大等优点。膨润土作为泥浆原料的一般用量为水的 8%，即 8 kg 膨润土可掺 100 L 的水。对于黏土地层，可降低到 3%～5%，较差的膨润土用量为水的 12%左右。

在砂土、砂砾或卵石中钻进，事先必须备足膨润土或黏土，若只用黏土造浆，其数量可按下列公式和原则计算：

每立方泥浆所需黏土质量为：

$$q(t) = V\rho_1 = (\rho_2 - \rho_3)\rho_1/(\rho_1 - \rho_3)$$

式中 V——每立方米泥浆所需黏土体积，m^3；

ρ_1——黏土的密度，t/m^3；

ρ_2——要求的泥浆密度，t/m^3，$\rho_2 = V\rho_1 + (1-V)\rho_3$；

ρ_3——水的密度，取 $\rho_3 = 1\ t/m^3$。

（六）钻孔

采用旋挖钻成孔，钻机先进行钻孔工艺试验，选择满足工期和钻孔质量要求的先进钻孔设备以及施工参数。

(1) 钻机施工过程中应保证泥浆面始终不得低于护筒底部，以保证孔壁的稳定。

(2) 旋挖钻机施工初期，提升钻斗时，避免因筒斗下部产生较大的负压力作用产生“吸钻”现象而造成孔壁缩颈，须对筒式钻斗的筒壁对称加焊护壁钢板（或增设导流槽）进行改进，以减少钻孔缩颈现象的发生。

(3) 钻孔作业时先慢后快，开始每次进尺宜为 400～500 mm，确认地下是否有不利地层，进尺 5 m 后如钻进正常，可适当加大尺度，每次控制在 700～900 mm。

(4) 钻斗升降速度过快时，易造成孔壁缩颈、坍塌事故。钻斗升降速度宜控制在 0.75～0.80 m/s，在粉砂层或亚砂土层时，钻斗升降速度应更加缓慢。

(5) 泥浆初次注入时，应垂直向桩孔中间进行注浆，避免泥浆沿护筒壁冲刷孔壁使其底部孔壁松散坍塌；钢筋骨架和检探孔器应使用吊机垂直、平稳放入孔内，避免破坏孔壁，造成废桩事故。

(6) 钻机在钻进过程中，要时时注意下列几点：

① 在首根桩基或特殊地质条件下桩基施工过程中，每钻进 2 m 或地层变化处，应取钻渣样品，以核对钻探资料。

② 钻头下降时不宜过快，特别是在到底前 1～2 m 时，必须切换到自由降落，不允许卷扬下降，防止速度过快造成主卷扬钢丝绳紊乱。

③ 钻进过程中，要做好钻进记录。

④ 切削旋转（正转）达到预定进尺后，钻斗必须反转若干圈：一是关闭斗门；二是分离各节钻杆，防止卡钻杆；三是减少提升阻力。

⑤ 听声：钻机在钻进时，动力头会发出不同的声音，一般空转时声音比较尖细，发“飘”，阻力大时比较沉闷，正常情况下声音稍低沉但均匀。

⑥ 观察：一是深度仪，是否正常显示进尺，是否有突变的情况；二是钻杆是否摆动，正常情况不应发生摆动；三是要注意观察机器各部件、仪表，特别是液压部分，是否有漏油等非正常情况发生；四是要注意观察垂直度是否在仪表中心位置；五是观察井口及周围是否有塌孔迹象。在正常钻进但进尺明显缓慢或无进尺时，很有可能是井底发生坍塌应停止继续钻进，待采取措施（如加大泥浆比重），观察一定时间后，小进尺钻进。

⑦ 清底，孔深达到规定值后，停机等待 30 min 左右，然后，缓慢下钻头，不加压，将底部沉渣捞出，注意在提升时速度一定要慢，否则，沉渣可能又重新被冲刷回井内。

（七）检孔

当钻孔深度达到设计要求时，对孔深、孔径和孔形等进行检查，经检符合要求后进行清孔。孔深采用带刻度的测绳及测锤进行检测；孔径和孔形采用探孔器进行检测。未经确认不得进行下道工序施工。钻孔灌注桩成孔质量检查要求如表 5-1 所列。

（八）钢筋笼制作和吊装

(1) 钢筋的加工和连接。

① 钢筋加工的质量应符合表 5-2 中的要求。

表 5-1　钻孔灌注桩成孔质量标准

项目		规定值或允许偏差	项目	规定值或允许偏差
孔的中心位置	群桩	100 mm	桩径	不小于设计孔径
	单排桩	50 mm	沉淀厚度	不大于 30 cm
孔深		不小于设计规定	倾斜度	≤1/100

表 5-2　钢筋加工的质量标准

项目	允许偏差/mm
受力钢筋顺长度方向加工后的全长	±10
弯起钢筋各部分尺寸	±20
箍筋、螺旋筋各部分尺寸	±5

② 钢筋的连接:该桥桩基础钢筋笼主筋采用机械连接接头,其他采用焊接或绑扎。根据《公路桥涵施工技术规范》(JTG/T F50)规定受力钢筋的连接接头应设置在内力较少处,并应错开布置。对焊接接头和机械连接接头,在接头长度区段内,同一根钢筋不得有两个接头,两接头的距离应不小于 1.3 倍搭接长度。配置在接头长度区段内的受力钢筋,其接头的截面面积占总截面面积的百分率,应符合表 5-3 的规定。对于焊接连接构件当在冬季气温低于−20 ℃时,为了保证质量,故不宜施焊。

表 5-3　接头长度区段内受力钢筋接头面积的最大百分率

接头形式	接头面积最大百分率/%	
	受拉区	受压区
主钢筋绑扎接头	25	50
主钢筋焊接接头	50	不限制

(2) 钢筋骨架的保护层厚度采用绑扎垫块方式进行保证。垫块沿钢筋笼竖向每隔 2 m 左右设置一道,每道沿周围对称地设置 4 块。垫块应与钢筋绑扎牢固,且其绑丝的丝头不应进入混凝土保护层内。混凝土浇筑前,应对垫块的位置、数量和紧固程度进行检查,不符合要求时应及时处理,应保证钢筋的混凝土保护层厚度最小值满足设计要求。

(3) 钢筋笼分节制作,钢筋接头采用电弧焊搭接时,两钢筋搭接端部应预先折向一侧,使两结合钢筋轴线一致。制作时在该桩的附近进行制作绑扎成型,在钢筋的绑扎过程中,钢筋绑扎不允许出现十字扣,必须满绑。制作好的钢筋笼骨架必须放在平整、干燥的场地上。在绑扎成型的每节钢筋笼骨架上都要挂上标志牌,写明桩号、节号、长度及制作日期。

(4) 验孔合格,并且钢筋笼检验合格后,方可吊装钢筋笼。吊装时要保证钢筋笼骨架在起吊时不变形,钢筋笼在吊装前需用探孔器探测孔的垂直度、桩径。采用重锤法测沉渣厚度,确认合格后,方可进行钢筋笼的吊装。钢筋笼吊装采用汽车吊,为了保证骨架起吊时不变形,宜用两吊点,第一吊点设在骨架的下部,第二点设在骨架长度的中点到上三分点之间。对于长骨架,起吊时,先提第一点,使骨架稍提起,再与第二吊同时起吊。待骨架离开地面后,第一吊点停吊,继续提升第二吊点。随着第二吊点不断上升,慢慢放松第一吊点,直到骨架同地面垂直，停止起吊。解除第一吊点，检查骨架是否顺直。当骨架进入孔口后，应将其扶正徐徐下降，严禁摆动碰撞孔壁。当骨架下降到第二吊点附近的加强箍接近孔口时，可用圆钢管或型钢（工字钢或槽钢）等穿过加强箍筋的下方，将骨架临时支承于孔口，孔口临时支撑应满足强度要求。

骨架最上端定位，必须由测定的孔口标高来计算定位筋的长度，并反复核对无误后再焊接定位。在钢筋笼上拉上十字线，找出钢筋笼中心，根据护桩找出桩位中心，钢筋笼定位时使钢筋笼中心与桩位中心重合。然后在定位钢筋骨架顶端的顶吊圈下面插入两根平行的工字钢或槽钢，在护筒两侧放两根平行的枕木（高出护筒 5 cm 左右），并将整个定位骨架支托于枕木上。

（5）孔口接头钢筋焊接完毕后，报现场主管工程师检验，检验合格后，下放钢筋笼，进行下一节钢筋笼连接。将整个钢筋笼骨架徐徐下降，使钢筋笼骨架降至设计标高为止。采取适当措施将钢筋笼固定，切记钢筋笼固定后护筒不允许承重，防止护筒下沉影响桩基标高。钢筋骨架的制作和吊放的允许偏差如表 5-4 所列。

表 5-4　灌注桩钢筋骨架制作和安装质量标准

项目	允许偏差	项目	允许偏差
主筋间距	±10 mm	保护层厚度	±20 mm
箍筋间距	±20 mm	中心平面位置	20 mm
外径	±10 mm	顶端高程	±20 mm
倾斜度	0.5%	底面高程	±50 mm

（九）二次清孔

在第一次清孔达到要求后，由于要安放钢筋笼及导管，至浇筑混凝土的时间间隙较长，孔底又会产生沉渣，所以待安放钢筋笼及导管就绪后，再利用导管进行二次清孔。清孔的方法是在导管顶部安装一个弯头和皮笼，用泵将泥浆压入导管内，再从孔底沿着导管外置换沉渣。清孔标准是孔深达到设计要求，清孔完成报现场监理检验合格后，立即灌注混凝土。二次清孔后沉渣厚度符合设计要求，泥浆指标符合表 5-5 中的要求。

表 5-5　清孔后泥浆指标

	相对密度	黏度	含砂率	胶体率
清孔后泥浆指标	1.03～1.10	17～20 cSt	<2%	>98%

（十）水下混凝土灌注

（1）水下混凝土灌注采用快速接头导管进行灌注，导管直径采用 300 mm。

（2）导管吊放时，应使其位于孔的中心部分，垂直放在孔内，防止导管卡拉钢筋笼，导管连接时应逐节检查胶圈有无破损及导管是否打紧，确保导管密闭性，安装固定的导管底与孔底间距以 40 cm 左右为宜，顶部根据实际情况以高于护筒 40 cm 左右为宜。

（3）计算和控制首批封底混凝土数量（见图 5-3），下落时混凝土应有一定的冲击能量，能把泥浆从导管中排出，并能把导管下口埋入混凝土不小于 1 m 深，足够的冲击能量能够

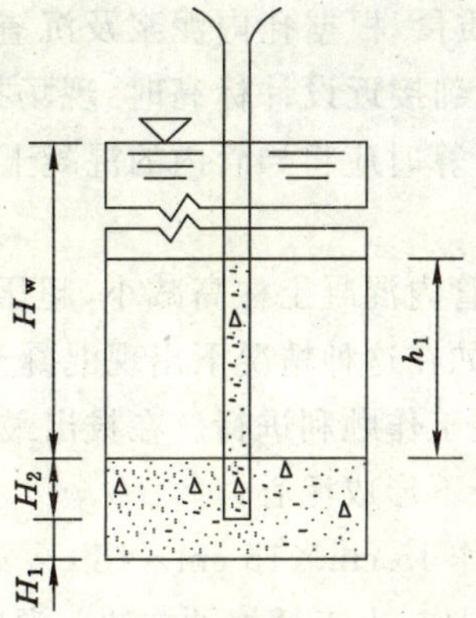

图 5-3　首批混凝土数量计算

把桩底沉渣尽可能地冲开，是控制桩底沉渣，减少工后沉降的重要环节。首批灌注混凝土的数量计算公式如下（如桩径 D=1.5 m，桩长 33 m；桩径 D=1.2 m，桩长 33 m）：

$$V = \frac{\pi D^2}{4}(H_1 + H_2) + \frac{\pi d^2}{4}h_1$$

$$h_1 = \gamma_w H_w / \gamma_c$$

其中，导管底口与孔底的距离为 40 cm；H_1表示混凝土桩底到导管底口的高度；H_2表示首批灌注混凝土的最小深度（导管底口到混凝土面的高度）为 1 m；h_1表示桩孔内混凝土达到埋置深度 H_2时，导管内混凝土柱平衡导管外（或泥浆）压力所需要的高度；γ_c为混凝土拌合物的重度（24 kN/m^3）；γ_w为井孔内水或泥浆的重度（11 kN/m^3）；d 为导管内径（0.3 m）。

$$h_1 = \gamma_w H_w / \gamma_c = 11 \times 33/24 = 15.1(\text{m})$$

$$\begin{aligned} V &= 3.14 \times (1.5/2)^2 \times (H_1 + H_2) + 3.14 \times (0.3/2)^2 \times h_1 \\ &= 3.14 \times (1.5/2)^2 \times (0.4 + 1) + 3.14 \times (0.3/2)^2 \times 15.1 \\ &= 3.54(\text{m}^3) \end{aligned}$$

同理可计算直径 1.2 m 桩首批混凝土的体积为 2.65 m^3。

混凝土灌注时应注意以下事项：

① 混凝土封底前，应再次进行孔深检测，如果孔底沉淀层厚度不符合要求，则应继续清孔。如厚度符合设计要求，然后立即灌注首批混凝土。

② 首批混凝土灌入孔底后，立即探测孔内混凝土面高度，计算出导管内埋置深度，如符合要求，即可正常灌注。如发现导管内大量进水，表明出现质量事故，立即向工程部汇报，采取补救措施。

③ 首批混凝土灌注时，一定要保证首批混凝土量，标准以使封底混凝土埋深导管不小于 1 m 为宜；首批水下混凝土灌入孔底后，立即测探孔内混凝土面的高度，计算出导管的埋深深度，如符合要求，即可正常灌注。在灌注过程中导管埋深控制在 2～6 m。灌注开始后，应紧凑、连续地进行施工，严禁中途停工，在灌注过程中，及时测量孔内混凝土面的高度，指挥导管的提升和拆除。

④ 为了防止塌孔，应随时观测孔内泥浆液面高低变化，保持泥浆水头在一定位置，满足孔壁侧压力要求。当灌注的混凝土顶面距钢筋骨架底部 1 m 左右时，应降低混凝土的灌注速度，防止钢筋笼上浮。

⑤ 为了确保桩顶混凝土的质量，根据孔内泥浆及沉渣情况，在桩顶设计标高以上加灌1 m以上的混凝土。混凝土灌注到接近设计标高时，现场技术人员应亲自动手量测混凝土面高度，计算所需混凝土数量(计算时应将导管内的混凝土数量估计在内)，通知拌合站按需要数拌制，以免造成浪费。

在灌注将近结束时，由于导管内混凝土柱高减小，超压力降低，而导管外的泥浆及所含渣土稠度增加，相对密度增大。如在这种情况下出现混凝土顶升困难时，可在孔内加水稀释泥浆，并掏出部分沉淀土，使灌注工作顺利进行。在拔出最后一段长导管时，拔管速度要慢，以防止桩顶沉淀的泥浆挤入导管下形成泥心。

在灌注混凝土时，每个桩制作15 cm×15 cm×15 cm混凝土试块3组(每组3个)，自检2组、抽检1组。试块采用人工制作，人工插捣的方法。混凝土试块制作完成后24 h拆模送标养室及现场。标养室温度控制在(20±2)℃，湿度95%以上。对于桩长较长、桩径较大、浇筑时间很长时，根据规范要求增加。如换班工作时，每工作班都应制取试件。试件应进行标准养护，强度测试后应填试验报告表。强度不合要求时，应及时提出报告，采取补救措施。

有关混凝土灌注情况，在灌注前应进行坍落度等检测，当桩孔直径$D<1.5$ m时坍落度宜为(200±20)mm，当桩孔直径$D\geqslant1.5$ m时坍落度宜为(180±20)mm；在各灌注时间、混凝土面的深度、导管埋深、导管拆除以及发生的异常现象等，应指定专人进行记录，并及时汇报。

⑥ 灌注混凝土测深方法：灌注水下混凝土时，应经常探测孔内混凝土面至孔口的深度，以控制导管埋深。如探测不准确，将造成埋深过浅，导管提漏，埋管过深拔不出等断桩事故。因此，在钻孔灌注桩中是一项非常重要的工作，一定要由具有高度责任心的人来操作。

该桥测深采用重锤法，重锤的形状为锥形，底面直径不小于10 cm，质量不小于5 kg。用测绳(新品使用前应验收，定期检测、更换)系锤吊入孔内，使之通过泥浆沉淀层而停留在混凝土表面(或表面下10～20 cm)，根据测绳所示锤的沉入深度作为混凝土灌注深度。本方法完全凭探测者手中所提测锤在接触顶面以前与接触顶面以后不同重量的感觉而判别。测锤既不能太轻，又不能太重，否则，探测者手感会不明显，在测深桩测锤快接近桩顶面时，由于沉淀增加和泥浆变稠的原因，就容易产生误测。探测时必须要仔细，并以灌注混凝土的数量计算设计混凝土顶面深度来进行校核，如发现设计顶面深度与实际探测的顶面深度出现较大误差，应进行再次测探，直至找出原因为止。

三、冬季、雨季施工

(一) 钢筋工程

(1) 钢筋堆放时，钢筋下面采用预制混凝土条块垫高250 mm，以防钢筋锈蚀和污染，钢筋堆放时表面覆盖一层塑料布防止雨雪侵蚀，若遇下雪天气，应及时将积雪清理干净。

(2) 钢筋在运输和加工过程中应防止碰撞和刻痕等。

(3) 焊接时要注意防风，选择好的天气进行焊接，雨天、雪天不得在现场施焊，必须施焊时，应采取有效遮蔽措施。

(4) 在环境温度低于−5 ℃的条件下进行钢筋电弧焊时，宜采用多层控温施焊工艺，与常温焊接相比，宜增大焊接电流，降低焊接速度。既要防止焊后冷却速度过快，也要防止接头过热。

(5) 焊后未冷却的接头应避免碰到冰雪。

(6) 当温度低于－20 ℃时不得施焊，严格按照《建筑工程冬期施工规程》(JGJ/T 104)规范执行。

(7) 温度低于－20 ℃时，不得进行钢筋的滚压直螺纹连接施工。

(二) 混凝土工程

该工程的混凝土采用商品混凝土。

1. 混凝土的运输

保证预拌混凝土在运输中，不得有表层冻结、混凝土离析、水泥砂浆流失、坍落度损失等现象。保证混凝土的入模温度不得低于5 ℃。严禁使用有冻结现象的混凝土。罐车必须装上保温套，接料前用热水湿润后倒净余水，以减少混凝土的热损失。

2. 混凝土的浇筑

冬季浇筑混凝土时应尽量安排在一天中温度较高时施工。

雨天浇筑混凝土时要备有足够的覆盖用防雨材料(可采用彩条布、草袋子等)在突然遇雨时，应将未达到终凝的混凝土盖好，防止雨水冲刷混凝土而造成水泥浆流失。

四、质量保证措施

(一) 施工质量保证体系

(1) 项目部由总工带头及施工技术部长并配备桥梁工程师负责技术工作，确保施工安全。对工程的技术问题实行项目部、施工队、作业班三级管理。

(2) 施工现场管理按实施性施工组织设计和作业计划进行；采取必要的检测手段，对施工过程全面控制；随时收集施工中的有关数据，与计划目标和技术标准规范对照分析，一旦出现不合格，及时找出原因，采取修正措施。

(3) 进行施工检查，根据结果分析原因，拟定调整措施；对施工全过程实施调度，使整个施工过程处于可控状态，保证按照原定的方案进行。所有施工过程的实际情况都要指定技术人员填写施工日志。

(4) 建立负责现场的技术、人员、设备管理责任制，使整个施工过程职责明确，权责相符。

(5) 加强施工现场的场容、物资、料具、临时设施、环境卫生的管理；根据季节性施工要求，按照有关规定、规范的要求，在项目质量计划中明确有关具体要求的技术措施。

(二) 自检方法和手段

由质检部、实验室负责工序质量的检验和评定，依据工程施工招标合同规定的施工规范和质量评定标准评定，工序质量不合格不准进入下一工序施工。

1. 班组自检和专检

施工人员要严格按有关规程和技术交底进行施工。本道工序完成后，操作人员按照要求进行自检，发现不合格的情况，及时处理，不留质量隐患。

自检完成后，由质检员进行检查，符合规定后报监理工程师验收，合格后才能进行下一道工序施工，并认真填写检查记录。

2. 巡检或抽检

质检部将对关键部位和容易犯质量通病的施工项目做定期的检查和抽检，并将检查结果以书面形式递交项目负责人。对于检查出现的问题，项目负责人要积极组织人员进行修改。

（三）材料质量保证

严格控制原材料、成品、半成品的型号、规格质量及材料进场的批量计划数。材料进场后按规范要求见证随机抽取试样送建材检测中心检验，合格后方可使用，对于检验达不到设计及规范要求的，原材料退货处理。做好各种材料的质量记录、资料的整理和保存工作，使各种材料的质量证明书、合格证、试验报告等资料齐全，确保资料的齐全性和可追溯性。如果采用商品混凝土，混凝土厂家必须有生产资质，混凝土车到达现场由现场监理人员见证取样，制作试块确保质量。工程所用钢材，应满足现场施工的需求量。所有材料必须堆放整齐、有序。

五、安全、环保措施

（一）安全措施

坚持“安全第一，预防为主，综合治理”的方针，坚持以人为本的安全发展理念，结合工程施工实际和工程特点，推进“平安工地”的创建工作，最终实现“平安工地”的要求和目标。

通过平安工地建设活动，实现标段安全工作规范化，各项责任制度化，管理工作科学、人性化，安全防护工作标准化，把安全工作实实在在落实到施工中每个环节，避免安全事故的发生，杜绝特大、重大安全责任事故，遏制较大安全责任事故，逐步减少轻伤事故次数。具体安全措施如下：

（1）开工前对所有作业人员进行安全教育及安全技术交底；特种作业人员须持证上岗。

（2）钻机、起重机须按照特种设备进行进场验收。所使用的机械设备都应在显著位置悬挂操作规程牌，规程牌上应标明机械名称、型号种类、操作方法、保养要求、安全注意事项及特殊要求等。

（3）施工现场内设置醒目的安全警示标志；防火、防大风、防触电、防雷击等安全设施完备、有效，不得擅自拆除或移动，且定期检查，及时修理。

（4）施工人员必须戴安全帽，穿绝缘胶鞋，井孔周边作业人员、监护人员，必须戴安全帽，严禁穿拖鞋、赤脚、酒后上岗作业。

（5）现场运输道路平整、畅通，排水设施良好；特殊、危险地段设醒目的标志，夜间设有照明设施。

（6）施工现场按标准设置临时围栏和门卫，做好防盗、防火、防破坏工作；施工现场入口及危险作业部位设安全生产标志、宣传画、标语、警示牌等，随时提醒工人和车辆注意安全。

（7）做好线路沿线临时便道的交通警示设置，并指派专人协同交通管理部门做好各个平交道口的交通安全管理工作，杜绝交通事故。

（8）机械设备必须安装在平整、坚实的场地上，松软的场地必须夯实，加垫基台木和木板，在台架上作业的钻机必须有可靠的底盘与台架连接。

（9）钻机安装定位后，钻孔平台四周应设置安全护栏、安装安全网。成孔后或刚灌注完毕的桩，应及时在孔口加上防护盖，设醒目标识牌，在周边安全护栏顶部每隔 5 m 设置一盏夜间警示灯。

（10）已埋设护筒未开钻或已成桩护筒尚未拔除的应加设护筒顶盖或铺设安全网遮罩，

或设置孔口安全护栏。

(11) 安全护栏设置

① 防护栏杆由上下两道横杆及栏杆立柱组成，上杆离防护面高度不低于 1.2 m，下杆离防护面高度不低于 0.6 m，栏杆立柱间距不得大于 2 m。所有栏杆应刷红白漆相间警示色，红、白漆间距均为 300 mm。

② 防护栏杆采用 ϕ(48～51)mm×3.5 mm 的钢管。

③ 防护栏杆必须采用扣件连接、丝扣连接、螺栓连接、焊接或其他可靠连接方式连接。

④ 在泥石地板固定时，立杆打入地面 0.5～0.7 m，离坡肩边口的距离应不小于 1 m。

⑤ 在坚固的混凝土表面等部位进行固定时，可用预埋件与钢管或钢筋栏杆柱焊接。

⑥ 在操作平台、通道、栈桥等处时，应与平台、通道杆件焊接或绑扎牢固。

⑦ 围拦封闭作业区域，预留出口设置安全标志。

(12) 沉淀池禁止设在路基上，其开挖深度不得超过 2 m，以便于晾晒处理。循环池位置选择应在征地线以内，且不影响施工便道；桩基施工完毕，施工现场的循环池和沉淀池应清淤回填，分层碾压。

(13) 做好泥浆处理，禁止乱排乱放。每 4 个承台设置 1 个泥浆池，泥浆池长 12 m、宽 6 m、深 2 m，坡度为 1∶0.7，容量为 98 m^3，具体位置根据现场情况而定。

泥浆池平面布置图如图 5-4 所示。

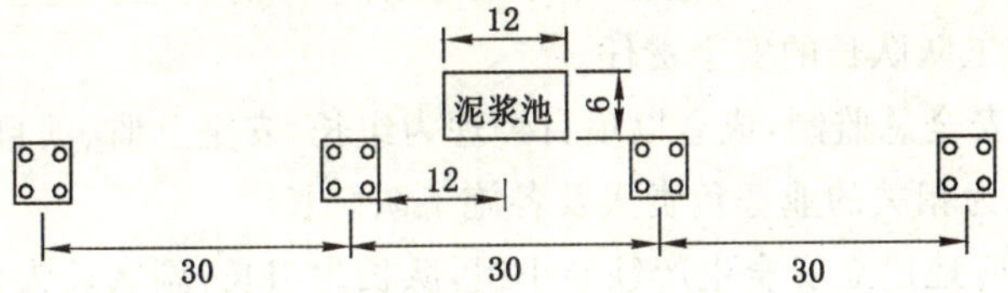

图 5-4　泥浆池平面布置图(单位：m)

泥浆池应设置在桩孔附近，循环路径不宜过长。泥浆池应采用砖石砌筑，并保证池壁稳定，池底需硬化处理。泥浆池的容量最小为 2 倍在钻桩孔体积；泥浆循环池及沉淀池均应设置防护栏杆，防护栏杆高于地面 1.2 m 并挂密目网，护栏立杆打入深度不小于 50 cm，距泥浆池边缘 1 m(见图 5-5)。防护栏杆必须涂刷红白漆，在显著位置设置安全警示牌，防止人员落入池内。泥浆池周边应设警戒设施，夜间泥浆池处应设置警示灯。

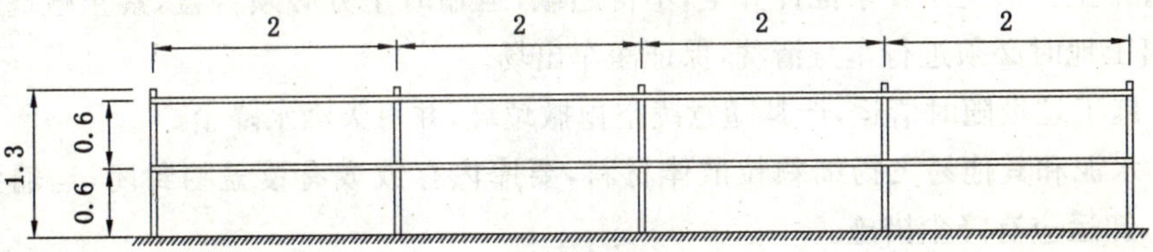

图 5-5　泥浆池防护图(单位：m)

(14) 所有施工作业工人应按照各施工安全技术交底的要求操作，起吊设备应定期进行安全检查，对破损部件及时更换，确保安全。

(15) 施工时，指派专人负责各种机械设备安全作业范围监督、检查，杜绝伤人事故的发生。

(16) 钢筋笼吊装及运输。

① 吊装前应检查吊装用钢丝绳无破损现象，吊车支设稳定，清理作业范围内无关人员。

② 吊装时，水平吊点左右对称并在一根主筋上，吊点要选择箍筋与主筋交点处。现场有专门人员指挥吊车，吊车不得快速升降及转台，防止碰撞装卸人员和吊车。

③ 装车时，钢筋笼缓慢并在板车上对称摆放。固定好挡筋，绑好钢丝绳，防止钢筋笼滚动。

④ 运输车辆两侧安装挡筋，挡筋高度高于钢筋笼至少 50 cm，车身两侧贴 10 cm×50 cm 红白相间、上下两排的反光膜，起到运输车全车身反光警示作用。

⑤ 运输车进出钢筋加工厂和工地时，必须设专人(穿戴反光背心，手持指挥棒)指挥、看护。

(17) 钢筋笼骨架焊接时全过程应有专人现场指挥，确保骨架吊装及焊工焊接作业时安全进行。

(18) 桩孔周边必须设置安全防护围栏，高度不低于 1.2 m。正在施工的桩孔停止作业或完成待检，必须设置牢固的盖孔板，非工作人员禁止入内。灌注完毕桩基在混凝土初凝后进行回填。特殊、危险地段设醒目的标志，夜间设有照明设施。

(19) 根据项目特点和建设单位要求，建立、完善以项目经理为首的安全领导小组，有组织、有领导地开展安全管理活动，承担组织、领导安全生产的责任。建立施工队队长安全生产责任制度，明确施工队队长的安全责任。

① 项目部实行安全总监制，成立以项目经理为组长，安全总监、项目副经理为副组长的安全领导小组，组员为相关的业务负责人及各施工队队长。

② 各施工队相应地成立安全生产领导小组，队长为组长，副队长为副组长，下辖各负责人和工班长为成员。施工队设安全室，有专职安全监察人员两名，工班内工班长为安全员。

(二) 环保措施

(1) 挖出的土方必须及时运走，桩孔口周边 1 m 范围内，禁止堆放土石方，且堆土高度不应大于 0.8 m。不能及时运走的土方，应利用装载机运输到专门的存放场地，将土方堆放平整，苫盖防尘网。

(2) 根据现场施工情况，每天排土量 100 m^3 左右，安排 5 辆渣土运输车，每天晚上 7 点以后进行排土。渣土车要求证件齐全，不得超载，运输时土方必须苫盖，禁止敞篷运输。运输车驶出工地时必须进行车身清洗，保证净车出场。

(3) 施工垃圾随时清运，严禁随意凌空抛撒垃圾，并每天洒水降尘。

(4) 水泥和其他易飞扬细颗粒散体材料，要库内存放或有覆盖物封闭，运输要防止遗撒、飞扬，卸运应有降尘措施。

(5) 施工道路面每天一次清扫，三次洒水，路面要结合设计中的永久道路布置硬化施工道路，并设有洗车处。清扫生产垃圾要有效防止二次扬尘。洒水、洗车用水适度，不得造成浪费。

(6) 各种运输车辆的尾气排放需达到国家有关标准，超标车禁止上路行驶。

(7) 充分利用空地搞好绿化工作，美化环境。

(8) 施工区域内，裸露地面苫盖防尘网。

第二节　承台施工

一、技术方案

(一) 承台施工工艺流程

承台施工形成基坑开挖、垫层、承台主体结构施工和基坑回填的流水作业;承台模板均采用组合钢模板拼接大块钢模板,混凝土输送车运输,溜槽入模施工。施工工艺流程如图5-6所示。

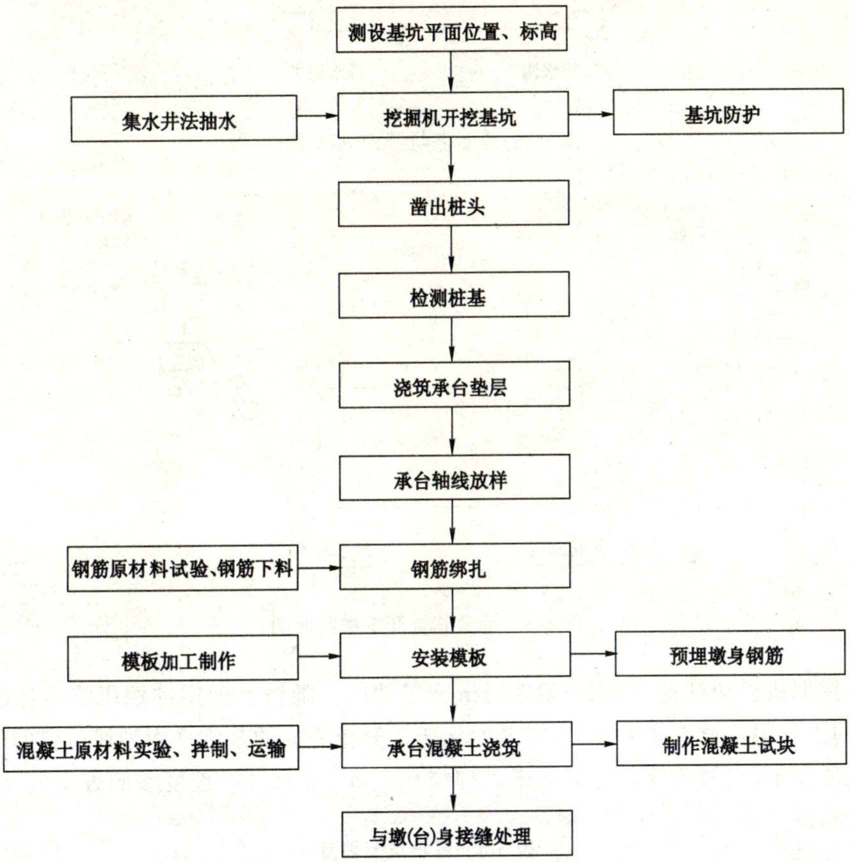

图5-6　承台施工工艺流程

(二) 基坑开挖

桩身混凝土强度达到设计强度的80%且浇筑时间超过7 d后方可进行基坑开挖。基坑开挖之前根据地面高程、开挖深度、结构物尺寸、边坡坡度等因素确定开挖范围,并标出开挖轮廓线。

在基坑开挖线四周设置纵横向截水沟将地表水排入天然水沟,截水沟采取必要的防渗措施。基坑排水采取在基坑四周设排水沟及集水坑,并由专人负责排除基坑积水,严禁积水浸泡基坑。开挖时现场应有专人指挥,应边开挖边检查坡度和坑壁安全,发现边坡渗水应及时处理。

基坑开挖断面图如图 5-7 和图 5-8 所示。

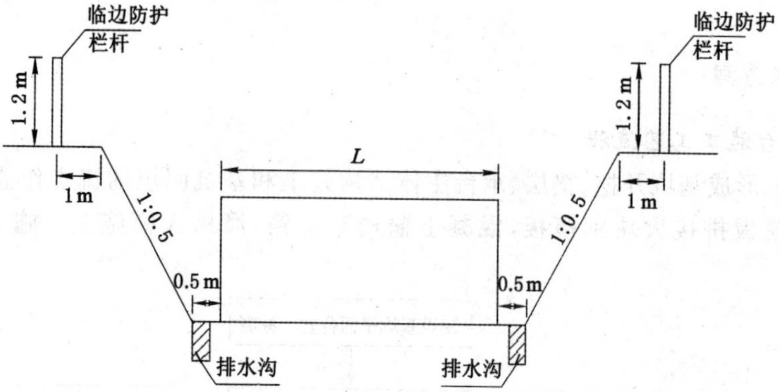

图 5-7　承台基坑开挖纵断面图

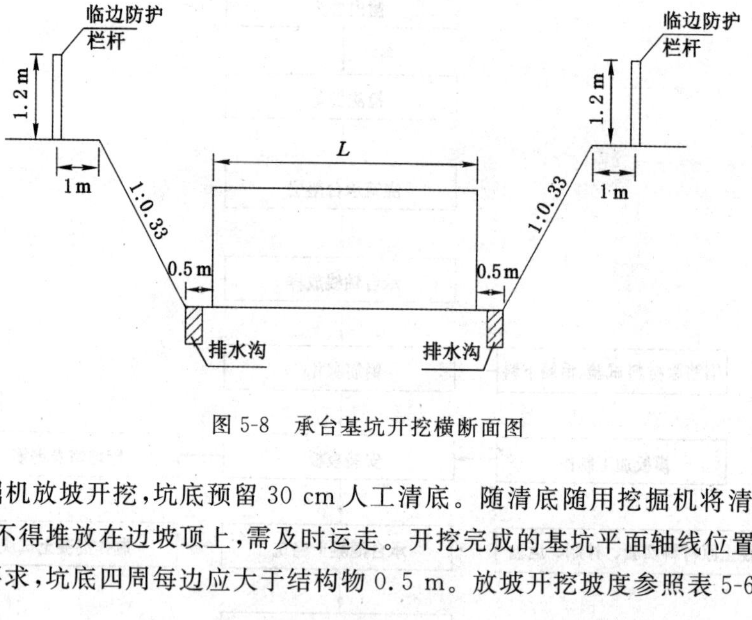

图 5-8　承台基坑开挖横断面图

采用挖掘机放坡开挖,坑底预留 30 cm 人工清底。随清底随用挖掘机将清好的土方挖走,挖出的土不得堆放在边坡顶上,需及时运走。开挖完成的基坑平面轴线位置的偏差不得超过规范的要求,坑底四周每边应大于结构物 0.5 m。放坡开挖坡度参照表 5-6。

表 5-6　基坑坑壁坡度

坑壁土类别	坑壁坡度		
	坡顶无荷载	坡顶有静荷载	坡顶有动荷载
砂土类	1∶1	1∶1.25	1∶1.5
卵石、砾类土	1∶0.75	1∶1	1∶1.25
粉质土、黏质土	1∶0.33	1∶0.5	1∶0.75
极软岩	1∶0.25	1∶0.33	1∶0.67
软质岩	1∶0	1∶0.1	1∶0.25
硬质岩	1∶0	1∶0	1∶0

注:1∶0 表示可直立开挖。

（三）凿除桩头、桩基检测

桩基混凝土强度达到 15 MPa 以上方可破桩头，破桩头前，应在桩体侧面用红油漆标注高程线，以防桩头被多凿，造成桩顶伸入承台内高度不够。破除桩头时应采用空压机结合人工凿除。凿除过程中保证不扰动设计桩顶以下的桩身混凝土。严禁用挖掘机或铲车将桩头强行拉断，以免破坏主筋，不得使用炸药或膨胀剂等材料，也不得使用大功率破碎炮。桩头应破除到坚硬混凝土处，桩头无松散层。将伸入承台的桩身钢筋清理整修成设计形状，复测桩顶高程，进行桩基检测。

桩头凿完后应报监理验收，并经超声波等各种检测合格后方可浇筑混凝土垫层。

（四）基底处理

承台基坑开挖至设计基底高程经检验合格后，人工整理、坑底排水设施、凿除桩头和桩基检测完成后，在基坑底要用 C15 混凝土浇筑 10 cm 垫层，保证钢筋绑扎平台的清洁和钢筋网面的水平度和顺直度。

（五）承台钢筋绑扎

钢筋绑扎应在垫层混凝土达到设计强度 75％后进行。在垫层面上弹出钢筋的外围轮廓线，用油漆标出每根钢筋的平面位置。承台钢筋集中加工，现场进行绑扎，底层承台钢筋网片安装准确；搭设钢管架绑扎、定好上层承台钢筋和预埋于承台内的墩身钢筋。

1. 承台钢筋制作、连接、安装

在钢筋加工场地依据图纸将钢筋下料弯曲成型，主筋连接方式采用单面电焊，焊缝长度不小于 10 d，满足设计及规范要求。

将垫层混凝土面清理干净，并用钢丝刷清净桩基钢筋。底层钢筋网片安装完成后，画出钢筋主筋位置线，进行承台底层钢筋安装，底层钢筋严格按照图纸设计先进行主要钢筋的定位，然后画出主筋间距和分布线进行铺设和焊接绑扎。

由于承台钢筋骨架较高以及墩身预埋钢筋、预埋件数量较大，因而在底层绑扎的钢筋安装成型后，应注意设置钢筋骨架支撑体系，确保钢筋结构在施工过程中特别是混凝土浇筑过程中的安全性、稳定性。具体可将支撑体系与桩基钢筋主筋进行焊接。骨架支撑体系可根据墩身预埋钢筋及预埋件重量让工班组参照以往施工经验进行设置。

骨架支撑体系安装完成后，安装承台顶层钢筋网、安装固定架立钢筋，经监理验收合格后，进入下道工序。

2. 预埋墩身钢筋、临时支撑体系预埋件及接地设置

事先加工好墩身预埋钢筋。在承台上层钢筋网上精确放样标出墩身钢筋位置进行墩身钢筋预埋及固定，施工过程中确保墩身主筋预埋位置准确。

在承台内设计位置埋设临时锚固措施的预埋件（即临时支撑体系预埋件），并采用相关措施进行安装加固，确保在混凝土浇筑过程中不发生偏位现象。以上预埋件安装加固完成后，经监理验收合格后，进入下道工序。

（六）模板

承台模板采用组合钢模板拼接大块钢模，吊机配合安装。模板立设在钢筋骨架绑扎完毕后进行。采用绷线法调直，吊垂球法控制其垂直度。加固通过型钢、方木、拉杆与基坑四周坑壁挤密、撑实，确保模板稳定牢固、尺寸准确。墩身预埋钢筋的绑扎在模型立设完毕后进行，根据模型上口尺寸控制其准确性，采用与承台钢筋焊接，形成一个整体骨架以防移位。

承台模板拆除时，混凝土强度能保证其表面及棱角不致因拆模而受损坏，一般应在混凝土抗压强度达到 2.5 MPa 时方可拆除侧模板。

模板采用组合钢模板布置。模板工程质量控制程序为：模板整修、焊接加固、涂脱模剂、拼装组合就位、支撑加固。模板施工过程中应注意以下几个方面内容：

(1) 在涂刷模板脱模剂时，不得玷污钢筋。

(2) 应确保模板接缝严密、不漏浆。

(3) 浇筑混凝土前，模板表面的杂物应清理干净。

(4) 现浇结构模板允许安装的偏差应符合表 5-7 的规定。

表 5-7　承台模板安装的允许偏差及检验方法

项目	允许偏差/mm	检验方法
轴线位移	10	钢尺检查
模内尺寸	±20	钢尺检查
模板高程	±10	水准仪
相邻两板表面高低差	2	钢尺检查
表面平整度	5	2 m 直尺检查

(5) 侧模拆除时的混凝土强度不小于 2.5 MPa，应能保证其表面及棱角不受损伤。

模板安装经监理验收合格后，进入下道工序。为达到混凝土表面色泽光洁、棱角分明，项目部要求模板拼缝严密，确保模板平顺，接缝严密。为有效地控制模板接头不出现错台，并要求在模板接缝之间夹一层双面胶，确保密贴不漏浆。

(七) 浇筑混凝土

混凝土采用商品混凝土，罐车运输，溜槽顺下混凝土施工，插入式振捣器振捣。

混凝土的浇筑环境温度昼夜平均不低于 5 ℃或最低温度不低于 −3 ℃，局部温度也不高于 40 ℃，否则采用经监理工程师批准的相应防寒措施。在下层混凝土初凝或能重塑前浇筑完上层混凝土，保证混凝土下落高差小于 2.0 m。

混凝土分层浇筑，分层厚度控制在 30～45 cm。振捣采用插入式振捣器，振捣时严禁碰撞钢筋和模板。振捣器的振捣深度一般不超过棒长度 2/3～3/4 倍，振捣时要快插慢拔，不断上下移动振捣棒，以便捣实均匀，减少混凝土表面气泡。振捣棒插入下层混凝土中 5～10 cm，移动间距不超过 40 cm，与侧模保持 5～10 cm 距离，对每一个振捣部位，振捣到该部位混凝土密实为止，即混凝土不再冒出气泡，表面出现平坦泛浆。

承台混凝土形成强度后，立即对墩身(台身)范围内的混凝土表面凿毛，其余部分顶面抹平压光。

(八) 拆模及养护

当混凝土达到 2.5 MPa 以上时，方可进行模板拆除，拆除模板时，需按程序进行，禁止用大锤敲击，防止混凝土面出现裂纹、掉角。

在混凝土浇筑完成并且初凝后，予以洒水养护保证混凝土表面经常处于湿润状态为准，养护期应符合规范要求，且不少于 7 d。在混凝土表面盖上土工布进行养护，养护用水及材料不能使混凝土产生不良外观质量影响。

(九) 基坑回填

混凝土达到设计强度后进行基坑回填，回填前如有积水先用水泵抽干基坑内的积水，清除槽底一切杂物。用装载机铲运素土到承台坑边。回填面与周边地面齐平，基坑四周同步进行；回填土分层回填，每层厚度 30 cm，用挖掘机回填土，人工配合整平，用小型振动打夯机夯实回填土。

(十) 质量控制

基坑挖至设计标高后应立即检测报验并及时进行承台施工，防止基坑长时间暴露、被水浸泡或扰动。承台的质量检验标准如表 5-8 所列。

表 5-8　承台的质量检验标准

项目	允许偏差/mm	项目		允许偏差/mm
混凝土抗压强度	符合设计要求	尺寸	$B\leqslant 30$ m	±30
			$B>30$ m	$\pm B/1\,000$
轴线偏移	15	顶面高程		±20

注：B 为承台边长。

该标段所有基坑深度都在 3 m 左右，根据地质情况采用放坡开挖法或钢板桩防护法施工，不仅能有效防治基坑塌方，而且较经济。

二、冬季施工

(一) 钢筋工程

钢筋工程可参考本章第一节内容。

(二) 混凝土工程

1. 混凝土搅拌

该工程的混凝土采用商品混凝土，严格控制混凝土的配合比和坍落度。

2. 混凝土运输路线选择和保温

施工现场的道路要保持畅通，运输车辆及行驶道路均应增设必要的防滑措施(例如沿路覆盖草袋)，混凝土罐车要求采用专用保温套进行保温。

3. 混凝土浇筑控制

混凝土出机时的温度不宜低于 10 ℃，入模温度不低于 5 ℃。

4. 混凝土施工和养护

承台混凝土的冬期施工，主要是保证混凝土在浇筑时温度大于 5 ℃，能顺利浇筑，由于承台是在冬季施工所以施工时要采取一定的保温措施。在混凝土施工和养护期间，在施工现场采取蓄热法保温措施，保温措施如下：

在基坑外侧搭设钢管架棚，上覆盖帆布和棉被，并派专人 24 h 测量混凝土温度和承台环境温度，确保做好保温措施，防止混凝土受冻。

三、雨季施工

(1) 施工现场合理布置，制订应急预案，以防万一，确保人员安全。

(2) 雨季到来之前，检查防雨材料、防护用品、抽排水设备等材料备足，配备发电机确保供电。

(3) 与当地气象部门保持联系，掌握气象动态，及时了解天气情况，以便做好整体工作安排和防雨防汛工作。

(4) 切实做好避雷装置和防漏电措施。

(5) 混凝土施工充分做好运输、劳力准备，缩短浇筑、振捣等各道工序。

(6) 雨季挖土挖到近基坑底时，多听气象报告，若有雨，则不宜挖底层土至基底标高，安排无雨间隙在挖基底土的同时紧跟着浇捣混凝土垫层。

(7) 雨季、大风季节对基坑作业、支撑均加强，严格检查，防止危险。

(8) 雨季施工期间做好施工场地的防排水工作，保证地表沟渠排水畅通。

(9) 重点检查雨季方案是否可行，职工住房环境、设备停放地点、材料储存场所等是否安全可靠，排水、防水设施是否齐备等，并认真执行雨季、雨后两检查制度。

(10) 雨季机电设备及材料防护。

① 防汛器材、工程防雨材料、防护用品及抽排水设备准备齐全。

② 机电设备的电闸箱采取防雨、防潮等措施，并安装好接地保护装置。

③ 对大型机械设备进行全面检查，使其符合规程要求。

④ 对不宜遭受雨淋的原材料、半成品采取保护措施。

四、安全、环保措施

(一) 安全措施

(1) 起重机等须按照特种设备进行进场验收。所使用的机械设备都应在显著位置悬挂操作规程牌，规程牌上应标明机械名称、型号种类、操作方法、保养要求、安全注意事项及特殊要求等。

(2) 挖出的土方必须及时运走，基坑周边 2 m 范围内，禁止堆放土石方，且堆土高度不应大于 0.8 m。

(3) 基坑周边设置安全防护围栏，用密目网进行围挡，基坑设置爬梯，供施工人员上下。特殊、危险地段设醒目的标志，夜间设有照明设施。安全护栏设置如图 5-9 所示。

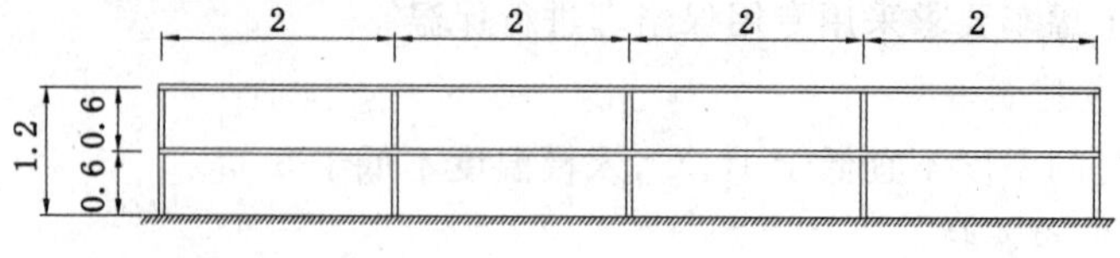

图 5-9　承台基坑防护图(单位:m)

(4) 根据项目特点和建设单位要求，建立、完善以项目经理为首的安全领导小组，有组织、有领导地开展安全管理活动，承担组织、领导安全生产的责任。建立施工队队长安全生产责任制度，明确施工队队长的安全责任。

① 项目部实行安全总监制，成立以项目经理为组长，安全总监、项目副经理为副组长的安全领导小组，组员为相关的业务负责人及各施工队队长。

② 各施工队相应地成立安全生产领导小组，队长为组长，副队长为副组长，下辖各负

责人和工班长为成员。施工队设安全室，有专职安全监察人员两名，工班内工班长为安全员。

注：其余安全措施可参考本章第一节，此处不再赘述。

（二）环保措施

（1）根据现场施工情况，每天晚上7点以后安排渣土运输车进行排土。

（2）不能及时运走的土方，利用装载机运输到专门的存放场地，将土方堆放平整，苫盖防尘网。

（3）基坑排水不得随意排放，需集中处理。

注：其余环保措施可参考本章第一节，此处不再赘述。

第三节　墩身施工

一、施工方案

（一）高墩柱（$H>15$ m）施工方案

根据墩身设计的特点，该标段墩身施工采用定型钢模板整体浇筑成形施工技术。为保障施工质量及施工安全，墩柱高度15 m以上采用两次拼模两次浇筑施工工艺。钢筋接头错开布置，节段高度宜设置在9 m或12 m处，以方便模板拼装。混凝土通过吊装入模，模板和钢筋采用汽车起重机垂直吊装作业。为方便施工，用碗扣式脚手架搭立施工工作平台及人员上下通道。施工顺序紧跟承台施工。节段高度控制如表5-9所列。

表5-9　节段高度控制表

墩柱高度/m	第一节段		第二节段	
	高度/m	模板用量/节	高度/m	模板用量/节
15～18	9	3	6～9	2～3
18～21	12	4	6～9	2～3
21～24	12	4	9～12	3～4

1. 施工工艺流程

高墩柱（$H>15$ m）施工工艺流程图如图5-10所示。

2. 测量放线

根据设计图纸计算出立柱四角的坐标，墩柱坐标必须经过多人复核验算，以确保立柱四角方向位置的准确，再利用全站仪放样到承台上。根据墩柱到中心控制基线的距离，以及墩柱与承台边线之间的距离，检测放样的立柱点的正确性。使用墨斗弹出墩柱边线及墩柱中心十字线，用于控制模板安装及钢筋绑扎。

3. 脚手架工程

在绑扎墩柱柱筋之前首先沿墩柱四周搭设碗扣式脚手架，脚手架搭设形式为双排构造，立杆间距1.2～1.5 m，步距1.2 m，立杆底应加底撑，立于方木之上，并且确保地基的稳定。四周均需加设十字剪刀撑，斜向角度45°～60°，下端支撑在底托和方木上。支架高宽比不大

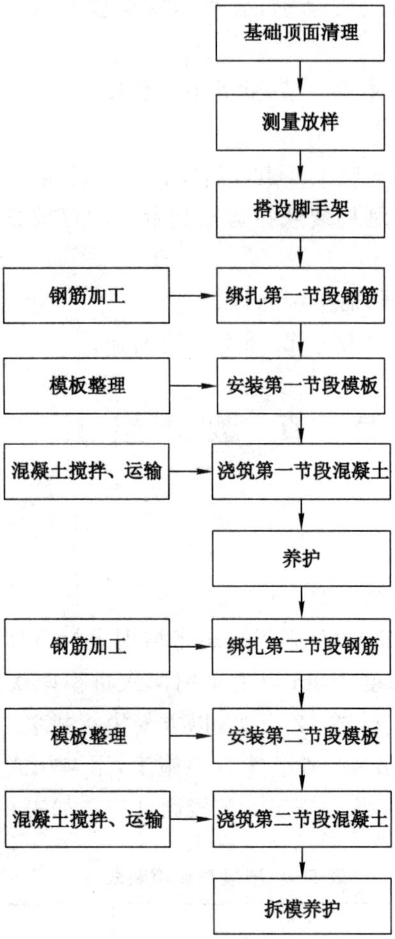

图 5-10　高墩柱（$H>15$ m）施工工艺流程图

于 5，支架四角采用直径大于 8.7 mm 的钢丝绳固定，地锚采用 2～3 m 槽钢打入地下，保证钢丝绳的稳定。支架顶部满铺 3 cm 厚脚手板，设置防护栏。搭设时在其中一侧设用于施工人员上下的楼梯一处，爬梯采用定型爬梯，爬梯及防护栏均采用密目网封闭。支架四周设置排水沟，防止雨水浸泡。施工示意图如图 5-11 所示。

4. 钢筋工程

（1）钢筋加工。

钢筋下料前，主管工程师根据短柱节段高度计算出下料长度，确保钢筋安装的准确性。钢筋在加工区下料，利用数控设备加工弯曲，半成品经主管工程师检验合格后方可运送至施工现场进行安装。

（2）钢筋安装。

墩柱施工前清理墩柱范围内承台混凝土表面并进行凿毛处理，调直承台预留钢筋。在承台顶面，准确测量墩柱外轮廓线的位置，并标于承台上。

墩柱钢筋安装时，主筋采用直螺纹连接，其他钢筋采用焊接或绑扎连接方式。第一节段墩柱主筋接头错开布置，错开长度不小于 $35d$。

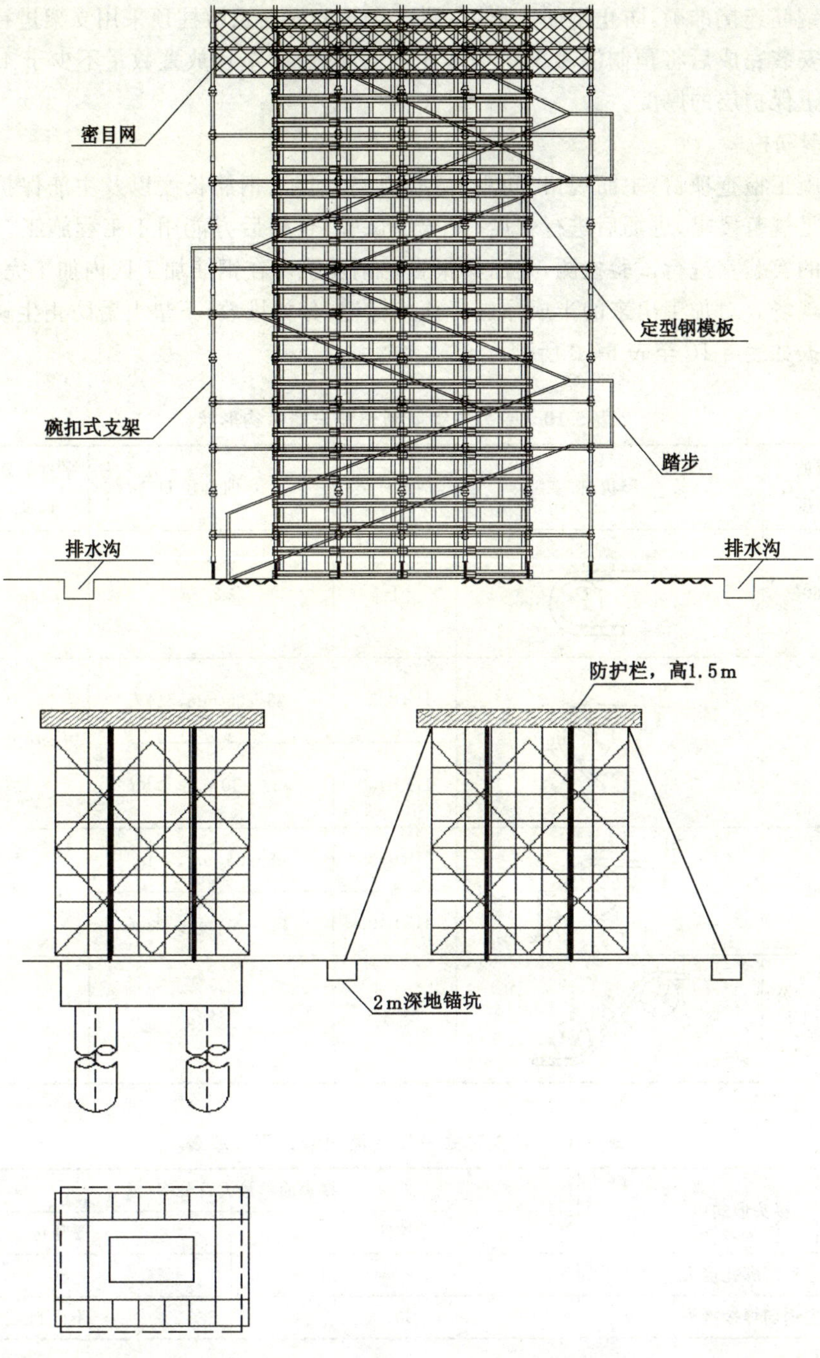

图 5-11　墩柱施工支架搭设示意图

钢筋安装应遵循先下后上、先主后次的原则，即先绑扎外露部分主筋、箍筋及拉结筋，再连接主筋绑扎箍筋。间距按照图纸设计尺寸严格控制。

钢筋的绑扎顺序一般情况下先长轴后短轴，由一端向另一端依次进行，按图纸要求划线、铺钢筋、穿箍筋、绑扎、成型。钢筋安装应特别注意钢筋接头处的位置准确性。为保证与下一节段钢筋连接准确，防止钢筋变形，在两次浇筑分界面及墩柱顶采用支架进行定位。

钢筋安装完成后将预制混凝土垫块绑扎在钢筋侧部，垫块放置数量不少于 4 块/m^2，以保证混凝土保护层的厚度。

(3) 钢筋检验。

钢筋施工检查项目：主筋规格、间距、箍筋规格、间距、钢筋长度以及主筋保护层。钢筋试验需满足规范要求，进场后进行强度、冷弯等试验，合格后方能用于工程施工。该项目委托有资质的实验室进行试验检测，并出具报告。钢筋统一在钢筋加工区内加工完成，用小车运至施工现场。对加工出来的半成品进行挂牌标识、分类堆放，下垫上盖防止生锈。各项偏差控制数据如表 5-10 至表 5-13 所列。

表 5-10 受力主钢筋制作和末端弯钩形状

弯曲部位	弯曲角度	形状图	钢筋种类	弯曲直径 D	平直部分长度	备注
末端弯钩	180°	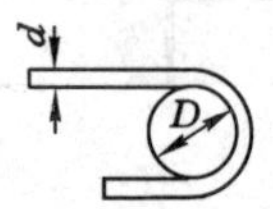	Ⅰ	≥2.5d	≥3d	d 为钢筋直径
	135°	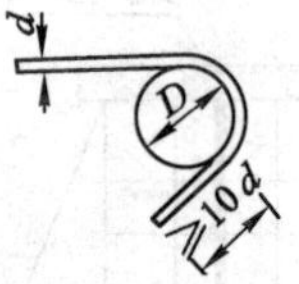	HRB335	ϕ8～25 mm，≥4d	≥10d	
			HRB400	ϕ28～40 mm，≥5d		
	90°	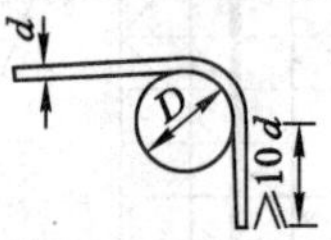	HRB335	ϕ8～25 mm，≥4d	≥10d	
			HRB400	ϕ28～40 mm，≥5d		
中间弯钩	90°以下	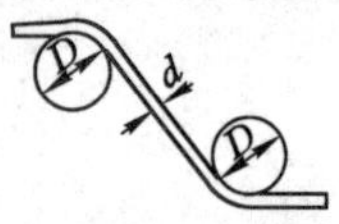	各类	≥20d		

表 5-11 接头形式及接头面积最大百分率表

接头形式	接头面积最大百分率/%	
	受拉区	受压区
主钢筋绑扎接头	25	50
主钢筋焊接接头	50	不限制

表 5-12 加工钢筋的允许偏差

项 目	允许偏差/mm
受力钢筋顺长度方向加工后的全长	−10～+5
弯起钢筋各部分尺寸	±20
箍筋、螺旋筋各部分尺寸	−5～0

表 5-13　钢筋位置允许偏差

检查项目		允许偏差/mm
受力钢筋间距	梁、板、拱肋	±10
箍筋、横向水平钢筋、螺旋筋间距		±10
钢筋骨架尺寸	长	−10～+5
	宽、高或直径	−10～+5
弯起钢筋位置		±20
保护层厚度	盖梁	±5

5. 模板工程

墩柱模板采用整体式定型钢模板，由 4 块模板组装而成，每一侧均为一整块，圆角设在长边模板上，模板拼缝设在圆角与直线相切处。根据墩柱结构形式及高度，柱身模板设计为每节高度 3 m。

钢筋施工检测无误后方可支模。高墩柱（H＞15 m）模板分次安装，高度根据墩柱节段高度控制在 9 m 或 12 m。浇筑第二节段墩柱混凝土时，第一次安装的模板顶节不能拆除，避免墩柱错位，确保墩柱外观质量。

待柱模支好后用线坠测其垂直度，进行调模，在柱模加固时用全站仪复测，进行最后的调整。柱顶高在调好柱模后用水准仪在承台上给出柱底高程，再用钢尺或者塔尺测量柱模给出柱顶标高。给好标高后，必须由另一名测量人员进行复核，无误后，方可浇筑。

(1) 模板设计。

模板用料形式：面板 6 mm 钢板；竖肋[10；侧背楞[20b。

(2) 模板加工技术要求。

单块模板采用焊接形成一个整体，在焊接时应有加工措施，避免因焊接原因而使面板表面产生任何变形。

① 模板表面要选用光洁度、平整度好的钢板。模板面板宽度小于 1.5 m 的均应为整张钢板，不得有焊接拼缝。肋板下料后应调平调直，槽钢与角钢肋板应为通常形式。扁钢钢板的内侧（与面板相接面）应用车床刨削其边口，可焊接连接，焊接形式为双面满焊，其外侧要大坡口，焊接后磨平。

② 圆弧面板的成型应由胎具压制成型，以保证圆弧的准确性和相同性。

③ 焊接形式。

面板与面板：双侧满焊，表面一侧焊后磨平、抛光。焊缝处不得有任何凹凸感觉和坑凹现象。

边肋与面板：单侧断续角焊缝（外口不焊接），焊缝长度为 30 mm，焊缝间距 150 mm，焊角高度 6 mm。角钢边肋且需塞焊，焊点孔直径不小于 18 mm，间距 100 mm。

中肋与面板：交错断续角焊缝，单侧焊缝长度 30 mm，焊缝间距 150 mm，焊角高度 6 mm，另一侧焊缝与之相错。

肋板与肋板：双侧满焊。

凸型槽与面板：满焊后磨平、抛光。

④ 面板下料后应对其边口进行磨削，不应有向外倾斜的角度。

⑤ 模板加工完成后在有肋的一侧刷防腐漆两遍。

(3) 模板加工的质量要求。

① 平整度为采用 2 m 靠尺检测小于 2 mm。

② 拼缝严密且无错台现象。

③ 几何尺寸准确,误差小于±3 mm。

(4) 模板安装。

① 第一节段墩柱模板安装。

首先将承台与墩柱模板之间采用砂浆找平,并粘贴海绵条,如图 5-12 所示。

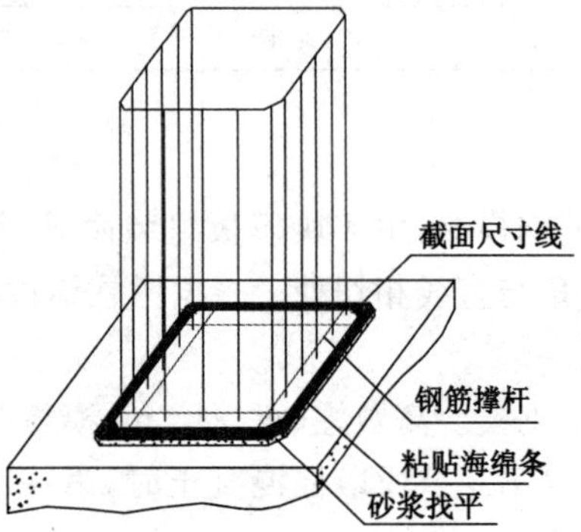

图 5-12 墩柱找平示意图

施工时模板在地面上进行组装,用螺栓连接成整体。模板拼缝处贴 5 cm×1.5 cm 海绵条,防止因漏浆混凝土表面产生砂线,在模板外部设双肢槽钢作为模板围檩材料,用 ϕ30 mm 螺栓斜向连接紧固。

表面打磨干净后均匀地涂脱模剂,在工程师验收钢筋合格后,用汽车吊配合入模,模板就位后设斜向支拉材料,以利控制柱模板的垂直度,起到稳定模板的作用。

模板采用方木及直径 6.2 mm 以上的钢丝绳支拉固定,承台预埋钢筋将墩柱模板底部固定,墩柱与承台结合处在模板内侧预埋定位钢筋,防止模板偏位。

② 第二节段墩柱模板安装。

第二节段墩柱模板安装时,第一次安装的模板顶节不能拆除,避免墩柱错位。模板加固完成后,对模板进行检查,做到平面位置准确,表面平顺、接缝严密,两次浇筑的混凝土外观平顺、接缝严密,垂直度及结构尺寸满足图纸及规范要求,并在浇筑混凝土前采用喷雾状水的方法将模板温度降至 32 ℃以下。

(5) 模板拆除及堆放。

① 一般要求。

模板拆除顺序应遵循"先支后拆,后支先拆"的原则。

任何情况下,严禁操作人员站在模板上口采用晃动、摇动或用大锤砸模板的方法拆除模板;拆除的螺丝、拆模用工具必须妥善保管和放置,不得随意散放在操作平台上,以免吊装时坠落伤人。

起吊大模板时应先检查模板与混凝土结构之间所有螺丝是否全部拆除,必须在确认模板与混凝土结构之间无任何连接后方可起吊大模板,移动模板时不得碰撞墙体。

② 墩柱模板拆除要点。

现场预留标养试块2组，同条件试块2组，待混凝土强度达到50%设计强度后，方可拆除模板，拆除顺序自上而下，支架随之拆除。

拆模时应格外小心，避免对混凝土磕碰，影响其外观质量，模板拆除后，应将表面灰浆、污垢清除干净，维修、整理、分类以利下次使用。

③ 大模板的堆放应符合下列要求。

大模板现场堆放区应在起重机有效工作范围之内，堆放场地必须坚实平整，不得堆放在松土、冻土或凹凸不平的场地上。

大模板在地面堆放时，应采取大块大模板板面对板面相对放置的方法，且应在模板中间留置不小于600 mm的操作间距；当长期堆放时，应将墩柱模板连接成整体。

(6) 模板运输、维修与保管。

① 运输。

大模板运输及在工地进行倒运时，应根据模板的长度、高度、重量选用适当的车辆。在运输车辆上的支点、伸出的长度及绑扎方法均应保证模板不发生变形、不损伤表面涂层。大模板连接件应码放整齐，小型件应装箱、装袋或捆绑，避免发生碰撞，保证连接件的重要连接部位不受损坏。

② 维修。

现场使用后的大模板，应清理粘在模板上的混凝土灰浆及多余的焊件、绑扎件，对变形和板面凹凸不平处应及时修复。

肋和背楞产生弯曲变形应严格按照产品质量标准修复。

焊接开焊处，应将焊缝内砂浆清理干净，重新补焊修复平整。

大模板配套件的维修应符合下列要求：承重架焊接应无开焊处，锈蚀严重的焊缝应除锈补焊；对拉螺栓应无弯曲变形，表面无黏结砂浆，螺母旋转灵活；附、配件的所有活动连接部件维修后用涂抹防锈油。

③ 保管。

对暂不使用的大模板拆除支架维修后，板面应进行防锈处理，分类码放。

大模板堆放场地地面应平整、坚实、有排水设施。

配件入库保存时，应分类存放。

大模板叠层存放时，在模板的底部及层间应加设垫木，垫木应上下对齐，垫点应保证模板不产生弯曲变形；叠放高度不宜超过2 m，当超过2 m时，应采取加固措施。

6. 混凝土施工

(1) 混凝土浇筑。

钢筋模板验收合格后进行混凝土浇筑。浇筑前将表面杂物清理干净，并使其湿润，但不能留有积水，再铺2～3 cm厚同强度水泥砂浆。混凝土采用商品混凝土站供应，浇筑时采用吊车起吊料斗或采用泵车投料，墩柱内用串筒保证混凝土从高处倾落不离析、散落，串桶距离墩柱底部不超过2 m。

① 避免高温天气下浇筑混凝土，尽量安排在夜间或适宜温度时施工，以减少混凝土坍落度损失。

② 严格执行混凝土进场交货验收制度，实验员对每车混凝土的坍落度进行取样试验。如遇坍落度超出允许范围的混凝土，严禁使用。

③ 下料时避免混凝土冲击钢筋和模板，严禁一次性下料过多。

④ 浇筑混凝土要连续进行，混凝土入仓后立即振捣，不允许出现堆积现象，严格控制混凝土的浇筑速度。

⑤ 浇筑混凝土时要注意对钢筋预留接头的保护，避免直螺纹段受到污染，影响机械连接的强度。

⑥ 混凝土浇筑分层进行，每层厚度不大于 30 cm。振捣由专人负责，保证振捣密实不漏振。入模后的混凝土及时振捣，防止过振。振捣棒与侧模保持 5～10 cm 距离，插入下层混凝土 5～10 cm。振捣时混凝土不再显著下沉，不再出现大量气泡，混凝土表面均匀平整，并已泛浆表明已经密实，不可再振。振捣过程中，防止振捣棒冲击模板及预埋件，造成模板损坏和预埋件移位。

⑦ 浇筑过程中设专人随时检查钢筋和模板的稳固性及垂直度，发现问题及时处理。混凝土浇筑应一次完成，不得中途停断。

⑧ 由于该工程钢筋设计较为密集，施工人员在内部转移振捣棒不方便，考虑采用长振捣棒进行振捣，拔起由外面辅助人员配合。

(2) 施工缝处理。

高墩柱($H>15$ m)由于采用分节段浇筑混凝土施工工艺，施工时会留有施工缝，施工缝处理不当常常会影响桥墩的混凝土表面外观质量。在施工中需采取以下措施：

第一节段墩柱混凝土高度控制在 9 m 或 12 m 处，即 3 节或 4 节模板高度。在浇筑混凝土时，超打 1～2 cm 混凝土。混凝土终凝后，在人工凿毛时，将模板上部超打的混凝土用打磨机磨平，使混凝土上表面与模板顶部拼缝平齐，即混凝土施工缝与模板缝重合。

在浇筑第二节段墩柱混凝土前应先均匀铺放一层 10 mm 厚的去掉粗骨料的 C50 混凝土净浆，确保上下两段混凝土接缝密实。

7. 养护

第一节段墩柱混凝土浇筑完成后采用带模养护，对墩柱采取喷淋洒水措施进行保湿。第二节段墩柱混凝土浇筑完成后采用自然养护，首先在墩柱外侧套塑料薄膜，采用水桶制作成自动养护装置，养护 7 d，保证墩柱湿润。在养护期内随时检查塑料布有无破损现象，发现破损现象后及时进行修补，以保证养护质量。

(二) 普通墩柱($H\leqslant15$ m)施工方案

根据墩身设计的特点，该标段墩身施工采用定型钢模板整体浇筑成形施工技术。对于普通墩柱($H\leqslant15$ m)，采用一次拼模一次浇筑施工方案。混凝土通过吊装入模，模板和钢筋采用汽车起重机垂直吊装作业。为方便施工，用碗扣式脚手架搭立施工工作平台及人员上下通道。施工顺序紧跟承台施工。

1. 施工工艺流程

普通墩柱($H\leqslant15$ m)施工工艺流程如图 5-13 所示。

2. 施工工艺

普通墩柱施工工艺参照本章第一节高墩柱施工工艺。

(三) 桥台施工方案

该标段桥台全部为实心墩，桥台 4 座。根据台身设计的特点，桥台施工采用大块组合钢模板，一次整体浇筑成形施工技术。混凝土通过泵送入模或吊装入模，模板和钢筋采用汽车

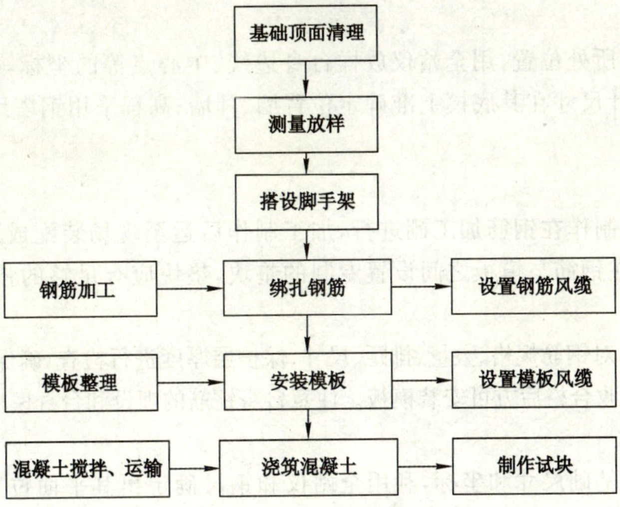

图 5-13 普通墩柱($H \leqslant 15$ m)施工工艺流程

起重机垂直吊装作业。浇筑完成后先带模浇水养护,拆模后覆盖土工布养护。

1. 施工工艺流程

桥台施工工艺流程图如图 5-14 所示。

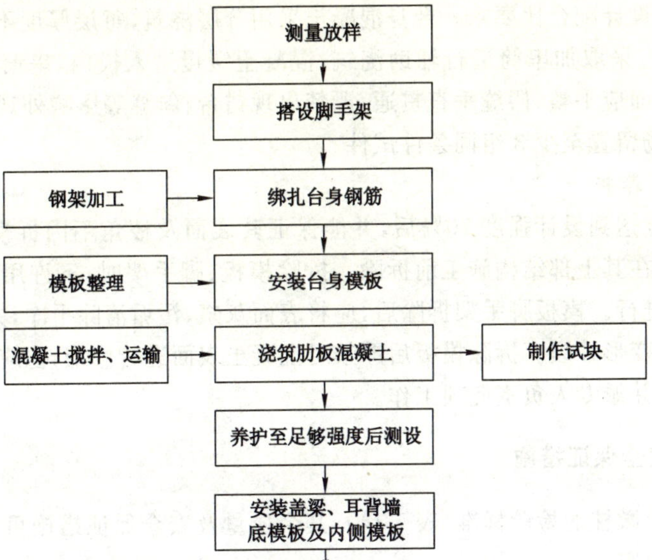

图 5-14 桥台施工工艺流程

2. 测量放线

测量放线桥位所处位置，用全站仪放样台身边线、中心点等的坐标，确定台身的准确位置；根据台帽的设计尺寸在其底模上准确定位背墙、耳墙；高程采用钢塔尺配合高程传递，以控制桥梁标高。

3. 钢筋工程

钢筋半成品的制作在钢筋加工棚进行，加工制作后运至现场装配成形。为保证结构物保护层的厚度，应在钢筋与模板之间设置专制的垫块，垫块应有足够的强度，垫块应与钢筋绑扎，并互相错开。

钢筋安装完后，对钢筋规格、数量、排距、尺寸、保护层厚度进行检查，确保符合规范和设计要求，报监理工程师验收合格后方可安装模板。注意台身钢筋的埋设和台身模板加固预埋钢筋。

4. 模板工程

根据图纸设计基础尺寸和坐标，利用全站仪和钢尺确定出其平面位置，施画轮廓线，支设模板。模板脚手架必须有足够的强度、刚度和稳定性，且模板拆装容易，方便施工。台身模板采用组合钢模板。模板表面均匀涂抹脱模剂，以利于脱模，模板就位一定要准确，并保证纵横向稳定性和竖直度。两块模板接缝处应连接紧密，防止漏浆，以保证混凝土质量。

5. 混凝土工程

混凝土采用 C30 混凝土现场浇筑；混凝土拌合采用拌合站集中拌合，配合比计量必须准确，坍落度符合设计配合比要求。台身混凝土采用分层浇筑，每层厚度不大于 30 cm。根据施工技术规范应采取加串筒进行辅助浇筑，混凝土缓慢进入模内，串筒底离开混凝土面 50 cm。混凝土表面应平整，假缝垂直贯通，严禁出现错台、斜缝等影响外观质量的现象。施工中按要求在现场留置至少 3 组同条件试件。

6. 模板拆除、养护

在混凝土强度达到设计强度 70%后，并能保证其表面及棱角不因拆模而损坏时，方可拆除模板；模板应在其上部结构施工前拆除。拆除模板、脚手架时，不许用猛烈的敲打和强扭等粗暴的方法进行。模板脚手架拆除后，应将表面灰浆、污垢清除干净，并应维修整理，分类妥善存放，防止变形开裂。拆除模板后严禁对混凝土表面进行修饰，但应及时采用塑料布覆盖和洒水养护，并派专人负责此项工作。

二、质量及安全保证措施

本小节只附上墩柱的检验标准(表 5-14)，其余质量及安全保证措施可参考本章第一节及其他章节相关内容。

表 5-14　墩柱检验标准

项目	规定值或允许偏差值		项目	规定值或允许偏差值
混凝土强度	在合格标准内		断面尺寸	±20 mm
竖直度	$H\leqslant 30$ mm	$H/1\ 500$，且不大于 20 mm	顶面高程	±10 mm
	$H>30$ mm	$H/3\ 000$，且不大于 30 mm		
节段间错台	5 mm		轴线偏位	10 mm
预埋件位置	10 mm		大面积平整度	5 mm

第四节　盖梁施工

一、施工方案

（一）施工工艺流程

盖梁施工工艺流程图如图 5-15 所示。

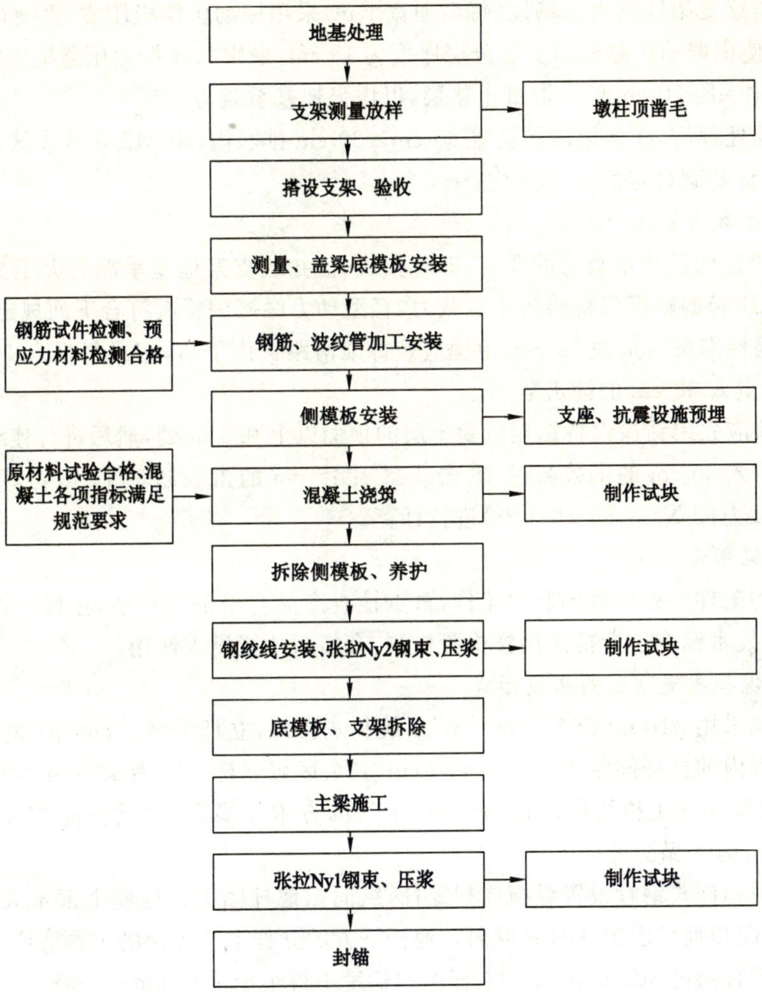

图 5-15　盖梁施工工艺流程图

盖梁施工形成支架搭设、盖梁主体结构施工和支架拆除的流水作业；盖梁模板采用整体式定型钢模板，混凝土由混凝土运输车运送，通过泵送入模或吊装入模，模板和钢筋采用汽车起重机垂直吊装作业，浇筑完成后浇水养护。混凝土强度达到 100%后，张拉 50%预应力钢筋，压浆后拆除底模和支架。上部结构施工完成后，张拉剩余 50%预应力钢筋，然后压浆、封锚。

（二）地基处理

支架搭设前，对支架地基进行严格处理，保证地基承载力不低于 200 kPa，当地基承载力不能满足要求时，应对地基进行换填或其他方式加固处理，应严格控制支架范围内的承台基坑、泥浆池的回填质量，确保地基承载力满足要求。

1. 承台基坑区域基础处理

（1）承台基坑及附近泥浆池坑回填时，应将淤泥全部挖出，用素土回填，并分层夯实，夯实厚度不大于 30 cm。

（2）对盖梁支架区域内的场地（每侧加宽 1 m）采用振动压路机压实，再铺筑一层 30 cm 厚 5%灰土，使用振动压路机压实。分层厚度为 15 cm，采用 12 t 振动压路机压实。必要时，在支架底硬化一层 10 cm C15 混凝土垫层，以增强地基承载力。

（3）场地处理后，在场地周围设置 30 cm×30 cm 排水沟，用 M7.5 砂浆抹面，防止雨水浸入基础，保证基础稳定性。

2. 地基承载力检测

基础要求达到设计承载力的要求，即碗扣式、盘扣式支架地基承载力大于 200 kPa。碾压完成后，采用轻型触探仪检验灰土承载力，轻型动力触探试验应符合下列规定：

（1）试验标准贯入量为 30 cm，落锤应按标准落距自由下落，记录每贯入 10 cm 的锤击数；累计记录贯入 30 cm 的锤击数 N_{10}。

（2）试验应先用钻探设备钻至试验土层的顶面以上 0.3 m 处，然后进行连续贯入试验。

（3）当贯入 30 cm 的击数超过 28 击或贯入 15 cm 的击数超过 14 击时，可终止试验。灰土基础承载力按 $N_{10}\times 8-20$(kPa)进行计算。

（三）支架搭设

杆件和构配件要做好进场验收工作，重点检查产品合格证及材质、壁厚、称重等物理性能，并按有关技术标准进行批次抽样检验检测，合格后才能投入使用。

1. 采用碗扣式支架时的搭设形式

满堂支架采用 ϕ48 mm×3.5 mm WDJ 碗扣式支架，立杆下铺 5 cm 厚、20 cm 宽木板，盖梁投影区以内的立杆间距为 60 cm×60 cm，其余区域立杆间距为 120 cm×120 cm，步距为 120 cm，支架顶托上横桥向铺设 10 cm×15 cm 方木作横梁，再顺桥向 30 cm 间距铺设 10 cm×10 cm 方木做分配梁。

脚手架用扣件式钢管设置纵横向扫地杆，纵向扫地杆固定在底座上部不大于 20 cm 处的立杆上，横向扫地杆固定在紧靠纵向扫地杆下方的立杆上。支架的可调底座、可调托撑螺杆伸出长度不宜超过 300 mm，插入立杆内的长度不得小于 150 mm。

为使支架稳定，除满堂支架外还需设置横向、纵向、水平方向剪刀撑进行加强，均用扣件式钢管设剪刀撑，纵横向每 4.8 m 宽设置一道剪刀撑，水平方向每 4.8 m 高设置一道剪刀撑。靠近墩身周围的立杆，要用扣件钢管加强水平联系，并依靠墩身进行固定，以形成支架整体稳定性。严格按照规范要求搭设支架。同时，架体每隔 2.4 m 与墩柱做抱柱拉结，以增强架体稳定性。为保证施工安全和防高空坠物，沿盖梁支架施工平台四周设置临边防护，并挂设安全防护网。

2. 采用盘扣式支架时的搭设形式

支架采用承插式盘扣支撑系统，管材采用高强低碳合金钢（Q345B），立杆为 ϕ60 mm×

3.2 mm 钢管，横杆为 ϕ48 mm×2.75 mm 钢管，立杆的极限荷载可达到 200 kN。该工程设计立杆下铺 5 cm 厚、20 cm 宽木板，盖梁投影区范围以内的立杆间距为 60 cm×150 cm，其余区域立杆间距为 150 cm×150 cm 及 150 cm×180 cm，步距为 150 cm，支架顶托上铺设主楞 H150 mm×75 mm 型钢，顶部铺设次楞 100 mm×150 mm 方木，间距 210 mm。以 Z4-02# 盖梁施工支架为例说明，如图 5-16 和图 5-17 所示。

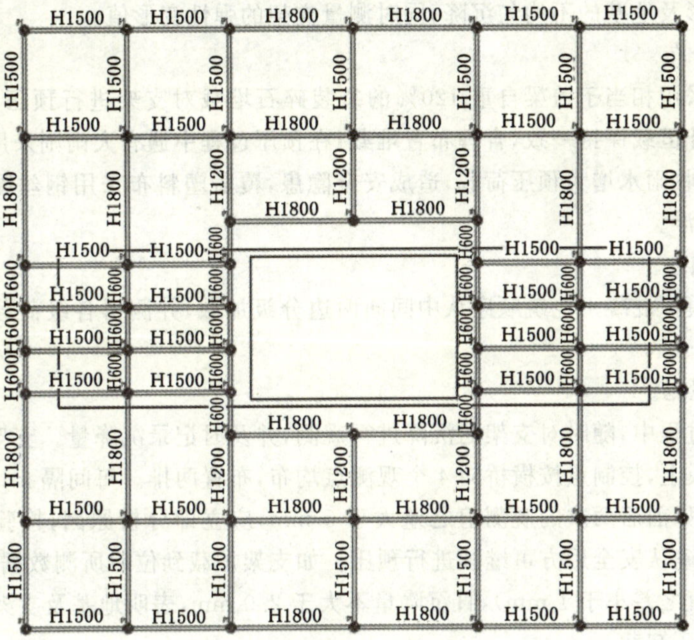

图 5-16　Z4-02# 盖梁施工支架底面设计断面图

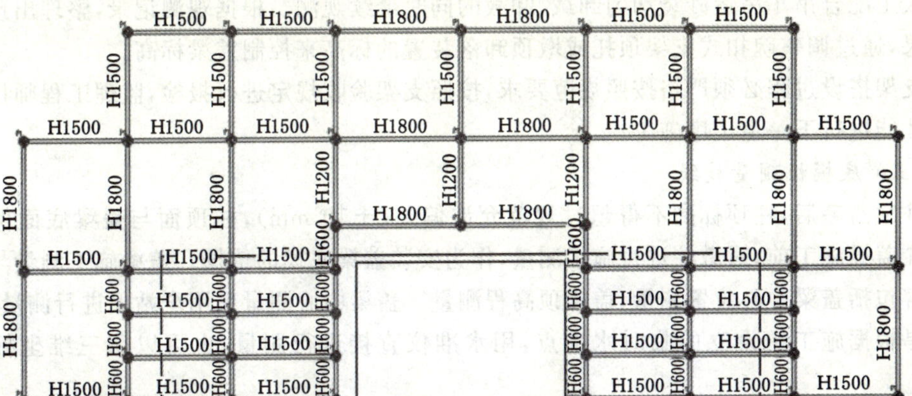

图 5-17　Z4-02# 盖梁施工支架顶面设计断面图

(四) 支架预压

为减少支架变形及地基沉降对盖梁施工的影响,检验支架安全稳定性,在支架搭设完毕后进行支架预压施工。

在搭好的支架上采用相当于盖梁自重120%的袋装砂石料,依据盖梁钢筋混凝土重量分布情况堆载对支架进行预压。检验地基的承载力及支架的承载能力,减少和消除支架系统的非弹性变形及地基的不均匀沉降,同时测量支架的弹性变形值。

(1) 荷载分布。

预压荷载采用相当于盖梁自重120%的袋装碎石堆载对支架进行预压,预压荷载的纵横向布置与设计恒载保持一致,合理布置堆载;在预压过程中遇有大雨则采用塑料布覆盖遮挡,防止砂袋吸收雨水增大预压荷载,造成安全隐患,覆盖塑料布采用钢丝绳索通长固定在支架上,防止漂浮。

(2) 加载顺序。

预压荷载模拟混凝土浇筑顺序从中间向两边分级加载,并测得各级荷载下的测点的变形值。

(3) 预压观测。

支架预压过程中,随时对支架的沉降进行观测,并及时记录沉降量。支架沉降量观测点设在底模钢模板上,控制点按横桥向4个观测点均布,布置两排。每间隔6 h测量一次支架的变形和沉降,如前后两次的观测值之差大于5 mm,应立即分析原因,检验基础及支架是否有较大变形,确认安全后方可继续进行预压。如支架加载到位后所测数据变化很小时(前后两次的观测值之差小于1 mm),日沉降量不大于2.0 mm,表明地基及支架已基本沉降到位,可以进行预压卸载。

(4) 卸载。

人工配合吊车吊运砂袋均匀卸载,卸载的同时继续观测。根据观测记录,整理出预压沉降结果,通过调整碗扣式支架顶托或墩顶卸落装置的标高来控制盖梁标高。

支架搭设过程必须严格按照规范要求,按照支架验收规定进行报检,监理工程师检测合格后才能进行下一道工序施工。

(五) 底模板测量放线

柱顶凿毛后,柱顶标高不得超过规范允许偏差(±10 mm),柱顶面与盖梁底面保持平行。在盖梁施工前,对墩柱进行施工测量,作为安装盖梁底模的依据。盖梁施工测量与控制的内容包括盖梁中心位置测量、盖梁顶高程测量。盖梁中心测量采用全站仪进行测量;高程测量是根据施工中设立的临时水准点,用水准仪直接进行测量,也可以用三维坐标控制测量。

(六) 钢筋、预应力工程

1. 钢筋加工

(1) 钢筋表面应洁净、无损伤,进场后按规范要求见证随机抽取试样送建材检测中心检验,合格后方可使用。

(2) 钢筋形状、尺寸严格按设计及规范要求进行加工(表5-15)。钢筋在加工区下料,利用数控设备加工弯曲。加工后的钢筋,其表面不得有削弱钢筋截面的损伤。半成品经主管工程师检验合格后方可运送至施工现场进行安装。

表 5-15　受力主钢筋制作和末端弯钩形状

弯曲部位	弯曲角度	形状图	钢筋种类	弯曲直径 D	平直部分长度	备注
末端弯钩	135°	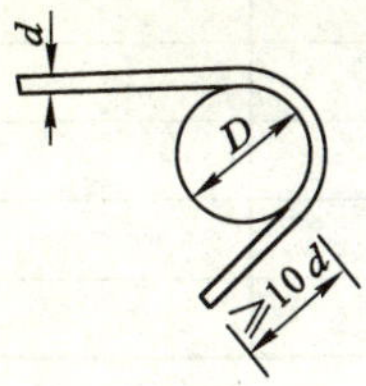	HRB400	ϕ6～25 mm，≥4d	≥5d	d 为钢筋直径
	90°	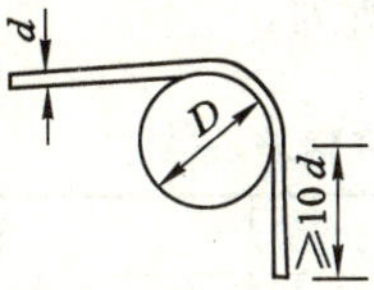	HRB400	ϕ6～25 mm，≥4d	≥10d	

2. 钢筋安装

(1) 盖梁钢筋绑扎前对墩顶混凝土进行凿毛处理，采用人工凿毛，凿除柱顶水泥浮浆，直至露出碎石，然后扫净柱顶混凝土渣和松散碎石，将混凝土表面清理干净。在支架搭设的施工平台上，准确测量出盖梁轮廓线，并标于平台上。

(2) 然后将半成品料吊装至柱顶，按画线摆放安装。安装好的钢筋骨架要顺直，主筋及弯起筋的位置、尺寸，严格按设计要求。电焊接头采用搭接焊，搭接长度：单面焊 10d，双面焊 5d。搭接焊在钢筋端部应预弯，以保证主筋轴线在一条直线上。

(3) 钢筋安装完成后将预制混凝土垫块绑扎在钢筋侧部，垫块放置数量不少于每平方米 4 块，以保证混凝土保护层的厚度。

3. 预应力孔道安装

(1) 锚具、波纹管、锚垫板等预应力材料进场后应具有合格证书和检测报告单，并按规范要求见证随机抽取试样送建材检测中心检验，合格后方可使用。

(2) 在钢筋绑扎过程中，应根据设计的位置精确定位波纹管和锚垫板的位置。宜将锚垫板安装在模板上，锚垫板孔应与管道同轴线，其端面应与管道轴线垂直，不得错位。

(3) 锚垫板下应设置配套的螺旋钢筋，波纹管宜用 U 形或井字形定位筋固定，直线段每 0.8 m 设置一道，曲线段每 0.4 m 设置一道。波纹管与普通钢筋位置发生冲突时，普通钢筋应避让波纹管。

(4) 在浇筑混凝土之前，应检查预应力管道是否漏气、破裂，以防漏浆，影响穿束，并检查灌浆孔和排气孔是否完好及到位，圆形波纹管应预穿芯棒，防止波纹管在浇筑时挤压变形、漏浆，芯棒应在混凝土初凝后及时抽出。

4. 钢筋、预应力孔道检验

钢筋及预应力孔道安装完成后，对钢筋规格、数量、排距、尺寸、保护层厚度以及波纹管坐标、管道间距进行检查，确保符合规范和设计要求，报监理工程师验收合格后方可安装模板。

钢筋检验各项偏差控制数据如表 5-16 所列。

表 5-16 钢筋位置允许偏差

检查项目		允许偏差/mm
受力钢筋间距	梁、板、拱肋	±10
箍筋、横向水平钢筋、螺旋筋间距		±10
钢筋骨架尺寸	长	−10～+5
	宽、高或直径	−10～+5
弯起钢筋位置		±20
保护层厚度	盖梁	±5

预应力管道安装检验各项偏差控制数据如表 5-17 所列。

表 5-17 预应力管道安装允许偏差

项 目		允许偏差/mm
管道坐标	梁长方向	30
	梁高方向	10
管道间距	同排	10
	上下层	10

（七）模板工程

盖梁模板采用组合钢模板。钢模板进场后必须进行验收，对模板尺寸、焊接质量、面板质量及拼缝情况等进行检测。进行模板组拼，检查模板拼缝质量、连接螺栓的安装难易情况和模内各部位尺寸等，模板验收合格后才能使用。

根据图纸设计盖梁尺寸和坐标，利用全站仪和钢尺确定出其平面位置，施画轮廓线，支设模板。模板脚手架必须有足够的强度、刚度和稳定性，且模板拆装容易，方便施工。模板表面打磨干净、除去油污后，均匀涂抹脱模剂，以利于脱模。模板就位一定要准确，并保证纵横向稳定性和竖直度。两块模板接缝处应连接紧密，防止漏浆，以保证混凝土质量。

侧模安装完成后，对支座预埋和抗震挡块设施预埋进行测量放点，保证预埋设施定位准确。预埋设施加工和安装符合设计及规范要求。对模板平面位置、顶面标高、表面平整度、预埋件位置及节点联系、纵横向稳定性等进行检查，报监理工程师验收合格后才能进行下一步施工。模板安装检验标准如表 5-18 所列。

表 5-18 模板安装允许偏差

项 目	允许偏差/mm
支撑面高程	−5～+2
模板尺寸	±20
轴线偏位	10
模板相邻两板表面高低差	2
模板表面平整	5
预埋件中心线位置	3
预留孔洞中心线位置	10

（八）混凝土工程

混凝土采用C45混凝土现场浇筑；混凝土拌合采用拌合站集中拌合，由混凝土运输车运送，通过泵送入模或吊装入模。混凝土配合比计量必须准确，坍落度符合设计配合比要求。盖梁混凝土采用分层浇筑，每层厚度不大于30 cm，振捣密实。混凝土表面应平整，严禁出现错台、裂缝等影响外观质量的现象。施工中按要求在现场留置至少3组同条件试件。

（九）侧模拆除、养护

在混凝土强度达到设计强度70%后，并能保证其表面及棱角不因拆模而损坏时，方可拆除侧模；侧模应在其张拉施工前拆除。拆除侧模时，不许用猛烈的敲打和强扭等粗暴的方法进行。拆除侧模后严禁对混凝土表面进行修饰，及时采用塑料布覆盖并洒水养护，并派专人负责此项工作。气温低于5 ℃时不得浇水，养护时间增长，同时还应采取保温措施，防止冻害。

（十）钢绞线安装、张拉、压浆

盖梁在浇筑完成、养护7 d后且强度达到设计强度的100%后，按设计要求进行钢束的张拉。混凝土强度达到要求后，先进行第一阶段张拉，张拉Ny2钢束并进行管道灌浆；拆除盖梁支架，完成上部主梁施工安装后、桥面铺装及护栏施工前，进行第二阶段张拉，张拉Ny1钢束并进行管道灌浆。

1. 钢绞线加工及安装

(1) 预应力筋加工。

① 钢绞线材料进场后应具有合格证书和检测报告单，并按规范要求见证随机抽取试样送建材检测中心检验，合格后方可使用。

② 钢绞线束由于孔位不同、长度各异，要事先编号列表交于工班下料，编号后应在两端系上铁皮小牌注明，分别存放以免混杂。为使钢绞线成束时不致绞扭凌乱，可以用钢板仿锚板孔位缩小做成梳形板，将各根钢绞线梳顺直。下料时要根据供料尺寸，统筹安排以尽量减少钢绞线损耗。

③ 下料宜采用切机或砂轮机切割，不得用电焊切断。切断钢绞线前，先在切割线左右两端各3～5 cm处扎丝一道，防止切断后散头。

(2) 预应力筋安装。

① 钢绞线在安装过程中严禁抛丢、碰撞、拖拉，起吊千斤绳应外包胶皮，防止损伤钢绞线。

② 安装前检查钢绞线外观。钢绞线内不应有折断、横裂和相互交叉的钢丝。表面不得带有降低钢绞线与混凝土黏结力的润滑剂、油污等物质。

③ 成束的钢绞线抬运到梁端后，近梁端头装上穿束套，将钢绞线对号入孔，挂上孔道上的牵引索，在人工辅助下将钢绞线徐徐穿入。

2. 张拉工艺流程

张拉工艺流程如图5-18所示。

3. 校检千斤顶和油表

(1) 预应力使用的千斤顶，应该有专人使用和管理，并定期校核维护，建立档案卡片。

(2) 千斤顶油压表应该配套校核，制定张拉力与油表的关系曲线。

(3) 校核张拉设备的压力机、油压环、测力传感器其精度不得低于±2%。

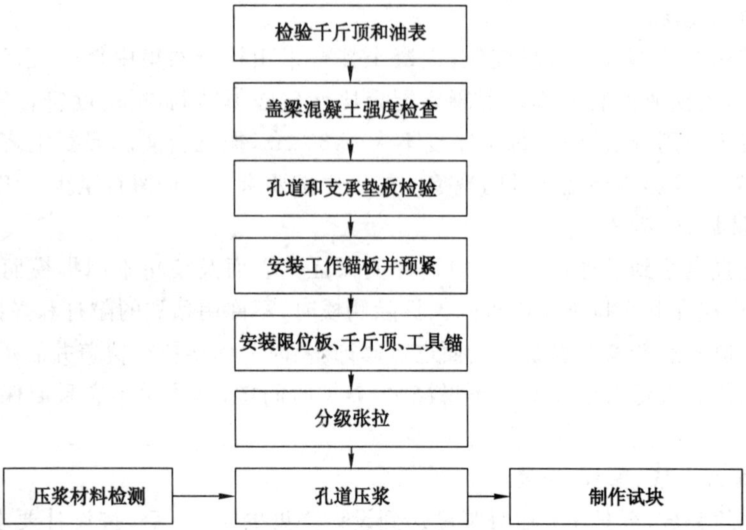

图 5-18　张拉工艺流程图

(4) 选定的千斤顶的额定张拉吨位不得少于张拉力的 1.2 倍，标定后的校正系数≤1.05，校验的有效期为 6 个月。

(5) 油压表要求为防震型，表面最大读数为张拉力的 1.5～2.0 倍，精度不低于 1.0 级。油表张拉时表针摆动弧度大，上升不平稳，油泵车倒地或油压表受到猛烈撞击，指针不能归零或过零，均要重新校核油表。

(6) 张拉作业超过 200 次、使用时间超过 6 个月、使用过程中千斤顶或压力表出现异常情况或千斤顶检修或更换配件后，千斤顶、压力表必须重新校验。

4. 盖梁张拉前检查

盖梁张拉前对混凝土强度、预应力孔道、锚垫板角度等进行检查。

(1) 混凝土强度检查。实验室对养护 7 d 的盖梁同条件试块进行试验，强度达到设计强度的 100%，报监理确认无误后，方可进行盖梁张拉。

(2) 预应力管道、锚垫板检查。利用鼓风机对孔道进行检查，查看孔道是否因漏浆等原因堵塞；锚垫板角度是否准确。

5. 张拉前准备工作

(1) 对盖梁梁体做全面检查，尤其是端部锚垫板后混凝土的密实性。

(2) 混凝土强度达到 100%并经监理工程师确认后，才能进行张拉。

(3) 锚具、夹片按规定检查合格。

(4) 清除锚垫板上的混凝土，保证锚具与锚垫板紧贴，清除锚垫板喇叭口内水泥浆。

(5) 张拉现场设置了安全挡板及安全警示牌，且防护设施完好。

6. 张拉、压浆施工

盖梁张拉采用智能张拉设备，严格按照设计要求进行张拉。第一阶段盖梁预应力束 Ny2(对称)张拉→第二阶段钢束的张拉 Ny1(需待上部构造架设完成后，护栏施工、桥面铺装前进行)。

预应力盖梁按照设计要求采用真空灌浆技术。孔道压浆前锚头处采用混凝土封堵，采用混凝土封堵时宜采用标号不低于 C25 的硅酸盐水泥或普通水泥，且保证锚具处外侧有 50 mm 以上封堵厚度，以防抽真空漏气。钢束张拉完毕后，待应力比较平稳时，及时灌浆，要求张拉后 48 h 内完成压浆作业，要求管道注浆密实。

(十一) 底模及支架拆除

封端模板应在混凝土强度能保证其表面及棱角不致因拆模而受损坏时方可拆除，一般应在混凝土强度达到 2.5 MPa 时方可拆除模板。一般混凝土浇筑完 24～36 h 可对侧模进行拆除，具体拆模时间以过程中不产生粘模和造成混凝土表面破坏为宜，随后拆除底模。

支架的拆除顺序应遵循“先支后拆，后支先拆”的原则，自上而下进行。拆除封端模板、支架时不得损伤盖梁结构物。

(十二) 封锚封端

桥梁上部结构完成后，对剩下 50％钢绞线进行张拉、压浆。孔道压浆后应立即将梁端水泥浆冲洗干净，同时清除支撑垫板、锚具及端面混凝土的污垢，并将端面混凝土凿毛，以备浇筑封端混凝土。封端混凝土的浇筑程序如下：

(1) 设置端部钢筋网。为固定钢筋网的位置，可将部分箍筋点焊在支撑板上。

(2) 封端混凝土应符合设计规定，采用 C40 混凝土。

(3) 浇筑封端混凝土时，要仔细操作并认真捣实，务必使锚具处的混凝土密实。

(4) 封端混凝土浇筑后，静置 1～2 h，带模浇水养护。脱模后在常温下一般养护时间不少于 7 d。气温低于 5 ℃时不得浇水，养护时间增长，同时还应采取保温措施，防止冻害。

二、质量及安全保证措施

本小节只附上盖梁的检验标准(表 5-19)，其余质量及安全保证措施可参考本章第一节及其他章节相关内容。

表 5-19　盖梁检验标准

项目	规定值或允许偏差	项目	规定值或允许偏差
混凝土强度	在合格范围内	断面尺寸	±20 mm
轴线偏位	10 mm	顶面高程	±10 mm
预埋件位置	10 mm	大面积平整度	5 mm

第五节　现浇箱梁施工

该标段现浇箱梁施工采用碗扣式支架搭设和盘扣式支架搭设两种形式，现分别介绍两种搭设的施工方案。

一、支架方案 1

本方案为采用碗扣式支架的搭设形式。

(一) 施工工艺流程

采用碗扣式支架搭设施工工艺流程如图 5-19 所示。

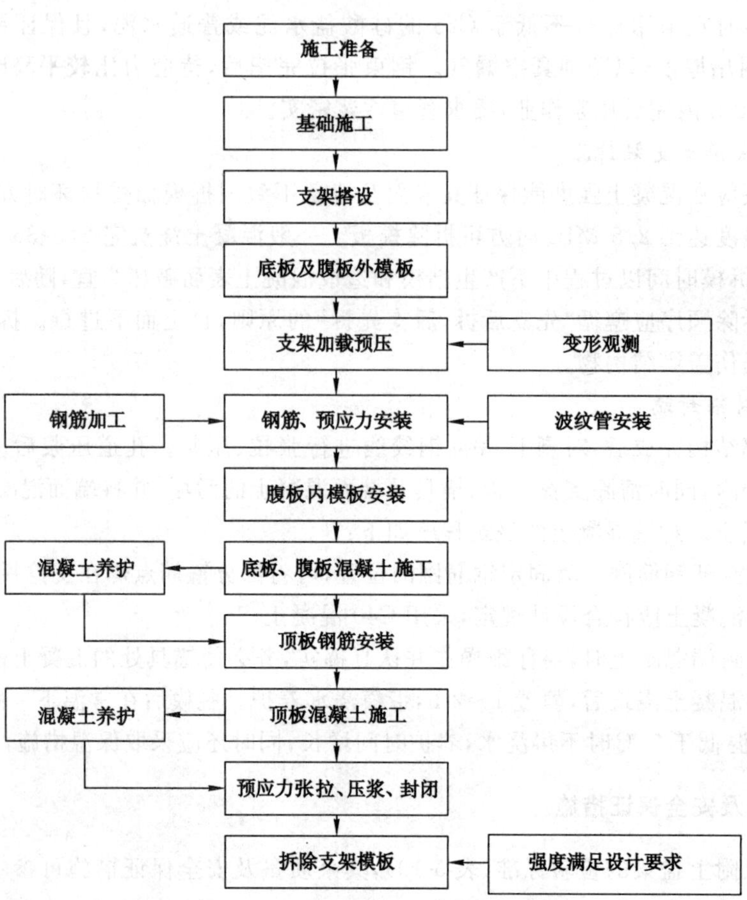

图 5-19　采用碗扣式支架搭设施工工艺流程图

（二）支架施工工艺

1. 测量放线

支架搭设施工前对桥跨处场地进行测量放样，确定场地平整范围和高程。

2. 地基处理

(1) 原状土地面地基处理。

地基处理分为两种情况，支架位于既有路面上的，不需进行地基处理，支架下铺方木可直接搭设于既有路面上；支架位于普通地面上时首先将支架地基处理范围内的施工场地采用装载机进行整平，压路机碾压密实后，填筑 30 cm 厚 10％灰土，再对灰土进行碾压，压实度达到 94％以上，之后浇筑 10 cm 厚 C10 素混凝土。对于墩柱位置压路机碾压不到的位置，采用打夯机进行夯实。地基处理完毕后，高出原地面 10～20 cm，且及时在地基两侧挖设排水沟，保证支架基础排水畅通。

(2) 地基承载力检测。

基础要求达到设计承载力要求即碗扣式支架地基承载力大于 200 kPa，盘扣式支架地基承载力大于 250 kPa。碾压完成后，采用轻型触探仪检验基础承载力，轻型动力触探试验应符合下列规定：

① 试验标准贯入量为 30 cm，落锤应按标准落距自由下落，记录每贯入 10 cm 的锤击数；累计记录贯入 30 cm 的锤击数 N_{10}。

② 试验应先用钻探设备钻至试验土层的顶面以上 0.3 m 处，然后进行连续贯入试验。

③ 当贯入 30 cm 的击数超过 100 击或贯入 15 cm 的击数超过 50 击时，可终止试验。

基础承载力按 $N_{10}\times8-20$(kPa)进行计算。

3. 支架及模板施工

(1) 采用碗扣式支架时的搭设形式。

箱梁满堂式碗扣支架体系由支架基础、C15 混凝土垫层、4 cm 厚木垫板、可调节底座、ϕ48 mm×3.5 mm 碗扣立杆、横杆、斜撑杆、可调节顶托、15 cm×10 cm 木方纵向分配梁，10 cm×10 cm 木方做横向分配梁；模板系统由侧模、底模、芯模、端模等组成。15 cm×10 cm 木方分配梁沿纵向布置，直接铺设在支架顶部的可调节顶托上，箱梁底模板采用定型大块竹胶模板，后背 10 cm×10 cm 木方，间距 30 cm，然后直接铺装在 15 cm×10 cm，与横向支架相同，纵向木方分配梁上进行连接固定。

(2) 碗扣式支架立杆间距布置原则。

① 纵桥向：靠近墩柱位置 5 m 范围内及中隔板下的间距为 0.6 m，其余为 0.9 m；顶端及底端步距 0.6 m，其余步距 1.2 m。

② 横桥向：箱室腹板处为 0.6 m、箱室空箱处及翼板下立杆间距为 0.9 m，顶端及底端步距 0.6 m、其余步距 1.2 m。

碗扣式支架布置图如图 5-20～图 5-22 所示。

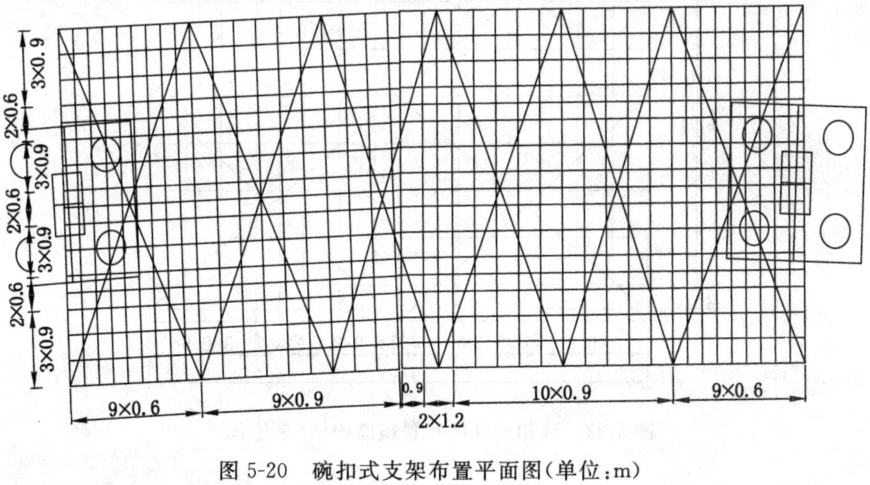

图 5-20　碗扣式支架布置平面图(单位：m)

(3) 扫地杆及剪刀撑设置原则。

脚手架用扣件式钢管设置纵横向扫地杆，纵向扫地杆固定在底座上部不大于 20 cm 处的立杆上，横向扫地杆固定在紧靠纵向扫地杆下方的立杆上。

为使支架稳定，除满堂支架外还需设置横向、纵向、水平方向剪刀撑进行加强，均用扣件式钢管设剪刀撑，纵横向每 4.8 m 宽设置一道剪刀撑，水平向每 4.8 m 高设置一道剪刀撑。

(4) 碗扣式支架搭设。

① 接头组装。

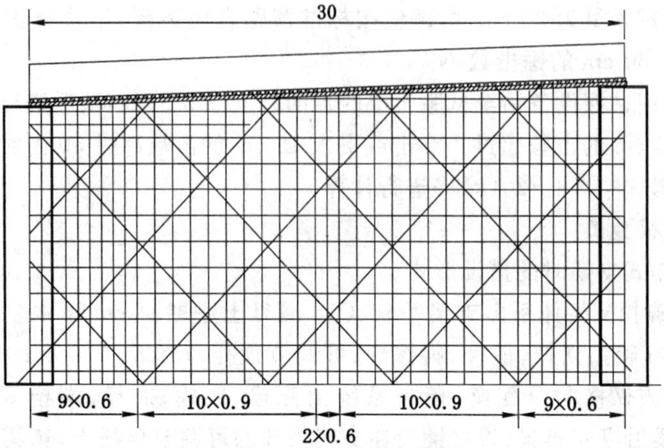

图 5-21　碗扣式支架布置纵断面图(单位:m)

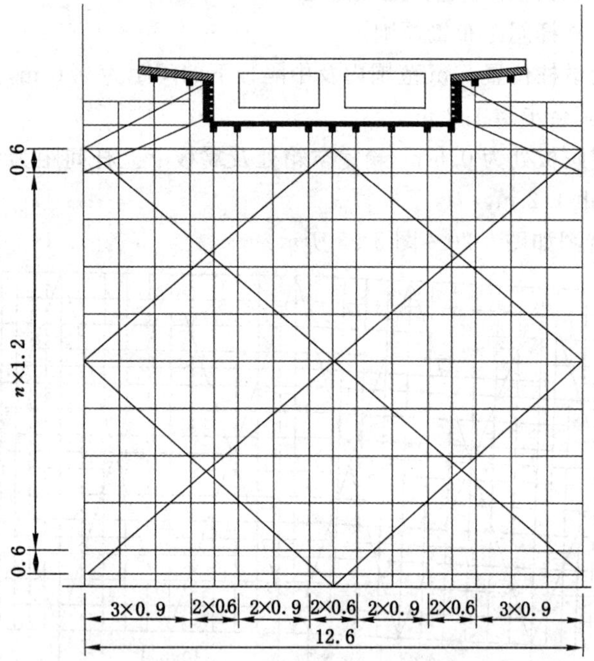

图 5-22　碗扣式支架布置横断面图(单位:m)

接头是立杆同横杆连接装置,应确保接头锁紧。组装时,先将上碗扣搁置在限位销上,将横杆接头插入下碗扣,使接头弧面与立杆密贴,待全部接头插入后,将上碗扣套下,并用榔头顺时针沿切线敲击上碗扣凸头,直至上碗扣被限位销卡紧不再转动为止。

如发现上碗扣扣不紧或限位销不能进入上碗扣螺旋面,应检查立杆与横杆是否垂直,相邻的两下碗扣是否在同一水平面上(即横杆水平度是否符合要求);下碗扣与立杆的同轴度是否符合要求;下碗扣的水平面同立杆的轴线的垂直度是否符合要求;横杆接头的弧面中心线同横杆轴线是否垂直;下碗扣内有无杂物充填等,如是装配原因,则应调整后锁紧,如是杆件本身原因,则应拆除,并进行整修。

② 杆件的组拼顺序。

在已处理好的地基上，按设计位置安放立杆底座，其上交替安装立杆，调整立杆可调座，使同一层立杆接头处于同一水平面内，以便装横杆。组装顺序是立杆底座、立杆、横杆、接头锁紧、上层立杆、立杆连接销、横杆。

组装时，要求至多两层向同一方向，或由中间向两边推进，不得从两边向中间合拢组装，否则中间杆件会因两侧架子刚度太大而难以组装。

③ 剪刀撑用旋转扣件固定在与之相交的横向水平杆或立柱上，旋转扣件中心线距主节点的距离不大于 150 mm。

④ 临边防护。

支架搭设完成后使用脚手架及防护网对箱梁支架两侧做好临边防护，临边防护高度 1.5 m，每隔 1.8 m 设置一个立杆，采用两层横杆相连，之后在其外侧满布防护网，确保安全。如图 5-23 所示。

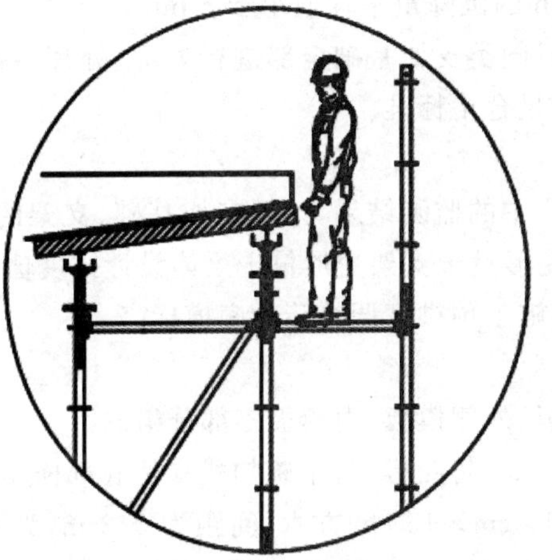

图 5-23 临边防护图

4. 支架预压

模板安装后对支架进行预压。支架预压的目的：一是为了检查支架的安全性，确保施工安全；二是消除非弹性变形 δ_1（地基非弹性变形和支架非弹性变形）的影响，确定支架系统的弹性变形值 δ_2，有利于桥面线形控制。

支架预压荷载不小于支架承受的混凝土结构恒载与模板重量之和的 1.2 倍。支架预压按预压单元进行分级加载，且不应少于 3 级。3 级加载依次宜为单元内预压荷载值的 60%、80%、120%。每级加载完成后，应停止下一级加载，并每间隔 12 h 对支架沉降量进行一次监测。当支架顶部监测点 12 h 的沉降量平均值小于 2 mm 时，可进行下一级加载。支架预压一次性卸载，预压荷载对称、均衡、同步卸载。

堆码砂袋前在底模上及与其相对应的基础上设置观测点（每跨纵向在 1/4 梁、跨中和 3/4 梁跨处 3 个观测断面，横向布设 5 个点共计每跨 15 个观测点，并对称布置），在预压前、卸载前、卸载后和预压过程中定期用水准仪观测每跨的 1/4 梁、跨中和 3/4 梁跨处的变形情况，并检查支架各扣件的受力情况，沉降稳定后开始卸载（卸载前安排专人逐个检查顶托的受力情况，若有个别顶托未受力，人工通过调节杆调整，保证支架各顶托受力一致）。

根据观测数据计算支架的弹性和非弹性变形值，通过U形可调托座调整底模标高（设计标高＋弹性变形值＋预留拱度，预留拱度按计算弹性变形控制）。弹性变形值为加载后与卸载后观测点的高差，非弹性变形值为预压前与加载稳定后观测点的高差，非弹性变形值可作为后续支架施工时的预留变形量的参考值。为保证箱梁支架在浇筑混凝土过程中不产生过大的沉降、变形及不均匀沉降，对箱梁支架进行预压试验。预压材料采用砂袋进行。在预压前选取特殊点作为监测点并做明显的标识，由测量人员测出监测点的高程。按照现浇箱梁模板承受的总压强分级施加荷载，第一次加荷到总量的60％，第二次加荷到总量的80％，第三次加荷到总量的120％，并分别观测控制点的变化情况。加载前测一次，加载完毕测一次，加载至120％后每隔24 h观测一次，卸载6 h后观测一次标高。当满足下列条件之一时支架预压判定合格：

（1）各监测点最初24 h的沉降量平均值小于1 mm。

（2）各监测点最初72 h的沉降量平均值小于5 mm。

如果超过上述条件则对同类支架基础全部进行处理，处理后的支架基础应重新选择代表性区域进行预压，直到满足合格标准。

5．施工预拱度的设置

根据支架体系预压过程中的监测结果，计算支架基础、支架的弹性及非弹性变形值，施工预拱度值F＝地基弹性变形量＋支架变形量＋梁体设计拱度值。施工预拱度值按二次抛物线法进行分配，按算出的施工预拱度调整箱梁底模标高。

6．模板施工

箱梁模板主要由底模板、外侧模板、内模板三部分组成。

（1）底模板采用δ＝15 mm竹胶板，对于碗扣式支架底部横肋为10 cm×10 cm方木，对于盘扣式支架底部横肋为10 cm×15 cm方木，间距为0.3 m，为防止面板窜动将面板和方木用铁钉钉好，底模板与外侧模板连接采用底包侧，为使其与外侧模板密贴，在贴合处设置空心压条。

（2）侧模板为采用δ＝15 mm竹胶板，外侧模板与底模板连接采用底包侧，为确保连接牢固，底板伸出腹板外侧10 cm，底部用对拉杆紧固，侧模背楞采用10 cm×10 cm方木进行加固，间距为0.3 m。为保证侧模板的安全，腹板侧模采用钢管斜撑支撑，斜撑以每隔1.5 m的间距交叉布置于腹板与翼板下方，两交叉钢管用扣件互相连接，钢管底顶住基础混凝土面，与扫地杆、支架用扣件紧密连接，防止模板移位。

（3）内模板采用15 mm木胶板，以40 cm间距的5 cm×10 cm方木为内肋（立放），60 cm间距的10 cm×10 cm方木为外肋；采用50 cm间距的10 cm×10 cm方木为竖向支撑杆，采用60 cm间距ϕ48 mm钢管作为水平支撑。在每跨箱梁跨中处上方预留1.2 m（纵向）×0.8 m（横向）的施工孔洞，待箱室模板、支架拆除从此孔运出后，采用吊模（15 mm木胶板、内背肋5 cm×10 cm方木间距20 cm和3根外背肋10 cm×10 cm方木）浇筑混凝土补全箱室顶板。

模板尽量整张使用以减少加条、接缝，模板板缝紧密吻合，用密封条密封，以保证拆模后板缝混凝土的光滑。模板施工过程中由专人控制顶高程（包括设计高程、设计预拱度、施工预拱度）、控制线位置。

7. 支架及模板拆除

非承重侧模板应在混凝土强度达到 2.5 MPa，且能保证其表面及棱角不致因拆模而受损坏时方可拆除。芯模应在混凝土强度能保证其表面不发生塌陷或裂缝现象时方可拆除。承重模板、支架应在混凝土强度能承受其自重荷载及其他可能的叠加荷载时方可拆除。对于预应力结构混凝土，其侧模板应在预应力钢束张拉之前拆除，底模板及支架在结构建立预应力后方可拆除。模板和支架的拆除应遵循“后支先拆、先支后拆”的原则顺序进行。

二、支架方案 2

本方案为采用盘扣式支架的搭设方案。

(一) 采用盘扣式支架时的搭设形式

(1) 纵桥向：靠近桥柱墩位置 5 m 范围处的立杆间距为 1.2 m，中隔板位置处的立杆间距为 1.2 m，其他位置立杆纵向间距为 1.5 m，横杆沿高度方向标准步距为 1.5 m。

(2) 横桥向：空箱下立杆间距为 1.5 m，空箱与空箱之间的腹板下立杆间距分别为 0.9 m 和 1.2 m，横杆沿高度方向标准步距为 1.5 m。

架体断开位置用钢管进行拉结，保证架体连接成整体。架体在翼缘板的支撑采用梁托架，即箱梁底和翼缘板共用一根立杆，翼缘板的荷载由梁托架传递到箱梁底和最外侧立杆上。

架体断开位置用钢管进行拉结，保证架体连接成整体；斜杆布置采用螺旋形式，步距 1.5 m。盘扣式支架布置如图 5-24～图 5-27 所示。

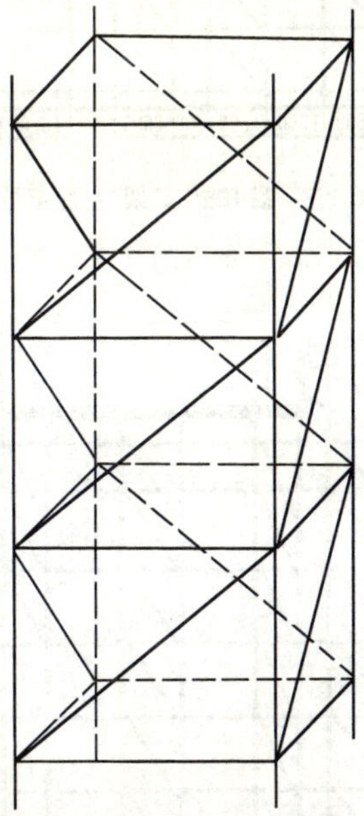

图 5-24　螺旋式搭设支架

(二) 盘扣式支撑系统安装的检查、验收

(1) 检查脚手架斜杆的销板是否打紧，是否平行与主杆；横杆的销板是否垂直于横杆；

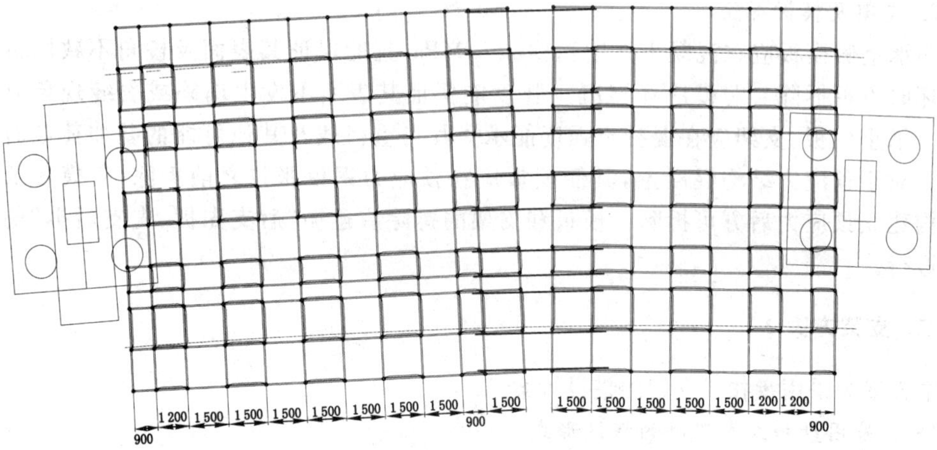

图 5-25 盘扣式支架平面布置图

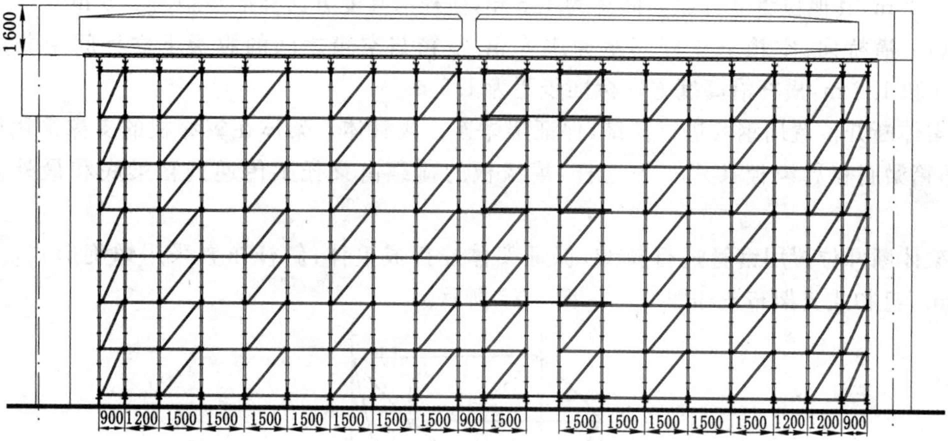

图 5-26 盘扣式支架立面布置图

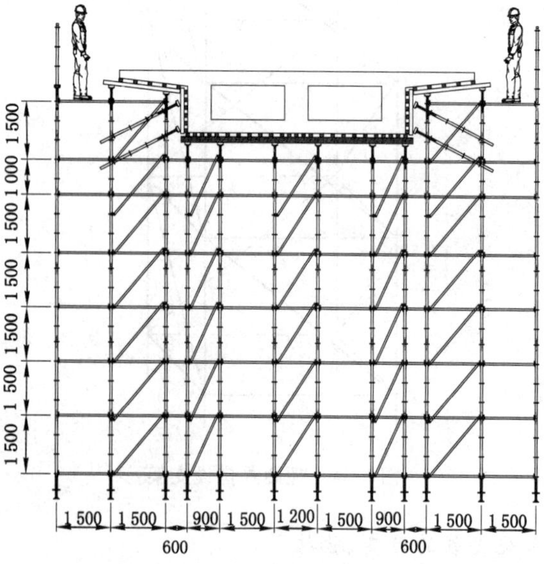

图 5-27 盘扣式支架横断面布置图

检查各种杆间的安装部位、数量、形式是否符合设计要求。脚手架的所有销板都必须处于锁紧状态。

(2) 脚手板应在同一步内连续设置，脚手板应铺满，上下两层主杆的连接必须紧密，通过观察上下主杆连接处或透过检查孔观察，间隙应小于 1 mm。

(3) 不配套的脚手架和配件不得混合使用。

(4) 悬挑位置准确，各阶段的横杆、斜杆安装完整，销板安装紧固，各项安全防护到位。

(5) 脚手架的垂直度与水平度允许偏差应符合表 5-20 的规定要求。

表 5-20　盘扣式脚手架搭设垂直度与水平度允许偏差　　单位：mm

项目		规格	允许偏差
垂直度	每步架	ϕ60 系列	±5.0
	脚手架整体	ϕ60 系列	±50.0
水平度	一跨内水平架两端高差	ϕ60 系列	±5.0

(6) ϕ60 mm 系列脚手架的 U 形顶托和下调整座的调整范围如表 5-21 所列。

表 5-21　ϕ60 mm 系列脚手架的 U 形顶托和下调整座的调整范围　　单位：mm

规格长度		U 形顶托			下调整座		
(A)	(B)	最长(E)	最短(D)	可调距离(C)	最长(E)	最短(D)	可调距离(C)
600	200	400	100	300	400	100	300

(三) 构造设置

(1) 当搭设高度超过 8 m 的满堂模板支架时，水平杆的步距不得大于 1.5 m，箱梁底部设置一道水平剪刀撑。

(2) 模板支架可调托座伸出顶层水平杆或双槽钢托梁的悬臂长度不超过 650 mm，且丝杆外露长度严禁超过 300 mm，可调托座插入立杆或双槽钢托梁长度不得小于 200 mm。

(3) 模板支架可调底座调节丝杆外露长度不应大于 300 mm，作为扫地杆的最底层水平杆离地高度不应大于 550 mm。

(4) 周边应做临边防护，详细做法见图 5-23。

注：盘扣式支架的搭设其他施工步骤可参考支架方案 1。

三、质量标准和质量保证体系

(一) 进场前模板支撑架的材料质量标准

(1) 碗扣式模板支撑架的杆件质量标准。

① 碗扣式支架用钢管规格为 ϕ48 mm×3.5 mm，钢管壁厚不得小于 3.5－0.025 mm。

② 下碗扣、横杆接头、斜杆接头应采用碳素铸钢制造，其材料机械性能应符合标准的规定。

③ 立杆连接外套管壁厚不得小于 3.5－0.025 mm，内径不大于 50 mm，外套管长度不得小于 160 mm，外伸长度不小于 110 mm。

④ 钢管应无裂纹、凹陷、锈蚀，不得采用接长钢管。

(2) 方易鼎 M60 模板支撑架的杆件质量标准。

产品所用主要配件为花盘，为低碳合金钢板冲压而成，其材质为 Q345B，机械性能指标为：屈服强度不小于 345 MPa，抗拉强度为 475～560 MPa，延伸率≥21%。

横杠和斜杆的接头，采用材质为 35 号钢精铸而成。

楔型自锁式插销材质采用 45 号钢冲压制成，然后经热处理工艺加工。

本产品采用低碳合金钢焊缝钢管，材质为 Q345B，机械性能指标：屈服强度≥345 MPa，延伸率≥21%。杆件表面质量：产品外表面要求光洁，不能有裂缝、弯曲、焊渣飞溅物等妨碍正常使用的明显缺陷。

(3) 焊接要求：各焊缝应饱满，焊药清除干净，不得有未焊透、夹砂、咬肉、裂纹等缺陷，焊缝高度不小于 3.5 mm。

(4) 安全帽要求：安全帽要求能承受 5 m 钢管自 1 m 高度自由落下的冲击，帽衬须具有缓冲、消耗冲击力的作用，能保护头部免受伤害。

(5) 安全带要求：采用可卷式安全带，可卷和缓冲装置有效。

(6) 所有钢管均不得有明显变形和开裂等情形。所有检查出的不合格杆件均做标记打包出场。所使用的普通钢管也要符合规定的要求，普通扣件必须是正规厂家生产的合格产品。

（二）模板支撑架的检查与验收

(1) 碗扣式模板支撑架应在以下阶段进行检查、验收：基础排底完成后、支撑架杆件搭设前、每搭设 5 m 高度时、达到标高时、遇到 6 级以上大风时、大雨时、寒冷季节开冻后、停用一个月以上等。

(2) 支撑架使用中需要定期检查的内容。杆件的设置、连接、支撑、踏板安装是否牢固、底托是否松动、立杆是否悬空、楔形件是否松动、立杆是否垂直、防护是否有破损、施工是否超载。

(3) 检查横杆是否垂直于立杆；检查各种杆件安装的部位、数量，形式是否符合设计要求。

（三）施工检测和监测方案

1. 检测项目

支架模板支撑系统的整体稳定状况，梁、顶模板浇筑时模板受力变形状况，浇筑混凝土时模板沉降变形情况等。

2. 监测方案

(1) 施工过程中及浇筑混凝土时应加强质量控制和检查力度。发现问题应及时解决，落实整改方案。如发现模板或支架有明显变形的状况，应立即停止现场混凝土浇筑施工。并对模板或支撑架体进行加固处理。

(2) 浇筑混凝土作业时，应安排专人检查支撑系统的受力情况，检查梁体模板下方的架体受力变形情况；浇筑过程中应安排专人随时检查架体和支撑情况，发现下沉、松动和变形情况及时解决。若无法即时恢复，应立即加固或重新安装架体，对震动导致的局部松动，派人检查、加固。

(3) 在已浇筑面顶部，安排专人用水准仪检查模板变形情况，观测频率不得大于

1 次/30 min;保证施工作业在受控状态。

(4) 在梁纵向 1/2 跨长位置,每个监测剖面布设一个支顶水平位置监测点、一个支顶沉降观测点。

3. 观测方法

(1) 采用水准仪进行观测。

(2) 浇筑前进行第一次观测,以后每间隔半小时进行一次观测,并做好记录。

(3) 严格控制浇料高度,不得超过 40 cm,及时将混凝土振捣、铺平。

(4) 支撑架体内部布放备用木方及横杆、斜杆,根据实际情况及时进行加固处理。

(5) 变形监测预警值:支撑架体垂直位移为 10 mm;箱梁下方支架水平位移为 6 mm;箱梁支架沉降 10 mm。

第六节 桥面铺装

一、桥面钢筋网片铺设及接头绑扎

(1) 原材要求:钢筋表面应洁净,使用前应将表面油渍、漆皮、鳞锈等清除干净,钢筋网片的钢筋应平直无局部弯折,局部区域使用的盘圆应用卷扬机冷拉调直,钢筋网采用冷轧带肋钢筋网片。

(2) 箱梁顶面平整度应满足±0.5 cm,箱梁顶面必须进行抛丸处理,以保证与桥面铺装混凝土的结合质量。箱梁顶面严禁被油污、浮浆等污染。

(3) 钢筋网片的铺设及绑扎:钢筋绑扎在梁体现浇完成,并达到设计强度的 80%以上时,并经验收合格后方可进行。钢筋网片接头搭接要满足设计的搭接要求,接头绑扎在桥面上进行,钢筋网片采用人抬。铺钢筋网前应将桥面清理干净,绑扎完的钢筋网要挂牌标识,绑扎时要先画出底层钢筋的位置线,然后按线布置钢筋网片,绑扎其他钢筋时也要先用尺量找出该钢筋的位置线后再绑扎。为控制钢筋间距和保证钢筋的顺序,每隔 2 m 弹一钢筋控制线。

二、桥面防水混凝土浇筑

(1) 桥面混凝土浇筑采用振捣梁进行,振捣和面层施工一次完成。主要设备有混凝土输送车、水准仪、电焊机等。

(2) 混凝土来源:桥面混凝土为商品混凝土,用混凝土输送车运至施工现场。

(3) 该桥采用混凝土罐车输送混凝土到桥上,用手推车推混凝土到摊铺位置,人工用锹摊铺均匀。

(4) 振捣方法:该桥抗折层只有 8 cm,采用振捣梁进行振捣,振动要均匀,确保混凝土密实。

(5) 找平抹平:振捣梁振捣后,用 5 m 长铝合金方管作为刮杠精确找平,木抹子抹面,最后用磨浆机抹面成活。

(6) 混凝土养护:桥面混凝土浇筑完毕后,应再用帆布或草袋子覆盖,以保证养护温度在 15 ℃左右,并适当对桥面混凝土进行洒水养护,养护时间不少于 7 d。

第六章 钢箱梁桥安装施工案例

第一节 工程概况

某工程第3标段主线桥上跨六环路，上部结构采用简支小箱梁、现浇混凝土连续箱梁、连续钢箱梁和简支钢箱梁，桥面连续。主线桥段由北向南依次上跨黄马路、六环路、辛各庄路。桥梁宽度38～46 m。该标段上跨六环路设置互通立交——六环路立交匝道桥，每条匝道均由路基和匝道桥组成，匝道桥上部结构用现浇混凝土连续箱梁、简支小箱梁和连续钢箱梁，桥宽均为10 m，主线桥和互通立交匝道桥现浇箱梁高度为1.8 m(或1.6 m)。

第二节 钢箱梁施工

一、钢梁分布

该标段钢梁主要分为两部分，第一部分为跨越六环路段立交钢梁，第二部分为跨越黄马路、新风河及沉淀池段钢梁。本节主要论述第二部分钢梁的安装方法。

第二部分钢梁包含4座钢箱梁桥，分别为BX322～BX325轴钢梁、ZX321～ZX324轴钢梁、EN03～EN06轴钢梁以及ZX341～ZX342轴钢梁。其中前3座钢箱梁桥均为3跨连续梁，每一跨分别跨越黄马路、新风河以及沉淀池，最后1座钢箱梁桥为1跨简支梁。非跨六环段钢梁平面位置图如图6-1所示。

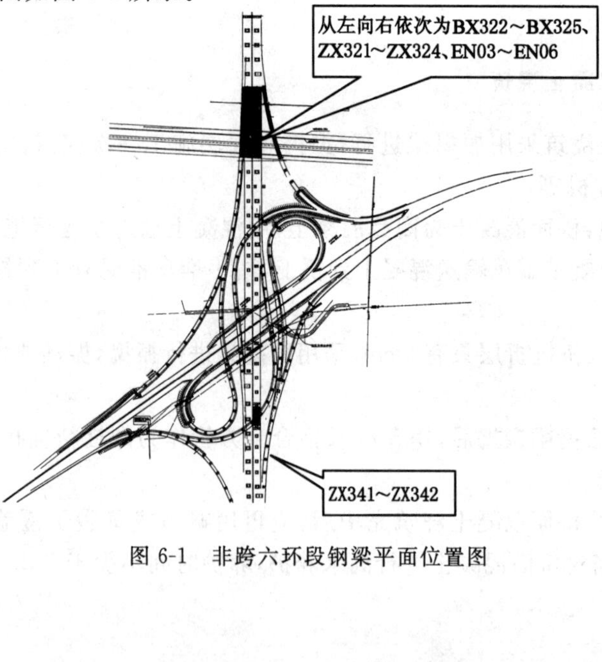

图6-1 非跨六环段钢梁平面位置图

二、钢梁概述

(一) BX322～BX325 轴钢梁

BX322～BX325 轴钢梁为 3 跨连续梁，跨径组合为 55 m＋49 m＋53.9 m，钢梁宽度为 24.207～31.084 m 变宽，梁高 2.5 m，钢梁由 4 榀主箱室构成，箱室宽度均为 3.5 m，各箱室之间设箱间横梁，箱梁最外侧设 1.88 m 宽的悬臂梁。钢梁布置图如图 6-2～图 6-4 所示。

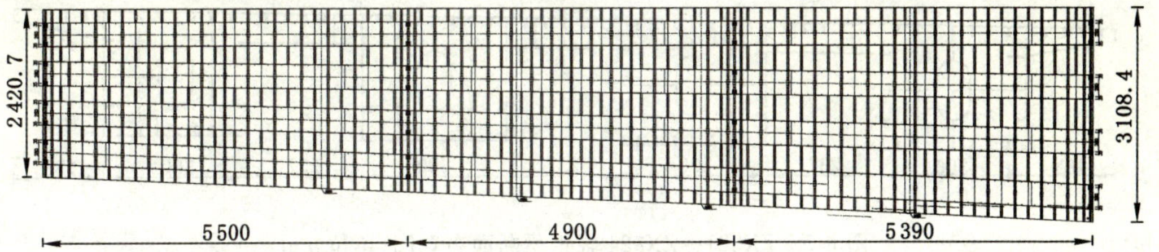

图 6-2　BX322～BX325 轴钢梁平面布置图(单位:cm)

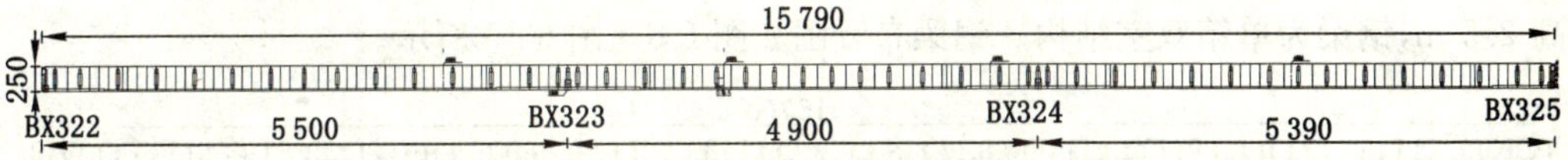

图 6-3　BX322～BX325 轴钢梁立面布置图(单位:cm)

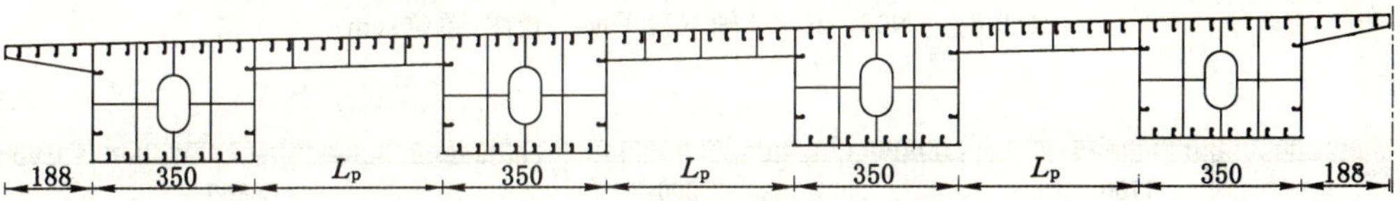

图 6-4　BX322～BX325 轴钢梁断面布置图(单位:cm)

(二) ZX321～ZX324 轴钢梁

ZX321～ZX324 轴钢梁为 3 跨连续梁，跨径组合为 55 m＋49 m＋55 m，钢梁宽度为 22.87 m，梁高 2.5 m，钢梁由 4 榀主箱室构成，箱室宽度均为 3 m，各箱室之间设箱间横梁，箱梁最外侧设 1.88 m 宽的悬臂梁。钢梁布置图如图 6-5～图 6-7 所示。

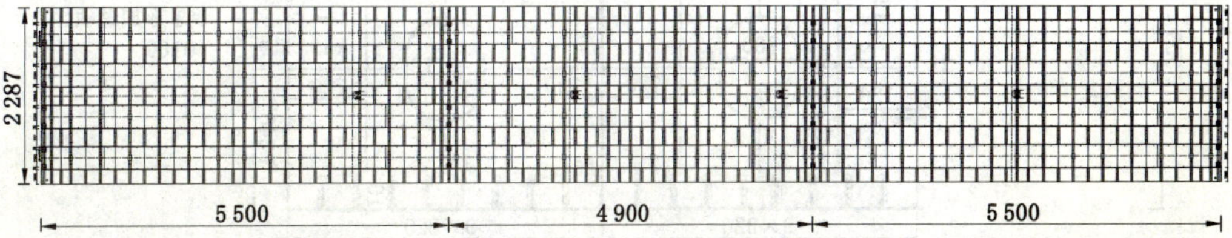

图 6-5　ZX321～ZX324 轴钢梁平面布置图(单位:cm)

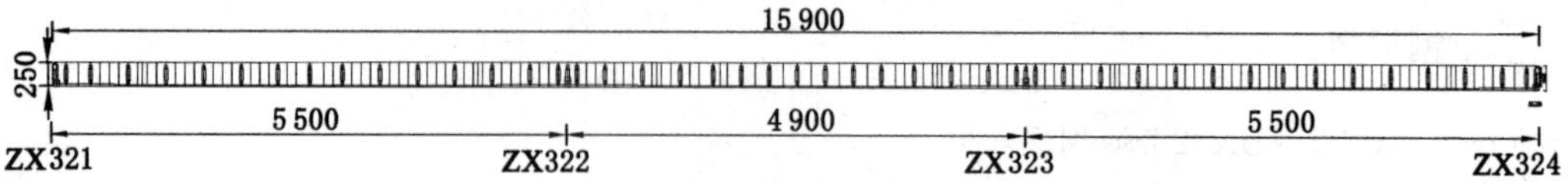

图 6-6　ZX321～ZX324 轴钢梁立面布置图(单位:cm)

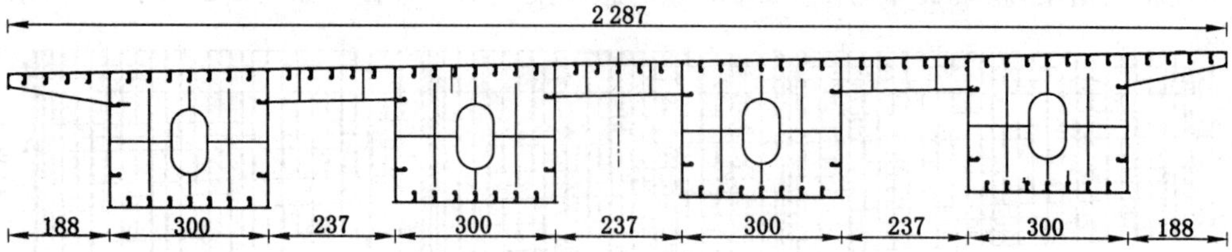

图 6-7　ZX321～ZX324 轴钢梁断面布置图(单位:cm)

(三) EN03～EN06 轴钢梁

EN03～EN06 轴钢梁为 3 跨连续梁,跨径组合为 57 m+52 m+58 m,钢梁宽度为 9.76 m,梁高 2.5 m,钢梁为单箱双室结构。钢梁布置图如图 6-8～图 6-10 所示。

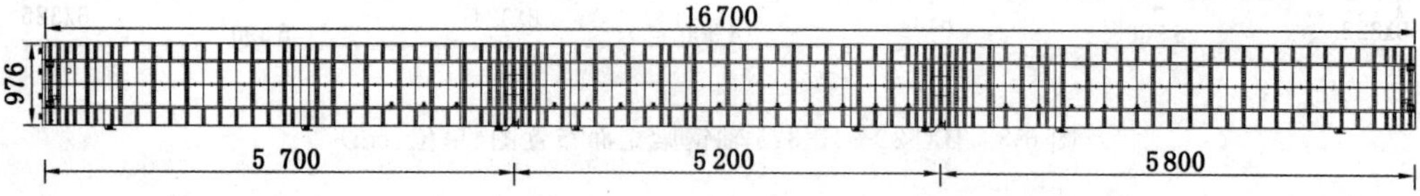

图 6-8　EN03～EN06 轴钢梁平面布置图(单位:cm)

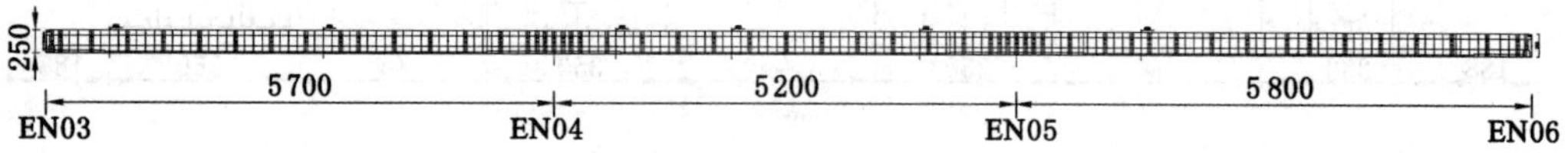

图 6-9　EN03～EN06 轴钢梁立面布置图(单位:cm)

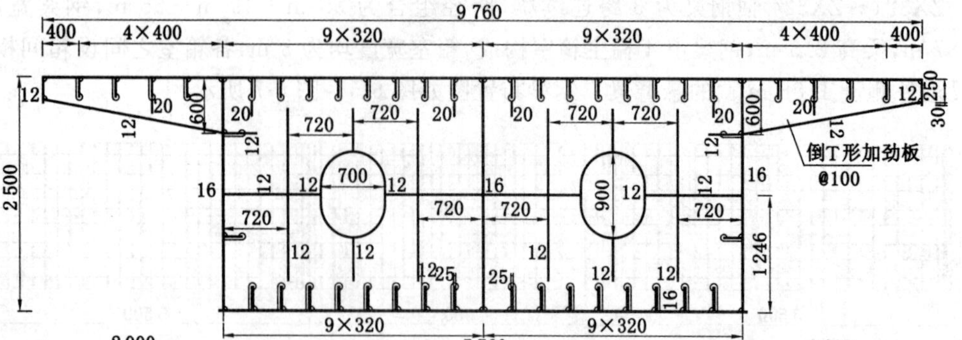

图 6-10　EN03～EN06 轴钢梁断面布置图

（四）ZX341～ZX342 轴钢梁

ZX341～ZX342 轴为一跨 42 m 简支钢梁，钢梁梁宽 18.87 m，梁高 2.2 m。钢梁由 3 榀主箱室构成，箱室宽度均为 3 m，各箱室之间设箱间横梁，箱梁最外侧设 1.88 m 宽的悬臂梁。钢梁布置图如图 6-11～图 6-13 所示。

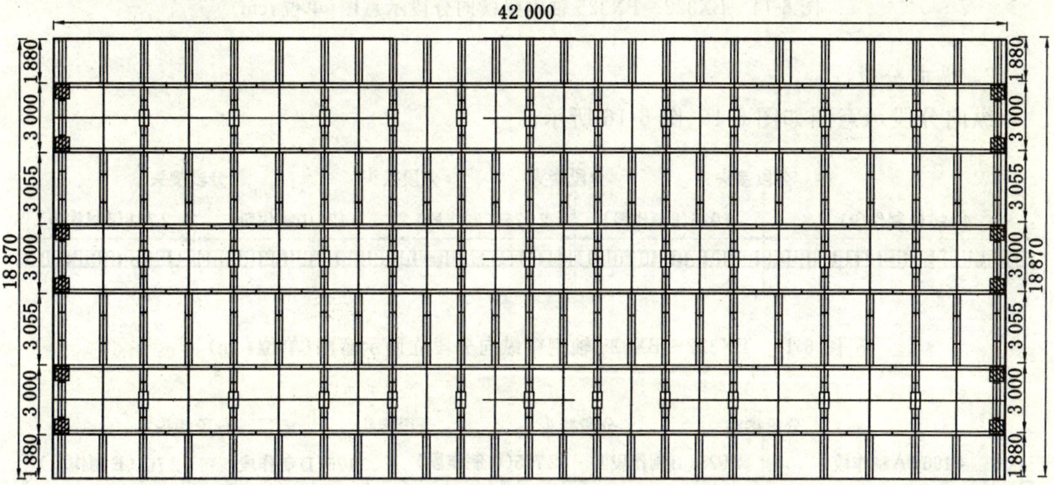

图 6-11　ZX341～ZX342 轴钢梁平面布置图

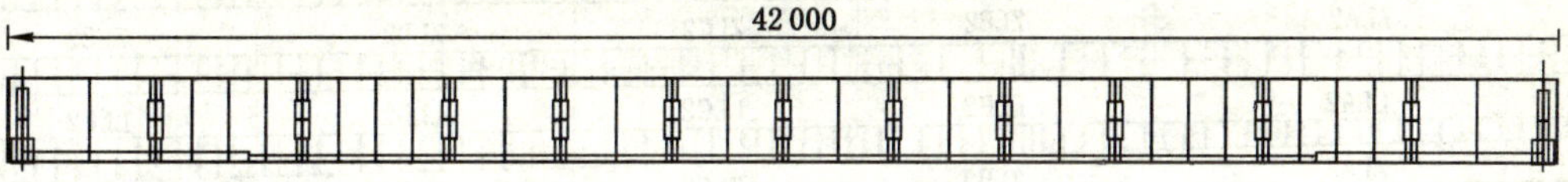

图 6-12　ZX341～ZX342 轴钢梁立面布置图

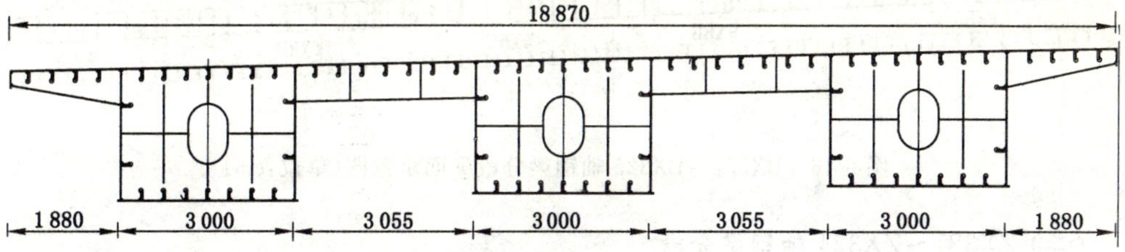

图 6-13　ZX341～ZX342 轴钢梁断面布置图

三、钢梁吊装分段

考虑到公路运输构件外形尺寸的限制，钢梁在工厂内加工时将钢箱梁划分成满足运输条件的钢构件，将钢构件陆路运输至现场后再将各个钢构件分段吊装至桥位进行现场连接。

（一）BX322～BX325 轴钢梁分段

1. 横向分段

横向分为 4 个钢箱、3 个横梁和 2 个悬臂共计 9 个分段，如图 6-14 所示。

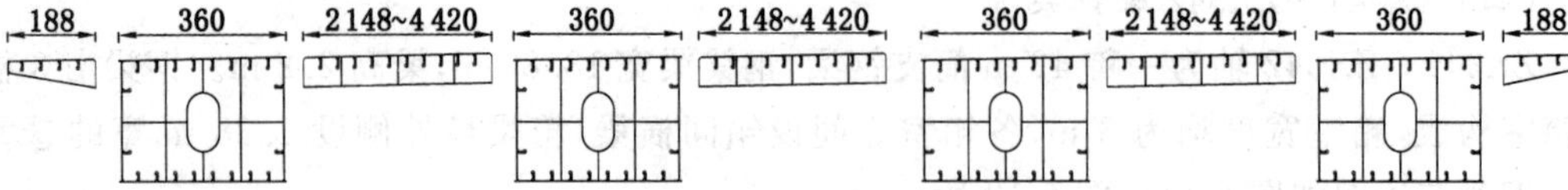

图 6-14　BX322～BX325 轴钢梁横向分段示意图(单位:cm)

2. 纵向分段

纵向分段示意图如图 6-15、图 6-16 所示。

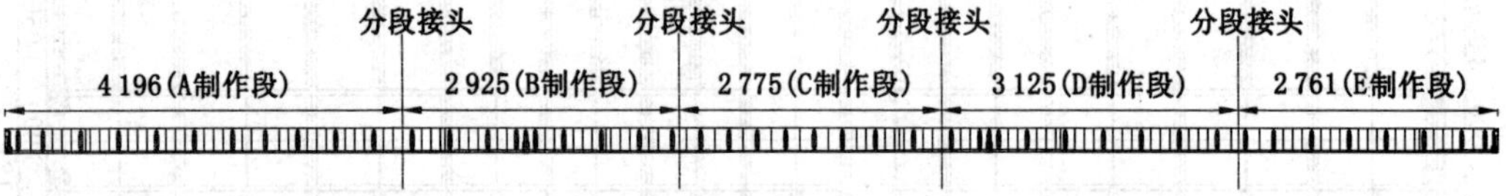

图 6-15　BX322～BX325 轴钢梁纵向分段立面示意图(单位:cm)

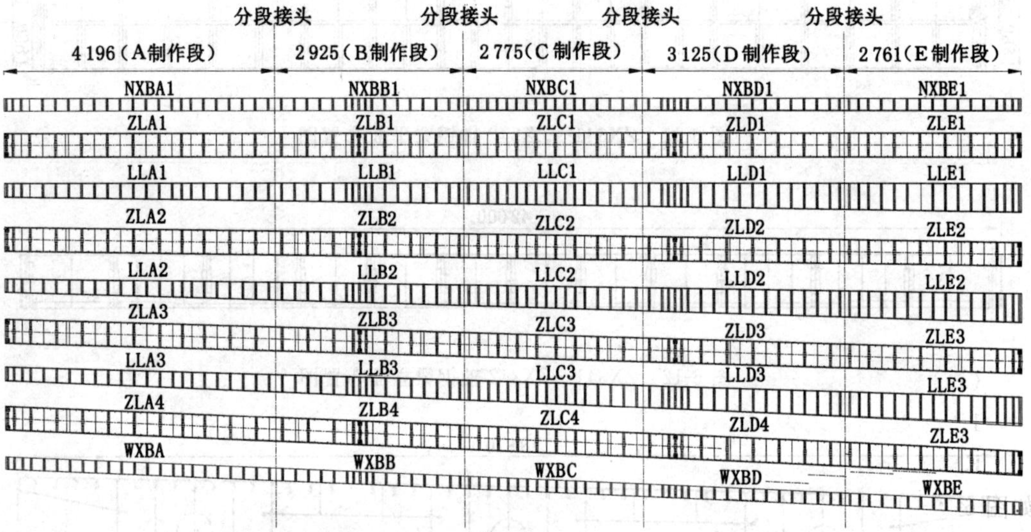

图 6-16　BX322～BX325 轴钢梁分段平面示意图(单位:cm)

(二) ZX321～ZX324 轴钢梁分段

1. 横向分段

横向分为 4 个钢箱、3 个横梁和 2 个悬臂共计 9 个分段,如图 6-17 所示。

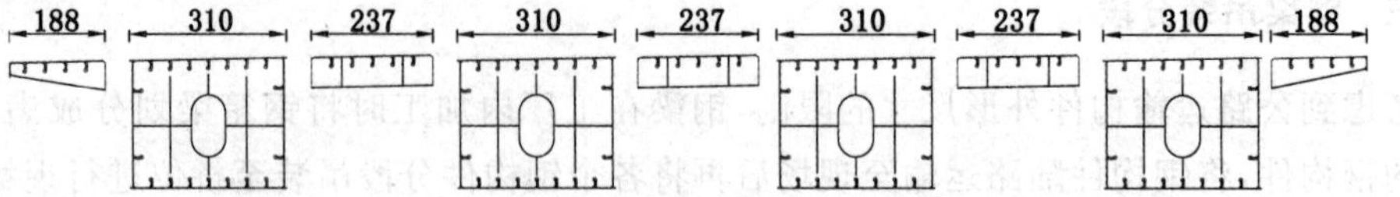

图 6-17　ZX321～ZX324 轴钢梁横向分段示意图(单位:cm)

2. 纵向分段

纵向分段示意图如图 6-18、图 6-19 所示。

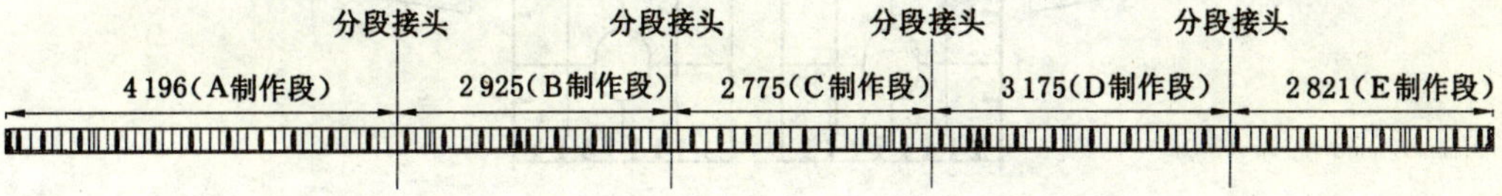

图 6-18　ZX321～ZX324 轴钢梁纵向分段立面示意图(单位:cm)

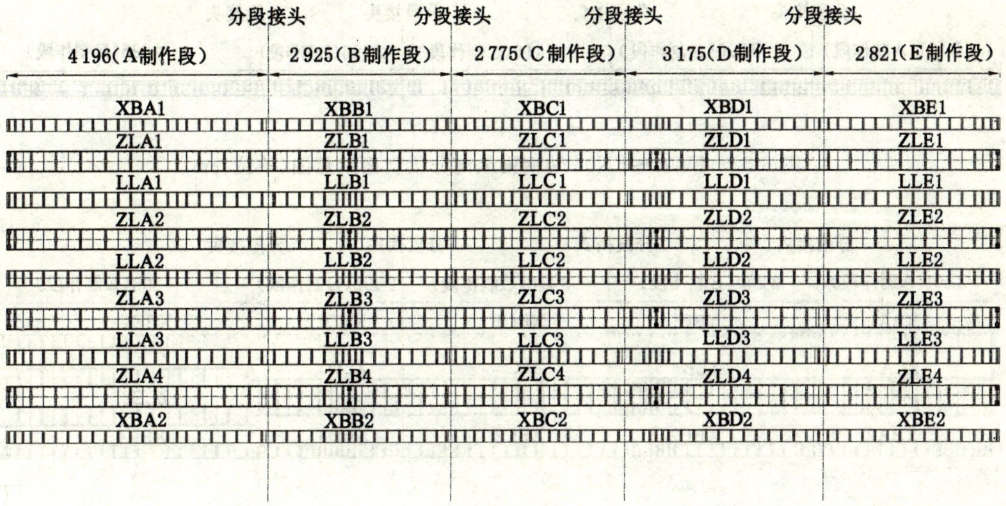

图 6-19　ZX321～ZX324 轴钢梁分段平面示意图(单位:cm)

(三) EN03～EN06 轴钢梁分段

1. 横向分段

EN 匝道的 A、B、C、D4 个制作段横向分为一个主箱室和 2 个悬臂梁共计 3 个制作段，如图 6-20 所示。

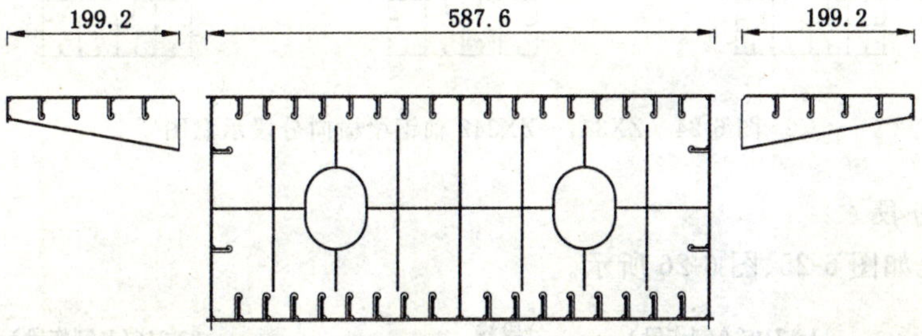

图 6-20　EN03～EN06 轴钢梁 A、B、C、D 制作段横向分段示意图(单位:cm)

EN 匝道的 E 制作段受吊装能力的限制横向分为 4 个制作段，如图 6-21 所示。

2. 纵向分段

纵向分段如图 6-22、图 6-23 所示。

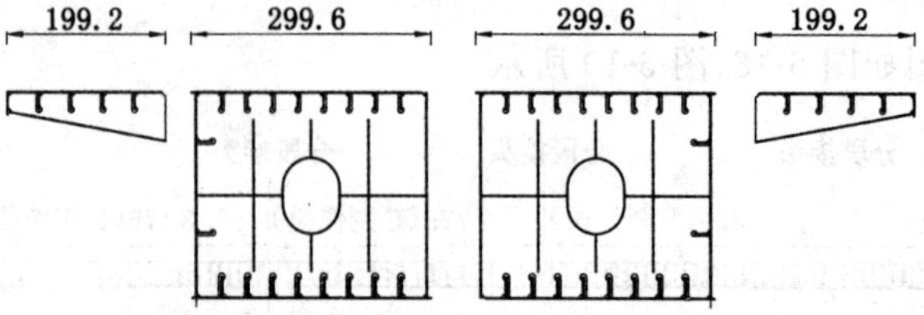

图 6-21　EN03～EN06 轴钢梁 E 制作段横向分段示意图(单位:cm)

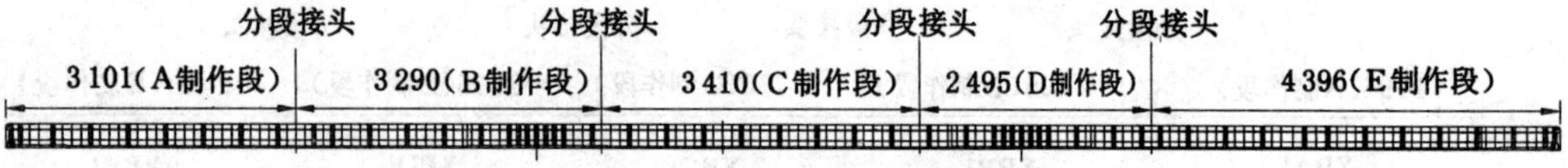

图 6-22　EN03～EN06 轴钢梁纵向分段立面示意图(单位:cm)

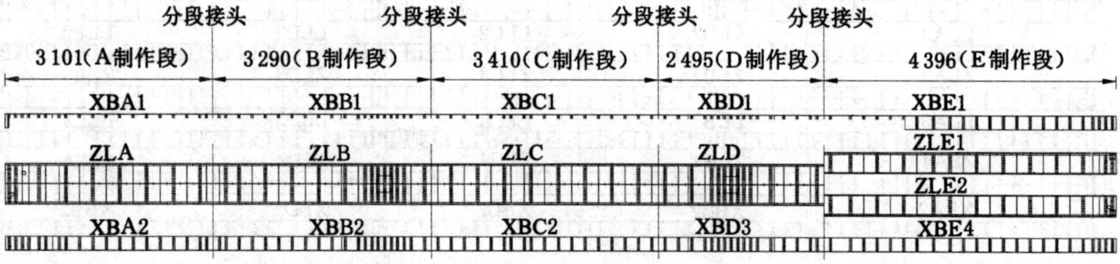

图 6-23　EN03～EN06 轴钢梁纵向分段平面示意图(单位:cm)

(四) ZX341～ZX342 轴钢梁分段

1. 横向分段

横向分为 3 个钢箱、2 个横梁和 2 个悬臂共计 7 个分段,如图 6-24 所示。

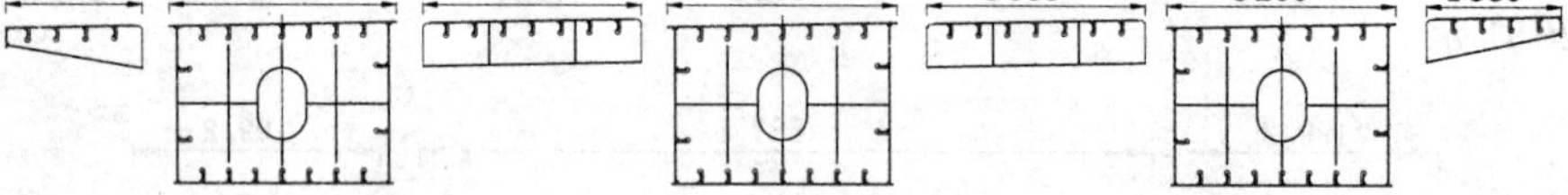

图 6-24　ZX341～ZX342 轴钢梁横向分段示意图

2. 纵向分段

纵向分段如图 6-25、图 6-26 所示。

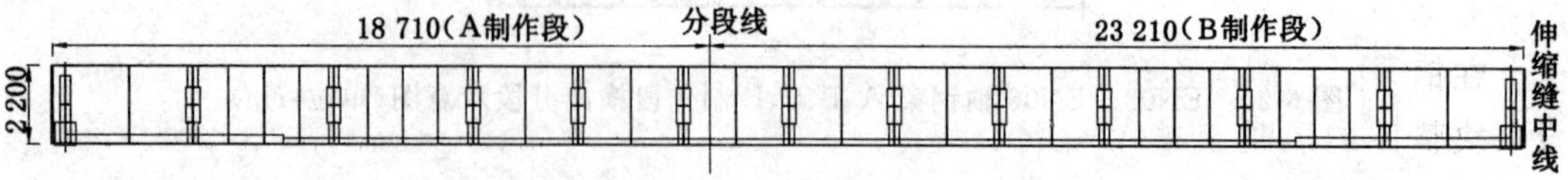

图 6-25　ZX341～ZX342 轴钢梁纵向分段立面示意图

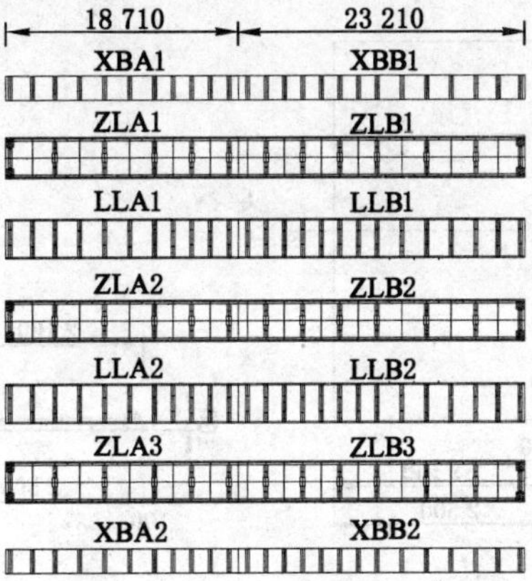

图 6-26　ZX341～ZX342 轴钢梁分段平面示意图

四、临时支架

(一) 临时支架概述

钢梁在加工厂预制成分段构件后运输至现场进行分节段的吊装，在各个节段的现场接缝处设置临时支架，钢梁在支架上进行现场焊接。临时支架采用钢管与型钢组成的格构式组合支架，临时支架均设置于各个制作段接口位置。

(二) 支架材料

临时支架由型钢与钢管组成，支架底部设混凝土扩大基础，在混凝土基础上立 ϕ377 mm×10 mm 的钢管柱，钢管之间设置[16 作为平撑，∟75 mm×75 mm×6 mm 作为斜撑，钢管柱顶设置双拼 HN250 mm 型钢作为分配梁，分配梁顶设[20 作为垫块调节高程。所有部件之间均采用焊接连接。

1. 钢管柱及柱间支撑

钢管支架采用 ϕ377 mm×8 mm 钢管，每一组支架由 4 根钢管柱组成。为了提高支架的整体稳定性，竖向钢管之间设置柱间支撑，水平联系采用[16，斜撑采用∟75 mm×75 mm×5 mm。

在扩大基础顶面设置预埋钢板，钢管与预埋钢板之间采用焊接连接，如图 6-27 所示。

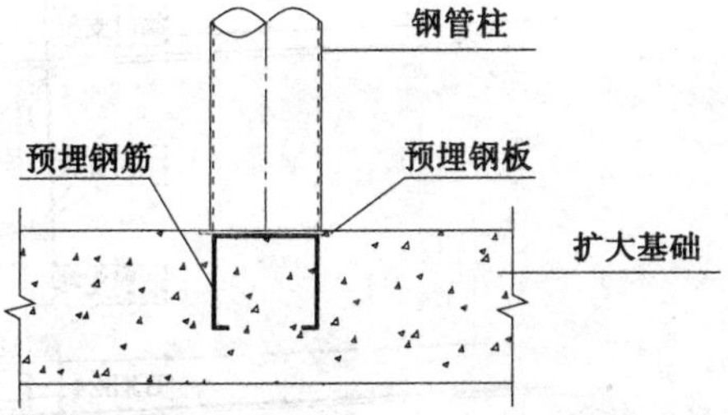

图 6-27　钢管柱与基础连接大样

2. 分配梁

竖向钢管顶部设置分配梁，将上部结构传来的荷载均匀分配至竖向钢管。分配梁采用双拼 HN250 mm 型钢。

3. 扩大基础

在钢梁同一横断面位置的两组临时支架下设一块整体的混凝土扩大基础，扩大基础采用 C20 混凝土，基础厚度为 50 cm，在扩大基础内配置 ϕ12 mm@200 mm 底板钢筋。

主线桥各个临时支架扩大基础的平面尺寸根据支架的宽度分为 5 m×4 m 和 5 m×3.5 m 两种，匝道桥临时支架的扩大基础的平面尺寸为 7.76 m×4 m。如图 6-28、图 6-29 所示。

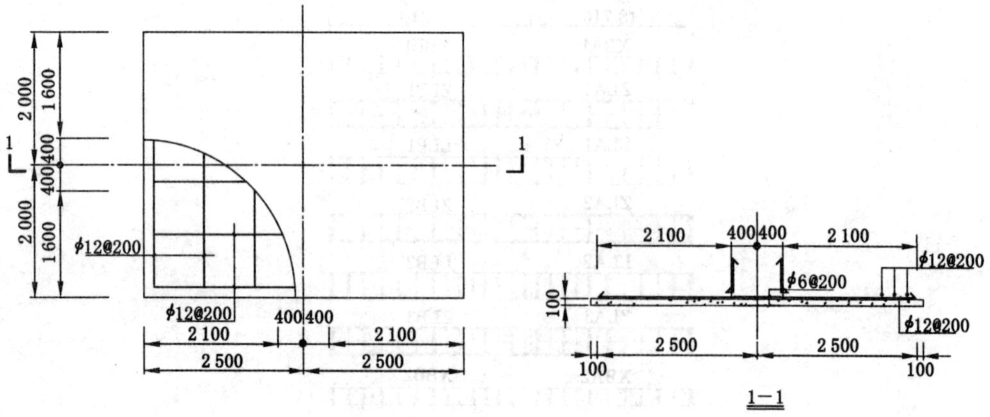

图 6-28　主线桥支架基础构造图

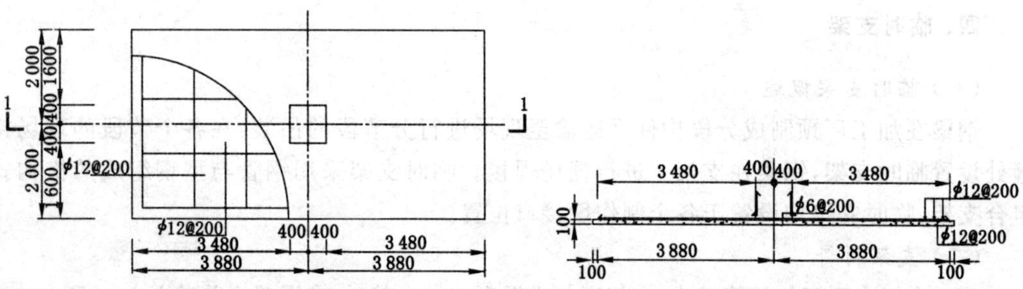

图 6-29　匝道桥支架基础构造图

(三) 临时支架布置

1. 三跨连续钢梁临时支架

(1) 临时支架总平面布置图见图 6-30。

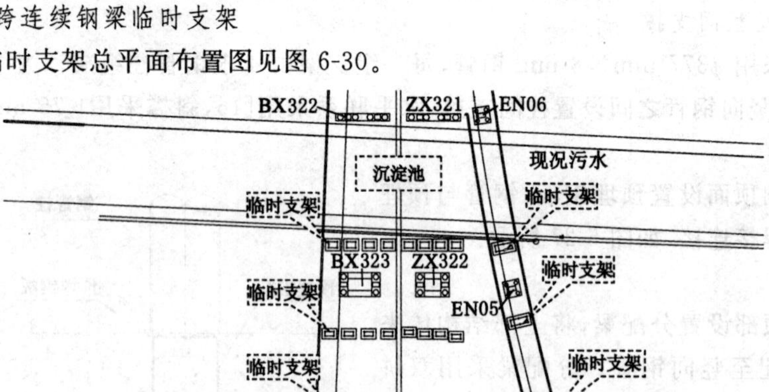

图 6-30　三跨连续钢梁临时支架总平面布置图

(2) 临时支架立面布置图见图 6-31。

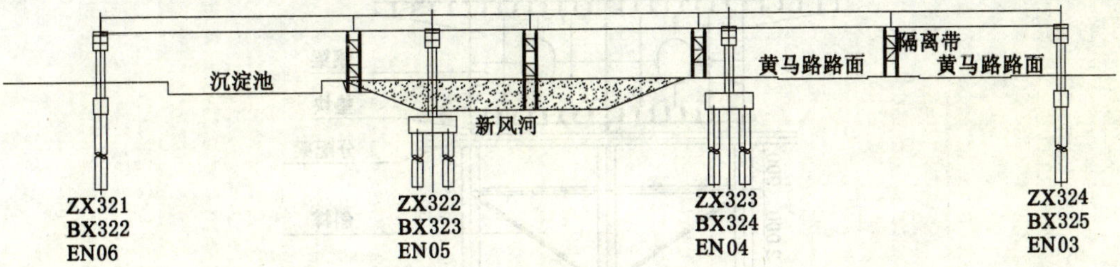

图 6-31　三跨连续钢梁临时支架立面布置图

(3) 临时支架断面布置图见图 6-32～图 6-34。

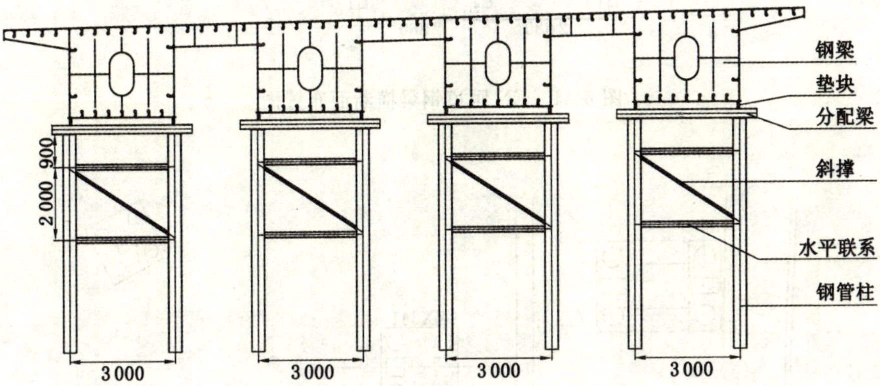

图 6-32　ZX 线钢梁支架横断面布置图

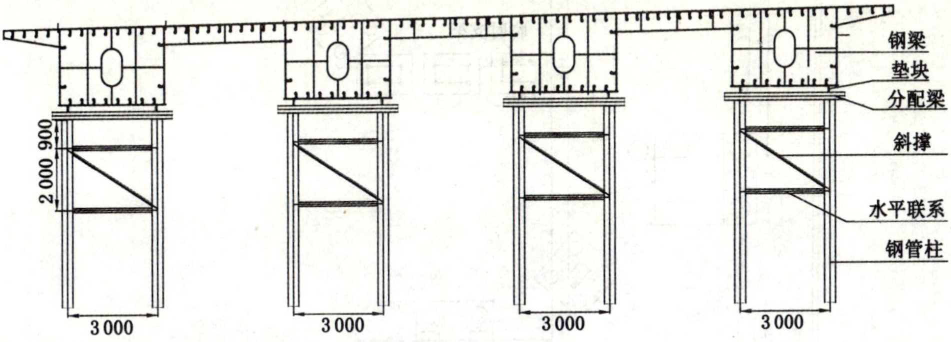

图 6-33　BX 线钢梁支架横断面布置图

2. 简支梁临时支架

(1) 临时支架平面布置图见图 6-35。

(2) 临时支架立面布置图见图 6-36。

(3) 临时支架断面布置图见图 6-37。

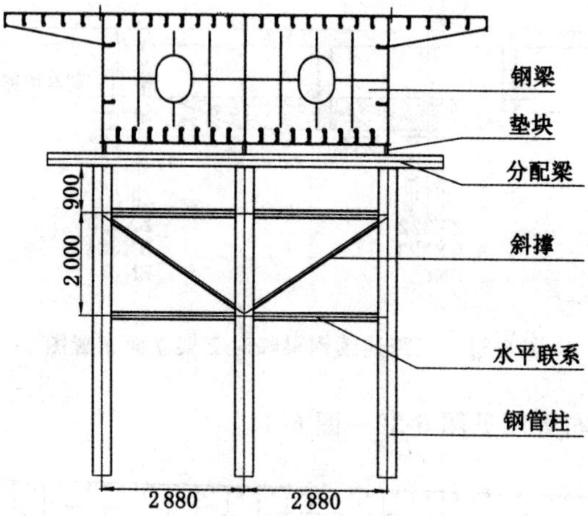

图 6-34　EN 匝道钢梁横断面布置图

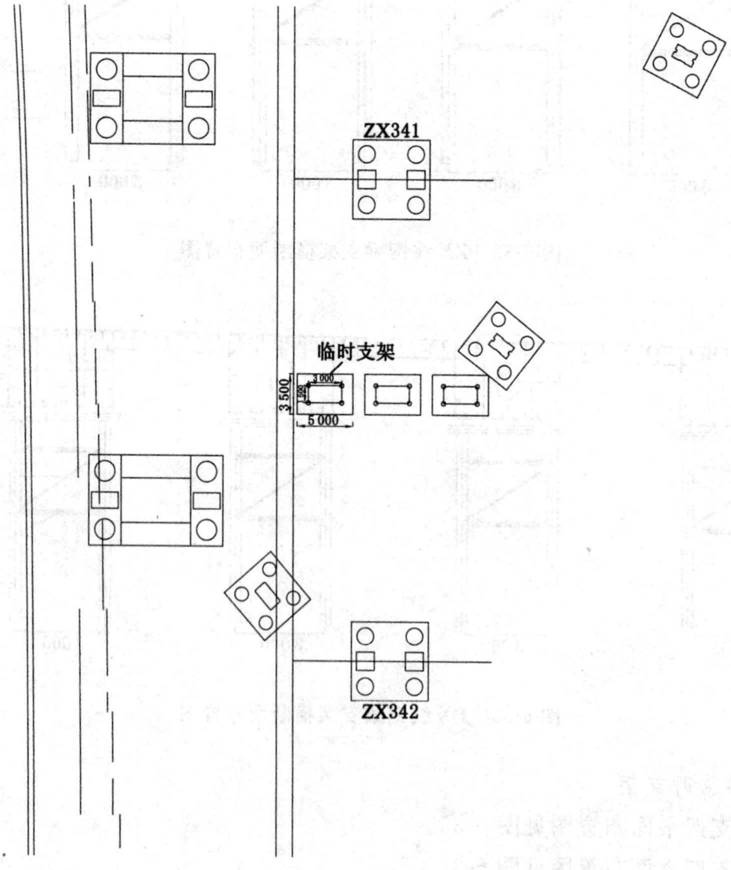

图 6-35　简支梁临时支架平面布置图

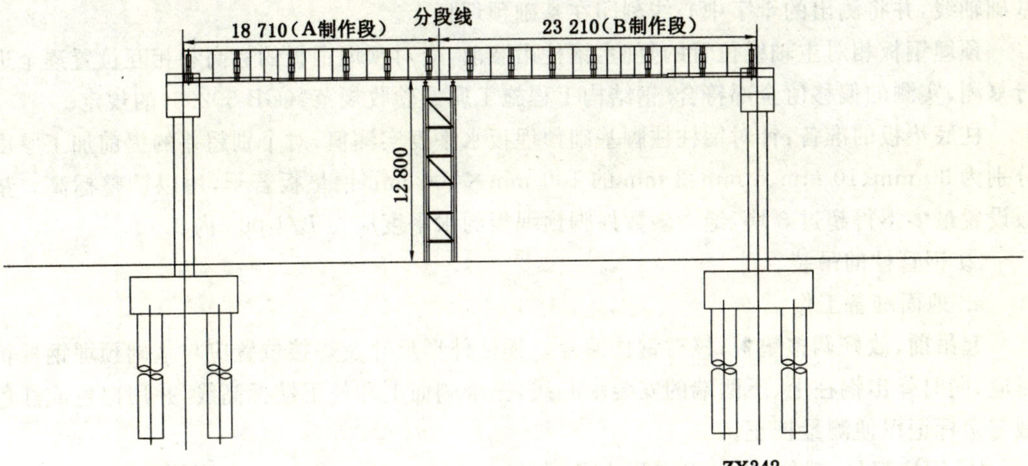

图 6-36 简支梁临时支架立面布置图

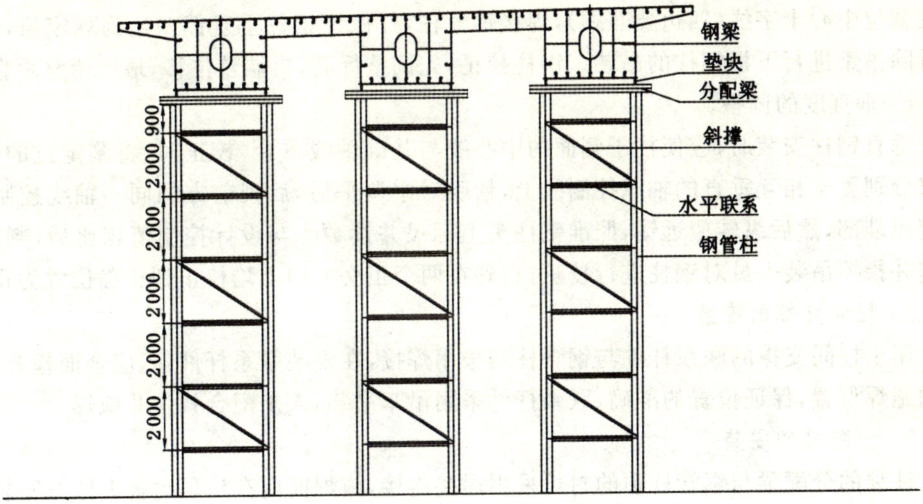

图 6-37 简支梁临时支架断面布置图

（四）临时支架施工

1. 钢管柱施工

(1) 钢管柱规格。

钢管柱尺寸为 ϕ377 mm×8 mm，钢管柱之间的连接采用焊接。本工程采用 Q235B 等级的结构钢材。

(2) 钢管柱安装。

钢管柱柱脚与基础顶的预埋钢板采用焊接连接，焊接方法采用间断焊的方式，焊脚高度不得低于 6 mm。

① 钢柱基础与预埋件检查验收。

钢柱基础验收：钢结构工程吊装前，必须复查基础，合格后办理交接验收手续。

基础主轴线的复验：根据基础控制点，测验纵横主轴线，然后以主轴线为基准测验其他基础轴线，并将测出的十字中心线刻印在基础预埋板上。

预埋钢板相对主轴线位置的复验：钢柱吊装前，应对预埋钢板的标高和相互位置逐个进行复测，实测的偏移值全部符合《钢结构工程施工质量验收规范》(GB 50205)的规定。

柱底垫板的准备：针对钢柱柱脚基础预埋板水平度实测值，对个别超差的提前加工厚度分别为 30 mm、10 mm、5 mm、3 mm 的 100 mm×100 mm 钢垫板若干，用以调整标高。垫板设置最多不得超过 3 块，绝大多数柱脚预埋板的水平度应在 $L/1\ 000$ 内。

② 钢管柱的吊装。

a. 地面准备工作。

起吊前，放好调整垫板，核对钢柱编号。钢柱外形尺寸及焊接位置应与基础预埋钢板相对应，同时弹出钢柱上、下两端的安装中心线，三个侧面上和柱下端标高线，并用白色或红色做三角标记以便测量校正。

b. 钢柱起吊、就位、临时固定及校正。

本工程采用 16 t 汽车吊单机起吊法。钢柱吊起离地面 50 cm 时应停机检查吊索具是否安全可靠，确认无误后起升到安全高度，移到就位基础上方，缓慢下降，调整好标高，对准钢柱就位中心十字线(四边要兼顾)，焊接钢管柱，并保证钢柱垂直偏差达到规定值，焊接完毕拆除吊索进行下根钢柱的吊装。钢柱校正：先调整标高，再调整位移，最后调整垂直度。

c. 垂直度的调整。

垂直钢柱安装时，应使柱子侧面的中心线与基础轴线重合，校正时，将鉴定过的两台经纬仪分别置于相互垂直的轴线控制线上，精确对中调平后，后视前方的同一轴线控制线，并固定照准部，然后纵转望远镜，照准钢柱头上标尺并读数。与设计控制值相比后，判断校正方向并指挥吊装人员对钢柱进行校正，直到在两个正交方向上均校正到正确位置为止。

2. 柱间支撑的安装

用于柱间支撑的联系杆件与钢管柱均采用焊接，在安装联系杆件前，应全面检查钢管柱上的施焊位置，保证位置的准确，联系杆件采用吊车吊装，人工配合就位并施焊。

3. 分配梁的安装

柱顶的分配梁与钢管柱顶的封板采用焊接连接，施焊前应在柱顶封板上做好安装标示。分配梁采用 16 t 汽车吊吊装，人工配合就位并施焊。

4. 支架高程控制

布设水准基点：考虑到基础沉降和钢支架压缩变形的实时监控需要，布置一闭合水准路线，作为全部标高测量的基准。

具体控制点的测量：根据原始的水准基础点，对各个具体控制点进行标高测量，主要测量各个桥墩处的支架标高、各段钢箱梁接口处支架的标高、吊装过程中进行精确的构件标高确定。

根据复测得到的支架顶标高来调整垫块的高度，确保梁底标高符合要求。

(五) 临时支架拆除

(1) 支架及其配件拆除应按施工设计规定的程序进行，拆除时要由上到下、由小到大、横向和纵向应对称均衡卸落。

(2) 排架拆除前，应对支架做全面检查，清除全部剩余材料、器具及杂物，否则不许拆除。

(3) 拆除支架时，必须划出安全区，设警戒标志，并设专人看管。

(4) 支架拆除应从顶层开始，后搭部分先拆，先搭部分后拆，逐层往下拆除，禁止上下层(阶梯形)同时拆除。

(5) 拆除的构件用吊具送下，禁止抛掷。

(6) 风力 4 级(含)以上、高温、大雨、大雪、大雾、沙尘暴等恶劣天气，应停止露天支架拆除作业。

五、钢梁安装方案

(一) 安装方案概述

本工程钢梁的安装均采用汽车吊吊装的方法，各个钢梁制作段按顺序依次吊装至临时支架上之后，再进行钢梁的现场焊接。

(二) 钢梁吊装顺序

先安装 ZX321～ZX324 轴和 BX322～BX325 轴钢梁，然后安装 EN 匝道钢梁，最后安装 ZX341～ZX342 轴简支钢梁。

ZX321～ZX324 轴和 BX322～BX325 轴钢梁在顺桥向的安装顺序为 D→C→B→A→E，横桥向的安装顺序为从道路中心线开始向两侧进行安装。

EN 匝道桥的安装顺序与主线桥相同。

ZX341～ZX342 轴简支钢梁的安装顺序为从小桩号向大桩号侧进行。

(三) 吊索具的选用

1. 汽车吊

可根据实际情况选用 500 t 汽车吊、350 t 汽车吊和 260 t 汽车吊。

2. 钢丝绳

采用 6×37、ϕ58 mm 的纤维芯钢丝绳，钢丝绳选用压制钢丝绳，钢丝绳的公称抗拉强度为 1 770 MPa，破断拉力为 1 960 kN。

3. 吊耳

安装吊耳对应腹板和隔板位置焊接在顶板上，每个制作段根据吊装方法设置 4 个或 8 个吊耳，吊耳尺寸见图 6-38。

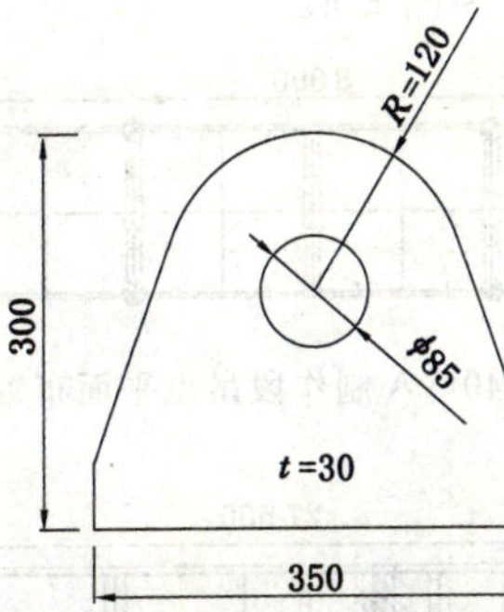

图 6-38　吊耳尺寸图

(1) 吊耳所用材料的力学性能不得小于母材力学性能，焊接用辅材必须与吊耳用材料相匹配。

(2) 吊耳焊接方法、焊脚尺寸，根据吊装物体的不同由技术人员确定。

(3) 吊耳的孔眼宜采用钻孔，数控割孔眼应打磨光滑，孔眼应打磨成圆弧倒角，以免损坏索具。

(4) 吊耳的安装方向应与受力方向一致，以免产生扭矩，致使吊耳断裂。

(5) 吊耳的安装位置与吊装构件的重心成对称布置，以保证吊耳的负荷均匀及吊装构件的平稳。

(6) 吊耳布置时注意构件的刚性，不得任意布置；吊耳应布置在纵、横构件交叉处，或有加强劲的部位，不得布置在构件受力差的部位。

(7) 吊耳焊接完成后必须认真检查，经超声探伤后由质检人员检验后方可使用。

(8) 严禁超负荷吊运作业。

(9) 吊运过程要严格遵守有关部门制定的吊运作业规章制度，确保安全操作。

(四) 钢梁吊点布置

1. 主线桥钢梁吊点布置

上跨沉淀池的A制作段设置8个吊点，吊点均设置于钢梁顶板上腹板及横隔板的交汇处，4个吊点设置于钢梁的两端，4个吊点设置于钢梁的中部。其余制作段均设置4个吊点，吊装方法为双机抬吊的制作段将吊点设置于钢梁的两端，吊装方法为单机起重的将吊点设置于钢梁的中部。

(1) 吊点断面布置图见图6-39。

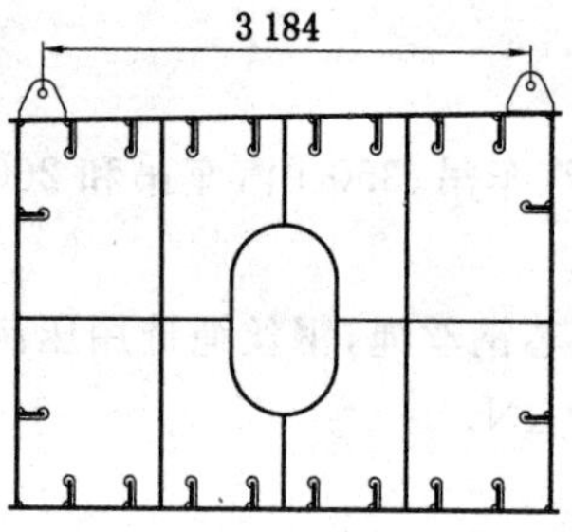

图6-39 吊点断面布置图

(2) 吊点平面布置图见图6-40～图6-42。

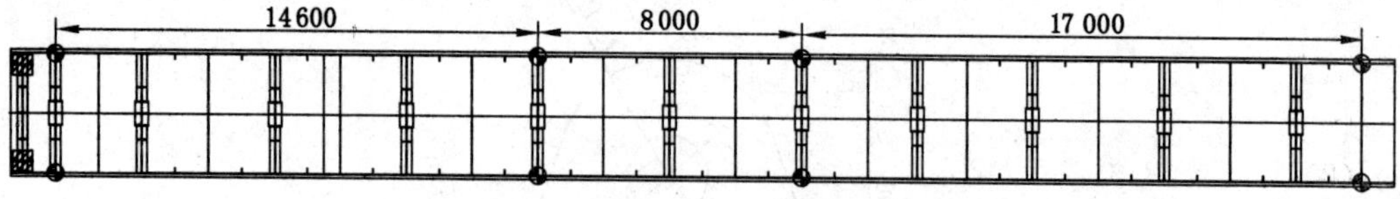

图6-40 A制作段吊点平面布置图

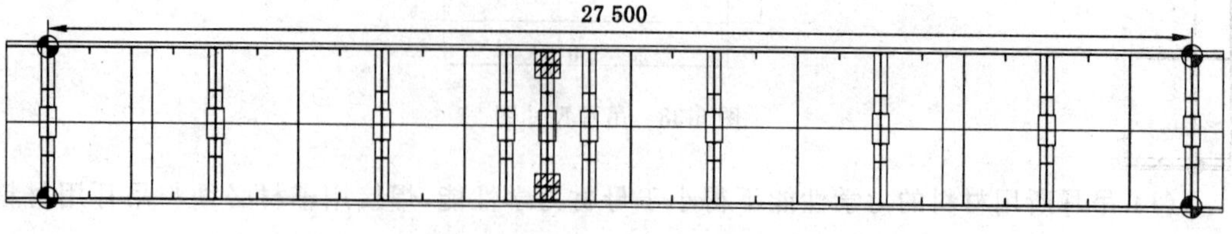

图6-41 使用双机抬吊的钢梁吊点布置图

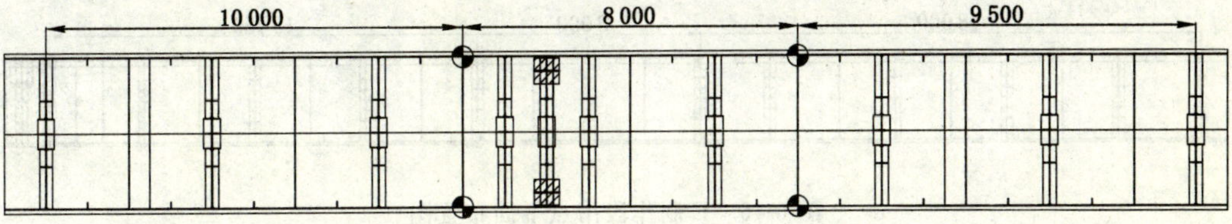

图 6-42　使用单机起重的钢梁吊点布置图

2. 匝道桥吊点布置

上跨沉淀池的 A 制作段设置 8 个吊点，吊点均设置于钢梁顶板上腹板及横隔板的交汇处，4 个吊点设置于钢梁的两端，4 个吊点设置于钢梁的中部。其余制作段均设置 4 个吊点，吊装方法为双机抬吊的制作段将吊点设置于钢梁的两端，吊装方法为单机起重的将吊点设置于钢梁的中部。

(1) 吊点断面布置图见图 6-43、图 6-44。

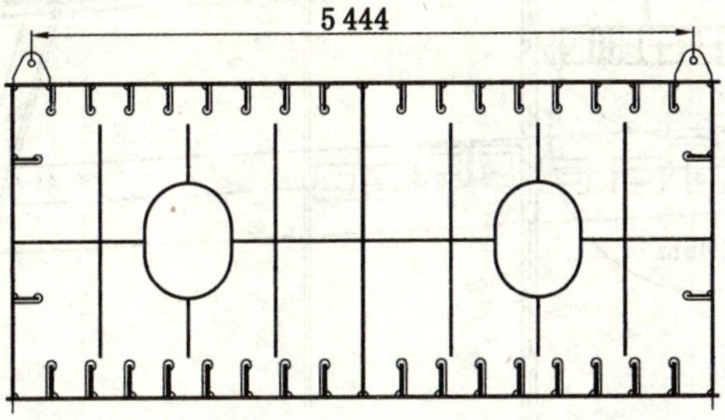

图 6-43　A、B、C、D 制作段吊点断面布置图

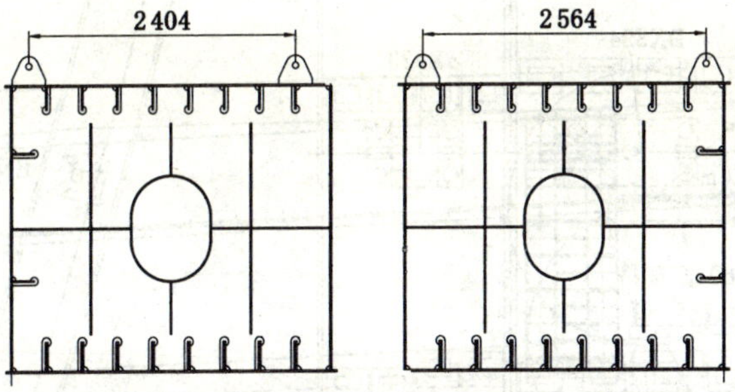

图 6-44　E 制作段吊点断面布置图

(2) 吊点平面布置图见图 6-45、图 6-46。

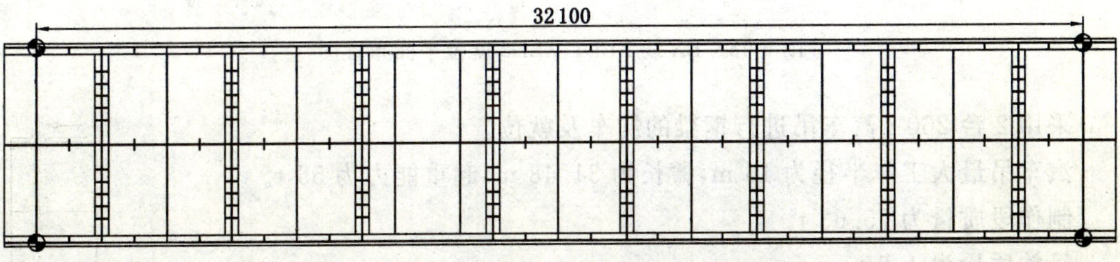

图 6-45　A、B、C、D 制作段吊点平面布置图

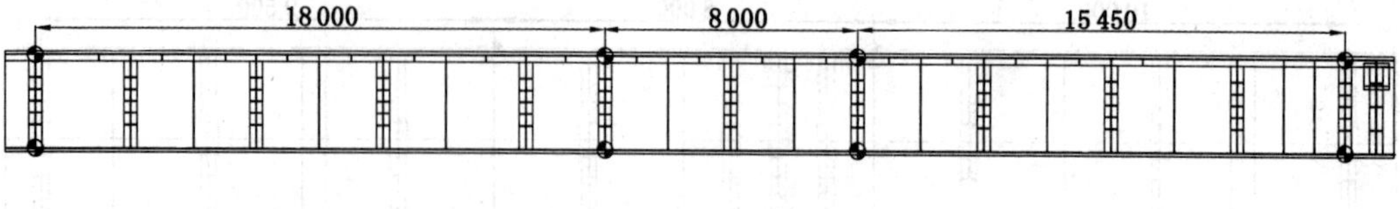

图 6-46　E 制作段吊点平面布置图

(五) 主线桥连续钢梁吊装方案

1. BX 线 D 制作段吊装工况

(1) ZLD1、ZLD2 的卸车及就位见图 6-47～图 6-49。

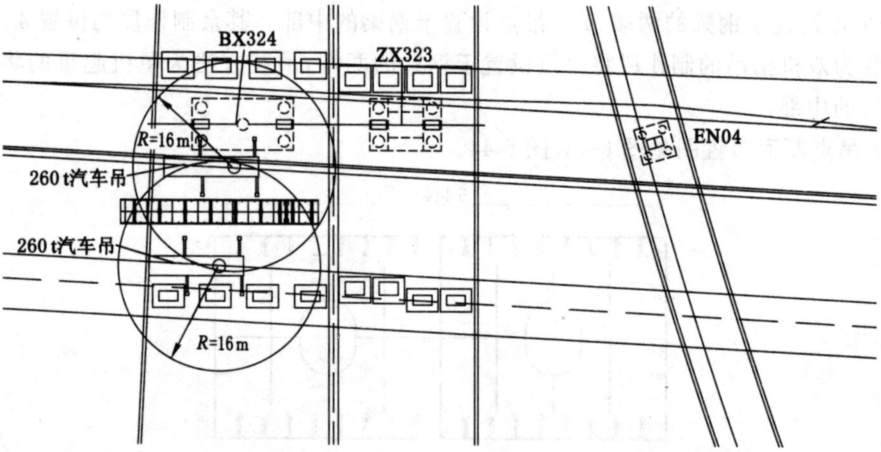

图 6-47　BX 线 ZLD1、ZLD2 卸车平面布置图

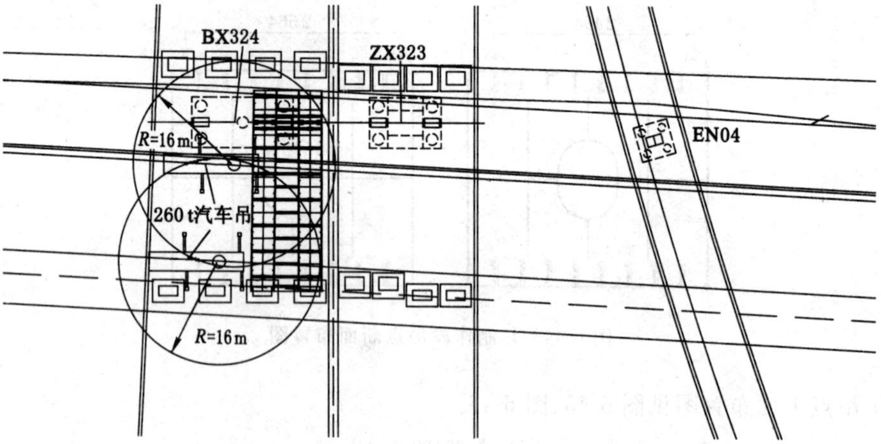

图 6-48　BX 线 ZLD1、ZLD2 就位平面布置图

采用 2 台 260 t 汽车吊进行钢梁的卸车及就位。

汽车吊最大工作半径为 16 m，臂长为 31.48 m，起重能力为 55 t。

制作段质量为 75.63 t。

吊钩质量为 1.3 t。

钢丝绳质量为 2×6×1 280/100＝153.6(kg)＝0.154(t)。

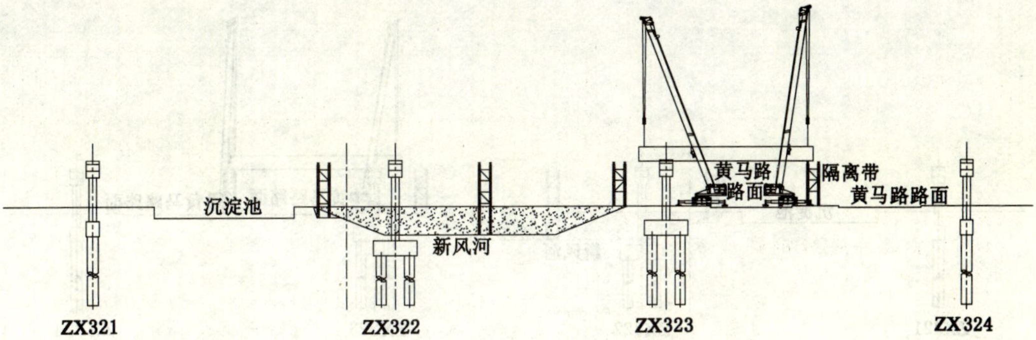

图 6-49　BX 线 ZLD1、ZLD2 就位立面布置图

单台汽车吊的负载率＝(75.63/2＋1.3＋0.154)/55×100％＝71.4％＜80％，满足要求。

(2) ZLD3、ZLD4 的卸车及就位见图 6-50～图 6-52。

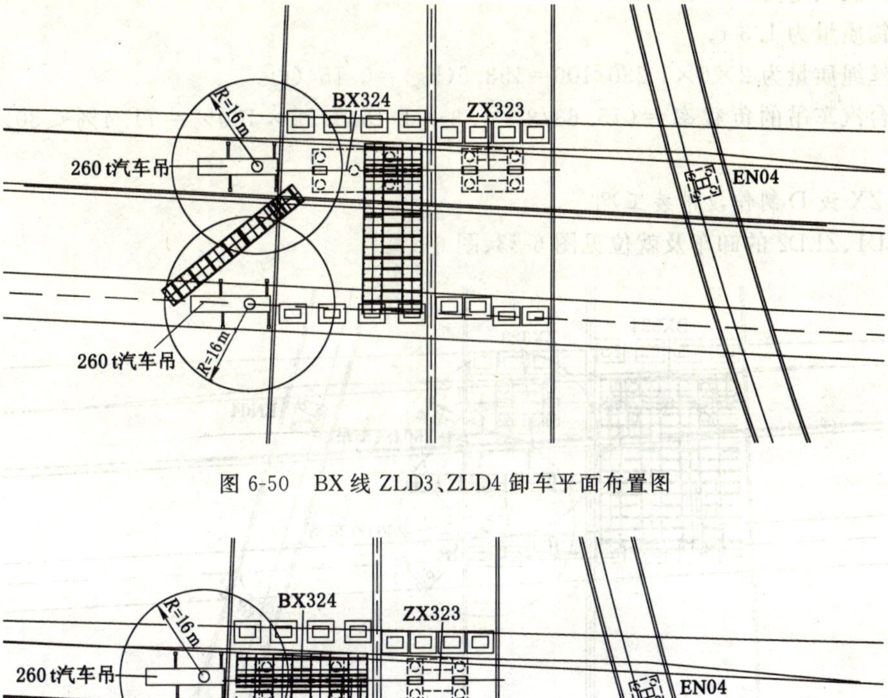

图 6-50　BX 线 ZLD3、ZLD4 卸车平面布置图

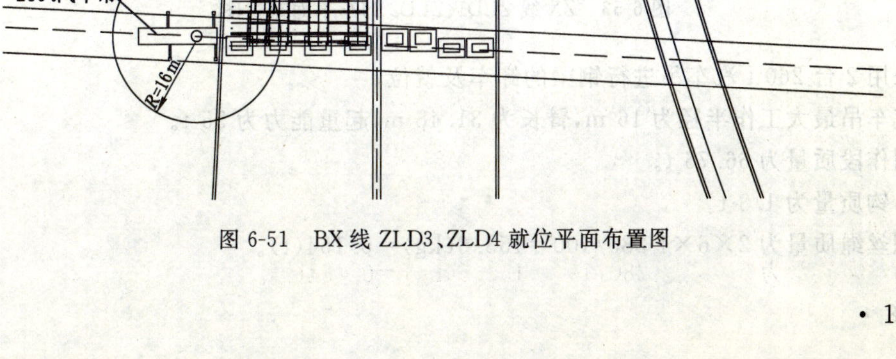

图 6-51　BX 线 ZLD3、ZLD4 就位平面布置图

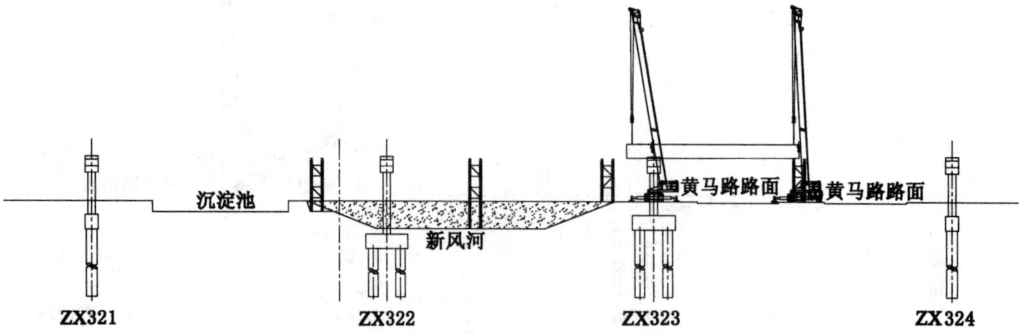

图 6-52　BX 线 ZLD3、ZLD4 就位立面布置图

采用 2 台 260 t 汽车吊进行钢梁的卸车及就位。

汽车吊最大工作半径为 16 m，臂长为 31.48 m，起重能力为 55 t。

制作段质量为 75.63 t。

吊钩质量为 1.3 t。

钢丝绳质量为 2×6×1 280/100=153.6(kg)=0.154(t)。

单台汽车吊的负载率=(75.63/2+1.3+0.154)/55×100%=71.4%<80%，满足要求。

2. ZX 线 D 制作段吊装工况

ZLD1、ZLD2 的卸车及就位见图 6-53、图 6-54。

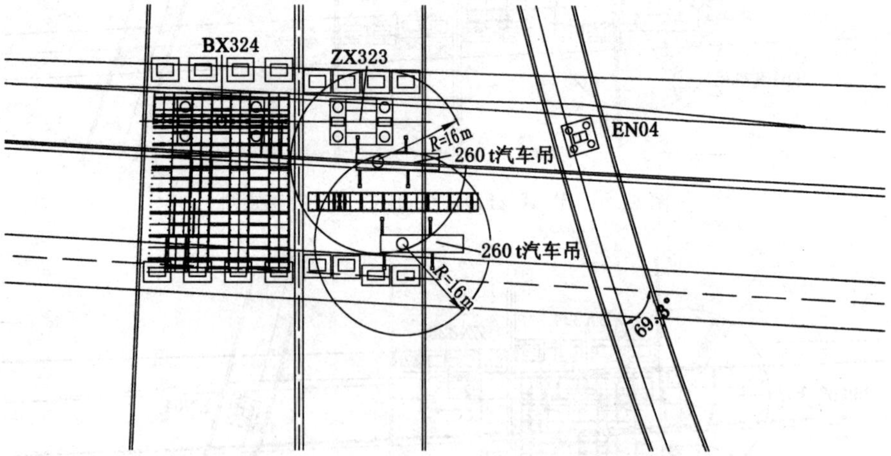

图 6-53　ZX 线 ZLD1、ZLD2 卸车平面布置图

采用 2 台 260 t 汽车吊进行钢梁的卸车及就位。

汽车吊最大工作半径为 16 m，臂长为 31.48 m，起重能力为 55 t。

制作段质量为 66.76 t。

吊钩质量为 1.3 t。

钢丝绳质量为 2×6×1 280/100=153.6(kg)=0.154(t)。

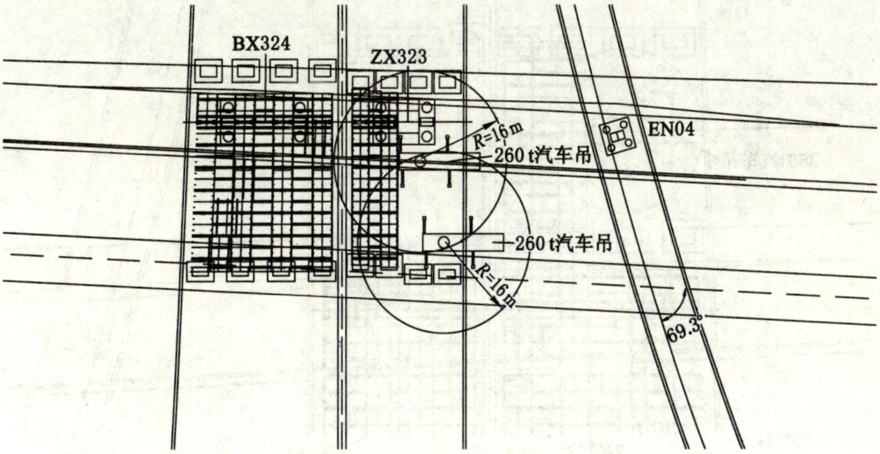

图 6-54　ZX 线 ZLD1、ZLD2 就位平面布置图

单台汽车吊的负载率＝(66.76/2＋1.3＋0.154)/55×100%＝63.33%＜80%，满足要求。

3. BX 线 C 制作段吊装工况

(1) ZLC1、ZLC2 的卸车及就位见图 6-55～图 6-57。

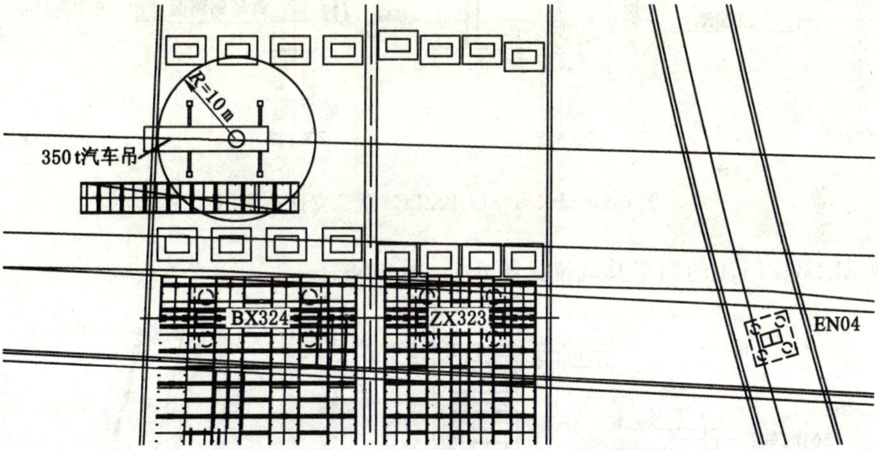

图 6-55　BX 线 ZLC1、ZLC2 卸车平面布置图

采用 1 台 350 t 汽车吊进行钢梁的卸车及就位。

汽车吊最大工作半径为 14 m，臂长为 33 m，起重能力为 76 t。

制作段质量为 62.44 t。

吊钩质量为 1.3 t。

钢丝绳质量为 2×6×1 280/100＝153.6(kg)＝0.154(t)。

总起吊质量＝62.44＋1.3×2＋0.154×2＝65.348(t)＜76 t，满足要求。

图 6-56　BX 线 ZLC1、ZLC2 就位平面布置图

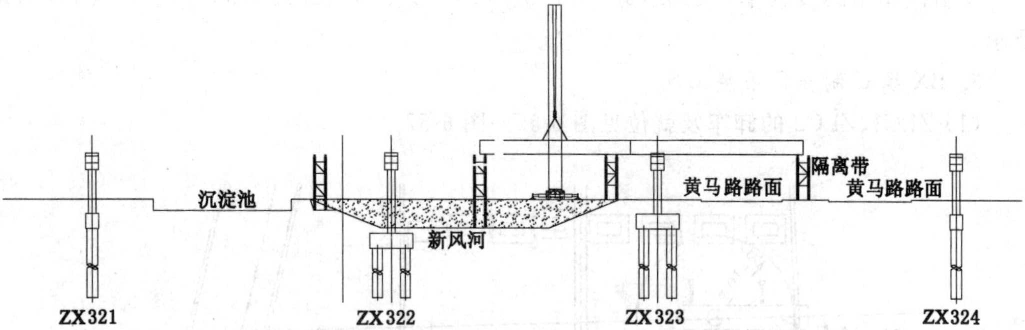

图 6-57　BX 线 ZLC1、ZLC2 就位立面布置图

(2) ZLC3、ZLC4 的卸车及就位见图 6-58、图 6-59。

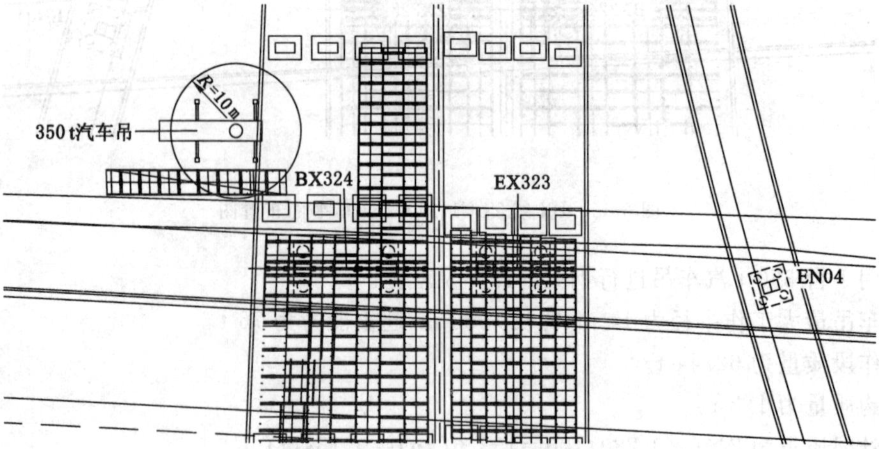

图 6-58　BX 线 ZLC3、ZLC4 卸车平面布置图

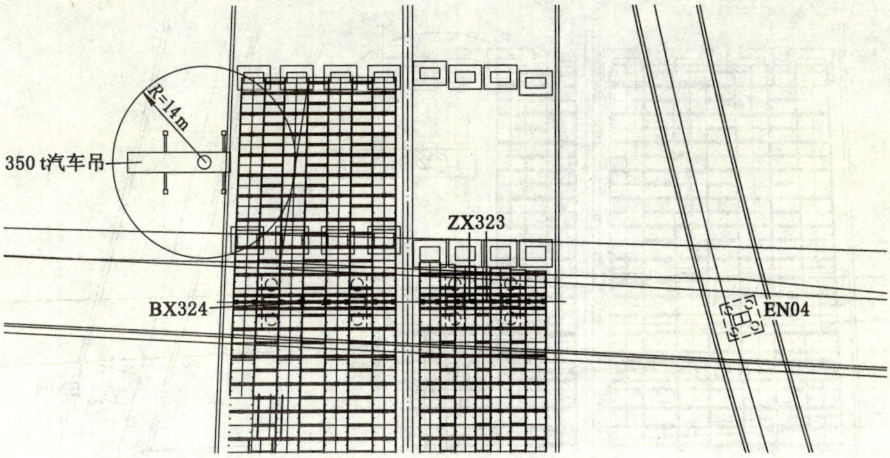

图 6-59　BX 线 ZLC3、ZLC4 就位平面布置图

采用 1 台 350 t 汽车吊进行钢梁的卸车及就位。

汽车吊最大工作半径为 14 m，臂长为 33 m，起重能力为 76 t。

制作段质量为 62.44 t。

吊钩质量为 1.3 t。

钢丝绳质量为 2×6×1 280/100＝153.6(kg)＝0.154(t)。

总起吊质量＝62.44＋1.3×2＋0.154×2＝65.348(t)＜76 t，满足要求。

4. ZX 线 C 制作段吊装工况

(1) ZLC1、ZLC2 的卸车及就位见图 6-60、图 6-61。

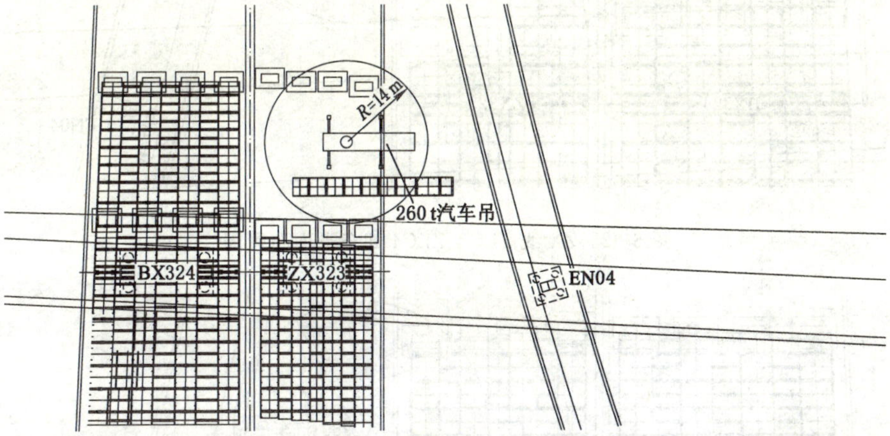

图 6-60　ZX 线 ZLC1、ZLC2 卸车平面布置图

采用 1 台 260 t 汽车吊进行钢梁的卸车及就位。

汽车吊最大工作半径为 14 m，臂长为 31.48 m，起重能力为 65 t。

制作段质量为 55.34 t。

吊钩质量为 1.3 t。

钢丝绳质量为 2×6×1 280/100＝153.6(kg)＝0.154(t)。

总起吊质量＝55.34＋1.3×2＋0.154×2＝58.248(t)＜65 t，满足要求。

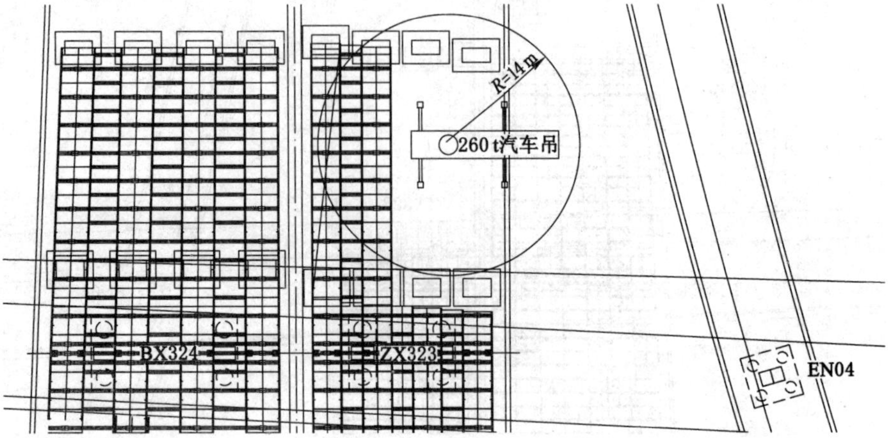

图 6-61　ZX 线 ZLC1、ZLC2 就位平面布置图

(2) ZLC3、ZLC4 的卸车及就位见图 6-62、图 6-63。

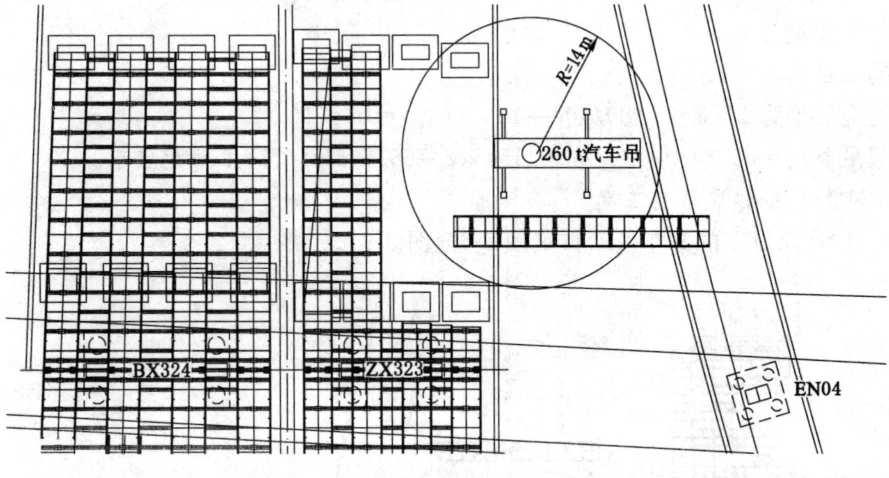

图 6-62　ZX 线 ZLC3、ZLC4 卸车平面布置图

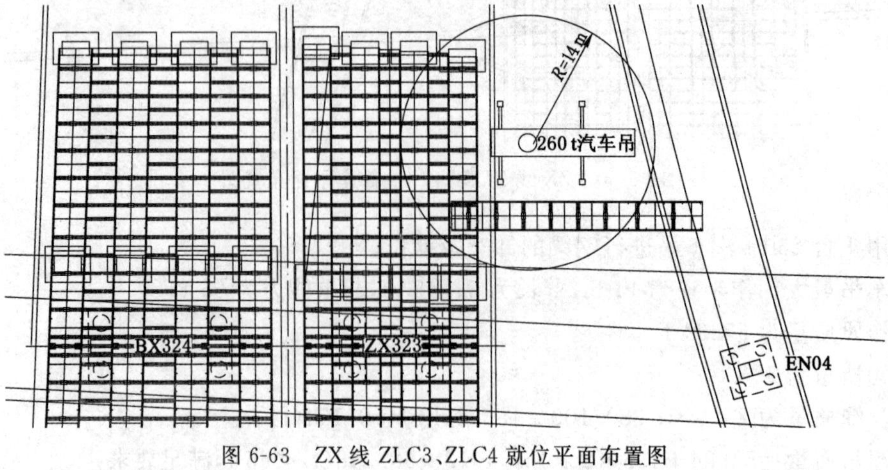

图 6-63　ZX 线 ZLC3、ZLC4 就位平面布置图

采用1台260 t汽车吊进行钢梁的卸车及就位。

汽车吊最大工作半径为14 m，臂长为31.48 m，起重能力为65 t。

制作段质量为55.34 t。

吊钩质量为1.3 t。

钢丝绳质量为2×6×1 280/100＝153.6(kg)＝0.154(t)。

总起吊质量＝55.34＋1.3×2＋0.154×2＝58.248(t)＜65 t，满足要求。

5. BX线B制作段ZLB1、ZLB2吊装工况

ZLB1、ZLB2的卸车及就位见图6-64～图6-66。

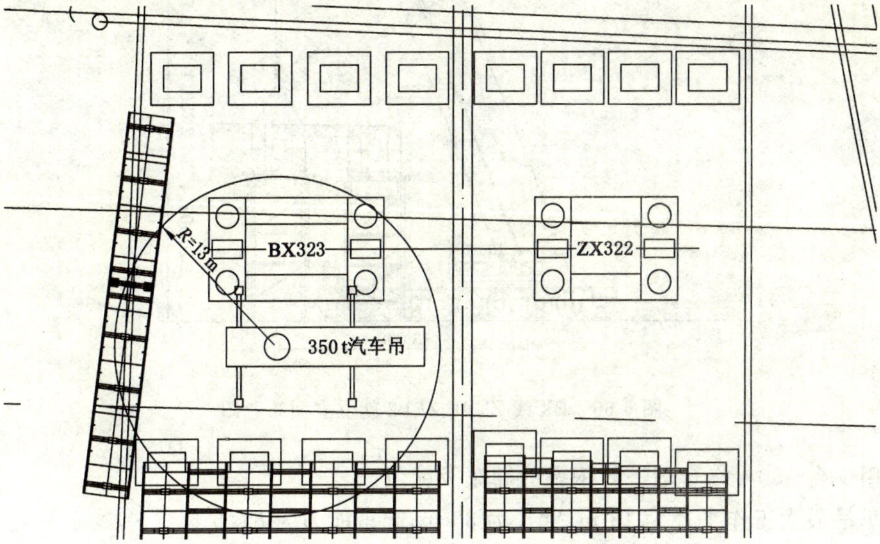

图6-64　BX线ZLB1、ZLB2卸车平面布置图

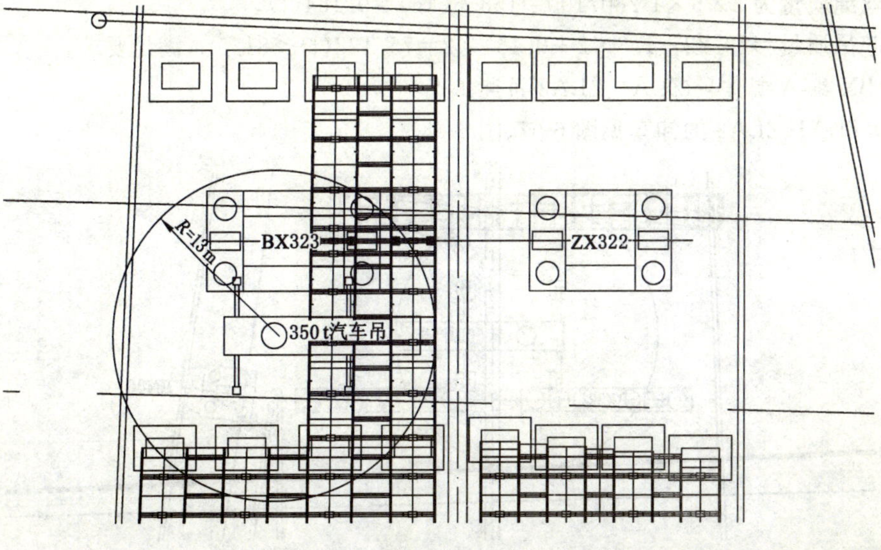

图6-65　BX线ZLB1、ZLB2就位平面布置图

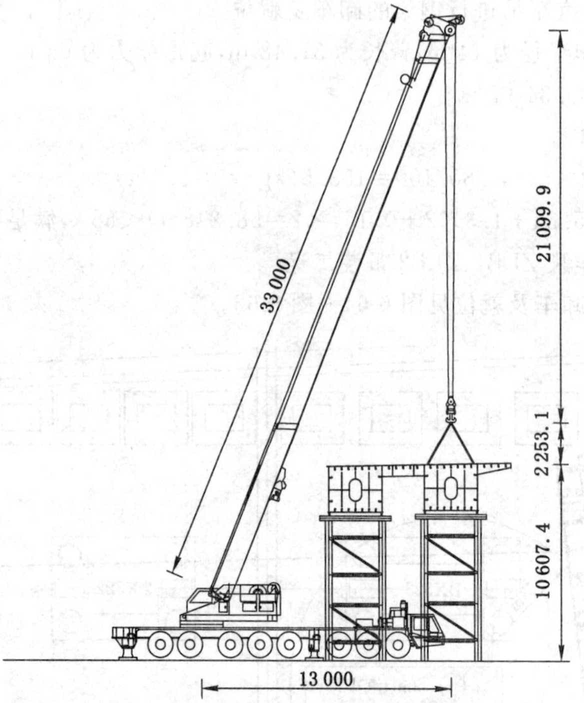

图 6-66　BX 线 ZLB1、ZLB2 就位立面布置图

采用 1 台 350 t 汽车吊进行钢梁的卸车及就位。

汽车吊最大工作半径为 13 m,臂长为 33 m,起重能力为 81.5 t。

制作段质量为 72.22 t。

吊钩质量为 1.3 t。

钢丝绳质量为 2×6×1 280/100=153.6(kg)=0.154(t)。

总起吊质量=72.22+1.3×2+0.154×2=75.128(t)<81.5 t,满足要求。

6. BX 线 A 制作段 ZLA1、ZLA2 吊装工况

(1) ZLA1、ZLA2 的卸车见图 6-67、图 6-68。

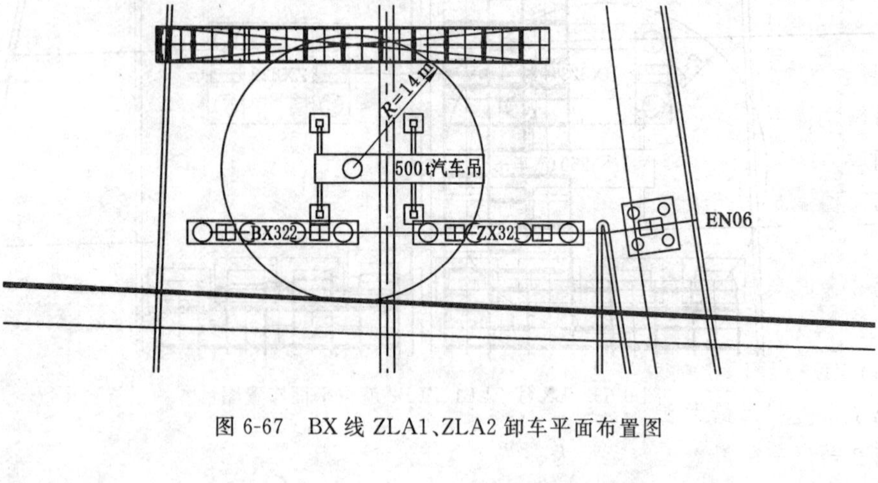

图 6-67　BX 线 ZLA1、ZLA2 卸车平面布置图

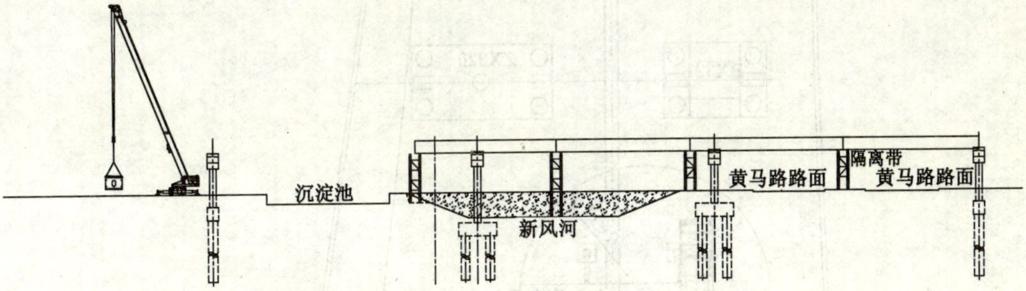

图 6-68　BX 线 ZLA1、ZLA2 卸车立面布置图

采用 1 台 500 t 汽车吊进行钢梁的卸车。

汽车吊最大工作半径为 14 m，臂长为 26.5 m，起重能力为 104 t。

制作段质量为 96.44 t。

吊钩质量为 1.3 t。

钢丝绳质量为 2×6×1 280/100＝153.6(kg)＝0.154(t)。

总起吊质量＝96.44＋1.3×2＋0.154×2＝99.348(t)＜104 t，满足要求。

(2) ZLA1、ZLA2 的临时就位见图 6-69～图 6-71。

采用 2 台 500 t 汽车吊进行钢梁的临时就位。

1 台 500 t 汽车吊将钢梁临时放置于 BX322 墩柱上，然后在第 1 台 500 t 汽车吊不松钩的情况下第 2 台 500 t 汽车吊挂钩于钢梁的前端，然后再将第 1 台 500 t 汽车吊换钩于钢梁的尾端。

汽车吊最大工作半径为 14 m，臂长为 26.5 m，起重能力为 104 t。

制作段质量为 96.44 t。

吊钩质量为 1.3 t。

钢丝绳质量为 2×6×1 280/100＝153.6(kg)＝0.154(t)。

总起吊质量＝96.44＋1.3×2＋0.154×2＝99.348(t)＜104 t，满足要求。

(3) ZLA1、ZLA2 的二次起吊见图 6-72、图 6-73。

第 1 台汽车吊最大工作半径为 14 m，臂长为 26.5 m，起重能力为 104 t。

第 2 台汽车吊最大工作半径为 20 m，臂长为 31.7 m，起重能力为 70 t。

制作段质量为 96.44 t。

吊钩质量为 1.3 t。

钢丝绳质量为 2×6×1 280/100＝153.6(kg)＝0.154(t)。

第 1 台汽车吊的负载率＝(96.44/2＋1.3＋0.154)/104×100%＝47.76%＜80%，满足要求。

第 2 台汽车吊的负载率＝(96.44/2＋1.3＋0.154)/70×100%＝70.96%＜80%，满足要求。

(4) ZLA1、ZLA2 的就位见图 6-74、图 6-75。

第 1 台汽车吊最大工作半径为 14 m，臂长为 26.5 m，起重能力为 104 t。

第 2 台汽车吊最大工作半径为 16 m，臂长为 31.7 m，起重能力为 89 t。

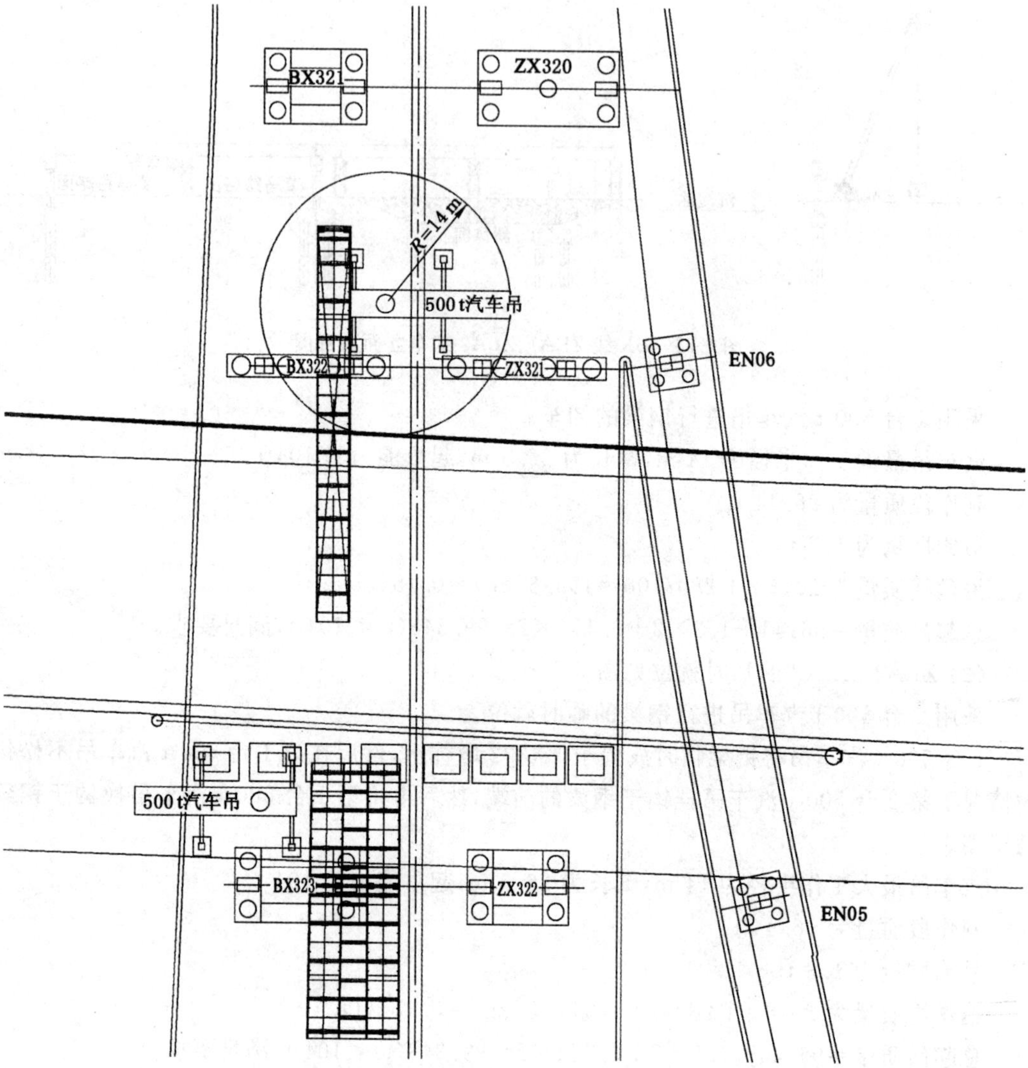

图 6-69　BX 线 ZLA1、ZLA2 临时就位平面布置图

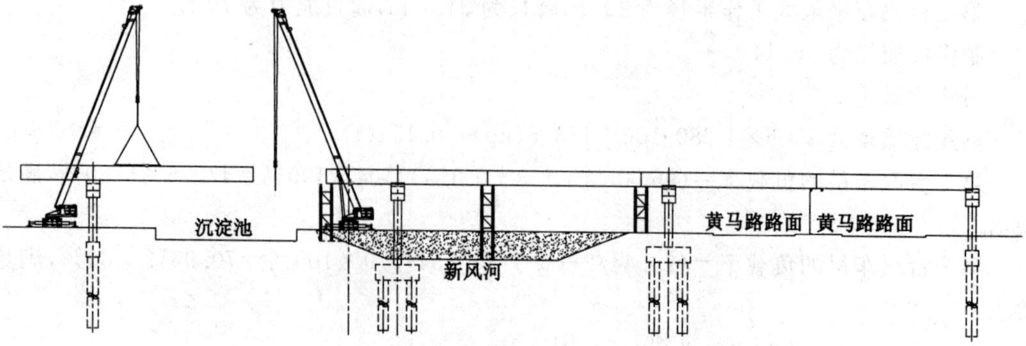

图 6-70　BX 线 ZLA1、ZLA2 临时就位立面布置图

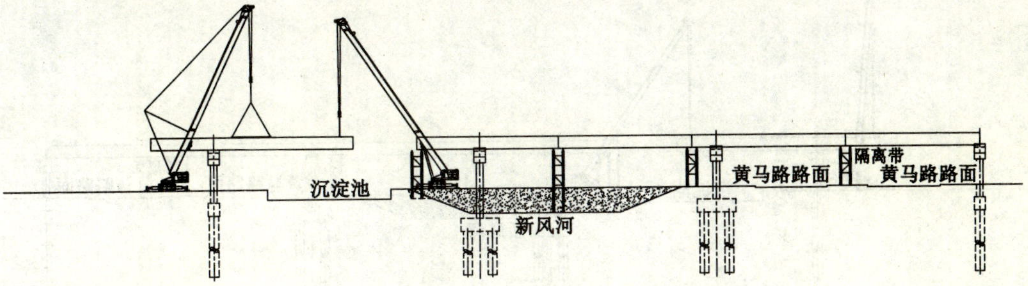

图 6-71　BX 线 ZLA1、ZLA2 换钩立面布置图

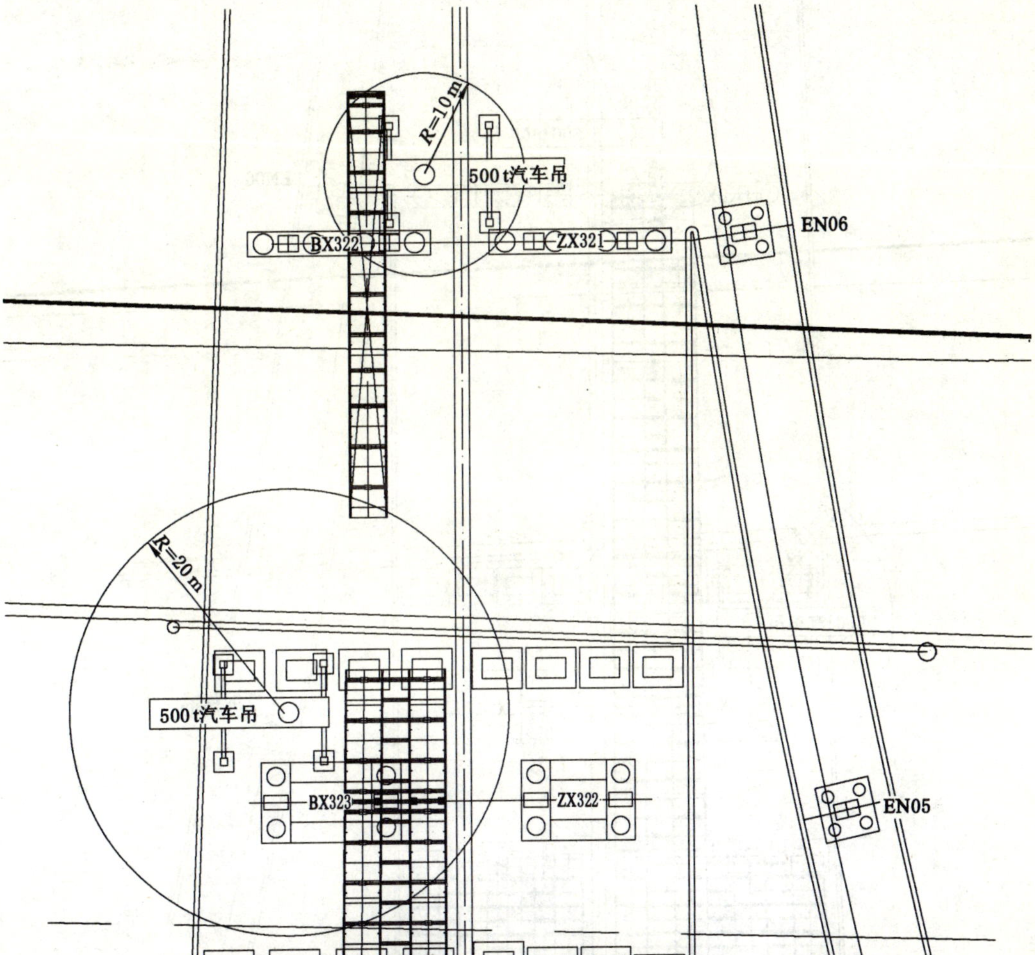

图 6-72　BX 线 ZLA1、ZLA2 二次起吊平面布置图

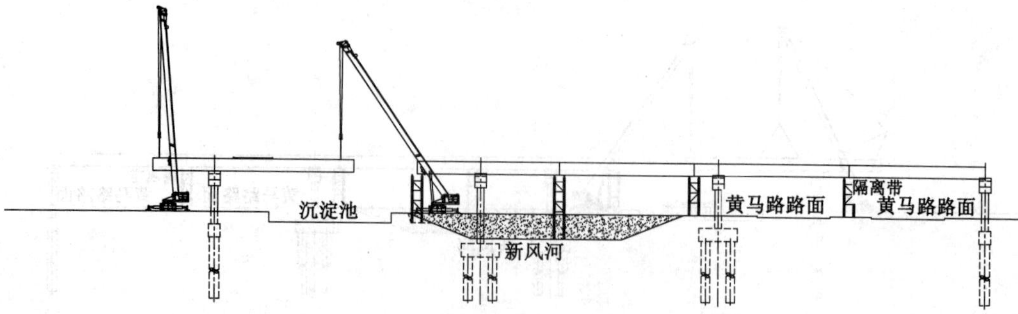

图 6-73　BX 线 ZLA1、ZLA2 二次起吊立面布置图

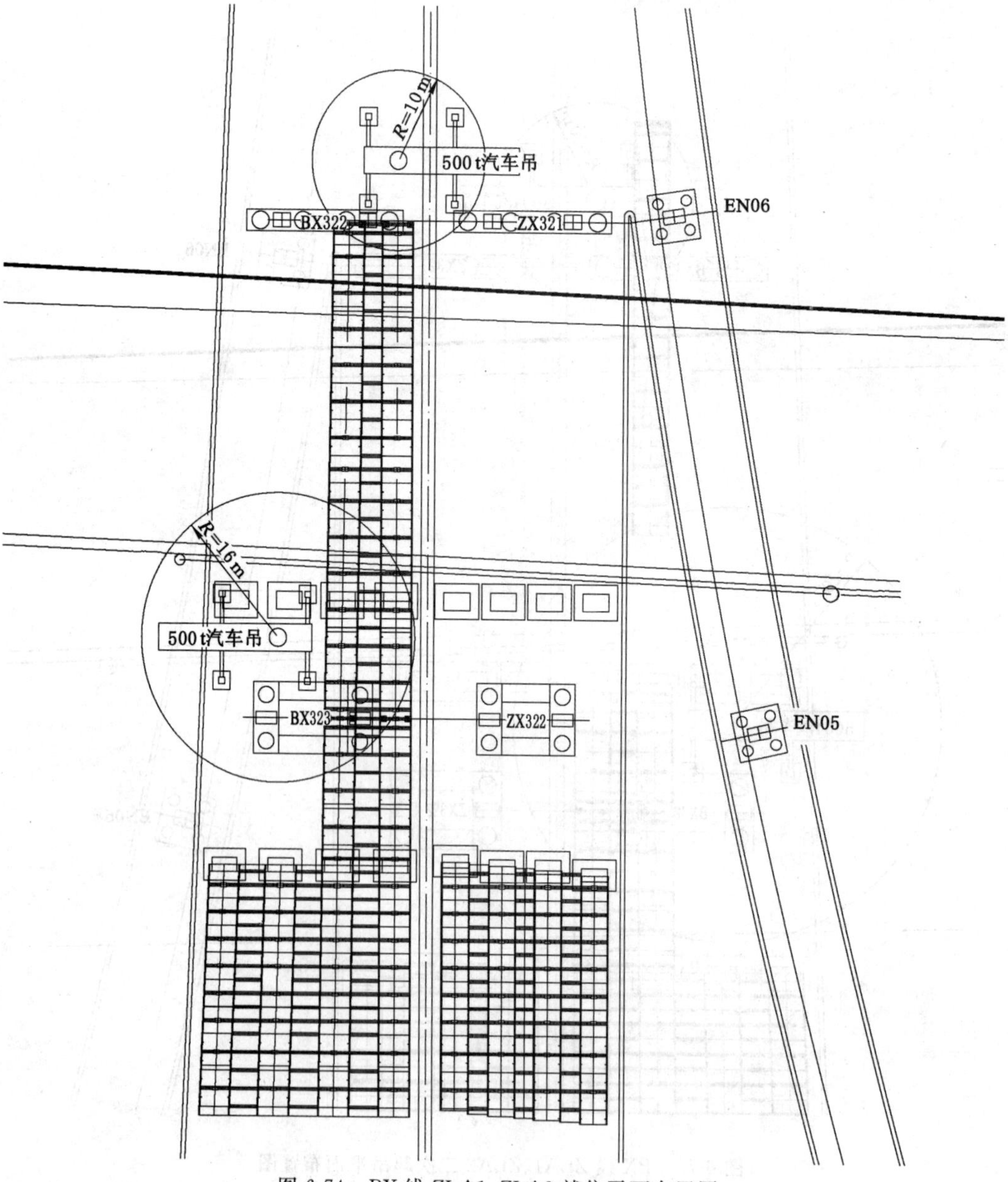

图 6-74　BX 线 ZLA1、ZLA2 就位平面布置图

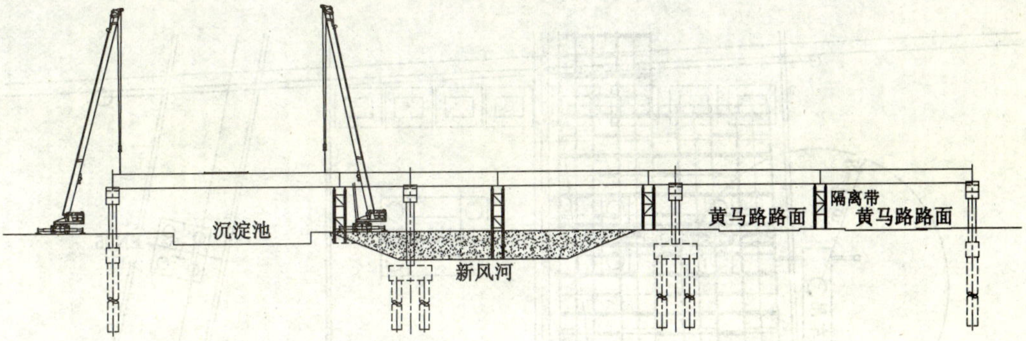

图 6-75　BX 线 ZLA1、ZLA2 就位立面布置图

制作段质量为 96.44 t。

吊钩质量为 1.3 t。

钢丝绳质量为 2×6×1 280/100=153.6(kg)=0.154(t)。

第 1 台汽车吊的负载率=(96.44/2+1.3+0.154)/104×100%=47.76%<80%，满足要求。

第 2 台汽车吊的负载率=(96.44/2+1.3+0.154)/89×100%=55.81%<80%，满足要求。

7. BX 线 B 制作段 ZLB3、ZLB4 吊装工况

ZLB3、ZLB4 的卸车及就位见图 6-76、图 6-77。

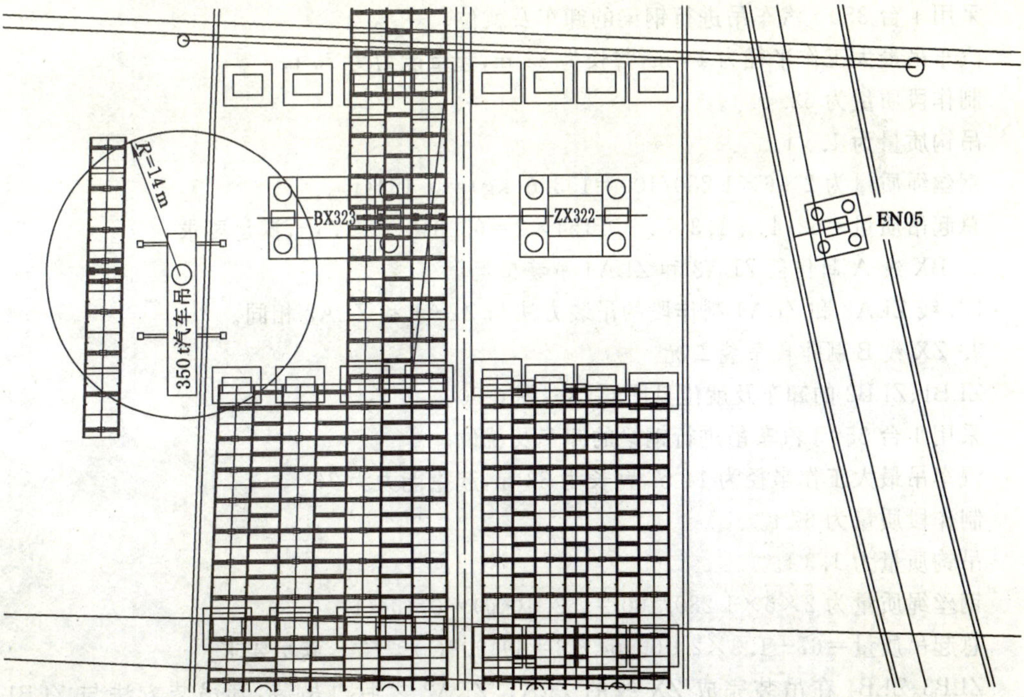

图 6-76　BX 线 ZLB3、ZLB4 卸车平面布置图

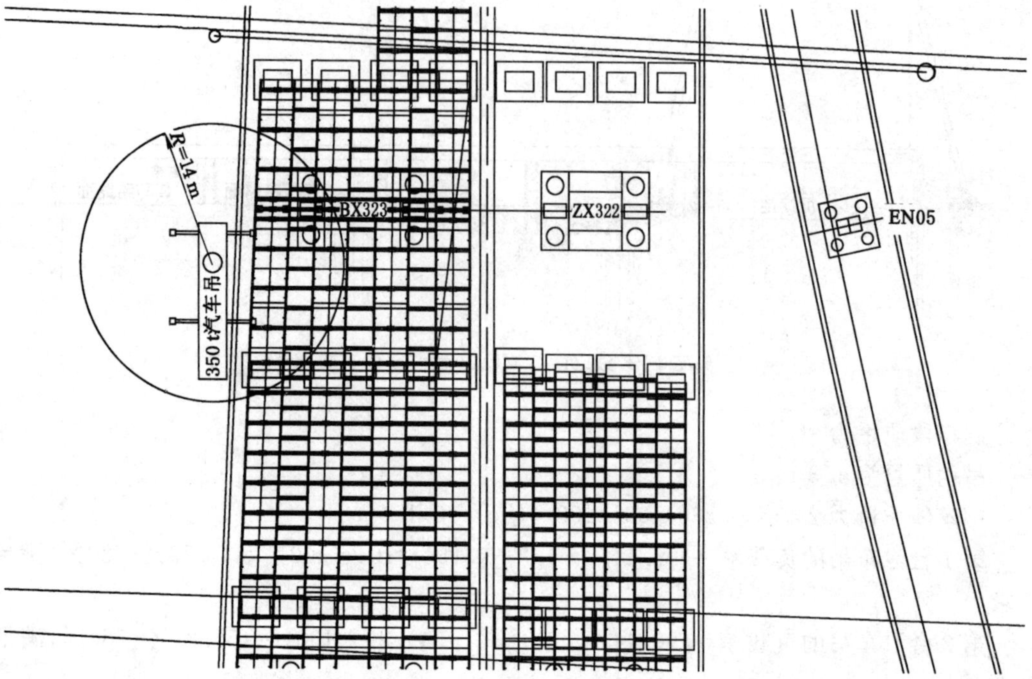

图 6-77　BX 线 ZLB3、ZLB4 就位平面布置图

采用 1 台 350 t 汽车吊进行钢梁的卸车及就位。

汽车吊最大工作半径为 14 m,臂长为 33 m,起重能力为 76 t。

制作段质量为 62.44 t。

吊钩质量为 1.3 t。

钢丝绳质量为 2×6×1 280/100=153.6(kg)=0.154(t)。

总起吊质量=62.44+1.3×2+0.154×2=65.348(t)<76 t,满足要求。

8. BX 线 A 制作段 ZLA3 和 ZLA4 吊装工况

BX 线 ZLA3 和 ZLA4 制作段的吊装方法与 ZLA1 和 ZLA2 相同。

9. ZX 线 B 制作段吊装工况

ZLB1、ZLB2 的卸车及就位见图 6-78～图 6-80。

采用 1 台 350 t 汽车吊进行钢梁的卸车及就位。

汽车吊最大工作半径为 14 m,臂长为 33 m,起重能力为 76 t。

制作段质量为 67 t。

吊钩质量为 1.3 t。

钢丝绳质量为 2×6×1 280/100=153.6(kg)=0.154(t)。

总起吊质量=67+1.3×2+0.154×2=69.908(t)<76 t,满足要求。

ZLB3、ZLB4 在吊装完成 ZX 线的 ZLA1、ZLA2 之后再吊装,其吊装方法与 ZLB1、ZLB2 相同。

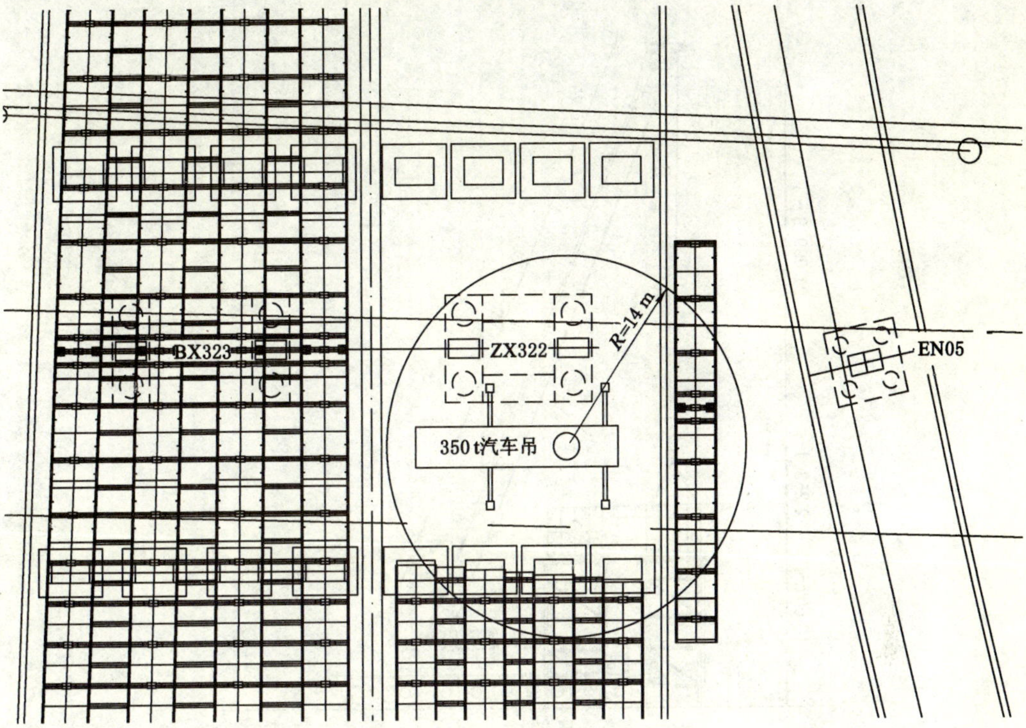

图 6-78　ZX 线 ZLB1、ZLB2 卸车平面布置图

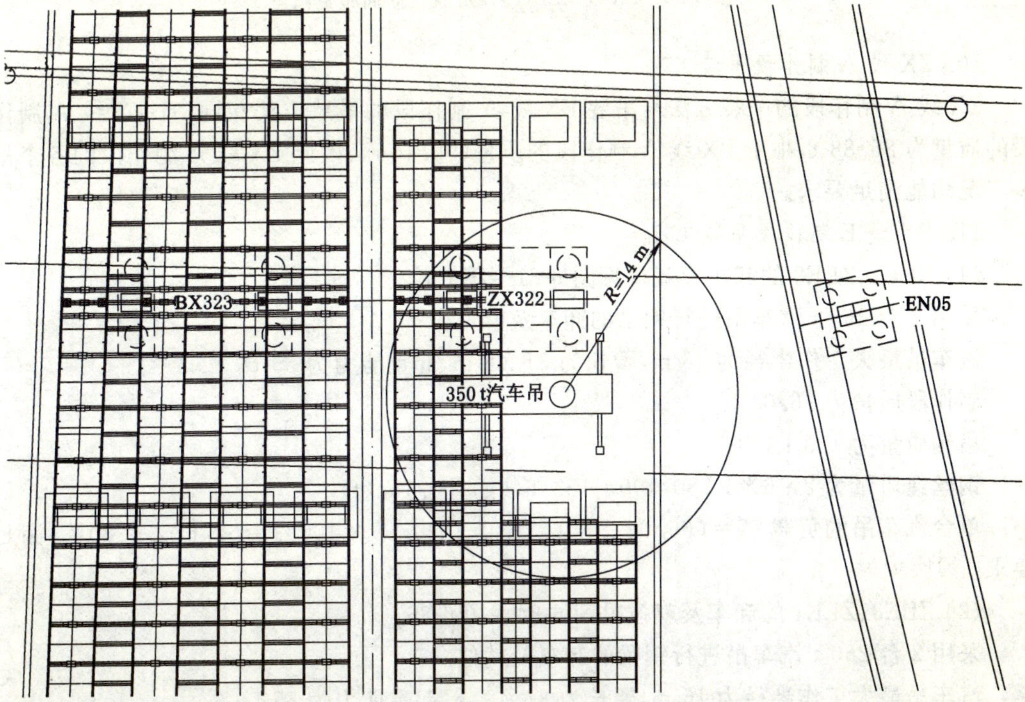

图 6-79　ZX 线 ZLB1、ZLB2 就位平面布置图

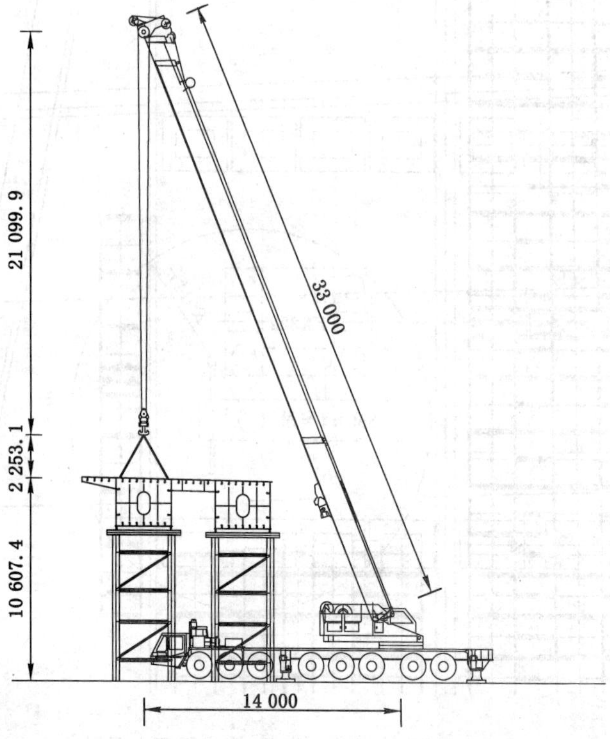

图 6-80 ZX 线 ZLB1、ZLB2 就位立面布置图

10. ZX 线 A 制作段吊装工况

ZX 线 A 制作段的吊装方法与吊装 BX 线 A 制作段的吊装方法相同，且 ZX 线 A 制作段的质量为 86.88 t，小于 BX 线 A 制作段的质量(96.44 t)，因此 ZX 线 A 制作段的各个吊装工况均能满足要求。

11. BX 线 E 制作段吊装工况

(1) ZLE1、ZLE2 的卸车及就位见图 6-81～图 6-83。

采用 2 台 260 t 汽车吊进行钢梁的卸车及就位。

汽车吊最大工作半径为 16 m，臂长为 31.48 m，起重能力为 55 t。

制作段质量为 66.04 t。

吊钩质量为 1.3 t。

钢丝绳质量为 2×6×1 280/100＝153.6(kg)＝0.154(t)。

单台汽车吊的负载率＝(66.04/2＋1.3＋0.154)/55×100%＝62.68%＜80%，满足要求。

(2) ZLE3、ZLE4 的卸车及就位见图 6-84～图 6-86。

采用 2 台 260 t 汽车吊进行钢梁的卸车及就位。

汽车吊最大工作半径为 16 m，臂长为 31.48 m，起重能力为 55 t。

制作段质量为 66.04 t。

吊钩质量为 1.3 t。

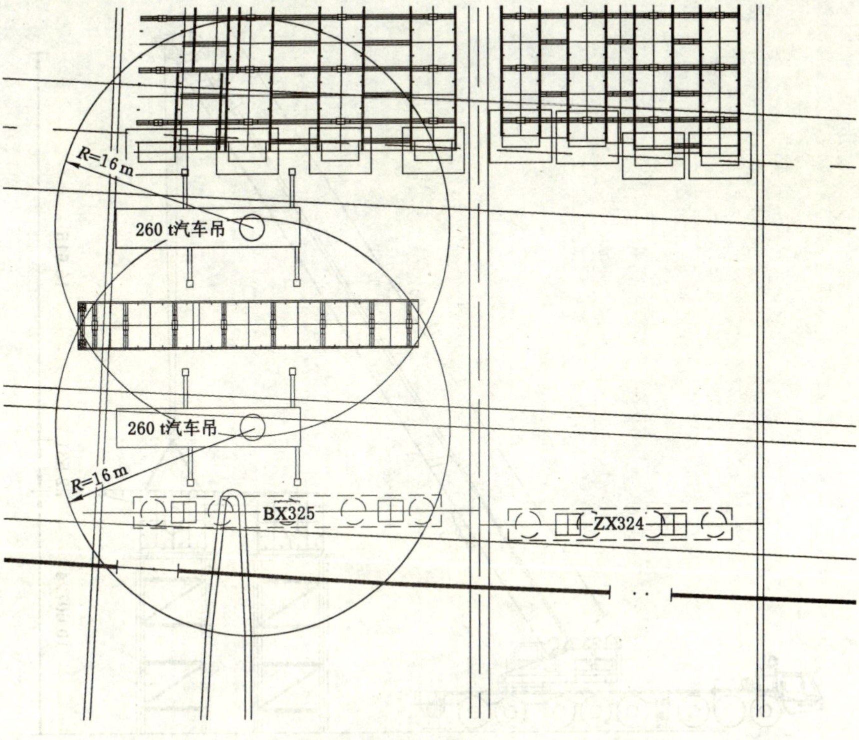

图 6-81　BX 线 ZLE1、ZLE2 卸车平面布置图

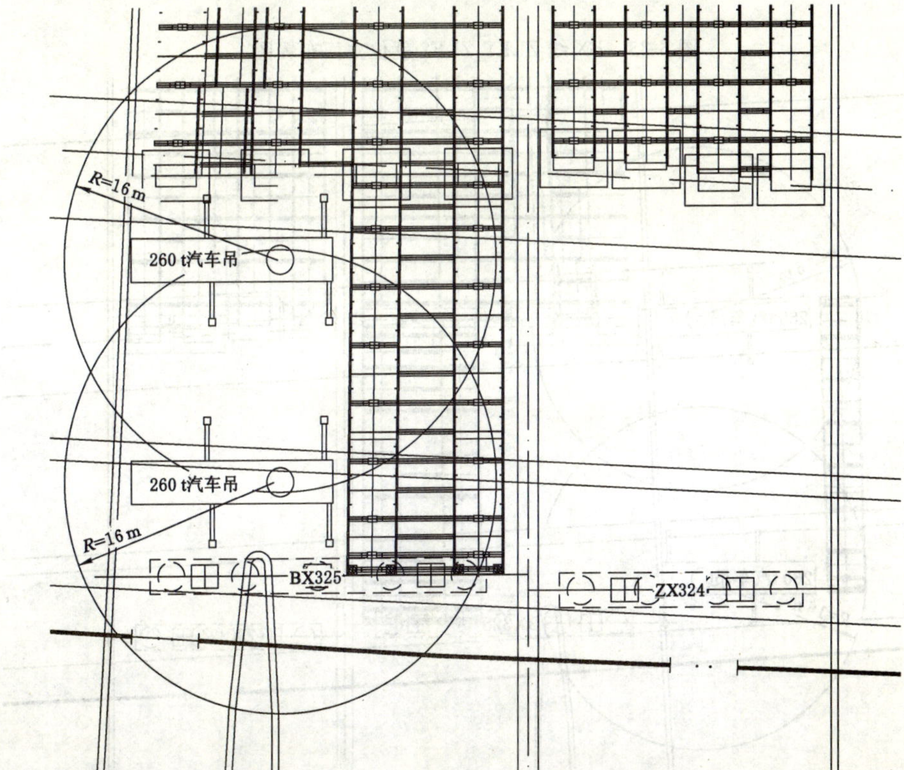

图 6-82　BX 线 ZLE1、ZLE2 就位平面布置图

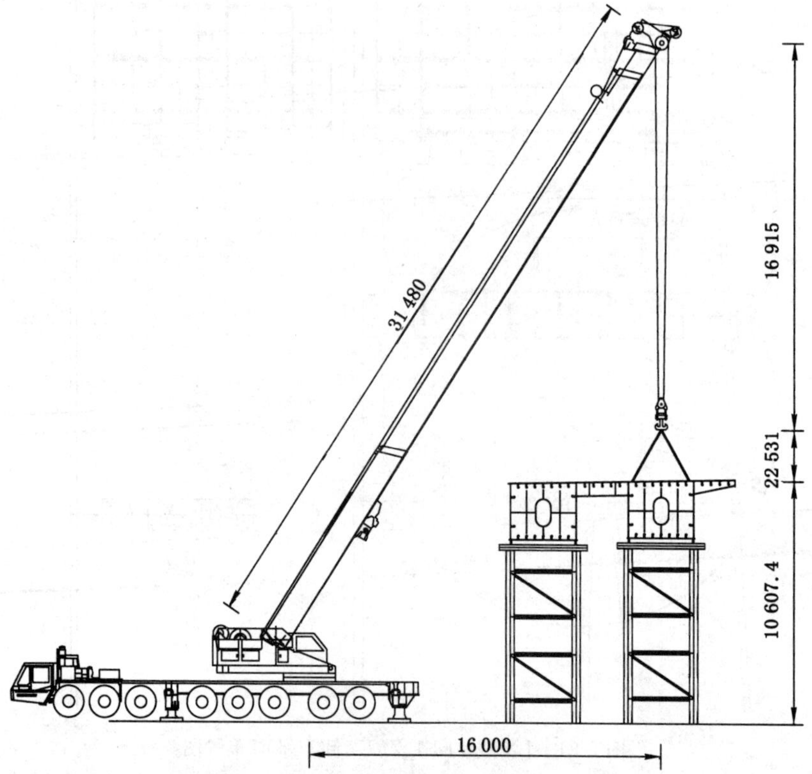

图 6-83　BX 线 ZLE1、ZLE2 就位立面布置图

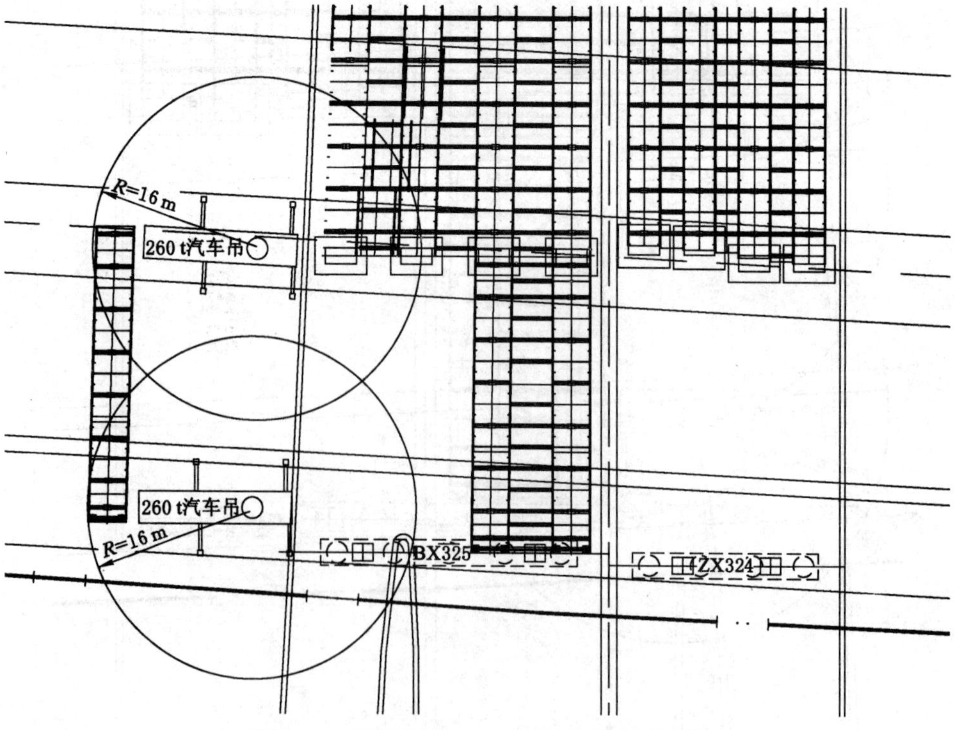

图 6-84　BX 线 ZLE3、ZLE4 卸车平面布置图

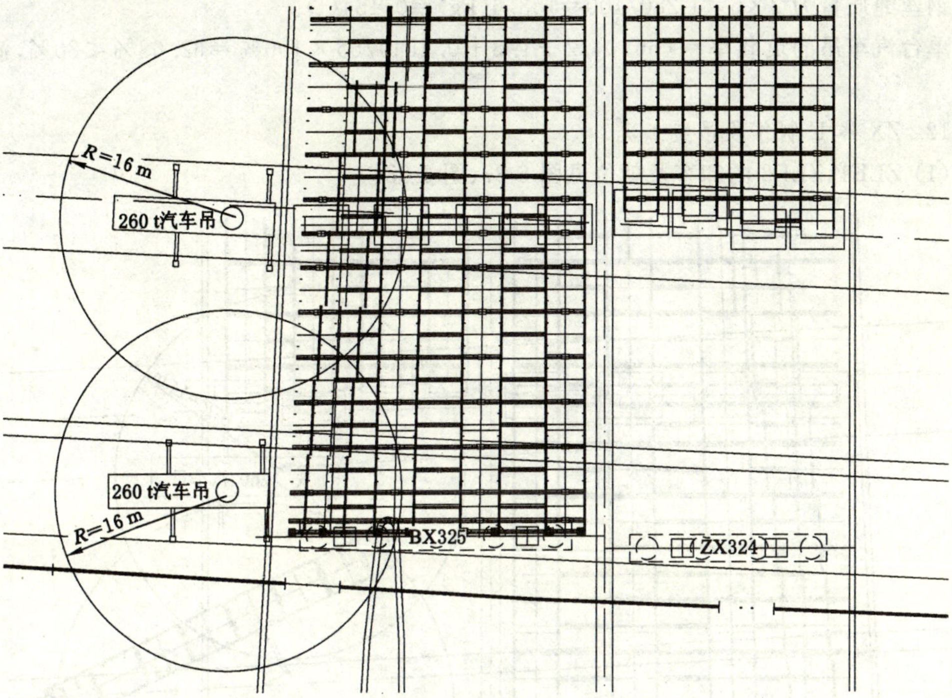

图 6-85　BX 线 ZLE3、ZLE4 就位平面布置图

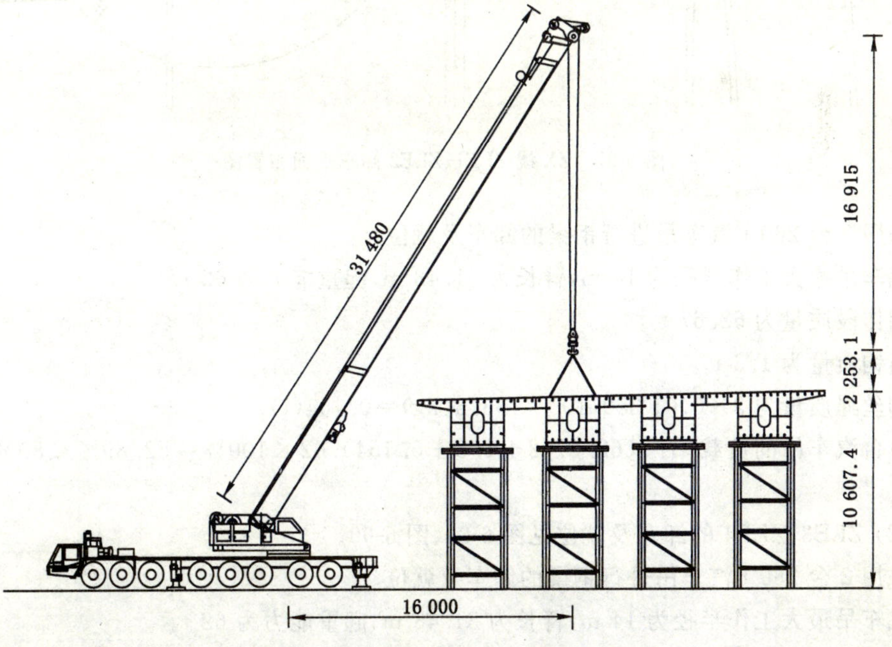

图 6-86　BX 线 ZLE3、ZLE4 就位立面布置图

钢丝绳质量为 2×6×1 280/100=153.6(kg)=0.154(t)。

单台汽车吊的负载率=(66.04/2+1.3+0.154)/55×100%=62.68%<80%,满足要求。

12. ZX 线 E 制作段吊装工况

(1) ZLE1、ZLE2 的卸车及就位见图 6-87、图 6-88。

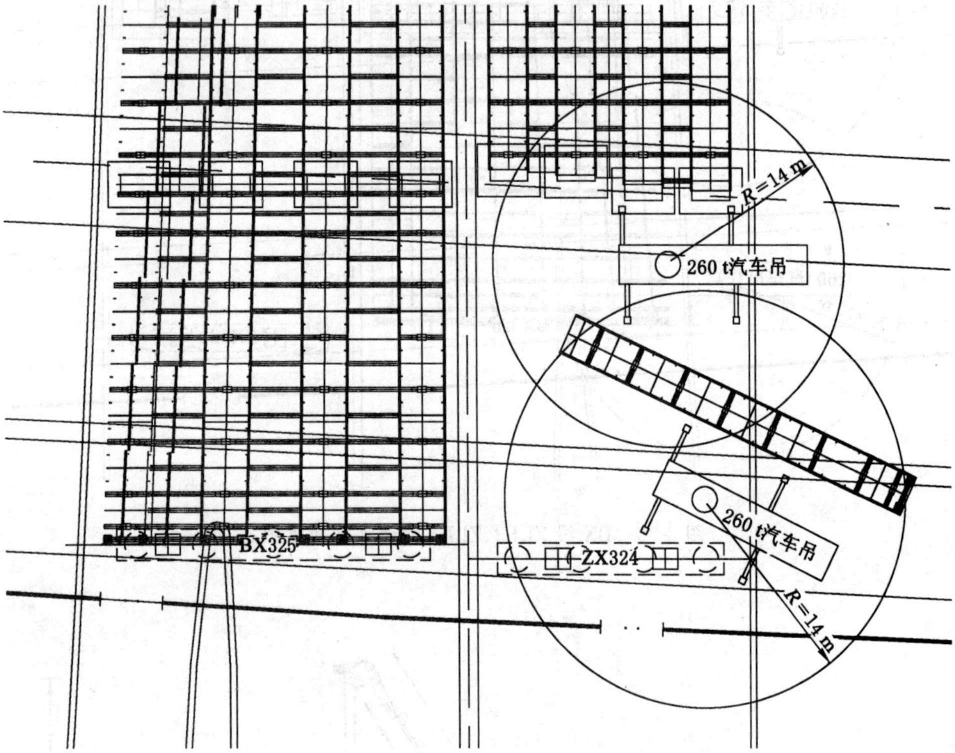

图 6-87 ZX 线 ZLE1、ZLE2 卸车平面布置图

采用 2 台 260 t 汽车吊进行钢梁的卸车及就位。

汽车吊最大工作半径为 14 m,臂长为 31.48 m,起重能力为 62 t。

制作段质量为 62.67 t。

吊钩质量为 1.3 t。

钢丝绳质量为 2×6×1 280/100=153.6(kg)=0.154(t)。

单台汽车吊的负载率=(62.67/2+1.3+0.154)/62×100%=52.89%<80%,满足要求。

(2) ZLE3、ZLE4 的卸车及就位见图 6-89、图 6-90。

采用 2 台 260 t 汽车吊进行钢梁的卸车及就位。

汽车吊最大工作半径为 14 m,臂长为 31.48 m,起重能力为 62 t。

制作段质量为 62.67 t。

吊钩质量为 1.3 t。

钢丝绳质量为 2×6×1 280/100=153.6(kg)=0.154(t)。

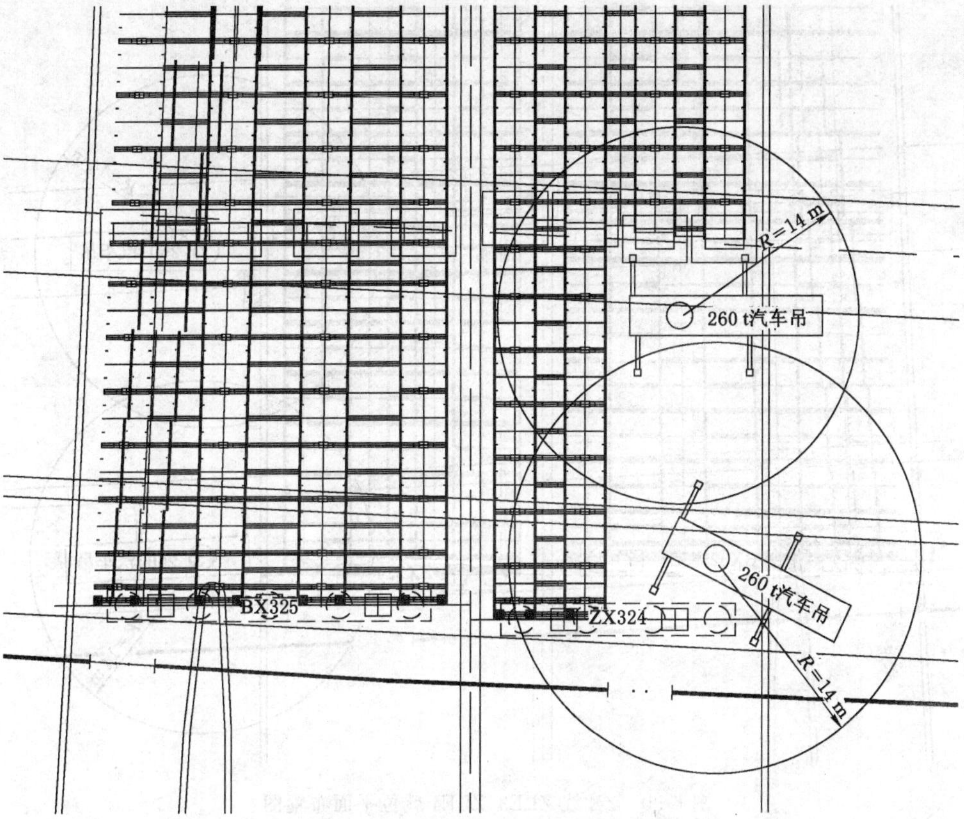

图 6-88　ZX 线 ZLE1、ZLE2 就位平面布置图

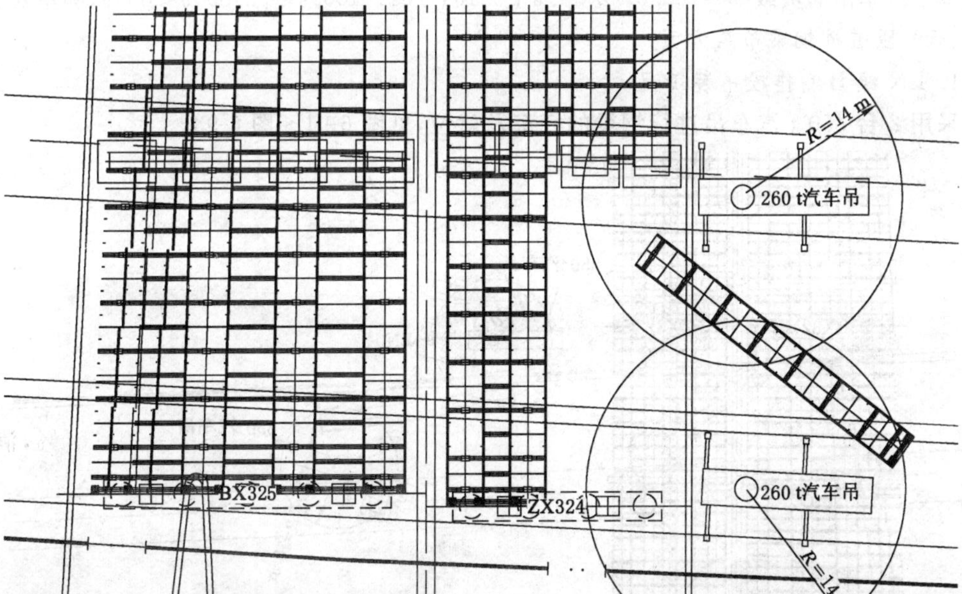

图 6-89　ZX 线 ZLE3、ZLE4 卸车平面布置图

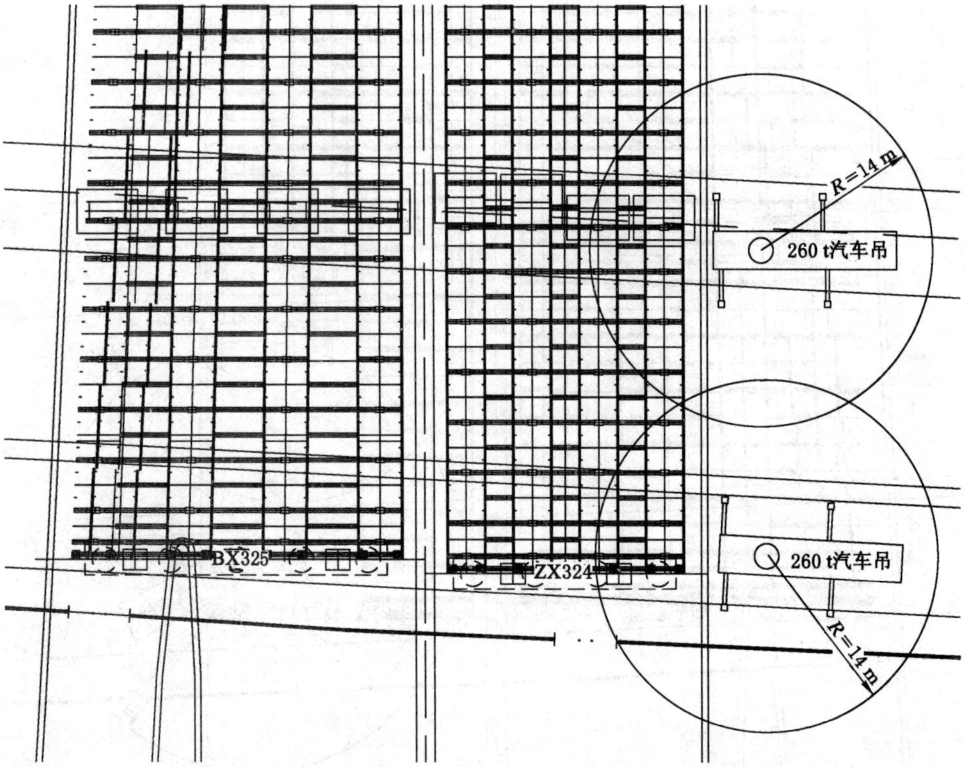

图 6-90　ZX 线 ZLE3、ZLE4 就位平面布置图

单台汽车吊的负载率=(62.67/2+1.3+0.154)/62×100%=52.89%<80%，满足要求。

(六) 匝道桥钢梁吊装方案

1. EN 线 B 制作段吊装工况

采用 2 台 350 t 汽车吊进行钢梁的卸车及就位，见图 6-91～图 6-93。

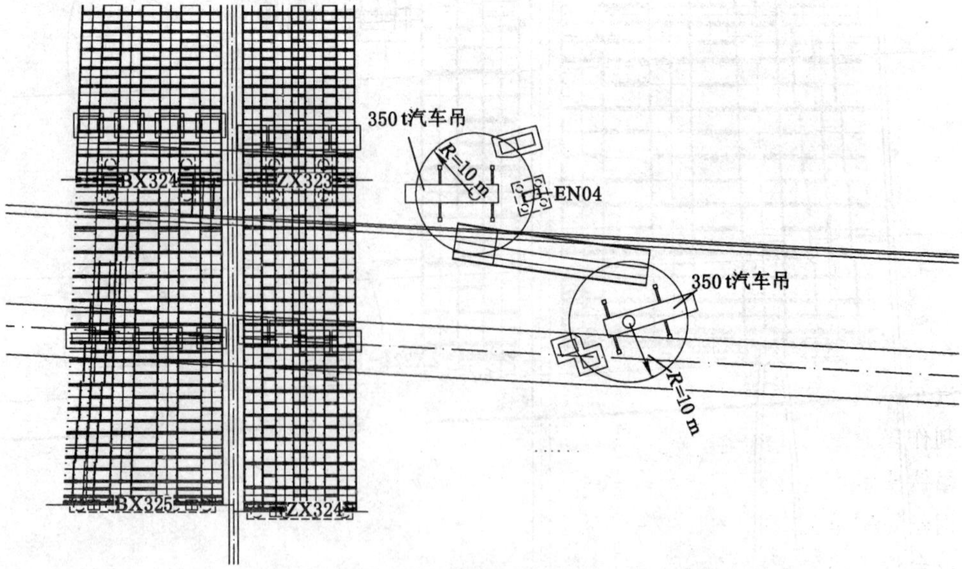

图 6-91　EN 线 B 制作段卸车平面布置图

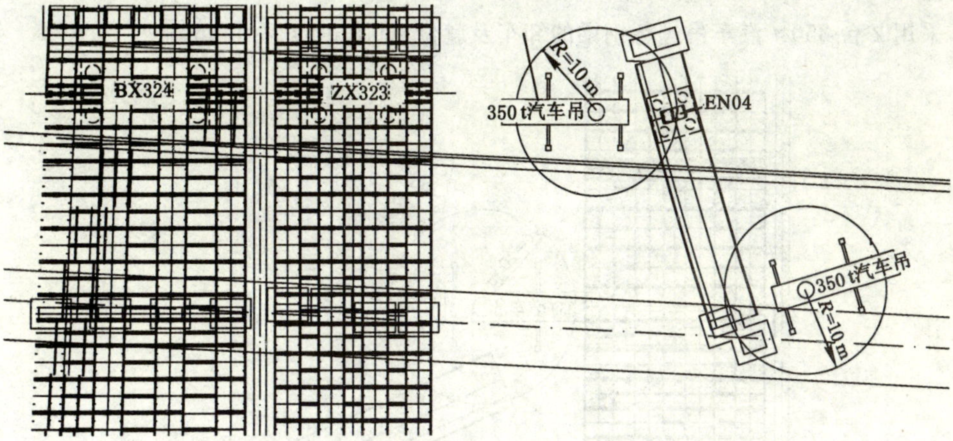

图 6-92　EN 线 B 制作段就位平面布置图

图 6-93　EN 线 B 制作段就位立面布置图

汽车吊最大工作半径为 10 m，臂长为 33 m，起重能力为 98 t。

制作段质量为 146.24 t。

吊钩质量为 1.3 t。

钢丝绳质量为 2×6×1 280/100＝153.6(kg)＝0.154(t)。

单台汽车吊的负载率＝(146.24/2＋1.3＋0.154)/98×100%＝76.10%＜80%，满足要求。

2. EN 线 C 制作段吊装工况

采用 2 台 350 t 汽车吊进行钢梁的卸车及就位，见图 6-94、图 6-95。

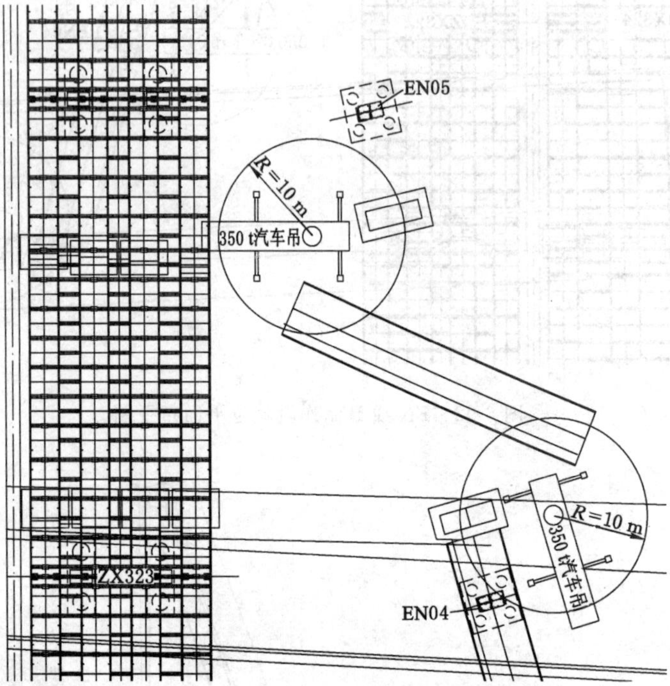

图 6-94　EN 线 C 制作段卸车平面布置图

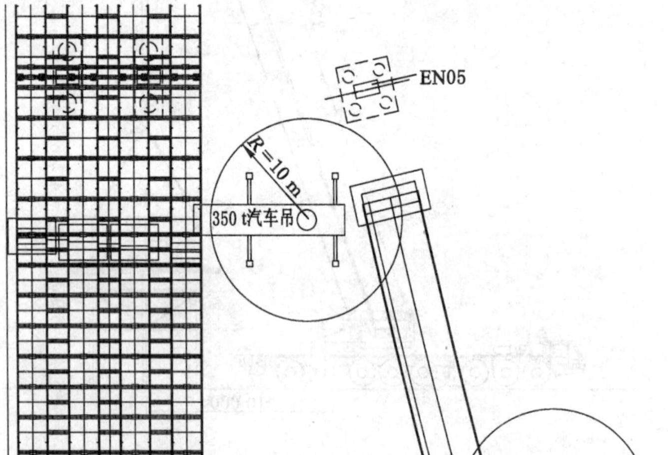

图 6-95　EN 线 C 制作段就位平面布置图

汽车吊最大工作半径为 10 m，臂长为 33 m，起重能力为 98 t。

制作段质量为 122.18 t。

吊钩质量为 1.3 t。

钢丝绳质量为 2×6×1 280/100＝153.6(kg)＝0.154(t)。

单台汽车吊的负载率＝(122.18/2＋1.3＋0.154)/98×100％＝63.82％＜80％，满足要求。

3. EN 线 D 制作段吊装工况

采用 2 台 350 t 汽车吊进行钢梁的卸车及就位，见图 6-96、图 6-97。

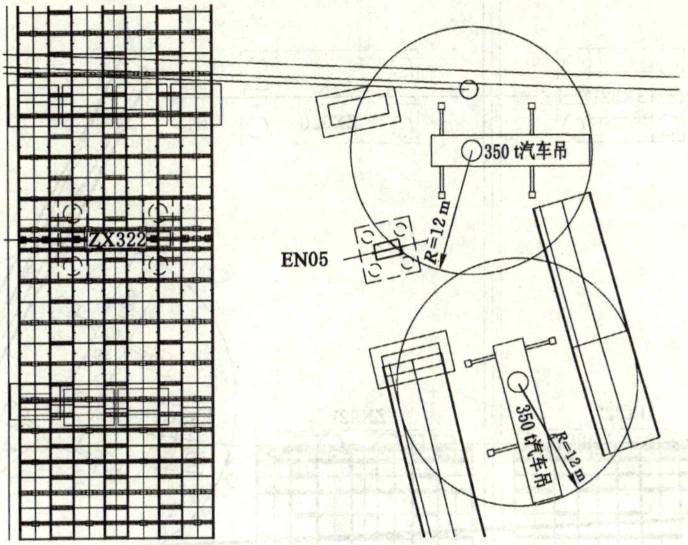

图 6-96　EN 线 D 制作段卸车平面布置图

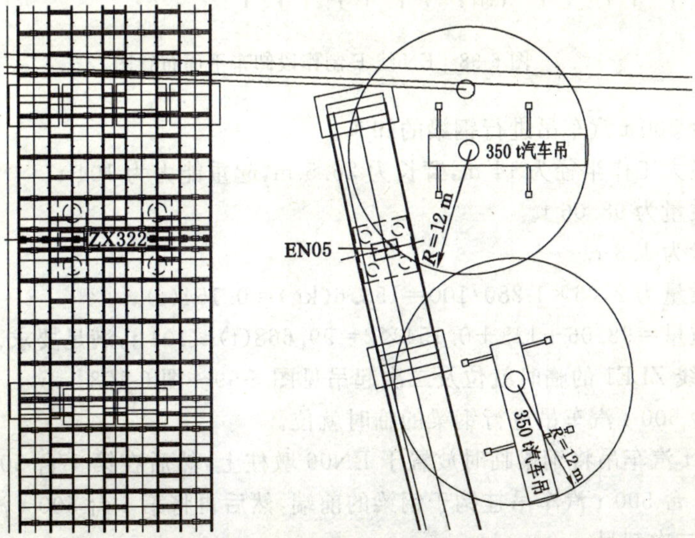

图 6-97　EN 线 D 制作段就位平面布置图

汽车吊最大工作半径为 12 m,臂长为 33 m,起重能力为 87 t。

制作段质量为 118.59 t。

吊钩质量为 1.3 t。

钢丝绳质量为 2×6×1 280/100=153.6(kg)=0.154(t)。

单台汽车吊的负载率=(118.59/2+1.3+0.154)/87×100%=69.82%<80%,满足要求。

4. EN 线 E 制作段吊装工况

(1) EN 线 ZLE1 制作段的卸车见图 6-98。

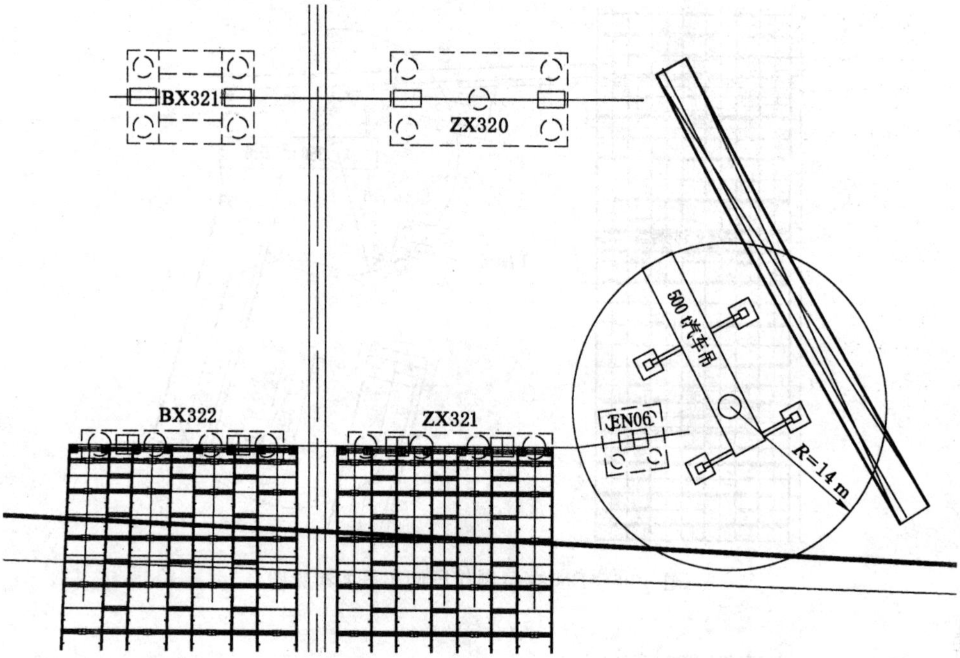

图 6-98　EN 线 E 制作段卸车平面布置图

采用 1 台 500 t 汽车吊进行钢梁的卸车。

汽车吊最大工作半径为 14 m,臂长为 26.5 m,起重能力为 104 t。

制作段质量为 98.06 t。

吊钩质量为 1.3 t。

钢丝绳质量为 2×6×1 280/100=153.6(kg)=0.154(t)。

总起吊质量=98.06+1.3+0.154×2=99.668(t)<104 t,满足要求。

(2) EN 线 ZLE1 的临时就位及二次起吊见图 6-99～图 6-103。

采用 2 台 500 t 汽车吊进行钢梁的临时就位。

1 台 500 t 汽车吊将钢梁临时放置于 EN06 墩柱上,然后在第 1 台 500 t 汽车吊不松钩的情况下第 2 台 500 t 汽车吊挂钩于钢梁的前端,然后再将第 1 台 500 t 汽车吊换钩于钢梁的尾端,进行二次起吊。

第 1 台汽车吊最大工作半径为 14 m,臂长为 26.5 m,起重能力为 104 t。

第 2 台汽车吊最大工作半径为 20 m,臂长为 31.7 m,起重能力为 70 t。

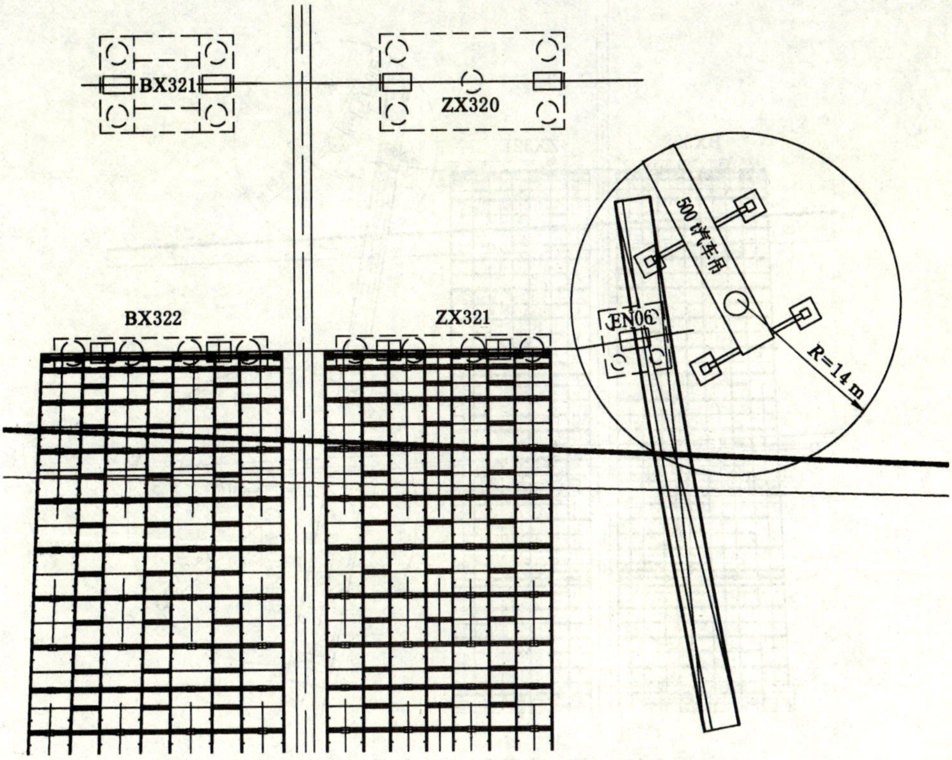

图 6-99　EN 线 ZLE1 临时就位平面布置图

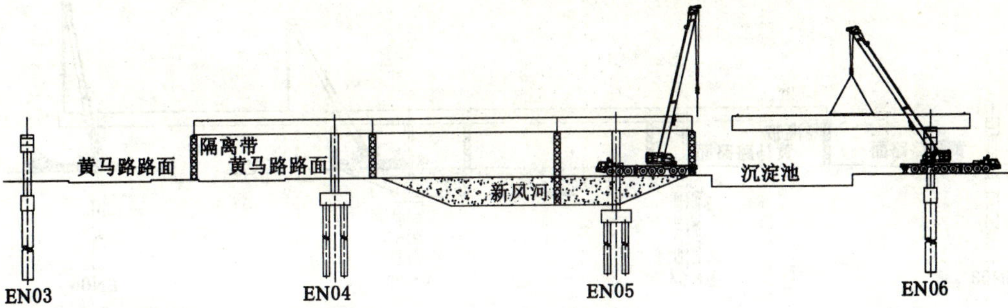

图 6-100　EN 线 ZLE1 临时就位立面布置图

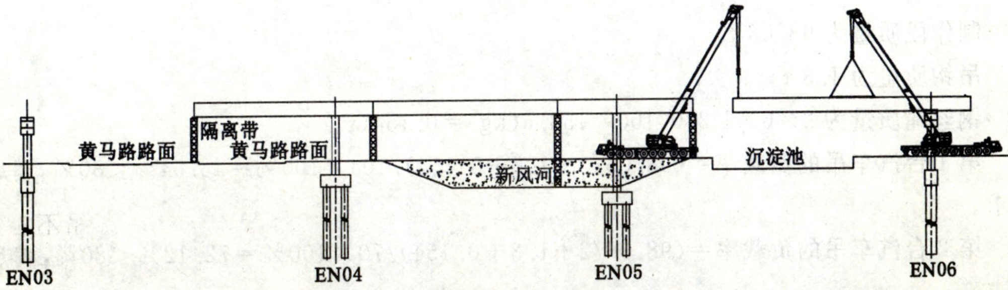

图 6-101　EN 线 ZLE1 换钩立面布置图

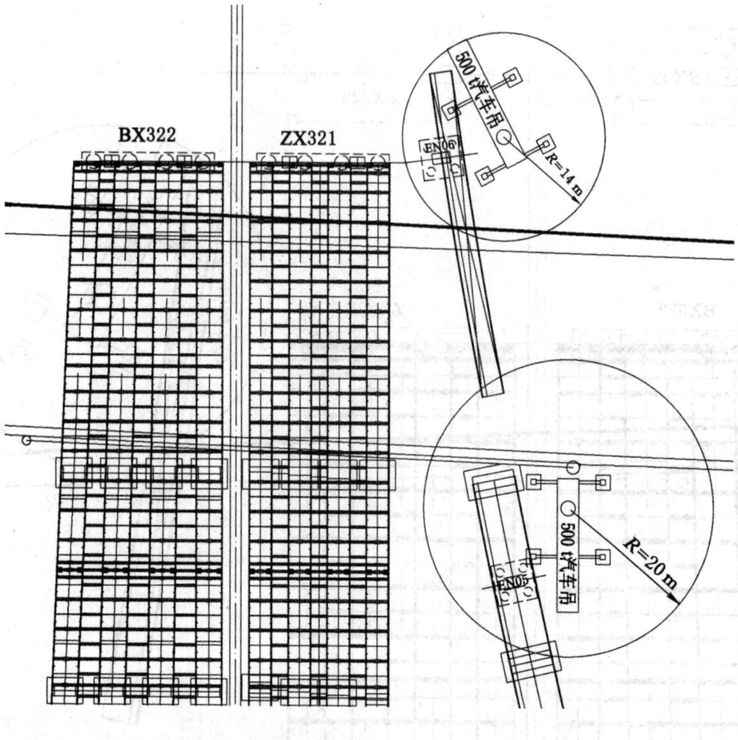

图 6-102　EN 线 ZLE1 二次起吊平面布置图

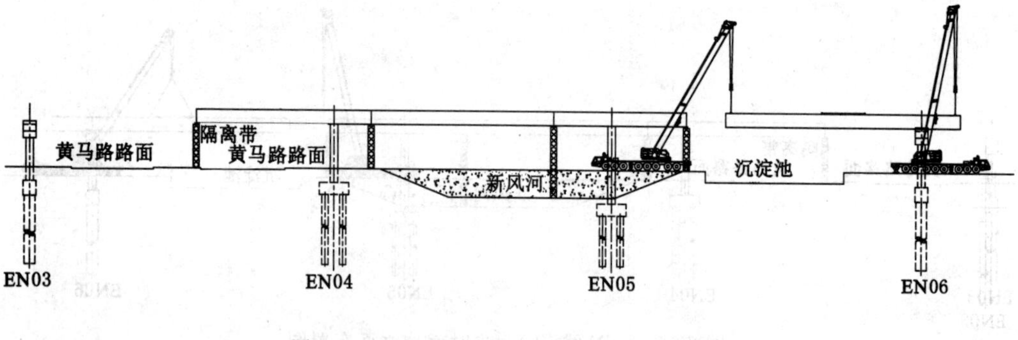

图 6-103　EN 线 ZLE1 二次起吊立面布置图

制作段质量为 98.06 t。

吊钩质量为 1.3 t。

钢丝绳质量为 2×6×1 280/100＝153.6(kg)＝0.154(t)。

第 1 台汽车吊的负载率＝(98.06/2＋1.3＋0.154)/104×100％＝48.54％＜80％，满足要求。

第 2 台汽车吊的负载率＝(98.06/2＋1.3＋0.154)/70×100％＝72.12％＜80％，满足要求。

(3) EN 线 ZLE1 的最终就位见图 6-104、图 6-105。

汽车吊最大工作半径为 14 m，臂长为 26.5 m，起重能力为 104 t。

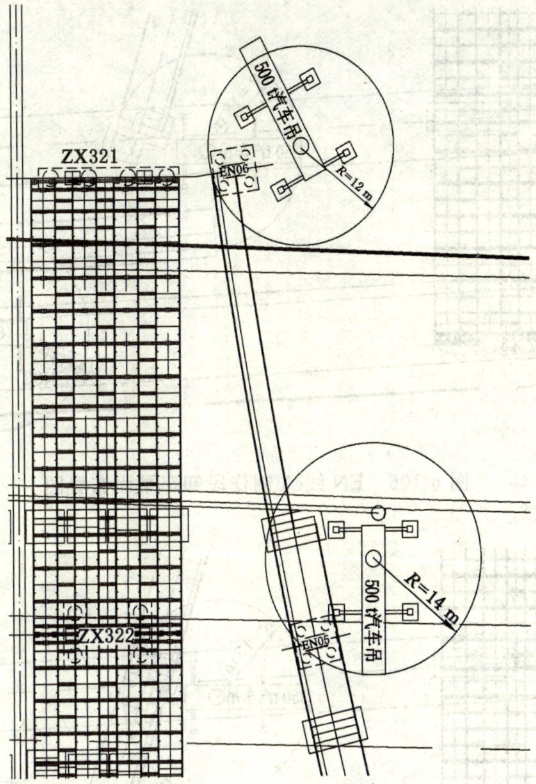

图 6-104　EN 线 ZLE1 最终就位平面布置图

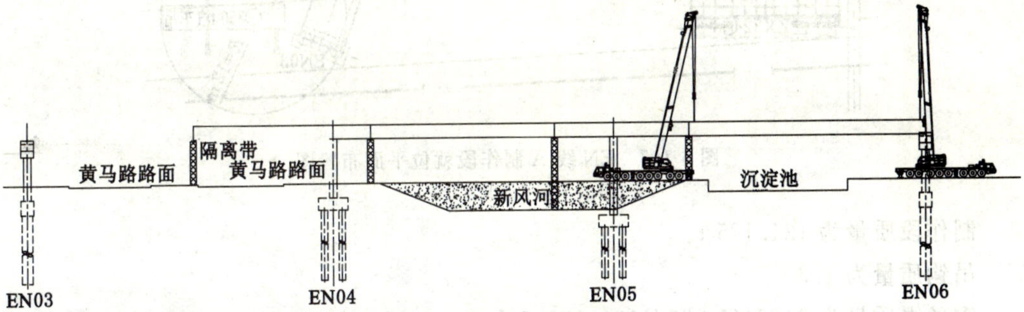

图 6-105　EN 线 ZLE1 最终就位立面布置图

制作段质量为 98.06 t。

吊钩质量为 1.3 t。

钢丝绳质量为 2×6×1 280/100＝153.6(kg)＝0.154(t)。

汽车吊的负载率＝(98.06/2＋1.3＋0.154)/104×100%＝48.54%＜80%，满足要求。

ZLE2 制作段的吊装方法与 ZLE1 的吊装方法相同，且 ZLE2 制作段的质量为 84.18 t，小于 ZLE1 制作段的质量，因此各个吊装工况均能满足要求。

5. EN 线 A 制作段吊装工况

采用 2 台 350 t 汽车吊进行钢梁的卸车及就位，见图 6-106、图 6-107。

汽车吊最大工作半径为 12 m，臂长为 33 m，起重能力为 87 t。

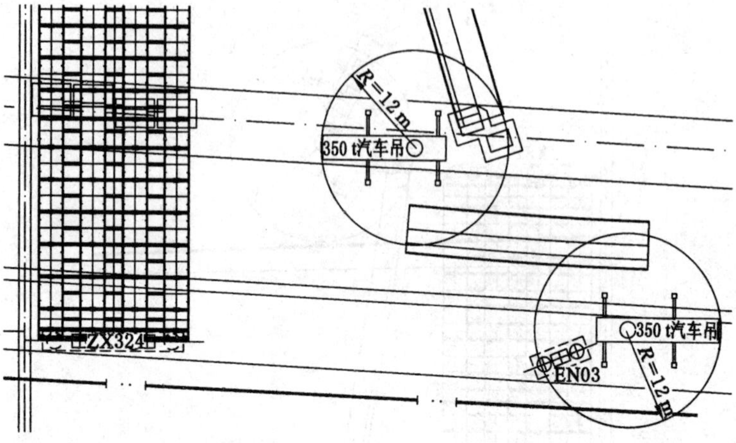

图 6-106　EN 线 A 制作段卸车平面布置图

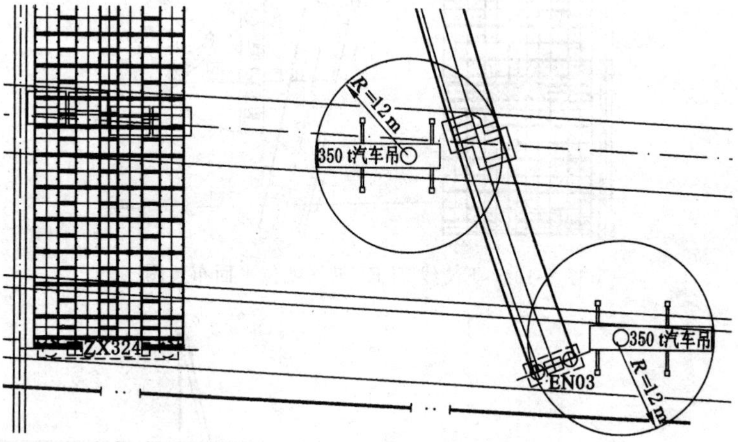

图 6-107　EN 线 A 制作段就位平面布置图

制作段质量为 124.125 t。

吊钩质量为 1.3 t。

钢丝绳质量为 2×6×1 280/100=153.6(kg)=0.154(t)。

单台汽车吊的负载率=(124.125/2+1.3+0.154)/87×100%=73.01%<80%，满足要求。

（七）主线桥简支钢梁吊装方案

1. A 制作段吊装工况

采用 1 台 260 t 汽车吊进行钢梁的卸车及就位，见图 6-108～图 6-113。

汽车吊最大工作半径为 14 m，臂长为 31.48 m，起重能力为 65 t。

A 制作段质量为 39.8 t。

吊钩质量为 1.3 t。

钢丝绳质量为 4×6×1 280/100=307.2(kg)=0.307(t)。

单台汽车吊的起吊质量=39.8+1.3+0.307=41.407(t)<65 t，满足要求。

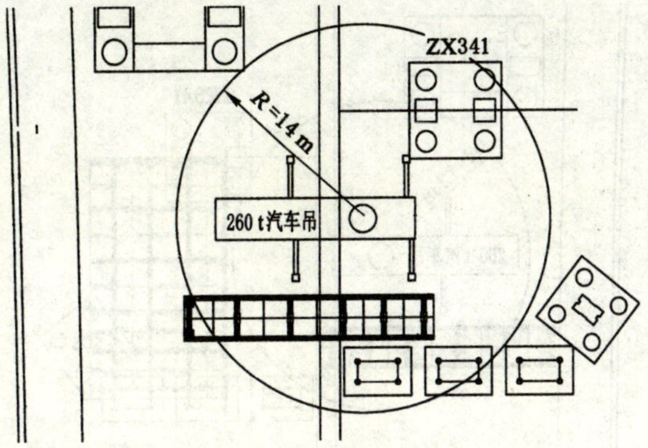

图 6-108 ZLA1、ZLA2 卸车平面布置图

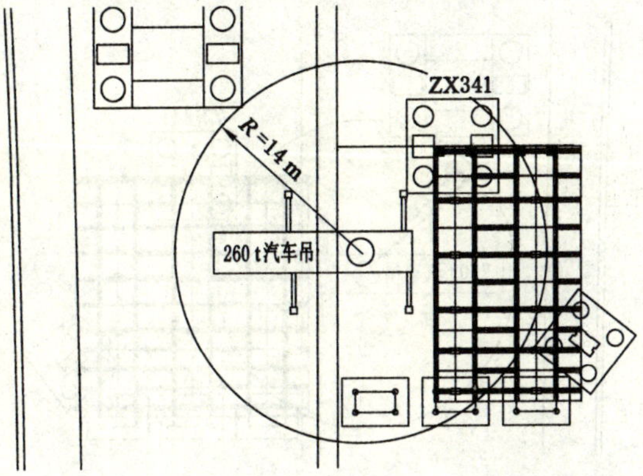

图 6-109 ZLA1、ZLA2 就位平面布置图

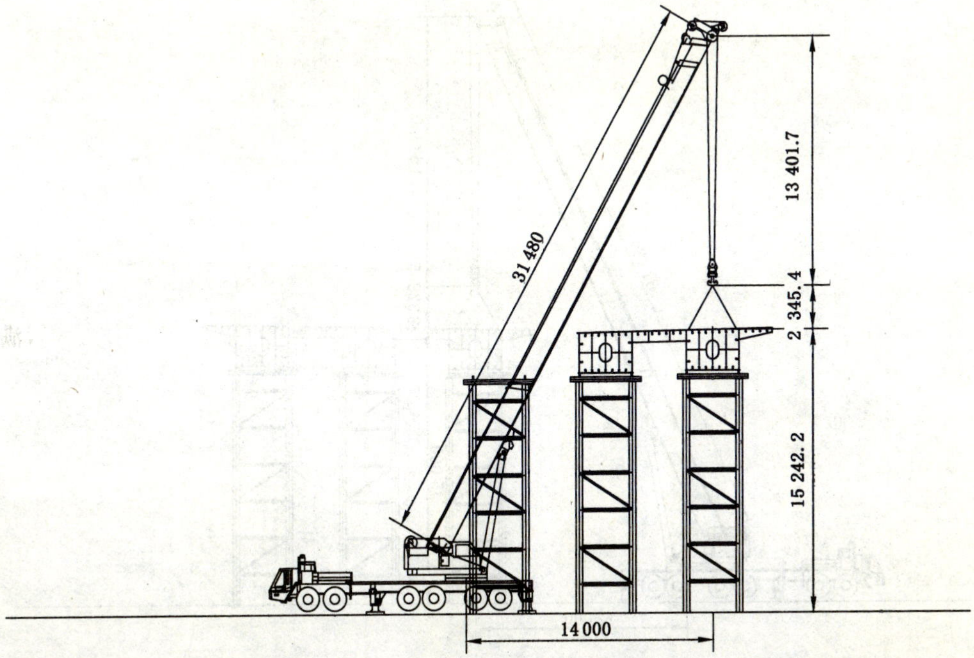

图 6-110 ZLA1、ZLA2 就位立面布置图

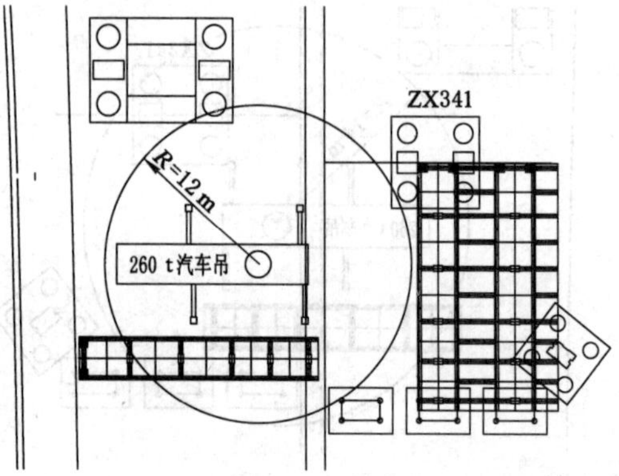

图 6-111　ZLA3 卸车平面布置图

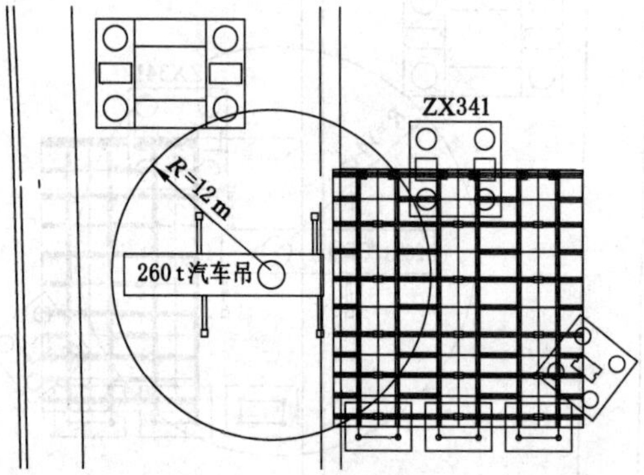

图 6-112　ZLA3 就位平面布置图

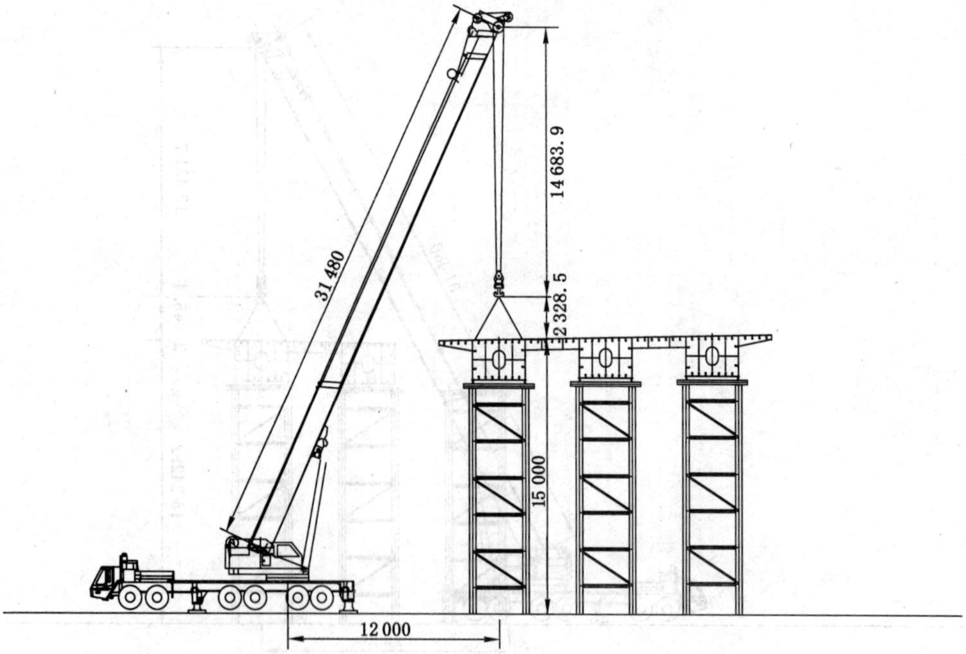

图 6-113　ZLA3 就位立面布置图

2. B制作段吊装工况

采用1台260 t汽车吊进行钢梁的卸车及就位，见图6-114～图6-117。

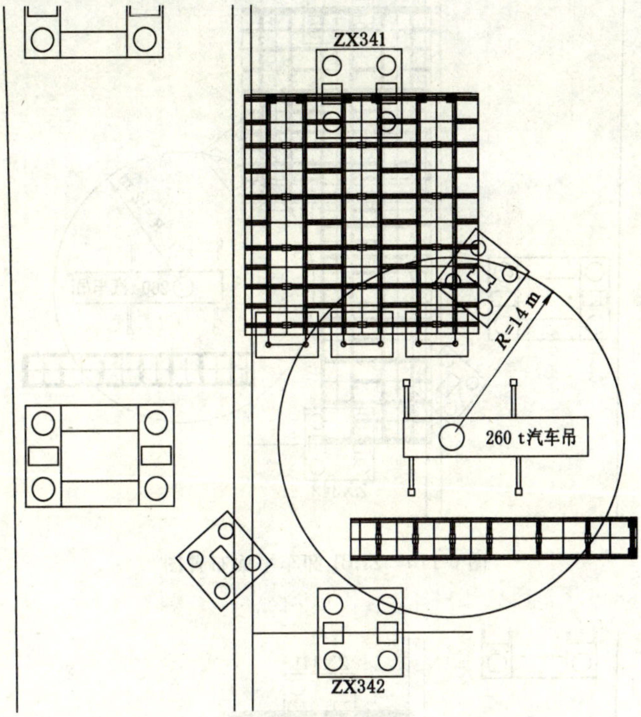

图6-114　ZLB2、ZLB3卸车平面布置图

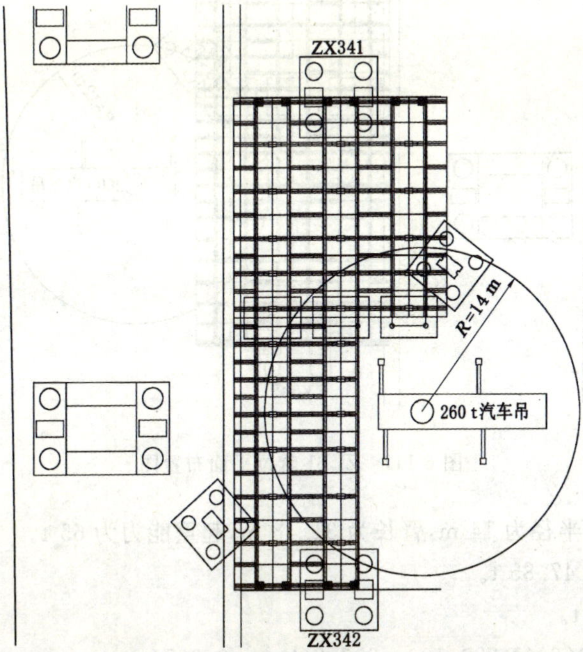

图6-115　ZLB2、ZLB3就位平面布置图

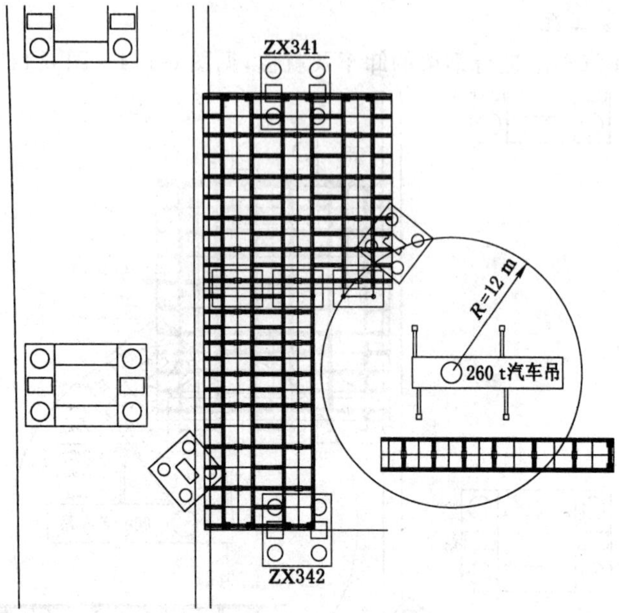

图 6-116　ZLB1 卸车平面布置图

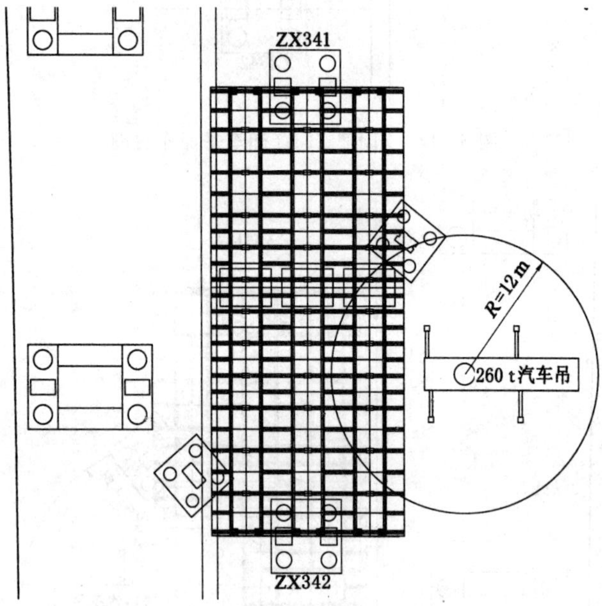

图 6-117　ZLB1 就位平面布置图

汽车吊最大工作半径为 14 m，臂长为 31.48 m，起重能力为 65 t。

A 制作段质量为 47.85 t。

吊钩质量为 1.3 t。

钢丝绳质量为 4×6×1 280/100＝307.2(kg)＝0.307(t)。

单台汽车吊的起吊质量＝47.85＋1.3＋0.307＝49.457(t)＜65 t，满足要求。

（八）现场焊接

1. 现场焊接概况

（1）本工程钢桥主要采用 Q345qD 钢板。焊接技术要求高，焊接难度高，主要为高空组装焊接，现场焊接采用手工电弧焊、CO_2气体保护焊以及埋弧自动焊。

（2）焊接接头形式。本工程现场焊接施工节点有：

① 顶板对接焊缝（平焊）。

② 腹板对接焊缝（立焊）。

③ 底板对接焊缝（平焊）。

④ 悬臂隔板与腹板的角焊缝（立焊）。

2. 焊接材料

（1）焊材和辅材必须通过焊接工艺试验合格及原材料复检合格后，方可在工程中使用；对材料的批号、出厂时间、本批号质检合格书、所有材质证明及检验证书，分批整理成册交监理验收及项目存档。

（2）焊条在使用前，必须按产品说明书进行烘干，烘干后的低氢型焊条在大气中放置时间超过 4 h 应重新烘干，焊条重复烘干次数不宜超过 2 次，受潮焊条不得使用。

（3）该工程选用 CO_2 作为保护气体，其纯度＞99.9%（体积比），为标准规定的优等品，水蒸气与乙醇含量≤50×10^{-6}（质量比）。

（4）该工程焊材必须由库房专业储存，专门发放，进入施工作业场所的焊丝、焊条，禁止散放，焊条烘烤后，必须采用保温筒，禁止抛撒、踩塌、雨淋，建立焊接材料进出仓库跟踪记录台账。

3. 焊接方法

顶板及底板的对接焊缝采用背面贴陶瓷衬垫，单面焊双面成型的焊接工艺，焊缝的打底及填充采用 CO_2 气体保护焊，盖面采用埋弧焊。

腹板对接焊缝采用背面贴陶瓷衬垫，单面焊双面成型的焊接工艺，焊接均采用 CO_2 气体保护焊。

角焊缝均采用 CO_2 气体保护焊。

4. 焊接操作平台

（1）环口位置的焊接操作平台。在环口位置临时支架的分配梁顶铺设木跳板，并利用脚手管搭设 1.2 m 高的安全护栏，如图 6-118 所示。

（2）悬臂梁的焊接操作平台。进行悬臂板与腹板之间的角焊缝的焊接施工时，须在桥下搭设活动脚手架作为施工人员的焊接操作平台。

5. 焊接前后检查与清理

（1）焊接前，仔细核对破口尺寸是否合格，清除破口内的水、锈蚀、油污及定位焊外的焊渣、飞溅及污物。

（2）焊接后，认真除去焊道上的飞溅、焊瘤、咬边、表面气孔、未熔合、裂纹等缺陷。

6. 焊接质量保证措施

（1）上岗的焊工应按焊接种类和不同的焊接位置分别进行考试。考试合格发给合格证书。焊工须持证上岗，不得超越合格证规定的范围进行焊接作业。严禁无证上岗。

（2）在焊接环境温度 5 ℃以上和相对湿度 80%以下时方可施焊。当环境条件不足上述

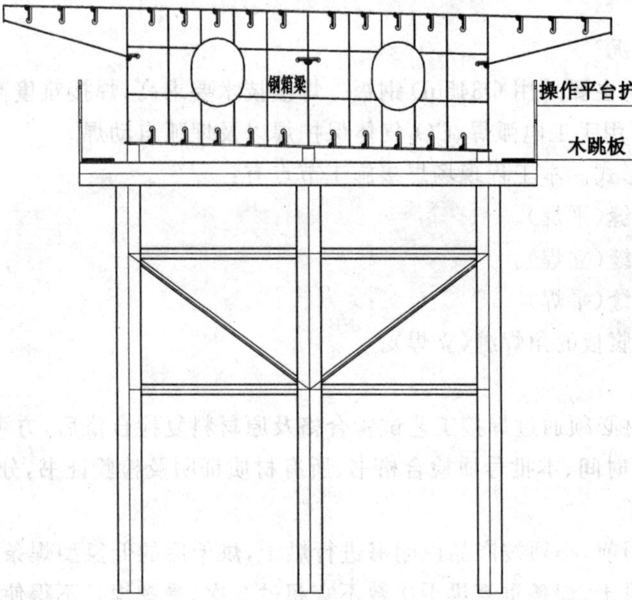

图 6-118　环口焊接操作平台

要求时，可以通过预热创造局部施工环境。当环境温度低于 5 ℃时，缝口 40～50 mm 范围内应采取适当加温措施。

(3) 现场焊接应用防风棚以局部防风。遇有雨天时一般应停止施工，如因进度需要在雨天施工时，除局部加热去湿和防风雨外，整条焊缝需置于有效的防雨保护下方准施焊。

(4) 所有焊接材料应符合设计规范的有关规定。焊接材料由专用仓库储存，按规定烘干、登记领用。当焊条、焊剂未用完时，应交回重新烘干。烘干后的焊条应放在专用的保温筒内备用。CO_2气体纯度应不小于 99.5%。

(5) 焊接设备应处于完好状态，并应抽验焊接时的实际电流、电压与设备上的指示是否一致，否则应督促检查、更换。

(6) 焊前准备应注意以下事项：

① 熟悉有关图纸和工艺文件，核对焊接部件，检查并确认使用的设备工作状态正常，仪表工具良好、齐全。

② 彻底清理待焊区的铁锈、氧化铁皮、油污、水分等杂质。

(7) 定位焊应注意以下事项：

① 定位焊前应按图纸及工艺检查焊件的几何尺寸、坡口尺寸、焊接间隙、焊接部位的清理情况，如不符合要求不得施焊。

② 定位焊必须距设计焊缝端部 30 mm 以上，且不得有裂纹、夹渣、焊瘤、焊偏、弧坑未填满等缺陷。

③ 定位焊缝长 50～100 mm、间距 400～600 mm，焊脚尺寸小于设计焊脚尺寸的一半。

(九) 现场涂装

(1) 在工厂内预制完成的钢梁在工厂内完成所有的防腐涂装，现场仅进行现场焊缝和因运输、吊装造成的油漆破损部位的补涂装。

(2) 对于现场焊缝，先使用角磨机将焊缝部位打磨出金属光泽之后再进行油漆的补涂装。

(3) 钢梁就位并检查合格后，对油漆部分破损部位清理、除锈、干燥，按要求涂装涂料。

(4) 现场涂装的技术要求同工厂内的涂装要求。

(十) 施工监控

(1) 检查汽车吊、信号工、电焊工等操作人员的特种作业人员操作证书，杜绝无证上岗。

(2) 检查汽车吊的年检报告，确保汽车吊的安全。

(3) 检查汽车吊的各安全装置是否齐全、可靠。

(4) 检查汽车吊的支腿是否完全伸出，支腿下方的铺垫是否坚实，每一次汽车吊挪车并重新支车后都须进行此项检查。

(5) 汽车吊起吊过程中设专人检查支腿下方的地基土，确保吊装过程中地基无沉降、无隆起。

(6) 吊装上跨沉淀池的钢梁制作段之前，在钢梁的换钩部位(钢梁临时支承于桥梁主墩的位置)做出明显的标记，确保汽车吊不超负荷工作。

六、质量保证措施

(一) 焊接质量保证措施

焊接质量保证措施如表 6-1 所列。

表 6-1　焊接质量保证措施

质量控制项目	控制内容及控制方法	质量标准或检验项目
焊接人员	1. 焊工必须持证上岗，从事其证书规定范围的焊接操作； 3. 焊工杜绝疲劳作业，若被发现焊接质量不稳定时，即下岗培训，考试合格后再重新上岗	焊工资格证、焊工考试合格证
焊接设备	1. 保证各类电焊机、CO_2 流量计、烘焙箱等设备的计量指示准确，保温筒保温性能良好； 2. 抽验焊接时的实际电压、电流、焊速等指标与设备上的指示是否一致，督促检查，发现问题及时更换；焊接设备均配备稳压器	设备检查记录
焊接材料	1. 焊接材料根据焊接工艺评定试验结果确定，所选定的焊接材料与所焊材质相匹配； 2. 进厂时有生产厂家的出厂质量证明书，并按现行有关标准进行复验，合格后入库使用； 3. 焊接材料在专用库房内储存，按规定烘焙、登记领用； 4. 手工定位焊时随身携带焊条保温筒，不得敞口使用； 5. 保证 CO_2 气体纯度不小于 99.5%	材质证明书； 复验报告； 焊材烘焙记录
焊接工艺	1. 焊接工艺依据焊接工艺评定试验结果制定，焊接工艺评定试验在钢梁节段制作开工前进行； 2. 严格控制焊接顺序、焊接方向和焊接规范； 3. 综合控制焊接变形	焊接工艺评定报告； 焊接规范； 焊接材料证明；
焊接环境	在环境温度不低于 5 ℃且相对湿度不高于 80% 的条件下进行施焊；及时采取防雨、防风、局部预热等方法	环境温度、湿度记录

表 6-1(续)

质量控制项目	控制内容及控制方法	质量标准或检验项目
焊接过程	1. 焊接前彻底清理待焊区域的铁锈、氧化皮、油污、水分等杂质，焊缝两侧且正反两面 100 mm 范围内进行打磨见金属光泽； 2. 板厚大于 24 mm 构件的焊缝两侧 100 mm 范围内预热按工艺规定执行； 3. 定位焊长度为 50～100 mm，焊接质量均满足要求； 4. 埋弧焊在引板上的起熄弧长度大于 80 mm，焊后切除引板，不得用锤击落	工艺规范检查及记录
焊接检查	1. 焊缝外观检查严格按招标文件中“技术规范”的质量标准执行； 2. 焊缝无损检验严格按招标文件中“技术规范”的质量标准执行，在外观检验合格后进行； 3. 检验前校对检验仪器的灵敏度，保证仪器正常使用； 4. 无损检测人员持有效的Ⅱ级以上合格证件，经监理认可后上岗； 5. 外观检验合格 24 h 后进行无损检测，厚度大于 30 mm 的钢板焊接接头在施焊后 48 h 进行无损检测； 6. 焊缝缺陷返修控制不超过两次	质量检验记录、无损检测报告

(二) 技术保证措施

(1) 采用先进技术，投入精良设备，高标准建设好该工程。测量采用控制测量技术，保证测量精度。

(2) 严格把好材料关。本工程所需的原材料、设备一律从正规厂家购进，只采用通过国家认证合格的产品。

地产材料的品质符合国家现行标准。材料进场后经二级及以上资质等级的试验单位复检试验合格后方可使用，不合格材料坚决不用。

(3) 在支架搭设前必须进行地基承载力验算，确保满足要求。临时支架搭设完毕后，重新测量放线，精确量测标高，在支架上画出每节钢梁的纵、横向位置边线。支架拼装阶段，采用测量仪器对轴线、标高进行精确测量，检查调整，合格后方可进行焊接连接。

(三) 吊装质量保证措施

进场的吊车、吊车的站位、吊索具的使用严格按照方案中指定的方法、规格等实施，严禁擅自改动方案中选用的吊车型号、吊索具等的规格。

七、安全施工保证措施

(一) 现场安全技术措施

1. 施工安全管理

(1) 参加施工的全体员工要熟悉本工种(本岗位)的安全技术操作规定和施工现场安全基本知识。

(2) 在施工中，应坚守工作岗位，遵守劳动纪律，严禁酒后操作，严禁在施工现场嬉戏打闹。

(3) 电工、焊工、起重工、起重机司机和各种机动车辆等特殊工种人员，必须经过专门培训，考试合格发给操作证后方可独立操作。

(4) 普工和农民工须进行三级安全教育、安全知识培训，并接受安全技术交底后方可上岗。

(5) 正确使用个人防护用品，进入施工现场必须戴安全帽、着工作服、穿工作鞋，凡不符合安全要求的着装禁止进入施工现场。在没有安全可靠的防护设施的高空施工，必须系安全带。

(6) 施工中应尽量避免上下交叉作业，如确实需要则应采取隔离措施，否则禁止工人在同一垂直方向工作。

(7) 安全帽、安全带、安全网等防护用品应符合国家有关标准，要有合格证。在施工过程中要经常检查，并定期抽查、试验，不合格的严禁使用。

(8) 施工现场的洞、坑、沟等危险处，应有防护措施和明显标志，与工程无关的洞、坑、沟应及时填平。

(9) 施工现场的脚手架、防护设施、安全标志和警告牌，不得擅自拆卸和移动，需要拆卸移动的，要经质量安全工程师同意。

(10) 在自然光线不足的工作地点或在夜间进行工作，应设置足够的照明设备。

(11) 施工现场要有交通指示标志，危险地区悬挂“危险”或“禁止通行”标牌，夜间设置红灯示警。

(12) 现场的一切电气设备、机具的接线以及线路的架设应由专职电工进行，其他人员不得擅自拉线、接线。

2. 机电设备安全措施

(1) 工作前，必须仔细检查机械、仪表、工具等确认完好、安全后方准使用。

(2) 机械和动力机械的机座必须稳固，产生转动的危险部位要设有防护装置。

(3) 电气设备和线路必须绝缘良好，电线不得与金属物绑扎在一起，裸露的带电导体必须安设在碰不着的地方或设安全护栏和明显的警告标志。

(4) 电动机具必须按规定接零接地并设置单一开关。如遇临时停电或停工休息，必须拉闸加锁。露天配电箱应设防雨、防水措施，禁止一闸多用。

(5) 手持电动工具必须装设漏电保护器。

(6) 电动机具和电气照明设备拆除以后，不能留有可能带电的电线，如必须保留应该将电源切断并将线头绝缘。

(7) 电气设备和线路必须符合规定并定期进行试验和检修，修理时要先切断电源，如确实需要带电工作应该有确保安全的措施并有专人监护实施。

(8) 施工机械和电气设备不得带病运转或超负荷作业，发现不正常情况时应停机检查，不得在转动中修理。

(9) 氧气瓶要有瓶盖，减压阀上应有安全阀，严防沾染油脂，不能和乙炔瓶、油脂、油漆以及其他易燃易爆物同放一处，也不得同车运输。

(10) 乙炔气瓶必须有防止回水的安全装置，并且要距明火 10 m 以上。

(11) 起重机械和辅助机具应标明最大负荷量，起重机械要标明安全速度，操作时应严格按标示执行。

(12) 起重机使用前要经过试车，试车前应仔细检查挂钩、钢丝绳、齿轮和电气部分。使用时应有专人采用以对讲机为主、手势结合的方式进行指挥，禁止斜吊。重物下方禁止人员和车辆通过，构件悬空时操作人员不得离开。

3. 高空作业安全措施

(1) 凡在离地 2 m 以上的作业均属高空作业。高空作业应采取安全防护措施，确保安全生产。在没有防护措施的高空作业，必须系安全带，安全带的悬挂位置应在人体的上方。

(2) 从事高空作业的人员需经体检合格。

(3) 高空作业所用的材料摆放平稳，工具应随手放入工具袋内，上下传递物件时不得抛掷，防止落物伤人。

(4) 如遇气候恶劣或风力 4 级以上的天气，禁止露天高空作业和起重作业。

(5) 梯子必须坚实，不得缺档，不得垫高使用，梯阶的间距不得超过 40 cm。

(6) 使用单面梯子时上端要固定，下端要采取防滑措施，单面梯与地面的夹角以 60°～70°为宜，禁止两人同时在同一梯子上作业。

(7) 两梯连接使用，应绑扎牢固。人字梯底脚要拉牢，在通道处使用梯子应有监护或设置围栏。

(8) 高空作业与地面联系，口头联系有困难和影响安全的，应设通信装置，并有专人负责。

(9) 大风或暴风雨前后，要检查工地临时设施、脚手架、机电设备、临时线路，发现有倾斜、变形、下沉、漏雨、漏电等现象时，应及时修理加固，有严重危险的应立即排除。

4. 运输作业安全措施

(1) 制定周密的运行方案，重点控制装车时人员、车辆和货物的安全，以及运行时通过窄桥、窄路和弯道等地段的道路状况和社会车辆、非机动车、行人的避让情况，保证车辆安全顺利通过。

(2) 运行前进行车辆设备的维护、保养，对制动系统进行检查，保证参加运输的车辆设备状况良好、性能优越。

(3) 运行中对货物轮廓设置明显安全标志，白天使用红旗，夜晚使用彩虹灯。牵引机车车头开启闪烁工程灯。运梁车前后必须有押运车辆护送。

(4) 车辆通过弯道或窄道，车后有指挥和操控手操控时，牵引车司机必须摇下车窗，便于听到后方的提示。

(5) 加强对关键点的监控，特别是过弯道和窄道时，司机要谨慎驾驶，指挥人员要果断，随车工人要及时提示。

(6) 车辆在夜间行车时操控车辆运行的人员必须下车指挥，穿反光背心、持发光指挥棒。指挥人员及运输车辆司机应携带对讲机以便沟通。

5. 起重吊装作业安全措施

(1) 大型构件的吊装必须要有经核准的吊装方案，吊装应严格按方案进行操作，现场如有大的变更，应作补充方案报原方案核准方核准。吊装前要对作业班组人员进行详细的安全与技术交底。起吊前要经起重责任工程师等人员检查无误，并同意起吊后方可开吊。

(2) 构件起吊前须计算、复核出重心部位，以及钢丝绳长度、夹角和直径，合理选择吊点。

(3) 吊装前要仔细检查索具是否符合规定要求，所有起重指挥及操作人员必须持证上岗，合理安排作业区域和时间，避免直线垂直交叉作业。

(4) 构件起吊时应慢速均匀离开平板车或地面。起重吊钩应在重心的正上方，起钩后构件不做前后、左右摆动。检查钢丝绳受力状况，几根钢丝绳应均匀受力。吊钩要求具有防跳绳装置，无排绳打搅现象。构件吊点应牢固，无滑落现象。起钩由地面人员指挥，操作员应仅听从地面的专职人员指令。起钩速度应缓慢，施工人员不得站在被起吊的构件上。

(5) 构件吊运通道应无障碍物，施工人员不得站在构件运动方向和下方，安装区域不得有人停留或通过。

(6) 落钩前应明确位置，摆正构件，避免无目的随意摆放。构件下要垫放枕木以利于取出钢丝绳。落钩要使用慢速，经充分落钩钢丝绳不受力时才能靠近取钢丝绳。忌将手放在钩下取物，钢丝绳退出时不允许使用吊钩直接拉动以免钢丝绳弹出伤人。

(7) 安装前要再次对起重机具进行检验。仔细检查钢丝绳等是否符合规格要求，是否有损伤。试机前必须对机械和电路系统进行一次全面检查，确认安装符合要求后才能试机。

(8) 夜间吊装必须保证足够的照明，构件不得悬空过夜，特殊情况时应报主管领导批准，并采取可靠的安全防范措施。

(9) 每层外围构件拉挂立网，"四口"设护栏、挂安全网、设醒目标志，并用红白小旗绳围好。架板要按规定铺设牢靠，不得出现翘头。焊接作业应搭设平台，周围设防护栏杆，保障施工安全。所有设置在高空的设备、机具，必须放置在指定的地点，避免载荷过分集中，并要绑扎牢固，防止机器工作中松动。电焊作业平台搭设力求平稳、安全。

(10) 所有安全设施由专业班按规定统一设置，并经有关部门验收，其他人员不准随便拆动。因工作需要必须拆动时，要经过有关人员允许，事后要及时恢复，安全员要认真检查。

(11) 起重指挥要果断，指令要简短明确。按"十不吊"操作规程认真执行。

(二) 雨季施工安全措施

(1) 雨后吊装时，先做试吊，将吊装物吊至 0.20 m 左右，停止提升吊物，检查吊车、吊绳等是否正常，一切正常后，再继续操作。

(2) 认真做好雨前、雨后检查工作，重点检查现场吊车、现场临时用电线路等处有无倾斜、沉陷、松动、异常现象等，并做好记录。

(3) 雨后进行吊装施工的高空操作人员，要注意防滑，要穿胶底鞋，不得穿硬底鞋上高空操作。

(4) 构件堆放地点要平整坚实，周围要做好排水工作，严禁构件堆放区积水、浸泡。

(5) 雨后采用汽车吊进行吊装作业时，要对支腿位置地基承载力进行验算，防止支腿位置地基沉陷，导致汽车吊侧翻、倾倒等安全事故。

(6) 运输车在场地有积水的情况下不得进入现场，防止运输车陷入土地内，待雨后场地晾晒干透之后运输车方可运梁进入现场。

(三) 夜间施工安全措施

(1) 夜间施工场地内必须布置充足的照明设备，确保吊装过程中视线充足。

(2) 夜间施工时运输车辆、汽车吊等设备四周应悬挂红色警示灯。

(3) 夜间施工用电设备应设专人值守，确保用电及人身安全。

(4) 夜间施工所有现场施工人员必须穿戴反光警示服。

(5) 夜间施工涉及交通导行的必须按照国家、道路管理部门、交通管理部门的要求设置安全警示标志、交通安全标示，确保行车安全。

第七章　连续体系梁桥施工案例

第一节　工程概况

某变截面连续体系箱梁桥，跨径为 45 m＋70 m＋45 m，设计速度为 80 km/h，采用双幅布置，全宽 32 m，行车道宽度为 3×3.75 m＋3.0 m（单侧），汽车荷载等级为公路Ⅰ级。单幅箱梁采用单箱单室斜腹板断面，箱梁顶板宽度 15.5 m，底板宽度 7.298～8.656 m，腹板采用变厚度，中跨跨中及边跨支架现浇段厚度 50 cm，中跨支点处厚度 170 cm，顶板厚度 30 cm，底板厚度按抛物线变化由 60 cm（中跨支点）变化到 30 cm（中跨跨中及边跨支架现浇段），箱梁根部高度 4.0 m，端部梁高 2.0 m，本段桥梁位于 2%全超高段内，桥梁横坡通过箱梁两侧腹板高差形成。如图 7-1 所示。

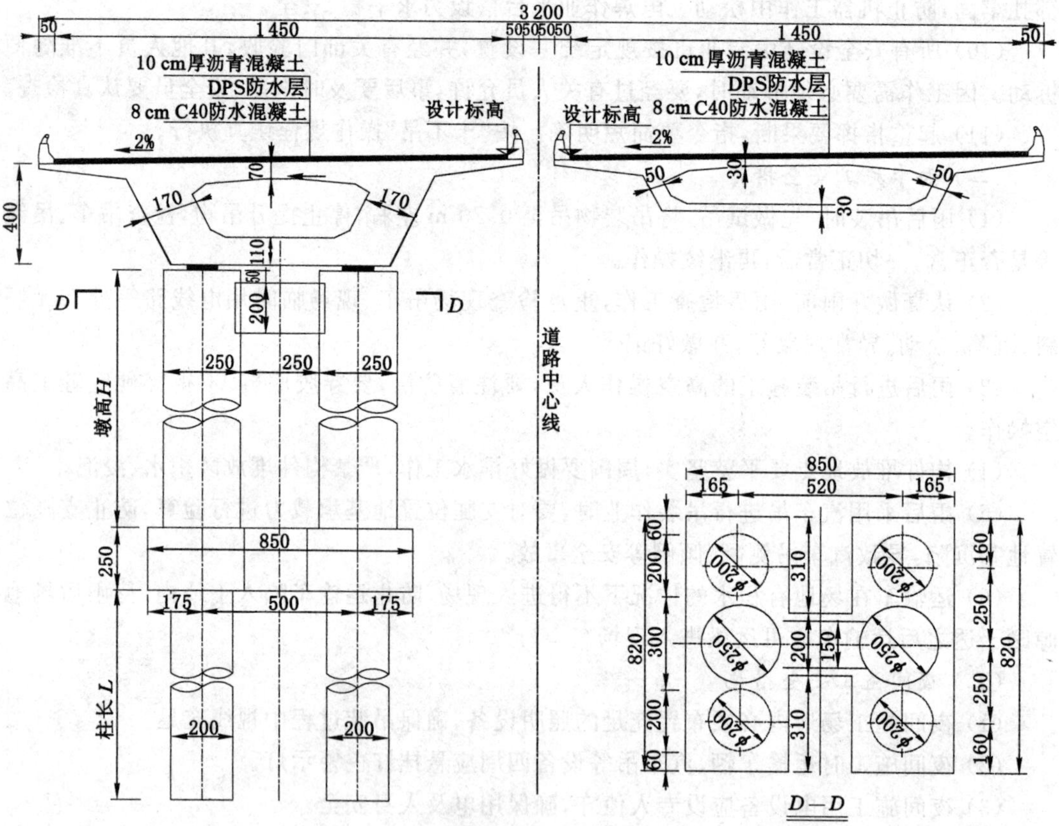

图 7-1　悬臂现浇桥立面图（单位：cm）

箱梁 0#～4# 块按三向预应力设计，纵向、横向、竖向均设预应力，其他节段设纵向、横向预应力。纵、横向预应力钢绞线采用标准抗拉强度 $f_{pk}=1\ 860$ MPa，$E_y=1.95\times10^5$ MPa，公称直径 15.2 mm 高强度低松弛钢绞线。竖向预应力筋采用 ϕ32 mm 高强精轧螺纹钢筋，标准抗拉强度 $f_{pk}=930$ MPa，$E_s=2\times10^5$ MPa。

下部结构采用桩柱式桥墩，群桩基础，其中单幅桥墩采用两根直径 2.5 m 墩柱，基础采用 4 根直径 2.0 m 钻孔灌注桩，按摩擦桩设计，承台采用 8.5 m×8.2 m×2.5 m 哑铃形承台。

第二节　悬臂现浇箱梁施工

一、悬臂现浇箱梁桥施工工艺流程

悬臂现浇箱梁桥施工工艺流程如图 7-2 所示。墩顶 0# 块、1# 块采用支架搭设现浇的方法，2#～9# 块采用对称悬臂浇筑施工方法，边跨和中跨合龙段为 10# 块，边跨 0# 块、1# 块采用支架搭设现浇。

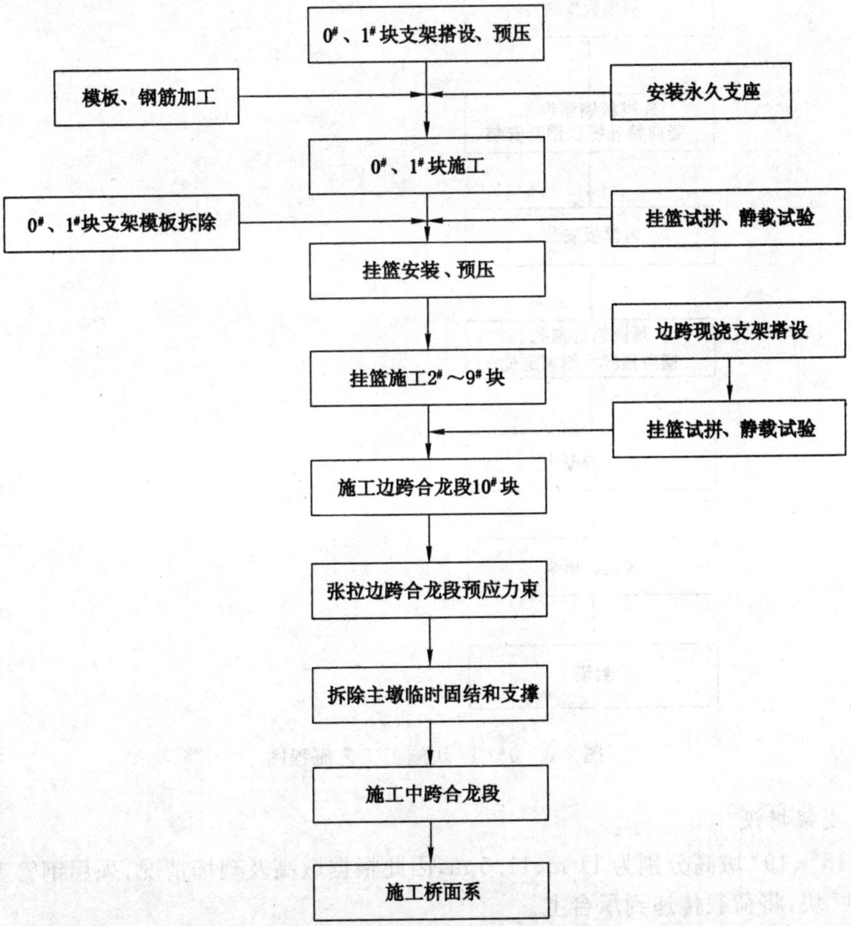

图 7-2　全桥施工工艺流程图

二、$0^{\#}$、$1^{\#}$块梁段施工

$0^{\#}$块梁段长度为4 m，$1^{\#}$块梁段长度为3 m，混凝土135.5 m^3，质量352.3 t。顺桥向单侧伸出墩身范围为3.75 m，箱梁等高段长4 m。等高段内箱梁高度4.155 m（横断面中心处），其余长度范围内按二次抛物线变化。$0^{\#}$、$1^{\#}$块结构复杂，普通钢筋、预应力钢束管道密集，施工时特别注意预应力管道的准确定位，混凝土灌注时不允许漏浆堵塞预应力管道并在张拉前检查所有管道。

（一）$0^{\#}$、$1^{\#}$块施工工艺流程

施工工艺流程如图7-3所示。

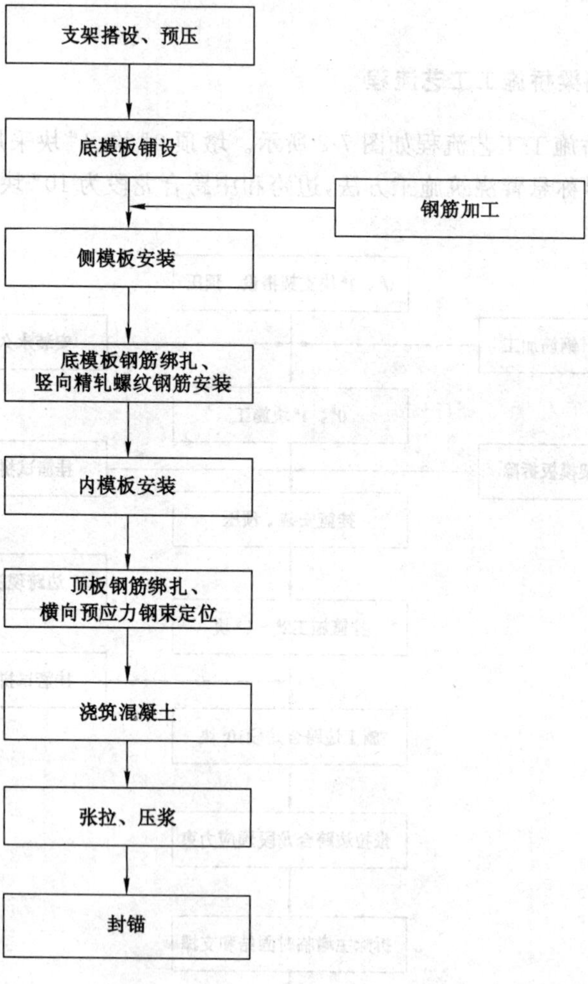

图7-3　$0^{\#}$、$1^{\#}$块施工工艺流程图

（二）支架搭设

主墩$18^{\#}$、$19^{\#}$墩高分别为11 m、11.5 m，因此根据墩高及现场情况，采用钢管型钢支架施工$0^{\#}$、$1^{\#}$块，将荷载传递到承台上。

支架由钢管桩、承重梁、纵向分配梁及连系构件组成。钢管桩为ϕ820 mm×10 mm Q235螺旋钢管，在墩身一侧纵向布置两列，横向布置两排。钢管底部纵向中心间距1.58 m，通过与

预埋在支架基座表面的钢板焊接连接，顶部纵向中心间距 2.38 m。钢管桩横向间距为 5.7 m。为增加支架整体稳定性，钢管桩纵向、横向之间设 H300 mm×150 mm×6.5 mm×9 mm 型钢连接系。

承重梁为 2H588 mm×300 mm×12 mm×20 mm 型钢。近墩身侧钢管桩顶部放置 16 mm 厚钢板后，承重梁直接放置在该钢管桩上。远墩身侧钢管桩桩身焊接钢牛腿，承重梁放置在钢牛腿上。钢牛腿与承重梁之间放置 150 mm×150 mm C30 试块，待 $0^{\#}$、$1^{\#}$ 块施工完成后击碎试块进行落架。在承重梁与钢管桩之间设 2H300 mm×150 mm×6.5 mm×9 mm 型钢斜撑以减小承重梁悬臂端挠度。

纵向分配梁为 H300 mm×150 mm×6.5 mm×9 mm 型钢。在箱梁等高段内，纵向分配梁间距为 30 cm。箱梁等高段范围外，纵向分配梁在腹板范围内间距为 60 cm，顶、底板范围内为 65～75 cm。纵向分配梁与承重梁之间缝隙填充干硬性 M20 砂浆。

支架搭设时，先在场地上将横向两根钢管桩、部分连接系、承重梁斜撑加工成整体，形成框架结构，然后再利用吊车进行安装。框架安装完后及时焊接剩余连接系。最后依次安装承重梁和纵向分配梁。支架搭设施工时注意各构件间连接焊缝须满足设计要求。$0^{\#}$ 块支架纵向和横向结构图如图 7-4 和图 7-5 所示。

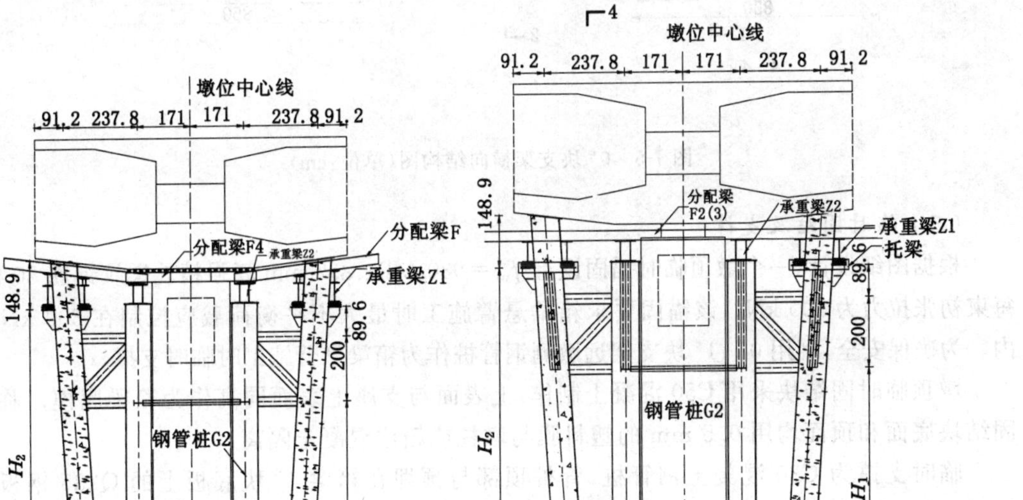

图 7-4　$0^{\#}$ 块支架纵向结构图（单位：cm）

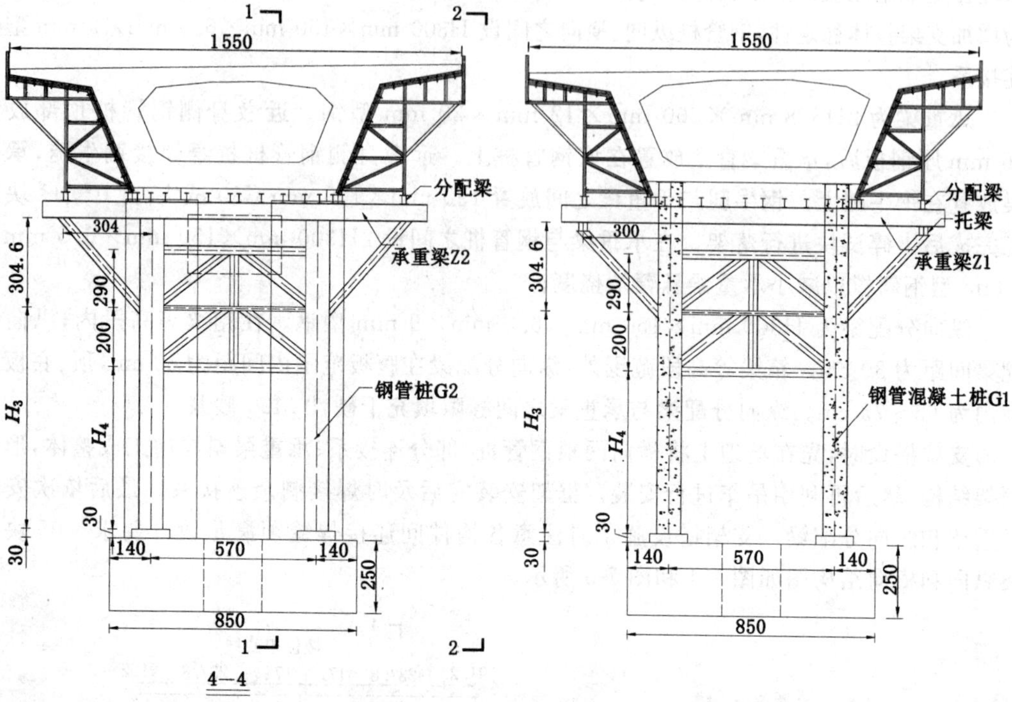

图 7-5　0# 块支架横向结构图(单位:cm)

(三) 临时固结及支撑

根据图纸设计,一个墩顶临时锚固设有 $f_{pk}=930$ MPa、$\phi32$ mm 高强精轧螺纹钢筋 36 根,每束初张拉力为 200 kN。该锚固要求箱梁悬臂施工时最大不平衡荷载应控制在 300 kN 以内。为确保安全,利用 0#、1# 块支架远墩侧钢管桩作为箱梁悬臂施工时临时支撑。

墩顶临时固结块采用 C50 混凝土制作,上表面与支座上表面同高作为箱梁底模。临时固结块底面和顶面均用 0.5 mm 的塑料膜与墩柱或箱梁混凝土隔离。

临时支撑为 C30 混凝土钢管桩,管桩顶部与预埋在箱梁 1# 块底板上的 Q235 钢板焊接,钢板尺寸为 100 cm×100 cm,厚度 20 mm。在钢管桩外侧与钢板之间设置 8 块 10 mm 厚加劲肋。

当边跨合龙段张拉预应力束完毕之后,即可凿除临时固结块,拆除临时锚固和临时支撑。对 1# 块底板上的预埋钢板进行除锈,涂刷红丹防锈漆 2 遍打底,表面涂刷银灰色调和漆 2 遍。

(四) 模板安装

1. 底模板安装

箱梁等高段范围内底模板采用木模。面板为 $\delta=15$ mm 的优质竹胶板,单张尺寸为 2.44 m×1.22 m。背肋为 10 cm×10 cm 方木,间距为 20 cm,方木直接放置在支架纵向分配梁(HN300 mm×150 mm)上。底模板直接在墩位处现场制作铺设。

箱梁等高段范围外悬臂部分底模板采用定型钢模板,横桥向分为两块,以便脱模。施工完 0#、1# 块之后,该部分作为后续挂篮悬浇段施工底模板。底模板面板为厚度 6 mm、边框为厚度 12 mm 的钢板，横肋为[10，间距为 30 cm。底模板铺设在 0# 块支架纵向分配梁(HN300 mm×150 mm)上。

2. 外侧模板安装

0# 块外侧模板采用定型钢模板，外侧用钢桁架固定，并用对拉杆与内模板对拉固定。外模板总长 10.4 m，面板为厚度 6 mm、边框为厚度 12 mm 的 Q235 钢板，水平横肋为[8，间距 30 cm，钢桁架间距 120 cm 一道。

3. 内侧模板安装

内侧模板采用 15 mm 厚竹胶板，采用 10 cm×10 cm 方木做竖肋，间距 30 cm；横肋为 2[10 与外侧模板对拉，拉筋为 ϕ20 mm 圆钢，竖向和纵向间距均为 90 cm。内侧模板底部倒角处设置压浆板，宽 20 cm。

利用钢筋加工成“井”字形架，按纵、横向 90 cm 档距，焊接在底板钢筋上，钢筋顶略高出底板厚度 5 cm；“井”字形架上铺设 10 cm×10 cm 方木作为钢管底托支撑基础。钢管为 ϕ48 mm×3.5 mm 扣件式架管，纵、横向按 90 cm×90 cm 步距搭设顶板支架，钢管顶设置顶托用来调整立模标高，立模标高调整完成后，在顶托上横桥向搭设[10，在槽钢顶纵桥向按 30 cm 档距布设 10 cm×10 cm 方木，方木顶钉设 15 mm 厚竹胶板，形成顶模板。

支架竖向按 120 cm 步距设置纵、横水平连接杆，杆件之间用扣件连接，并旋紧；横桥向两端设置横桥向可调节顶托，与侧模相连接，并旋紧顶托，以抵抗混凝土浇筑时的侧压力。

4. 端模板及横梁模板安装

端模板采用钢模，以利于重复利用，端模板上开设的预应力孔道位置正确，孔径不大于波纹管外径 5 mm，孔位偏差不大于 5 mm。

横梁模板采用木模，木模面板为 15 mm 厚竹胶板，背肋为 10 cm×10 cm 方木，间距 30 cm。横梁模板利用预埋 PVC 管，内穿 ϕ20 mm 对拉杆方式加固，对拉杆背带为 2[10，间距 80 cm。

模板、支架安装的允许偏差如表 7-1 所列。

表 7-1　模板、支架安装的允许偏差

项　目		允许偏差/mm
模板标高	基础	±15
	柱、墙和梁	±10
	墩(台)	±10
模板尺寸	上部构造的所有构件	0～+5
	基础	±30
	墩(台)	±20
轴线偏位	基础	15
	柱或墙	8
	梁	10
	墩(台)	10
装配式构件支承面的标高		−5～+2

表 7-1(续)

项 目		允许偏差/mm
模板相邻两板表面高低差		2
模板表面平整		5
预埋件中心线位置		3
预留孔洞中心线位置		10
支架	纵轴的平面位置	跨度的1/1 000或30

(五) 支架预压

1. 预压目的

支架预压目的是为了消除支架及模板的非弹性变形,同时获得支架及模板的弹性变形,检验支架承载能力。以观测得到的变形数据结合监控小组的相关数据,作为控制模板高程的依据,从而保证梁底线形。

2. 预压荷载

预压荷载考虑梁体混凝土自重、施工荷载等确定为110%P(P为梁体混凝土重量)。预压荷载要按照单位横截面积荷载分布情况进行布置,以便能真正模拟实际荷载,达到预压目的。

预压采用砂袋法,预压荷载采用分级加载和卸载。

加载程序为:0→50%P→80%P→110%P(持荷 24 h)。

卸载程序为:110%P→50%P→0。

3. 观测点布置

预压前在墩身每侧支架跨中处设观测点,横向设置5个观测点,分别为左翼缘板、左腹板中、底板中、右腹板中和右翼缘板。在纵向分配梁上布置测点,利用高强度测绳系铅垂挂在测点上,在地面上设点并用红油漆标注,铅垂对中地上测点。

4. 预压观测

在支架未施加预压荷载前进行第一次观测,测出各点初始值H_0录入表格,然后匀速、对称按照加载程序加载。每加载一次后立即进行观测量出各测点标高值H_1、H_2,并做好相应记录,当连续两次观测读数不变之后,间隔2 h再进入下一级加载程序,直至加载完成。

当全部加载完成后观测一次,之后每隔6 h观测一次,直至变形稳定并持荷至少24 h后开始卸载,并记录卸载之前最后一次观测标高H_3,卸载50%后测量并记录H_4,全部卸载完成之后再进行最后一次观测记录标高H_5。

根据以上记录数据,即可推算出相应测点的弹性变形值为$\delta_1 = H_5 - H_3$,非弹性变形值为$\delta_2 = H_0 - H_5$。然后根据推算数值结合监控小组给定的相关数据最终确定箱梁施工底模板高程,重新调整模板和检查支架后,正式进入箱梁施工。

(六) 钢筋(束)及预应力管道安装

0#、1#块钢筋种类多、数量大、构造复杂,施工前应对所有的钢筋大样进行复核使之与箱梁尺寸相对应,分清绑扎先后顺序使箱梁钢筋与横梁钢筋绑扎交错进行,互相协调。钢筋在加工厂加工,现场绑扎成型。

纵向预应力束管道采用塑料波纹管。顶板及腹板预应力管道采用“井”字形定位筋固定,直线段每隔80 cm一道,曲线段每隔50 cm一道;底板纵向预应力管道设置U形定位筋，每隔 30 cm 设置一道，定位筋与箱梁主筋焊接。为防止混凝土浇筑时，水泥浆渗入波纹管堵塞预应力管道，混凝土浇筑前在纵向管道内插入略小于管道内径的硬衬管。

横向预应力束采用单端交错张拉，纵桥向每 50 cm 布置一束。施工时注意波纹管道在竖弯位置的准确定位。

竖向预应力筋为 ϕ32 mm 精轧螺纹钢筋，其管道亦采用塑料波纹管。波纹管安装时，下端与锚垫板要密封好，在安装时防止波纹管变形、穿孔造成管道漏浆。同时，根据图纸设计中竖向预应力压浆工艺要求，注意上、下锚垫板之间加设 ϕ52 mm×60 mm 钢管。

（七）混凝土施工

混凝土由拌合站集中拌合，混凝土搅拌运输车运输至现场，通过汽车输送泵泵送，一次性浇筑 0#、1# 块混凝土。混凝土浇筑时，底板部分混凝土依靠腹板处混凝土流动性进行铺设，如若存在局部流动不到的地方，可通过内模顶板开天窗补充混凝土。腹板浇筑时，两侧应对称浇筑。

混凝土浇筑由墩顶横梁向两侧分层浇筑，分层厚度 30 cm 左右，采用 ϕ30 mm 和 ϕ50 mm 插入式振捣器振捣。振捣时应避免碰撞预应力管道，如发现预应力管道错位、脱节等情况，应及时处理。另外，振捣时尤其要注意锚垫板处、锚固端处以及下倒角处混凝土的密实性。

混凝土浇筑前注意检查所有的预埋孔、预埋件。凡与挂篮施工有关的预埋件和预留孔在布置时确保其位置精度，以便于挂篮安装。

（八）预应力张拉、压浆

0#、1# 块纵向预应力束共计 6 束为张拉束，同时还有横向预应力束、竖向预应力束需张拉。根据设计要求，当混凝土强度达到设计强度的 90%后方可张拉。箱梁顶、底板束及腹板束采用两端张拉，横向预应力束采用一端张拉、一端固定。竖向预应力束采用二次张拉工艺，两次张拉控制力均为 561 kN，第二次为检查张拉，两次张拉间隔 1～2 d，且两次张拉应由两个班组进行，绝对不允许出现漏拉，否则将引起箱梁腹板开裂。

张拉顺序为先张拉竖向预应力束，再张拉纵向预应力束，最后张拉顶板横向预应力束。横梁横向预应力束张拉需在纵向预应力束张拉之前完成。

压浆采用真空辅助压浆工艺，压浆液由专用压浆剂配置而成。

三、挂篮悬浇施工

45 m＋70 m＋45 m 悬臂现浇箱梁 2#～9# 块采用菱形挂篮进行施工。2#～5# 块节段长度为 3 m，6#～9# 块节段长度为 4 m。最重块段为 5# 块，质量 144.9 t。

（一）挂篮悬浇箱梁施工流程

挂篮悬浇箱梁施工流程图如图 7-6 所示。

（二）挂篮设计和制造

该菱形挂篮适应最大梁段质量 144.9 t(5# 块)和最长梁段 4 m(6#～9# 块)，梁高变化范围 2.515～3.795 m，箱梁顶板宽度 15.5 m，底板宽度 7.298～8.656 m。该单个挂篮质量约 67 t(包括模板质量)，挂篮自重与梁段最大质量之比约为 0.46。挂篮承载能力强、刚度大、机械化程度高、操作方便、安全可靠。

挂篮主要由主桁架系统、悬吊系统、行走及锚固系统、底篮系统、模板系统、工作平台等组成，如图 7-7～图 7-9 所示。

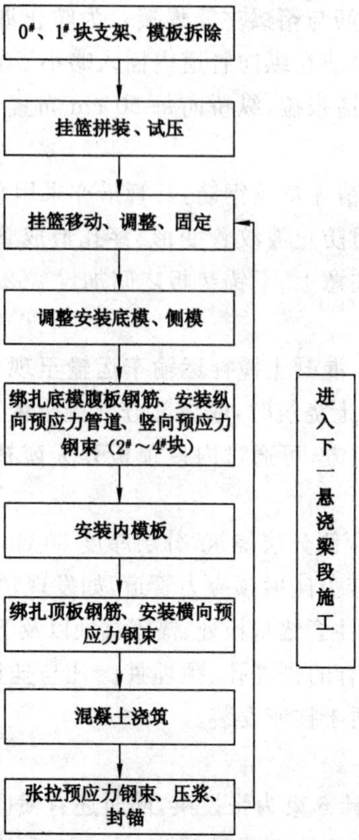

图 7-6　挂篮悬浇箱梁施工流程图

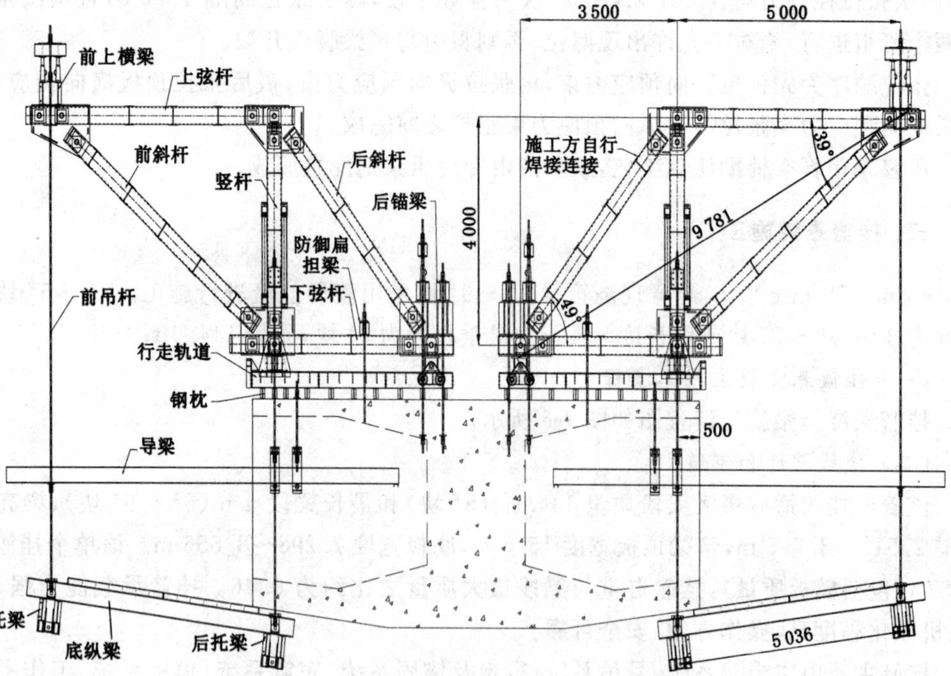

图 7-7　挂篮纵向结构图

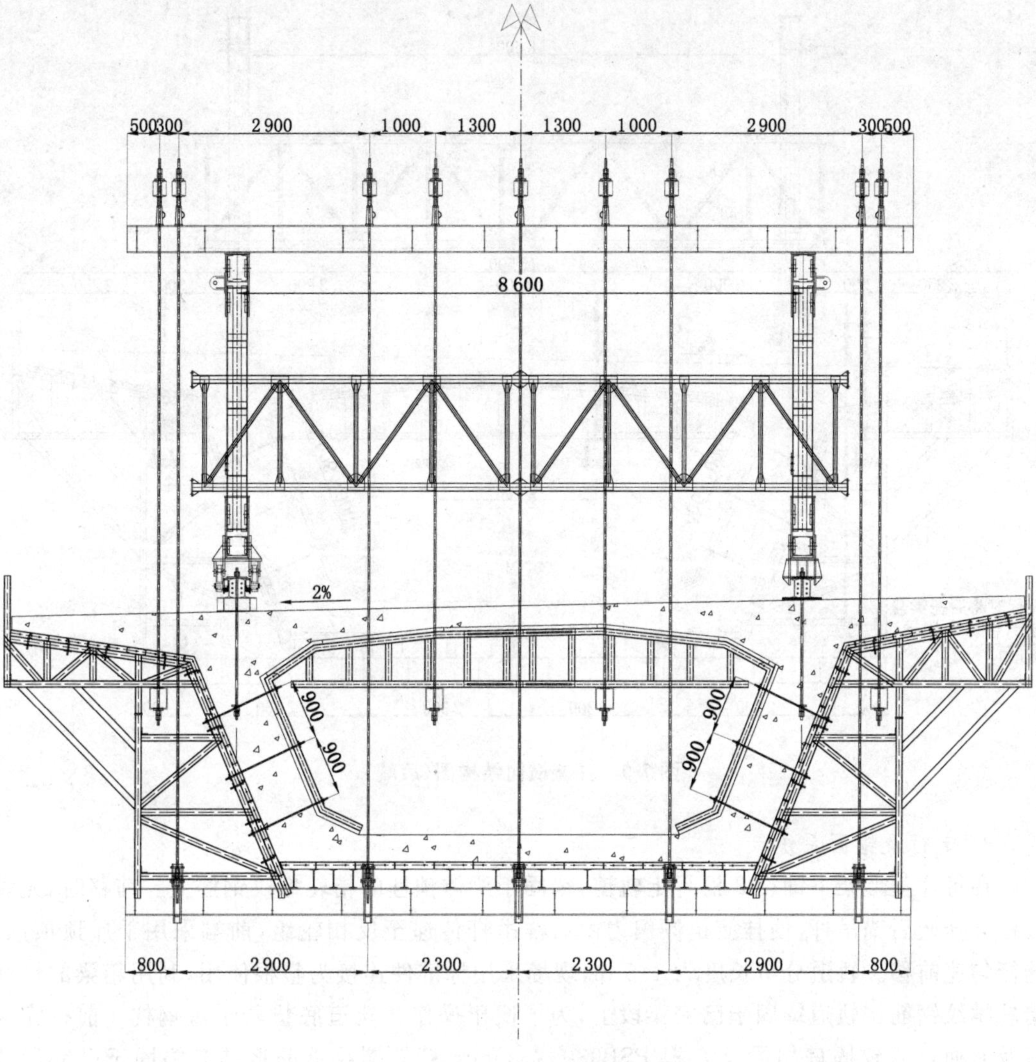

图 7-8　挂篮横向结构图(前端)

1. 主桁架系统

主桁架系统是挂篮的主要承重结构,由两片菱形架、前上横梁、中门架组成。每片菱形架包含 5 根杆件及 4 组节点箱,杆件均采用口对口[32 加连接板焊接而成,各相邻杆件之间均采用销轴连接,拼装完成后的两片菱形架分立于箱梁腹板位置,桁片中到中距离为 8.6 m。两菱形桁片间利用两片中门架连接。前上横梁由 2 Ⅰ 40 焊接而成,使用时焊接至两片菱形架上。整个主桁架系统通过前、后支座与轨道连接。

2. 悬吊系统

悬吊杆均采用 PSB930、ϕ32 mm 精轧螺纹钢筋。前吊杆下端锚固于前托梁及内、外模的导梁上,上端吊挂于前上横梁上,共计 9 个吊点(前托梁 5 个吊点,每根内、外导梁各 1 个吊点)。后吊杆共设置 5 根,下端锚固于后托梁上,上端分别锚固于箱梁顶板、箱梁底板上。导梁后端采用精轧螺纹钢筋锚固于箱梁顶板上,每根导梁后端设置 2 根吊杆。吊杆的调节通过 10 t 千斤顶完成。

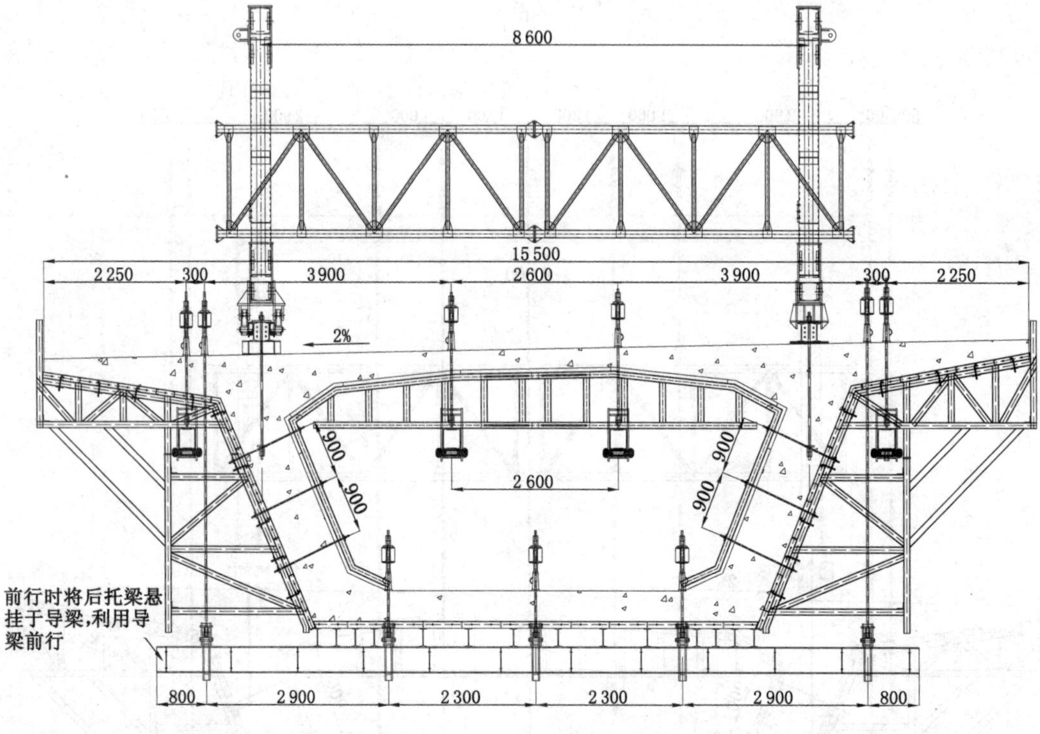

图 7-9　挂篮横向结构图(后端)

3. 走行及锚固系统

在每片菱形架下铺设 2 根行走轨道,锚固于梁体预埋的精轧螺纹钢筋上。前移时,先缓慢松开挂篮后锚吊杆,使挂篮抗倾覆力由后锚吊杆传递至反扣轮组,前端采用千斤顶顶推,挂篮匀速前移。轨道分节长度为 1.5 m,现场采用标准件连接为整根使用,利用箱梁的预埋精轧螺纹钢筋将轨道锚固于已完梁段上,为了便于操作在轨道底垫若干短钢枕。前行完成后及时通过后锚固扁担梁及 8 根 PSB930、ϕ32 mm 精轧螺纹钢筋将挂篮锚固于已完梁体上,将抗倾覆力由反扣轮组再次传递至后锚杆和梁体。

4. 底篮系统

底篮系统为直接承受混凝土重力的体系,混凝土压力通过底篮系统传递至主桁架;底托系统包含前托梁、后托梁、底纵梁、吊架等。本挂篮前后托梁采用 2 I 40 焊接,底纵梁采用 I 32,吊架均为 20 mm 厚钢板焊接。

5. 模板系统

模板分为侧模板、底模板、内模板和堵头模板四部分。

(1) 箱梁侧模板面板为 6 mm 厚钢板,边框及肋板为 12 mm 厚钢板,横肋为[8,桁架为[10。

(2) 箱梁底模板直接承受悬浇梁段施工荷载,由底模板横肋、纵肋、面板组成。横肋采用[10,纵肋采用 12 mm 厚钢板,面板为 6 mm 厚钢板。底模板直接放置在底托系统的底纵梁上,底纵梁与底模板横肋垂直设置。

由于连续梁底板宽度渐变,因此底模板自中间分节,保证两侧模板为钢模板,中间加设木底模板。底模板边肋与外模板之间设置 5 mm 厚橡胶条，并利用底部对拉杆使两侧外模板将底模板夹紧，以防漏浆。

(3) 内模板由内侧模板、内顶模板、内模板架和内导梁组成。内侧模板为木模板，面板为 15 mm 厚竹胶板，背肋为 10 cm×10 cm 方木，间距 30 cm，通过 ϕ20 mm 对拉杆与外侧模板对拉，对拉杆竖向间距 90 cm，纵向间距 120 cm(与外侧模板桁架背肋间距相同)。

内顶模板为定型钢模板。内模板支架设计为可伸缩形式，适用于 2# ～9# 段。内顶模板放置在内模板架上，内模板架支承在内导梁上，前端通过内模板前吊杆吊于主桁架前上横梁上，后端通过锚杆锚固在已施工好的箱梁顶板(在施工顶板时设预留孔)。由于梁体为变截面，内箱宽度变化通过内模板宽度调节杆调整。

(4) 堵头模板为钢模板，以便周转使用。

6. 工作平台

挂篮工作平台由前上工作平台、前下工作平台和后下工作平台组成，平台骨架均采用小型型钢加工，上部铺设木板用于工人行走，平台外侧设置防护网。

(三) 挂篮试拼

挂篮按设计图纸制作加工完毕后，组织人员复查挂篮各构件是否按照挂篮设计图纸及相关技术规范、规程进行选材、加工、制作，尤其是对主要杆件焊接及销接是否符合《钢结构工程施工质量验收规范》(GB 50205)的要求进行检查和检测，以确保挂篮的整体强度、刚度符合要求，若发现问题要及时纠正和整改。

挂篮各部件检测验收合格后，组织人员在加工现场进行结构试拼装，并进行静荷载试验以测定挂篮的实际承载能力和梁段荷载作用下的变形情况。

加载时按施工中挂篮受力最不利的梁段进行等效加载，试验过程中加载分级进行，测定各级荷载作用下挂篮产生的挠度和最大荷载作用下挂篮控制杆件的内力。根据各级荷载作用下挂篮产生的挠度绘出挂篮的荷载-挠度曲线，由曲线可以得出使用挂篮施工各梁段时将产生的挠度，为箱梁悬臂施工线形控制提供可靠的依据。

根据最大荷载作用下挂篮控制杆件的内力，可以计算挂篮的实际承载能力，了解挂篮使用中的实际安全系数，确保安全可靠。

(四) 挂篮安装

1. 施工准备

(1) 必须向所有参加挂篮安装的作业人员进行技术交底、安全交底，使全体作业人员熟悉挂篮操作性能、操作规程及安装顺序、要点，严格执行施工工艺要求和技术要求。

(2) 凡参加挂篮作业的人员必须身体健康，有恐高症、心脏病的人员不得参加作业；严禁疲劳作业，严禁酒后作业。

(3) 应保证施工环境整洁，各种材料堆放要整齐，地面、箱梁顶面不应有油渍。

(4) 挂篮施工属于大型钢结构件作业，施工用电要严格要求，不得乱接乱拉，严防发生触电事故。

(5) 在雷雨天气、风力大于 6 级时，不得进行挂篮施工作业，确保人身安全。

(6) 高处作业与地面联系应配备通信设备，并有专人负责现场指挥。

(7) 运送人员和物件的吊篮，应有可靠的安全装置，严禁人员乘坐运送物件的吊篮。

(8) 起重作业可参照《起重机械起重安全作业规程》和《设备起重吊装工程便携手册》。

(9) 配备施工工具,如表 7-2 所列为挂篮拼装自备主要工具、物品清单。

表 7-2 挂篮拼装自备主要工具、物品清单

序号	名称	规格型号	数量	用途
1	水准仪	DSZ3	1	挂篮安装
2	水平尺	500	1	挂篮安装
3	钢卷尺	5 m、20 m	各一	挂篮安装
4	墨斗		1	挂篮安装
5	广线	20 m	1	挂篮安装
6	钢丝绳	19.5 mm	4	挂篮安装
7	钢丝绳	15.5 mm	8	挂篮安装
8	卸扣	5 t	4	挂篮安装
9	倒链	HSZ-2t	6	挂篮安装
10	倒链	HSZ-3t	2	挂篮安装
11	倒链	HSZ-5t	6	后锚反拉
12	倒链	HSZ-10t	4	后梢、外滑吊住后下横梁
13	螺旋千斤顶	QL16t	20	挂篮吊杆调整
14	螺旋千斤顶	QL32t	8	挂篮后锚调整
15	撬棍		4	挂篮安装
16	花篮螺栓	M16	6	平面联系临时固定、反扣轮反拉
17	梅花扳手	32～34	4	连接螺栓用
18	开口扳手	65	4	吊杆螺帽用
19	开口扳手	70～80	4	后锚螺帽用
20	白棕绳		1	挂篮安装时稳定构件

2. 挂篮安装步骤

(1) 轨道安装。

放样挂篮行走轨道轴线,安装轨道钢枕垫梁(轨道垫梁下用水泥砂浆找平)、行走轨道(精确设置一组中两根轨道间距及两组轨道间距,确保主桁架的间距),并抄平垫实。轨道安装要顺直,轨道顶面要保持水平,轨道的高差不大于 5 mm。

利用箱梁预埋精轧螺纹钢筋和垫板把轨道压紧,采用合格的连接器把竖向精轧螺纹钢筋接长至能锚固到轨道的长度(精轧螺纹钢筋连接器要对半连接),最后用长尺复核轨距。每 2 m 轨道锚固点不少于 3 处。螺母拧紧的力矩要求为 1 000 N·m。

(2) 主桁架安装。

安装反扣轮组和前支座,使其分别坐落在轨道合适的位置处,以轨道为基准放出主桁架安装轴线及平面位置,调整挂篮前支座位置。单片主桁架的上、下杆,前、后斜杆,竖杆,结点销轴在地面上先组拼成一个单片菱形桁架。安装下弦杆与后销轴时,要与反扣轮吊带一起安装。

菱形桁架吊装就位,为保证单片菱形桁架的稳定,首先安装反压装置,并在一片主桁架上用2只2 t葫芦左右拉住收紧，使其稳定并调整主桁架的左右垂直度，各片主桁架在纵向一定要平齐(各片主桁架在纵向上前后误差不大于1 cm)。后锚及时压紧以保证纵向稳定，横向的2 t葫芦收紧，保证横向稳定。

(3) 中门架安装。将中门架吊装对位准确后用螺丝将其与主桁架的竖杆分别连接固定，在没连接成型前要有牢固的临时支撑。

(4) 安装后托梁。后托梁吊点是短吊杆和长吊杆，必须先安装中间的短吊杆使底模板贴紧后，再提升两侧的长吊杆，以保证底板底面线形美观，箱梁底板吊杆上、下面用铁件垫平。

(5) 安装前上横梁、前托梁。

前上横梁要垫水平并焊接在上弦杆的临时钢板上。吊杆垫梁垂直前上横梁放置，同时吊杆垫梁的位置选择要保证吊杆垂直受力。

前托梁的构造、安装与后托梁一样。起吊前托梁，用两只葫芦临时吊住，把安好的前上横梁吊杆拧入横梁下螺母中，利用前吊杆调节前后托梁高度。

(6) 安装底纵梁。底纵梁按设计的位置逐根安放，纵梁与前后下横梁点焊固定，确保前后横梁的间距，保证吊杆的垂直受力。在纵梁跨中底部横向设置一根小槽钢，与纵梁点焊，加强纵梁的横向稳定性。

(7) 安装底模板。吊上底模板，逐块安装铺平整。

(8) 安装侧模板。将外侧模板运至现场，用起重设备提升侧模板(提升前插入导梁)。提升到位后临时放在底篮的外侧纵梁上并临时固定，穿好吊杆，把外导梁水平穿插在侧模板上；外导梁前端吊在前上横梁上，导梁后端吊在箱梁上。侧模板整体地悬吊在外导梁上，导梁前端与吊杆连接(吊杆穿过导梁在下端用垫板螺帽连接)，吊杆螺母下至少留有10 cm以保证安全。

(9) 安装内顶模板。安装内顶模板方法与安装侧模板相同。最后调整底模板及侧模板标高和轴线，完成挂篮拼装。

3. 挂篮安装注意事项

(1) 后锚吊杆的下端锚在箱梁翼板、顶板底斜面上的要设置钢楔块(钢楔块根据箱梁的底斜面角度自制)，保证吊杆的垂直(轴心)受拉。

(2) 装侧模板和底模板使用的卷扬机以及钢丝绳道数应按技术要求选用，不能随便更改。钢丝绳安全系数应符合表7-3的规定。

表7-3 钢丝绳安全系数表

用途	安全系数	用途	安全系数
缆风绳	3.5	吊挂和捆绑用	6
支承动臂用	4	千斤绳	8～10
卷扬机用	5	缆索承重绳	3.75

(3) 底篮后下横梁两端用10 t葫芦悬吊在外导梁上。

(4) 检查所有销轴上的保险插销是否安装到位，并要有检查记录。

(5) 如需在挂篮上临时增加设施(如防雨棚、立井架、防寒棚等)时，不得损坏挂篮结构及改变其受力形式，并固定牢靠。

(6) 箱梁上设置工具箱和垃圾箱，挂篮安装完毕后，收集整理各种操作工具，按规定对废弃物分类进行处理。

(7) 挂篮安装、拆除时，严禁利用主桁架上的销轴孔进行吊装。应用安装孔、卸扣吊装。

(8) 挂篮的安装、行走、使用及拆除过程均系高空作业，因此一定要按照规定采取相应的安全措施，对所有作业人员进行安全教育，并随时进行安全检查。

(9) 加强高空作业安全防护，高空作业人员必须系安全带，所有临边部位均要按照国标要求设置高度不小于 1.2 m 的围护栏杆并挂网防护；上下爬梯需固定牢固，边侧设置扶手并挂网防护；所有作业人员要佩戴安全帽。

(五) 挂篮预压

1. 预压目的

挂篮预压的目的是为了检验挂篮的实际承载能力和安全可靠性，并获得相应荷载作用下的弹性和非弹性变形数据及规律，消除挂篮结构的非弹性变形，测得相应挠度值，为箱梁悬臂施工控制提供参考依据。

2. 预压方法

挂篮预压采用液压千斤顶反力逐级对称加载预压。承台施工时预埋螺纹钢，在挂篮纵梁上设置千斤顶进行反压。

3. 预压荷载

预压荷载 P 取箱梁最大段质量的 1.2 倍，即 $1.2\times147.58=177$ t，取整 180 t。

4. 测点布置

测点布置在以下位置：主桁架前上横梁吊带处，前、后托梁吊带，菱形架位置。

5. 加载

预压荷载分级加载程序为：$0\rightarrow60\%P\rightarrow90\%P\rightarrow120\%P$。

卸载程序为：$120\%P\rightarrow60\%P\rightarrow0$。

加载宜在气温较稳定的情况下进行，每级加载要均匀稳定，时刻观测结构变形情况，并每 5 min 记录一次，每级加载达到控制力，变形相对稳定时进入下一级加载。当加载过程中发现结构变形超过规范值或出现非正常的应力损伤，局部破坏影响结构承载力及使用时，立即停止试验。

加载至 $120\%P$ 后，每 4 h 观测一次，当各测点变形量基本稳定时，方可卸载。加载过程要均匀、缓慢，每级荷载加载时间约 30 min。每级荷载加载达到控制力时，应立即记录各测点变形情况，稳定时再记录一次。

预压加载应注意以下事项：

(1) 预压前仔细检查各结构连接是否可靠，位置是否正确，尤其是焊接、螺栓连接部位，应由专人负责反复检查确定。

(2) 预压过程中，先按照荷载 20%进行预加载，持续 20 min，一方面使结构进入正常工作状态，另一方面检测预压系统是否工作正常。

(3) 加载过程中时刻观测结构变形情况，有无焊缝脱落情况，如发现异常情况，停止加载，修复后再重新预压。

6. 预压数据整理

预压结束之后，计算挂篮结构的弹性和非弹性变形量，验证挂篮的安全性。根据数据调整立模标高，同时将数据提交监控单位，为悬臂箱梁施工线性和标高控制提供依据。

（六）挂篮调整

挂篮预压完毕或行走到位后，进行挂篮调整，使外侧模板和底模板高程、垂直度符合设计和规范要求后，方可进入下一道工序。

挂篮调整步骤如下：

（1）主桁架后锚处用千斤顶将主桁架调整为水平后，用精轧螺纹钢筋将主桁架锚固，然后卸去千斤顶，使后锚滑轮在浇筑混凝土时不受力。

（2）为消除在浇筑混凝土过程中锚杆受力变形对挠度的影响，主桁架后锚杆在浇筑混凝土前应预紧。

（3）调整外侧模板和底模板平面位置、高程、外侧模板垂直度，收紧吊杆。在确定立模标高时，要考虑挂篮主桁架的弹性变形和前端吊杆受拉产生的伸长量。

（4）挂篮模板吊杆调整顺序：先收后吊杆，但不收紧，使模板与已浇筑混凝土之间有1～2 cm空隙。然后调整前吊杆，使模板前端标高达到监控指令的标高，最后再收紧后吊杆，后吊杆预紧力分别为该吊杆实际受力＋5 t，用穿心千斤顶预紧。

收紧吊杆的目的是防止浇筑混凝土过程中吊杆受拉伸长造成模板与已浇筑混凝土的接头处漏浆，同时利用底模板与已浇筑混凝土之间的摩擦力抵抗作用在模板上的水平力。

（七）钢筋和预应力管道安装

底模板、侧模板的轴线标高调整好后开始安装底板、腹板钢筋，纵向波纹管及竖向精轧螺纹钢筋，同时在腹板上设置混凝土串筒，间距1.5 m。在内导梁上移出顶模板，安装内侧模板。按设计要求安装顶板、翼板钢筋及纵横梁波纹管。

主箱梁钢筋采用在加工场下料和弯制，人工现场绑扎成型。其施工顺序为：绑扎底板钢筋→绑扎腹板钢筋→安装竖向预应力筋→绑扎顶板下层钢筋→安装纵向、横向预应力波纹管道→绑扎顶上层钢筋→钢筋、波纹管道及锚垫板位置检查等。

所有进场钢筋、钢绞线、锚具等材料均须按规定抽检合格方准使用。钢筋绑扎按图纸要求进行，波纹管安装除插衬管外，管道安装时每隔50 cm以ϕ12 mm定位钢筋焊于梁体钢筋骨架上，定位后的管道轴线偏差要求不大于5 mm。

波纹管接头用大一号波纹管套接。接头波纹管长度30 cm，两头伸入15 cm，接头处波纹管切平，不能有卷曲翘起现象，防止穿钢绞线时钩挂。波纹管应有良好的水密性，并在施工中注意保护，如有烧伤现象，及时用胶带缠包，以免造成漏浆堵管，锚垫板与波纹管连接要稳固，接头要包缠严密，防止漏浆堵塞压浆孔。

在每段箱梁施工时，必须保证波纹管密封良好，以防水泥砂浆流入波纹管内造成预应力孔道阻塞，各阶段预应力束管道在灌混凝土前，宜在波纹管内插入硬塑管做衬填，以防管道被压扁，并在灌混凝土时经常来回抽动，在混凝土初凝后拔出。

1. 钢筋绑扎注意事项

（1）为减少和避免杂散电流对结构钢筋和金属管线的腐蚀及向外扩散，应采取杂散电流防护措施。结构表面钢筋进行焊接，并保证形成统一的电气回路，同时在结构端上部引出钢筋连接端子（即辅助杂散电流收集网连接端子），结构两侧连接端子用钢绞线连接（近期暂不接通)。在梁底板支座钢板靠近跨中方向,由梁体钢筋引出导线,以便与贯通地线连接(贯通地线设置于桥梁两侧电缆槽内)。

(2) 挂篮箱内后锚及顶板后悬吊均需预留吊带孔,该处钢筋要调整移位,在该处增设钢筋网,以改变局部应力集中。

(3) 横向预应力锚垫板与箱梁纵向钢筋相冲突,在安装锚垫板时此钢筋需切断,待预应力张拉后补强。

(4) 在钢筋绑扎时,如钢筋与预应力波纹管道发生冲突,钢筋位置需适当调整,以避让预应力波纹管道。

(5) 严禁电焊作业时产生电火花灼伤精轧螺纹钢筋,影响其强度。电焊作业时应采取有效措施防止电焊电流通过精轧螺纹钢筋,精轧螺纹钢筋吊杆上套上塑料波纹管保护。

2. 预埋件和预留孔安装

(1) 预埋件:在相应的位置按设计要求预埋钢筋。

(2) 预留孔:安装要横平竖直。梁体块段顶板、底板上的预留孔(含预埋件位置)要准确并与水平面垂直,直径不小于 6 cm,不得有遗漏。与齿块相遇时,不准改变波纹管的位置或碰伤波纹管,齿块钢筋先预留,待以后恢复。预留孔周边应安装加强钢筋。

(八) 混凝土施工

混凝土采用泵送浇筑,每节悬浇梁一次浇筑成型,悬臂两端对称浇筑。

(1) 混凝土浇筑必须由挂篮前端向后推进,以防混凝土重力引起挂篮变形造成接缝处混凝土开裂。

(2) 腹板浇筑必须保持两侧相对平衡,两侧混凝土相差不得大于 2 m^3。两悬臂端箱梁必须同时对称浇筑,并保持相对平衡,相差不得大于 5 m^3。

(3) 顶、底板设置标高控制点,以保证浇筑厚度和表面平整度。

(4) 混凝土浇筑前和浇筑过程中,要设专人仔细观察和检查模板各拉吊杆、主桁架后锚、侧模板后锚和底篮后锚、侧模板前吊杆和底篮前吊杆等主要受力部件有无变形,发现问题要及时妥善处理。实施跟踪测量监控,掌握挂篮与箱梁挠度变形,以便实时调整立模标高,确保成桥后的线形达到设计要求。

(5) 浇筑顺序。先底板、腹板,后顶板、翼板。底板浇筑时纵桥向为块段远墩端向近墩端方向进行;横桥向为两侧腹板向箱梁块板中轴方向对称均衡进行,防止横桥向过大偏载。对于顶板混凝土,纵桥向为块段端部向根部进行,横桥向为中部顶板→内侧顶板→外侧顶板对称进行。

(6) 混凝土浇筑过程分层进行,分层厚度 30 cm,采用插入式振捣器(ϕ50 mm 和 ϕ30 mm)振捣,特别要振实纵锚垫板后的混凝土,防止锚后混凝土不密实。

(7) 顶板混凝土浇筑应注意桥面的平整度及高程,在箱梁翼板两侧设置标高控制带(用光圆钢筋),标高根据监控单位提供的相关数据现场测量控制。

(8) 箱梁混凝土灌注完毕后,立即用通孔器检查管道,处理因漏浆等情况导致的堵管现象。

(9) 混凝土表面进行二次抹面拉毛,防止表面收缩裂缝,并以铝合金长尺刮平,同时后期养护要及时。

(10) 每个块段混凝土浇筑完成达到规范要求强度后,及时对接合面进行凿毛处理,凿毛质量严格按照规范要求控制。在下一块段混凝土浇筑前，表面洒适量水进行湿润，防止混凝土接合面出现干缩裂缝。

(11) 每批混凝土浇筑按规定制作试块，并多做 3 组与结构同条件养护，作为拆模、预应力施加、承受荷载等阶段自检及验算的依据。

(12) 挂篮每次悬浇前，均需进行挂篮检查签证手续。必须检查全体结构螺栓、电焊、后锚设备连接状态、前后吊杆及横梁的受力状态，应检查模板各吊杆螺丝是否拧紧。挂篮锚固应有专人负责，以保证挂篮在每次变形时规律一致 。

(13) 现场技术人员必须检查挂篮位置，前后吊带、吊架、锚杆等关键受力部位的情况，并填写检查报告，如发现问题应及时解决，重要情况及时汇报。

(九) 箱梁养护及施工缝处理

1. 养护

混凝土养护期间，重点加强混凝土的湿度和温度控制，尽量减少混凝土表面的暴露时间，及时对混凝土暴露面采用土工布进行紧密覆盖，防止表面水分蒸发。暴露面保护层混凝土初凝前，用抹子搓压表面至少 2 遍，使之平整后再覆盖土工布，此时应注意覆盖物不要直接接触混凝土表面，直至混凝土终凝为止。

混凝土养护期间应注意采取保温措施，防止混凝土表面温度受环境因素影响(如暴晒、气温骤降等)而发生剧烈变化。养护期间混凝土的芯部与表层、表层与环境之间的温差不宜超过 15 ℃。

混凝土养护应有专人负责，并做好记录，尤其是对经常受到日照作用的箱梁外侧，根据实际情况适当缩短洒水间隔时间，保证混凝土表面湿润，从而确保混凝土的内外强度同期增长，避免由于温差效应导致结构混凝土出现温度裂缝。

2. 施工缝处理

每个块段混凝土浇筑完后，在混凝土接合面及时进行凿毛处理，在下一块段混凝土浇筑前，对凿毛表面进行洒水湿润，防止混凝土接合面出现干缩裂缝。

(十) 预应力张拉

在箱梁混凝土强度达到设计强度的 90%以上方可进行钢绞线的张拉工作。张拉采用分批对称的原则进行。箱梁顶、底板束及腹板束采用两端张拉，横向预应力束采用一端张拉、一端固定。张拉采用张拉力和伸长值“双控”。张拉顺序为：竖向预应力筋(如有)→纵向预应力筋→横向预应力筋。

纵向、横向预应力钢束采用的钢绞线为高强度低松弛预应力筋，锚具为自锚夹片式锚具，因此预应力张拉程序为：0→初应力→σ_{con}(σ_{con}为张拉控制力，持荷 5 min 后锚固)。

竖向预应力筋在挂篮迁移前进行，采用二次张拉工艺，第一次张拉控制力为 561 kN，第二次为检查张拉，张拉控制力也为 561 kN，第一、二次张拉间隔 1～2 d，两次张拉由两个班组分别进行，并对张拉后的粗钢筋用不同颜色的油漆做标记，螺母的紧固需采用专用工具。

张拉完毕后，在夹片外预留 3 cm 钢绞线头，用砂轮切割多余的钢绞线，切割时用棉纱蘸水覆盖保护钢绞线根部夹片处，防止夹片过热受损。然后用砂浆封裹锚头，砂浆有一定强度后即可压浆。

(十一) 管道压浆

钢绞线张拉完后及时进行压浆，并宜在挂篮移至下个梁段后进行。压浆采用真空辅助压浆法自下而上进行。压浆液采用专用压浆剂与水泥配置，水灰比控制在 0.33～0.4，且增塑、微膨胀。

（十二）挂篮前移

1. 前移前检查

(1) 检查主桁架后锚孔与底篮后锚孔、导梁、后吊杆的预留孔的位置、尺寸是否准确，必要时进行修整。

(2) 检查各千斤顶及各倒链、卷扬机、保险绳等，要求性能良好。

(3) 检查导梁滚轮与导梁之间的空隙是否有咬边，如有应进行调整。

(4) 各关键部件必须设置保险装置（如前横梁保险钢丝绳等），不得擅自取消。检查各销轴的弹簧插销是否到位。

2. 挂篮前移步骤

(1) 放样挂篮前移轨道位置，铺设轨道垫梁、轨道。工字型轨道接长是在接头处腹板上利用螺栓、两块连接板把两根轨道连成一整体，严禁使用电焊连接轨道，并抄平垫实，同时用箱梁的竖向精轧螺纹钢筋，通过反压梁锚固轨道；检查确认所有轨道锚固牢靠。

(2) 同步下放底篮后吊杆，底篮脱离箱梁底（10～15 cm），再同步下放前吊杆，使前后两根下横梁顶面保持水平（高差不得大于 5 cm，防止下横梁前移时的失稳）。脱落模时，应注意先松后吊杆，再松前吊杆。

底篮前托梁与前上横梁加设 10 t 葫芦加以保护，后托梁用钢丝绳、10 t 葫芦悬挂在外侧模板上的导梁上，拆除锚固在箱梁上的其他后托梁上的吊杆。

(3) 各导梁上后端的滚动吊架、承重吊架进行转换（箱梁混凝土浇筑时导梁上的承重吊架受力，挂篮前移时滚动吊架受力）。先收紧滚动吊架，这时后端的两种吊架都受力，放下承重吊架 15 cm，此时滚动吊架受力，再下放滚动吊架 10 cm，导梁的前端也下放 10 cm，使侧模板、顶模板完全脱离箱梁（完成第一次吊具的转换）。

(4) 放松主桁架后锚杆，反扣轮扣住轨道，检查各反扣轮咬住轨道，反扣轮受力。

(5) 挂篮前移前，先观察模板与箱梁混凝土面是否安全脱离（无物件扣、缠、挂住）。挂篮前移时在主桁架后端各用一个 5 t 链条葫芦反拉带紧进行前移保护。

(6) 利用穿心千斤顶牵引，使挂篮主桁架、底篮系统、侧模板系统同步前移就位至下一节段要求位置。挂篮移动速度控制在 5～10 cm/min，移动过程必须保证平稳，后梢 10 t 葫芦（移动前必须在主桁架后端挂好防倾千斤绳）随挂篮前进速度释放，不发生意外时，千斤绳是不受力的。挂篮前进困难时要及时检查是否有地方卡住。挂篮移动过程中左右桁架要保持平衡，前后主桁架片距离控制在 10 cm 内（在轨道上每 10 cm 画一道线），同时应保证两端的不平衡力矩差符合设计要求（两端主桁架前移相差不超过 50 cm）。

(7) 轨道压梁挡住反扣轮时，必须先在反扣轮后加压梁压住轨道后方可拆除挡道的轨道压梁。

(8) 主桁架前移到位后，挂篮后锚点进行锚固。

(9) 安装底篮后吊杆、翼缘板吊杆（各滑梁上的滚动、承重吊具进行第二次转换）。

(10) 调整模板位置及标高。

(11) 将内模板（顶板）用 2 台 3 t 葫芦拉出就位，安装吊杆；解除内滑梁尾端滚动吊具锚固，移动滚动吊具到预留孔处，重新穿吊杆，等待下一次行走（完成第二次吊具的转换）。

(12) 反复使用并拆除的螺栓要采用双螺母,并经常检查,保证螺纹处于良好状态,发现有隐患的,必须立即更换,不得使用。

(13) 调整吊带时必须对每一吊带的两个千斤顶同时升降,以保证千斤顶和吊带受力性能良好,同时注意千斤顶不得超行程使用。

(14) 每班作业前检查各部位螺栓、销子、钢丝绳、葫芦及主要受力焊缝,做好记录,发现问题要及时通知负责人并及时处理,否则不得开工作业。

(十三) 挂篮拆除

待合龙段施工后,便可拆除挂篮,拆除顺序如下:

(1) 在箱梁顶面安装卷扬机,吊着外侧模板前后吊杆(底模架吊在走行梁上)徐徐下放,落至地面上。或先放底模架,后放外侧模板。

(2) 主桁架分片拆卸,拆除时与安装的顺序相反。拆除前上横梁。在拆除中门架前,一片主桁架片用 2 只 2 t 葫芦左右拉住收紧,使其稳定。切割临时连接的角钢,拆除中门架。

(3) 内模板、导梁可从两端梁的出口拆除。

(4) 拆除轨道及轨道钢垫梁。

四、悬臂现浇箱梁施工线形控制

线形控制的目的是确保施工中连续梁结构形成后的外观线形和内力状态符合设计要求,是根据施工监测所得的结构参数真实值进行施工阶段的仿真分析,确定出每个悬臂浇筑阶段的立模标高,并在施工过程中根据施工监测的成果对误差进行分析、预测和对下一立模标高进行调整,以此来保证成桥后桥面线形、合龙段两悬臂端标高的相对偏差不大于规定值,以及结构内力状态符合设计要求。

线形控制是悬浇施工中的一项重要内容,主要包括三部分:挠度控制、中线控制和断面尺寸控制。该工程项目办设置悬臂现浇箱梁监控小组,对各种观测数据进行统计分析,并同理论计算值进行比较,不断调整控制数据,从而有效地保证梁体的线形。

(一) 挠度控制

1. 观测点设置

将临时水准基点设在附近已完工引桥箱梁顶面,作为箱梁施工中的高程控制点。在施工过程中,临时水准基点经常同其他水准点进行联测,以保证观测精度。

悬臂现浇连续梁的各施工节块共设高程观测点 9 个,其中 6 个设于模板表面,进行立模标高控制,3 个设于混凝土浇筑完毕后的梁顶表面,以搜集各施工阶段梁体结构的变形数据,据以分析修整模板的标高预抬高量,控制梁体高程。梁顶观测点采用 $\phi16$ mm 的圆钢预埋,露出混凝土表面 20 mm。

2. 施工控制

悬臂现浇施工中标高施工控制步骤主要为:现场高程量测,数据的整理、分析,模板标高预抬量调整和现场实施控制。

现场高程量测分为以下四部分:

(1) 混凝土浇筑前模板标高的设立。

(2) 混凝土浇筑后模板标高的复测。

(3) 混凝土浇筑后预应力施加前各节块梁顶高程观测点的量测。

(4) 预应力施加后各节块梁顶高程观测点的量测，比较第一、第二部分两次测量结果，以验证模板的预抬高量是否达到了预期效果；比较第三、第四部分两次测量结果，以验证施工节块对已完成节块的影响是否同理论计算一致。

(二) 中线控制

$0^{\#}$、$1^{\#}$块施工完毕后，通过导线控制点测放出其中心位置作为中线控制点，并用预埋钢板固定，然后采用导线法确定各节块立模时的中线。

(三) 断面尺寸控制

为保证梁体的结构尺寸满足设计及验收标准要求，同时保证合龙精度，需对梁体断面尺寸进行控制。

在挂篮模板设计时，适当减小底模板同已完节块的搭接长度，在待浇梁段尾部适当增加横向对拉杆，保证各节块间接缝的平顺。

混凝土浇筑前后应严格控制、认真复核，并采取适当的调整方法，保证梁体的结构尺寸。

标高的测量工作主要由施工单位完成，监控单位起复核的作用。为了保证箱梁悬臂端的合龙精度和桥面的线形，块段顶模标高和成段前后不同工况下测量得到的实际标高要经过监理认可，以作为施工控制依据。

(四) 线形控制步骤

1. 立模理论标高计算

箱梁理论立模标高的计算是做好监控监测的基础。一般情况下，在计算立模标高的同时应给出结构三条高程曲线：设计曲线、目标曲线和预拱度曲线。根据预拱度曲线应考虑施工阶段、自重、温度、收缩徐变和预应力等作用，所采用的结构材料参数应按实测数值确定。

2. 箱梁节段施工

根据监控单位提供的箱梁立模标高进行施工。

3. 三阶段测量

该桥每个节段施工分三个环节测量：

第一阶段：挂篮移动后，测现浇段。

第二阶段：张拉预应力之前，测现浇段。

第三阶段：张拉预应力之后，测现浇段和已浇段，测已浇段主要是分析线形。

4. 数据处理及预测分析

误差分析是监控的关键技术。采用卡尔曼滤波和灰色理论进行综合对比分析，并根据对比情况调整参数给出下一节段箱梁的立模标高。分析数据具体考虑的影响因素包括：挂篮变形误差、桥面临时荷载影响、结构刚度误差、温度影响、张拉预应力误差及模板定位误差。

5. 实际立模标高

监控单位在分析处理测量数据之后，发出立模指令。

6. 监控精度

(1) 高程线形控制精度。

箱梁施工完成后梁顶面标高与对应设计标高高差符合设计要求(一般小于±3 cm)；箱梁合龙前合龙段两侧箱梁相对高差符合设计要求(一般小于±1.5 cm)。

(2) 平面线形控制精度。

桥轴线偏差<1 cm。

测距精度：±(2+2×10^{-3})mm。

测角精度：±2″。

变形测量精度：±1 mm。

为了尽量减少温度对挠度观测的影响，观测时间安排在日出前。

五、边跨现浇施工

利用钢管支架浇筑边跨现浇段梁块。边跨现浇支架布置图如图 7-10 所示，边跨现浇段支承系统由钢管柱支撑和 H 型钢纵梁组成。

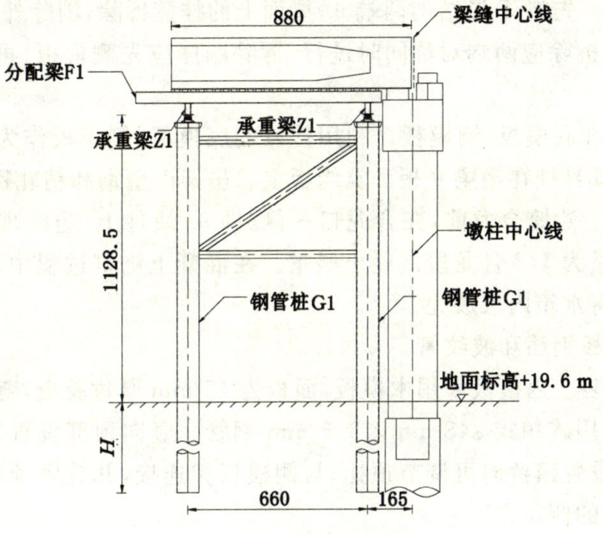

图 7-10　边跨现浇支架结构图(单位:cm)

(一) 边跨支架现浇施工流程图

边跨支架现浇施工流程图参见图 7-3。

(二) 支架结构

1. 立柱设计

采用 ϕ820 mm×10 mm Q235 钢管 6 根，按纵桥向间距 6.6 m 布置 2 列，按横桥向间距 5 m 布置 3 排，立柱纵横向之间均用 HN300 mm×150 mm 型钢连接加强。钢管桩顶部设置砂筒作为落架设备，卸落高度 10 cm。钢管桩利用 DZ90 振动锤锤击入土，计算入土深度 10.55 m，实际入土深度以 DZ90 振动锤锤击入土时钢管桩不再下沉作为最终入土深度。

2. 纵横梁设计

横向承重梁为 2H450 mm×200 mm×9 mm×14 mm 型钢，承重梁上放置单肢 H450 mm×200 mm×9 mm×14 mm 型钢作为纵向分配梁。底板范围内共有 12 根纵向分配梁，其中腹板范围内间距 40 cm，箱室范围内间距 85 cm。翼缘板范围内共 4 根纵向分配梁。

3. 模板设计

底模板为木模板，面板为 15 mm 竹胶板，背楞采用 10 cm×10 cm 方木，间距 30 cm。外侧模板采用定型钢模板，支撑在纵梁上。内侧模板采用木模板，面板为 15 mm 竹胶板，背肋为 10 cm×10 cm 方木，内侧模板与外侧模板设置对拉筋。内侧模板竖向支撑采用 ϕ48 mm×3.5 mm 扣件式钢管，支撑结构同 0# 块内侧模板支撑结构。

六、合龙段施工

合龙顺序采取先边跨梁段合龙再中跨合龙。

（一）边跨合龙

1. 边跨合龙工艺流程图

边跨合龙工艺流程图参见图 7-3。

2. 边跨合龙施工程序

(1) 挂篮拆除。先将 T 形结构两端 9# 梁面上的挂篮拆除，消除外来荷载对箱梁悬臂端标高的影响。挂篮拆除应两端对称同时进行，拆除顺序应先侧模板、再底模板，最后拆除主桁架及轨道。

(2) 安装吊架和底模板、侧模板。利用挂篮的底模板、侧模板作为边跨合龙段底模板、侧模板，用吊架将其悬挂在箱梁底板和翼缘板上。吊架由型钢和精轧螺纹钢筋组成。

(3) 水箱配重。边跨合龙前，在合龙口一侧（即 9# 块件上，边跨现浇不加配重）采用水箱进行配重，其重量为 1/2 合龙段混凝土湿重。在混凝土浇筑过程中，同时放水减重，当混凝土浇筑完成，应将水箱内水放完。

(4) 安装底腹板钢筋和波纹管。

(5) 内模板安装。内模板采用木模板，面板为 15 mm 厚竹胶板，背肋 10 cm×10 cm 方木。内模板支撑采用碗扣式 ϕ48 mm×3.5 mm 钢管。竖向顶部设置顶托用以调整内模板标高；横桥向两端设置横桥向可调节顶托，与侧模板相连接，并旋紧顶托，将侧模板撑紧，以抵抗混凝土浇筑时的侧压力。

(6) 内模板安装完毕之后，绑扎顶板钢筋，安装横向波纹管及预应力束。

(7) 劲性骨架锁定。钢筋绑扎及焊接完成后，应在一天中温度较低且比较稳定时进行锁定，劲性骨架锁定采用双拼[40 与合龙段两侧预埋钢板焊接。焊接采用 506 焊条，焊缝须饱满，焊接长度 60 cm，焊接人员不得少于 4 人，先焊底板后焊顶板。焊接劲性骨架时温度要求为 20 ℃，在正式施工前需先对一天中的气温变化进行观测，以选择合适的时间。

合龙劲性骨架的焊接锁定，要求迅速、对称进行，并保证焊缝质量符合规范要求。

劲性骨架锁定前，应测量合龙段两侧高程，确保高程平顺，高差小于 2 cm，如超过规范要求，应根据监控单位提供的数据进行加载预压调整。

(8) 部分预应力张拉。边跨合龙口锁定，将边墩的支座约束解除后张拉 2 根顶板临时束和 2 根底板束，形成近于刚性的接头。

(9) 选择一天中气温最低的时间进行混凝土浇筑，边浇筑边卸载配重。

(10) 混凝土养护达到设计强度的 90%后，张拉边跨合龙段预应力束并及时压浆。在张拉之前，不得拆除边跨现浇支架和合龙段吊架。

（二）中跨合龙

待边跨合龙完毕之后即可进行中跨合龙段的施工。

解除主墩临时固结和支撑：首先拆除边跨现浇段支架，再拆除主墩临时固结和支撑。主墩固结需两侧同时对称拆除。如两侧难以同步，则应边跨侧略快于中跨侧，同时采取措施使主墩上的活动支座形成固定支座，以形成简支单悬臂结构体系。

中跨合龙剩余施工程序与边跨合龙相同，不再赘述。

（三）合龙段施工注意事项

(1) 合龙段施工前连续 5 d 测量当地的气温最低点，以便正确选择合龙时间，并且根据天气预报确保合龙段混凝土浇筑完毕后连续 5 d 不得有大幅度降温天气。

(2) 合龙口锁定应迅速，对称进行，劲性骨架安装、焊接完成后释放一侧滑动支座约束。

(3) 合龙段混凝土浇筑在全天中气温最低时完成，低温合龙时，用麻袋覆盖，并加强接头混凝土的保温和养护，使混凝土的早期硬结过程始终处于升温受压状态。

七、各分项工程施工方案

（一）钢筋工程

1. 原材进场

由物资部负责组织钢筋进场，进场热轧光圆钢筋必须符合《低碳钢热轧圆盘条》(GB/T 701)和《钢筋混凝土用钢 第 1 部分：热轧光圆钢筋》(GB 1499.1)的规定；进场热轧带肋钢筋必须符合《钢筋混凝土用钢 第 2 部分：热轧带肋钢筋》(GB 1499.2)的规定。每次进场钢筋必须具备原材质量证明书，其质量必须符合有关标准规定。由工程部、试验室、物资部共同组织验收，进行外观检查，对进场的钢筋，在保证设计规格及力学性能的情况下，钢筋表面必须清洁无损伤，不得有颗粒或片状铁锈、裂纹、结疤、折叠、油渍和污漆等，钢筋端头必须保证平直无弯曲。钢筋表面的凸块不允许超过螺纹的高度。验收时要严格按相关规范、设计图纸及方案执行，不合格的钢筋坚决组织退场。

试验室按批取样做检测，每批质量不大于 60 t，每一验收批取试样 1 组，每组 5 根，每根长度不小于 600 mm。从每批中任选 2 根钢筋，从每一根钢筋距端头不小 500 mm 处切取拉伸试样和弯曲试样各 1 件(即拉伸 2 个、弯曲 2 个)，另取 1 件，共 5 件。

在使用过程中如发现钢筋脆断、焊接性能不良或机械性能显著不正常时，还应进行钢筋化学成分分析，不合格的钢筋不得使用。

钢筋运到工地后，严格按批同等级、牌号、直径、长度分别挂牌堆放，不要混淆。下好的半成品料要按不同施工部位分规格、型号挂牌堆放，每堆钢筋挂牌不少于 2 块，单件、少件的应单独存放，以免混淆。

存放钢筋的场地应采用混凝土地面，并在地面浇筑混凝土地梁或枕木(高出混凝土地面 400 mm)，钢筋放置其上，混凝土地面需做出流水坡度，防止钢筋锈蚀和污染。

2. 钢筋加工

(1) 钢筋配料。

施工前，需绘出各种形状和规格的单根钢筋图并加以编号，然后分别计算钢筋下料长度和根数，填写钢筋配料单。计算钢筋下料长度时须特别注意钢筋的锚固长度、搭接长度和箍筋弯钩的平直长度，配料要统筹考虑，长短结合，减少钢筋加工损耗。钢筋加工班组严格按单下料，严禁擅自更改下料单、随意加工，对造成钢筋浪费的和达不到规范要求的进行严格处罚。

(2) 钢筋标识。

钢筋在加工前应洁净，无损伤、油渍、漆污和铁锈等，如有轻微锈蚀需在使用前处理干净;加工好的钢筋半成品在堆放时,同一部位或同一构件的钢筋要堆放在一起,并有明显的标识,标识上应注明构件名称、使用部位、钢筋型号、外观形状和尺寸、直径、根数等。

(3) 钢筋加工要求。

钢筋的加工主要包括调直、除锈、下料、弯曲等。圆钢的调直采用调直机拉直加工;钢筋除锈主要采用钢丝刷;钢筋的下料采用钢筋切断机或砂轮切断机;钢筋的弯曲采用钢筋弯曲机。下料前要熟悉图纸,依据图纸审核料单。下料过程中,要严格按照设计要求进行,钢筋的弯折长度、弯折角度、搭接长度、平直长度以及高度等都需注意,发现问题及时与技术人员联系,防止下料中尺寸出现偏差。如设计未作要求,则按以下要求施作。

① 钢筋加工长度允许偏差在±10 mm,钢筋应平直无局部弯曲,表面应洁净无损伤。

② Ⅰ级钢筋末端要求做弯钩,弯曲直径为钢筋直径的 2.5 倍,平直部分长度为 $3d$(d 为钢筋直径)。

③ Ⅲ级钢筋作 90°弯折时,弯曲直径为 $4d$,钢筋直径大于 28 mm 时为 $5d$。

④ 钢筋加工控制重点为箍筋加工,箍筋的末端弯钩弯成 135°,平直长度为 $5d$。

⑤ 钢筋做不大于 90°弯折时,弯折处的弯弧内直径为 $5d$。

⑥ 钢筋加工成型后,箍筋要求方正、角度正确、弯钩长度满足要求;同种箍筋要求大小一致、弯钩长度一致、角度一致,做定位撑码放整齐,同时贴好标识,注明使用部位、数量等。

⑦ 钢筋加工的允许偏差如表 7-4 所列。

表 7-4 钢筋加工允许偏差

项　　目	允许偏差/mm
受力钢筋顺长度方向全长的净尺寸	±10
弯起钢筋的弯折位置	±20
箍筋内净尺寸	±5
弯起点高度	±5

3. 钢筋连接

该项目钢筋采用焊接连接,大直径钢筋采用直螺纹套筒连接。下面重点介绍直螺纹套筒连接。

(1) 直螺纹套筒连接。

钢筋下料不得用电焊、气割焊等方法切断,端面应平直并与钢筋轴线垂直,不得有马蹄形或扭曲。套丝工人均应相对固定,经培训后持证上岗。套丝工人应逐个目测检查套丝质量,并抽检 10%丝头,用螺纹环规进行检查。

套丝时必须加润滑液,润滑液应经常更换。加工的钢筋丝头的直径和长度应用螺纹环规检查,保持在规定的波动范围内。

现场连接钢筋时,应使套筒两端钢筋相互顶紧,并保持套筒的居中位置,两端外露扣不超过一个完整丝扣。

经验收合格的钢筋按规格、部位堆放,并挂上标识牌。雨期或长期堆放的情况下,对钢筋丝头进行覆盖防锈;钢筋丝头在运输过程中应妥善保护,避免雨淋、沾污、遭受机械损伤。钢筋丝头一般应用塑料帽保护。钢筋连接完后须有专人进行检查,并涂刷油漆作标识。

钢筋的规格、接头的位置必须符合设计和规范要求。

连接钢筋时必须用管钳扳手拧紧，使两根钢筋丝头在套筒中央位置相互顶紧，或用锁紧螺母锁紧并加以标记。

钢筋接头拧紧后应用力矩扳手检测，拧紧力矩值不小于表 7-5 中的规定。

表 7-5 拧紧力矩值

钢筋直径/mm	套筒长度/mm	螺距/mm	螺纹外径/mm	拧紧力矩/N·m
20	50	2.0	29	＞230
22	55	2.5	33	＞230
25	60	3.0	37	＞230

(2) 注意事项。

钢筋在套丝前，必须对钢筋规格及外观质量进行检查。如发现钢筋端头弯曲，必须先进行调直处理。

钢筋套丝：操作前应先调整好定位尺寸的位置，并按照钢筋规格配以相对应的加工导向套。对于大直径钢筋要分次车削规定的尺寸，以保证丝扣精度，避免损坏环刀。

受力钢筋相邻机械连接接头位置相互错开 35d(且纵向≥500 mm)，同一截面内接头面积百分率按 50%错开。

认真检查直螺纹套丝长度，要求连接后无完整丝扣外露。接头过渡段坡度≤1∶3。

现场检验应进行外观质量检查和单向拉伸试验。

接头的现场检验按验收批进行，同一施工条件下采用同一批材料的同等级、同型式、同规格接头，以不超过 500 个为一个验收批进行检验与验收。

检验方法及要求如表 7-6 所列。

表 7-6 检验方法及要求

检验项目	检验工具	检验方法及要求
螺纹中径	检验螺母、螺纹环规(Z)	检验螺母应能拧入，螺纹环规(Z)拧入不得超过 3.0 扣
螺纹长度	检验螺母	对标准丝头，检验螺母拧到丝头根部时，丝头端部应在螺母中部的凹槽内
螺纹牙形		目测法观测，不完整齿累计长度不得超过 2 扣

4. 钢筋垫块布设

钢筋垫块采用混凝土垫块，垫块采用与梁体同等强度的材料制成，且必须保证梁体的耐久性。垫块尺寸为 25 mm×30 mm(直径×高)的倒圆锥体且带限位槽，与模板接触面每平方米不得少于 4 个。

(1) 垫块的布置。垫块应呈梅花形布置，并尽量靠近钢筋交叉点处，间距沿梁体纵向每 80 cm 一排，梁底布设 5 列。

(2) 垫块的绑扎。垫块绑扎时应使纵向分布筋卡入垫块凹槽并扎紧，使垫块不可随意窜动。在桥面梁体底部使垫块长度方向与梁体方向垂直，其余部位与梁体长方向重合。

5. 钢筋绑扎

梁体钢筋应整体绑扎，先进行底板及腹板钢筋的绑扎，然后进行顶板钢筋的绑扎，当梁体钢筋与预应力钢筋相碰时，可适当移动梁体钢筋或进行适当弯折。

梁体钢筋加工成形后，安装就位前应先在底模板上标出中线或梁端线，据此控制梁体钢筋骨架的纵向安装位置，待梁体钢筋骨架在底模板就位后，检查钢筋骨架的纵向中心是否与底模板纵向中心线重合，否则应局部调整，使两线中心重合。在调整过程中，采用得力措施保证梁体钢筋不受破坏。

(1) 定位网、架立筋施工。

为确保预应力质量，要求对定位钢筋、管道成型进行严格控制，具体要求如下：

① 定位网间距应满足设计要求。波纹管采用定位钢筋网定位，当管道在直线上时，定位网间距不大于 100 cm；当管道在曲线上时，定位网间距不大于 50 cm。

② 定位网要与底板、腹板或顶板钢筋焊接牢固，以加强定位准确性，防止波纹管上浮。

③ 底板设置 U 形定位筋，每隔 0.5 m 设置一道，定位筋与箱梁主筋焊接。

(2) 预埋件(筋)及预留孔。

① 桥面泄水管预埋件按施工图设置。

② 0# 块支架及承台钢管柱预埋钢板(做临时支撑用，在箱梁底面预埋)。

③ 预应力管道、注浆孔、排气孔及张拉锚垫块预埋。

④ 挂篮后锚固孔、内模板吊孔、合龙段底模板及侧模板固定孔、外侧模板吊挂孔、顶板钢绞线穿束孔预留。

(二) 预应力工程

1. 预应力管道安装

(1) 纵向预应力管道安装。

主梁纵向预应力分为腹板束及顶板束。顶板束采用 19-ϕ15.2 mm 和 16-ϕ15.2 mm 钢绞线，腹板钢束采用 19-ϕ15.2 mm 钢绞线，配套使用 M15-19 和 M15-16 型锚具。纵向预应力管道采用 ϕ100 mm 和 ϕ90 mm 塑料波纹管成孔。

① 波纹管使用前，应按规定进行抽样检查，其各项技术性能满足《预应力混凝土桥梁用塑料波纹管》(JT/T 529)要求后，方可投入使用。

② 预应力混凝土用波纹管外观应清洁，内、外表面应无锈蚀、油污、附着物、孔洞和不规则的褶皱，咬口无开裂、脱扣。

③ 波纹管安装应顺直无死弯，任何地方的偏差均在规范允许的范围内。管道接头处的连接管宜采用大一个直径级别的同材质管道，其长度宜为被连接管道内径的 5～7 倍且不小于 300 mm，两端旋入长度应大致相等。接长管两端用密封胶带封裹，以防漏浆。

④ 孔道端部波纹管与预埋锚垫板接头，应将波纹管延伸至锚垫板空洞内 5 cm 左右，再用密封胶带封裹，以防漏浆。

⑤ 波纹管应按设计图纸尺寸下料并编号。

⑥ 制孔偏差。

a. 安装位置纵向、横向、竖向孔道允许偏差≤10 mm。

b. 锚垫板应有足够的刚度和强度，长度应保证钢绞线在锚具底口处的最大折角不大于 4°，端面的平面度不应大于 0.5 mm，端面应设有锚具对中凹口。

⑦ 所有管道均应设压浆孔，在管道最高点设排气孔，需要时还应在管道最低点设排水孔。

压浆管、排气管和排水管满足下列规定：

a. 材质应符合设计要求，设计未要求时，宜采用最小内径为 20 mm 增强塑料管，长度应足以从管道引出结构物以外。

b. 压浆管、排气管和排水管与管道之间的连接采用金属或塑料密封连接器。

c. 所有管道的压浆孔、抽气孔应设在锚座上，排气孔应设在锚具的附件上。

d. 当采用真空辅助压浆工艺时，其密封性能应满足真空度要求。

e. 穿预应力束前应清除孔道内积水及污物并用风吹干。穿束可根据预应力的长度用人工穿束，也可用穿束机或慢速卷扬机穿束，由现场根据实际情况自行决定。

f. 波纹管定位必须准备可靠，严禁管道上浮；管道两端应垂直于锚垫板，振捣混凝土时，切忌损坏管道。

(2) 竖向预应力管道安装。

① 主梁竖向预应力筋采用 ϕ32 mm 高强精轧螺纹钢筋，竖向预应力筋标准强度 $f_{pk}=930$ MPa，锚下控制应力 697.5 MPa。采用 YGM-32 型锚具，采用 ϕ45 mm 塑料波纹管成孔。竖向预应力筋上、下锚垫板及锚具不同，施工时要注意不要装反。

② 竖向预应力筋与波纹管、螺旋筋和锚垫板一起预埋，上下用螺帽拧紧。其上部用向下凹的方盒预留张拉槽。

③ 竖向预应力筋在非张拉端露出锚具的长度等于或大于钢筋的直径；在张拉端露出锚具的长度等于或大于钢筋 6 倍螺距，张拉结束切割所留的露出锚具的长度等于或大于钢筋直径。

④ 竖向预应力筋与普通钢筋位置抵触时，可适当调整普通钢筋的位置。

⑤ 压浆管的进出口要露出箱梁顶面，并用木塞塞紧，防止混凝土堵塞管口

(3) 横向预应力管道安装。

主梁顶板横向预应力筋沿桥梁纵向每隔 50 cm 布置一根，采用 4-ϕ15.2 mm 钢绞线，配套使用 BM15P-4 型锚具，预应力管道采用 19 mm×70 mm 塑料波纹管成孔。

中横梁横向预应力采用 16-ϕ15.2 mm 钢绞线，配套使用 AM15-16 型锚具，预应力管道采用 ϕ90 mm 塑料波纹管成孔。安装注意事项见纵向预应力管道安装，以下着重介绍顶板预应力管道安装。

① 横向预应力挤压端需提前施作，挤压簧要布满挤压套，挤压完成后要逐个检查，将合格产品做标记备用。

② 钢绞线需露出挤压套不小于 5 mm，保证足够有效工作长度。

③ 出浆管需提前插入管道，长度不小于 5 cm，在约束圈与出浆管空隙内填充棉纱后，用胶带缠裹保证不漏浆。

④ 管道口要高于梁面，同时采用木塞塞紧。

2. 预应力穿束、张拉

(1) 预应力筋制作、存放。

① 下料时对预应力长度进行复核并正确留出两端的工作长度。

② 预应力筋下料应在保持预应力筋顺直情况下采用机械切割，且不应损伤和污染其表

面。不得使用电、气焊切割。

③ 预应力筋下料后应逐根理顺梳理编束，每隔 1～1.5 m 绑扎一道 18～22 号铁丝，保证预应力筋束顺直不扭转、不松散。

④ 预应力筋编成束后，应编号分类存放。搬运时支点距离不得大于 3 m，端部悬出长度不得大于 1.5 m，搬运时不得在地上拖拉。存放与搬运过程中，应保持清洁、干燥，避免受水浸淋、锈蚀、污染和遭受机械及电火花损伤。

⑤ 预应力筋在仓库内保管时，应干燥、防潮、通风良好、无腐蚀性气体和介质；在室外存放时，时间不宜超过 6 个月，必须垫起并设防雨棚。

(2) 预应力穿束。

预应力筋穿入前，应检查预应力管道是否通畅并观察有无串孔现象。预应力管道宜用压力水冲洗并用高压风吹干。

预应力筋采用人工穿束，预应力筋束前端应扎紧并裹缠胶布或套装弹头型壳帽。采用蒸气养护的，养护完成前不得安装预应力筋；非蒸气养护的，当未采取防腐蚀措施时，预应力筋安装后至压浆的间隔不应超过下列规定：

① 空气平均相对湿度大于 70%或盐分过大时 7 d。

② 空气平均相对湿度 40%～70%时 15 d。

③ 空气平均相对湿度小于 40%时 20 d。

(3) 张拉顺序和张拉方法。

① 各节段先张拉竖向预应力束，再张拉纵向预应力束，最后张拉横向预应力束。

② 纵向预应力筋应两端同步且左右对称张拉，最大不平衡束不得超过一束。张拉顺序先腹板束、再顶板束、后底板束，从外向内左右对称进行。预应力施加过程中应保持两端的伸长量基本一致。

③ 顶板横向预应力筋单端交错张拉，采用小型千斤顶逐根张拉。每一梁段伸臂端的最后一根横向预应力筋就在下一梁段横向预应力筋张拉时进行张拉，防止由于梁段接缝两侧横向压缩不同引起开裂。

(4) 张拉。

① 预应力筋张拉伸长量复核计算。

钢绞线张拉伸长量按下式计算并对设计图纸进行复核：

$$L = 2(\Delta L_1 + \Delta L_2 + \Delta L_3)$$

式中 L——钢绞线张拉伸长量，mm；

ΔL_1——梁体直线段孔道一半长度的钢束伸长量，mm；

ΔL_2——梁体曲线段孔道一端长度的钢束伸长量，mm；

ΔL_3——孔道出口至张拉千斤顶锚固处的伸长量，mm。

② 千斤顶主油缸油压表压力计算。

使用前对油压表进行标定，要求一套千斤顶设备配两个油压表，油压表必须和千斤顶对应使用。油压表压力在超张拉时按下式计算：

$$P = \frac{A\sigma_k}{F\eta}$$

式中 P——油压表压力，MPa；

A——钢束截面积，mm^2；

σ_k——超张拉时控制应力，MPa；

F——千斤顶主缸面积，mm^2；

η——千斤顶和锚圈口的摩阻力折减系数。

③ 钢束张拉程序。

a. 梁体混凝土强度达到设计强度的90%后，方可进行预应力束的张拉工作。

b. 预应力束张拉为先纵后竖，两侧对称张拉。张拉方式为两端张拉，张拉过程中两端应保持同步。

c. 张拉程序为：0→10%σ_k（做伸长量标记，也要测一下夹片的外露长度）→20%σ_k（测伸长量作为0→10%时的伸长量）→100%σ_k（静停5 min）→补拉σ_k（测伸长量）→千斤顶停止供油压（测回缩量）→锚固。

④ 钢束张拉质量要求。

a. 预应力筋张拉前，应清除锚垫板上的混凝土，检查疏通压浆孔；检查锚垫板是否与预应力管道垂直，不垂直时应加楔形垫板改正；检查锚垫板处混凝土质量，如有蜂窝、空洞等缺陷时应采取措施补救。

b. 预应力张拉前应进行张拉控制应力调整计算及确认，并计算每一束（根）预应力筋的理论伸长值，作为张拉时与实际伸长值比对的依据。实际伸长值与理论伸长值的差值不得大于理论伸长值的±6%，超出规定范围时应停止张拉锚固，查明原因，确保预应力控制应力符合要求。

c. 预应力筋张拉前，应进行油泵及千斤顶排气。将油泵空转1～2 min使油缸进、回油1～2次，排出千斤顶及油管中的空气，以保证张拉时压力平稳。

d. 预应力筋张拉时应采取预应力筋张拉应力与预应力筋伸长值双控措施，以油压表控制应力为主进行锚固。两端同时张拉时，张拉过程应保持两端伸长量基本一致，测量伸长值应两端同时进行。

e. 未压浆的锚头不得敲击振动和脚踩手攀，防止发生断丝和安全事故。

f. 夹片式锚具的锚具夹片回缩量不应大于6 mm，锚具的锚口摩阻和喇叭口摩阻损失合计不宜大于6%。

g. 后张法预应力构件的预应力筋断丝或滑脱数量不得超过预应力筋总数的1%，并且不得位于结构的同一侧，且每束内断丝不得超过1根。

h. 预应力筋张拉锚固切割后的外露长度不宜小于其直径的1.5倍，且不宜小于30 mm。

(5) 张拉设备要求。

① 千斤顶额定张拉力宜为预应力筋张拉力的1.2～1.5倍，最大行程宜按预应力筋的伸长量加初始张拉时预留行程量计算。张拉油泵额定油压宜为使用油压的1.4倍，油泵容量宜为张拉千斤顶总输油量的1.5倍以上。

② 与千斤顶配套使用的压力表宜采用防震型，其精度等级不低于1.0级，最小刻度值不大于1 MPa，表盘直径大于15 cm，表盘量程应在工作最大油压的1.25～2.00倍之间。

③ 千斤顶校准周期应符合下列规定：

a. 千斤顶首次使用前。

b. 千斤顶使用1个月。

c. 千斤顶张拉作业达 300 次。

d. 千斤顶经过大修，或漏油严重经拆修以后。

④ 压力表校准周期应符合下列规定：

a. 1.0 级压力表校准周期为 1 周，0.4 级压力表校准周期为 1 月。

b. 压力表用于张拉作业达 300 次。

c. 更换用油规格、使用超过允许偏差、发现异常故障（张拉时预应力筋多次断裂、伸长值相差过大等）时。

3. 压浆

该连续梁采用真空辅助压浆工艺，真空泵需达到 −0.1 MPa 压力。

(1) 孔道压浆应在预应力筋终张拉后 24 h 内完成，特殊情况时必须在 48 h 内完成。同一孔道压浆，应连续进行，一次完成。因故中断不能连续施工时，应用高压水冲洗干净后重新压浆。

(2) 孔道压浆尚应符合下列规定：

① 压浆时，浆体温度应在 5～30 ℃之间。冬期压浆过程中及压浆后 3 d 内，梁体混凝土温度不应低于 5 ℃，否则应采取预热、保温措施。夏季当气温高于 35 ℃时，应在夜间气温较低时进行压浆。

② 压浆前应用高强水泥浆封闭锚具孔隙，覆盖层厚度不应小于 15 mm。

③ 拌制水泥浆时应先加入水，后加入水泥，使用转速不低于 1 000 r/min 的搅拌机进行搅拌，搅拌不少于 5 min。水泥浆应随拌随用，置于带有搅拌功能的储存罐中的浆体应继续搅拌，从拌制到压入孔道的时间间隔不应超过 40 min。水泥浆拌制均匀后，应经过孔格不大于 3 mm×3 mm 筛网过滤后方可压入孔道。

④ 孔道压浆应自下而上进行。

⑤ 水泥浆试件应在压浆地点随机取样制作 3 组，2 组标准养护进行抗压和抗折强度试验，1 组随梁体进行同条件养护。

⑥ 同一孔道压浆应使用活塞式压浆泵连续进行，一次完成。互相串道的管道应同时进行压浆。

⑦ 孔道压浆浆体的强度、流动度、凝结时间、泌水率、膨胀率、含气量等性能要符合设计要求，设计无要求时，对预应力混凝土梁需符合下列规定：28 d 强度，抗压大于等于 50 MPa，抗折大于等于 10 MPa；30 min 流动度小于等于 30 s；凝结时间，初凝大于等于 4 h，终凝小于等于 24 h；泌水率，24 h 自由泌水率为 0，压力泌水率小于等于 3.5%；24 h 自由膨胀率 0～3%；含气量 1%～3%。压浆时浆体的出机流动度范围为(18±4)s。

⑧ 压浆前对孔道进行抽真空，真空度宜稳定在 −0.1～−0.06 MPa 范围内，真空度稳定后，应立即开启孔道压浆端阀门，同时启动压浆泵进行连续作业。

4. 梁体封锚

(1) 封锚(端)混凝土表面应凿毛和处理干净，并对锚具进行防锈处理。

(2) 封锚(端)前应对锚具和锚垫板表面及外露预应力筋按设计要求进行防水处理。

(3) 锚穴内应按设计要求设置钢筋网，可利用原锚板螺孔拧入带钩的螺钉，将钢筋网与锚垫板连接。

(4) 封锚(端)混凝土性能和强度等级应符合设计要求。封端混凝土填充宜分两步进行，即先用干硬的混凝土填充至距离锚穴顶 2 cm 左右，并振捣密实，然后再用正常稠度混凝土填抹平。封端混凝土养护结束后，应对周边新旧混凝土接缝按设计要求进行防水处理。

(5) 封端混凝土自然养护时应采用保湿、保温材料覆盖混凝土表面，保持混凝土充分湿润。当环境温度低于 5 ℃或高温露天暴晒时，混凝土表面应喷涂养护剂并采取保温、防晒措施。

5. 竖向预应力筋张拉及压浆

(1) 张拉。

① 张拉前，千斤顶与压力表要配套校核，精轧螺纹钢筋要抽样合格。

② 竖向预应力筋上端为张拉端，下端为锚固端。施工时要注意，张拉时以张拉力为主，伸长值校核。

③ 竖向预应力筋左右对称单端张拉，宜从已施工端顺序进行。为减小预应力损失，竖向预应力筋应采用两次张拉方式，即在第一次张拉完成 1～2 d 后进行第二次张拉，弥补由于操作和设备等原因造成的预应力损失。

(2) 压浆。

竖向预应力筋张拉完成后，管道采用 C50 水泥浆压浆，张拉槽口采用 C50 微膨胀混凝土填补，槽内钢筋不得取消，应按相关规范要求进行焊接处理。竖向预应力筋压浆从下压浆口压进，从上压浆口冒出，以保证压浆密实。具体施工工艺与纵向预应力压浆相同。

（三）混凝土工程

1. 混凝土配合比及原材料

箱梁采用 C50 混凝土，配合比由项目经理部工地试验室设计，箱梁混凝土施工所需的粗、细集料以及外加剂、水等原材料必须按规定的频率检验，每批材料进场前物资部应与试验室取得联系，杜绝不合格料进场和用于梁部施工。

(1) 水泥：进场后，应按其品种、强度、证明文件以及出厂时间等分批进行检查验收，对所用水泥应进行复查试验。

(2) 细集料：采用级配良好、质地坚硬、颗粒洁净的中砂。

(3) 粗集料：采用坚固的 5～10 mm 及 10～20 mm 小碎石。

(4) 外加剂：采用减水剂。

(5) 水：采用饮用水。

2. 混凝土拌合和运输

混凝土在搅拌站集中拌合，电子计量，混凝土拌合前应由试验室出具施工配合比，要求做到无配比不出料。拌合时称量应准确，每缸混凝土的拌合时间应不少于 2.5 min。出料时，出料槽应设专人监视，观察混凝土质量有无异常现象。

混凝土用混凝土搅拌运输车运送至施工现场，汽车输送泵送上桥，在运输途中，搅拌运输车应以 2～4 r/min 的慢速进行搅动，混凝土的装载量约为搅拌筒几何容量的 2/3。混凝土运至浇筑地点后坍落度必须为 120～160 mm，如发生离析、严重泌水不符合要求时，应进行第二次搅拌，如二次搅拌仍不符合要求，则不得使用。混凝土的供应必须保证混凝土输送泵能连续工作。

3. 混凝土浇筑

(1) 准备工作。

检查钢筋、模板及各种预埋件，并得到质检工程师、监理工程师的签认；检查是否有足够的砂石料及水泥；检查搅拌及泵送设备工作状况，以保证梁段一次浇筑完毕；准备足够的振捣设备并有一定的备用设备。

(2) 混凝土浇筑。

混凝土采用2台混凝土汽车输送泵一次性浇筑。采用水平分层两侧同时对称的方式浇筑，具体浇筑方向依照各段施工中要求进行。

① 混凝土下料。

混凝土在浇筑过程中，先浇筑底板及倒角，底板混凝土从两端的溜槽溜入。浇筑量约2/3，剩余1/3从隔墙及腹板上口下料，分层浇筑，通过适当减少坍落度、放慢浇筑速度等方法控制混凝土从腹板及横隔墙下口翻入底板。

② 混凝土振捣。

混凝土振捣实行分区质量责任制，保证混凝土振捣质量。由于预应力筋及预应力管道周围钢筋密集，尽量减少混凝土与钢筋的碰撞，以免影响混凝土浇筑质量。振捣采用不同直径的插入式振捣器(B30、B50型)，其中顶板、底板用B50型，腹板用B30、B50型，水平分层宜控制在30 cm左右，保证振捣质量。

混凝土振捣注意事项：

a. 振捣器应缓慢、自然、垂直地插入混凝土中，避免触碰模板、钢筋、管道、预埋件。振捣器与模板间距离为10～20 cm 。

b. 振捣器插点均匀排列，插点距离不大于振捣作用半径的1.5倍。振捣作用半径与振捣器功率、混凝土坍落度大小有关，一般情况为30～50 cm。

c. 振捣过程中将振捣器上下抽动几次，以使混凝土层上下振捣均匀。

d. 掌握好混凝土振捣时间，防止欠振或过振。每一插点可按下列表征判定停止振捣时间：混凝土表面呈水平及出现浮浆并将模板边部位填满；混凝土不再显著下沉及出现气泡。

e. 振捣器快插慢拔。混凝土振捣完毕，振捣器应缓慢拔出，以便插孔闭合不留空隙和防止出现砂浆柱(只有水泥砂浆没有粗骨料)而影响混凝土的均匀性。

③ 箱梁表面处理。

浇筑混凝土之前，在两侧翼缘板边缘处，纵桥向每隔1.5 m设置标高控制点，固定在翼缘板模板上。箱梁底板应在混凝土收浆后抹面。箱梁顶面用5 m铝合金尺刮平后进行二次收浆和抹面(混凝土初凝前)并用扫帚进行拉毛。收浆和抹面时制作专用平台，以便于人工操作。

④ 混凝土浇筑注意事项。

a. 每次浇筑混凝土前或者施工过程中需质检部门检查的项目，经检查合格并办理签证手续后，方能浇筑或进行下一道工序。

b. 混凝土浇筑过程中，应注意观察模板的变形，如发现变形过大或有走动现象应及时处理。

c. 各岗位人员必须加强责任感，特别是混凝土振捣人员和下料指挥人员，一定要把好下料关和混凝土振捣质量关，为便于观察混凝土在模内的情况，在适当的位置设置活动照明灯。

d. 顶板混凝土浇筑，下混凝土不得直接对着波纹管，以免波纹管受损或偏位。

e. 加强原始记录工作，严格按照要求填写各项施工记录。

f. 风力超过 6 级不得施工，浇筑前应了解天气预报情况。

g. 主梁悬臂施工时，梁段重量尽量保持平衡，两端浇筑混凝土之差不超过 5 m^3。

h. 浇筑混凝土前，应检查预埋件是否安装准确、齐全。

4. 混凝土养护

(1) 浇筑完毕后，应及时整平、收浆，为了避免裂纹的产生，及时覆盖麻袋和洒水养护，当昼夜平均气温高于 30 ℃时，应增加洒水次数；当日平均气温低于 5 ℃时，周围应加帆布或养护膜围护，进行保湿、保温养护，按冬季施工处理。

(2) 洒水养护时间，当相对湿度小于 60%时为 14 d，相对湿度为 60%～90%时为 7 d，洒水次数应以混凝土表面保持湿润状态为度。

(3) 混凝土浇筑完毕后，要带模养护不少于 60 h。

(4) 混凝土养护期间应注意采取保温措施，防止混凝土表面温度受环境因素影响(如暴晒、气温骤降等)而发生剧烈变化。

(5) 混凝土在冬季和炎热季节拆模后，若天气产生骤然变化时，应采取适当的保温(冬季)、隔热(夏季)措施，防止混凝土产生过大的温差应力。

(6) 混凝土浇筑与养护时，环境温度每日检查 4 次，并做好检查记录；当温度超过热期规定的要求时，混凝土拌合时应采取有效降温、防晒措施，以保证混凝土的浇筑质量，否则应停止施工。

(7) 混凝土养护期间，混凝土内部温度不宜超过 60 ℃，最高不得大于 65 ℃，混凝土内部温度与表面温度之差、表面温度与环境温度之差不宜大于 20 ℃，养护用水温度与混凝土表面温度之差不得大于 15 ℃。

第三节　质量保证措施

一、制度保证措施

(一) 技术交底制度

单位工程、分部工程和分项工程开工前，在认真熟悉设计图纸和规范标准的基础上，由项目技术负责人向施工队长、质量检查员以及全体施工人员进行技术交底，讲清该项工程的设计要求、技术标准、施工工艺、方法和注意事项等，要求全体人员明确标准。技术交底资料办理签字并存档。

(二) 自检、互检、交接检制度

自检是指每道工序完成后的自我检查，互检是指两班组之间的相互检查，交接检是指上道工序与下道工序交接时的检查。严格执行自检、互检、交接检制度，实行“五不施工”和“三不交接”。“五不施工”即未进行技术交底不施工、图纸及技术要求不清楚不施工、测量桩位和资料未经换手复核不施工、材料无合格证或试验不合格者不施工、上道工序不经检查签证不施工。“三不交接”即无自检记录不交接、未经专业人员验收合格不交接、施工记录不全不交接。

（三）质量责任制度

建立工程质量终身责任制制度，将每一单位工程、分部工程、分项工程和每道工序都落实到责任人，对于任何环节出现质量问题将追究每个责任人的责任。

（四）隐蔽工程检查签证制度

凡属隐蔽工程项目，首先由班组、施工队、项目经理部逐级进行自检，自检合格后报监理工程师复检，经签证合格后，方可隐蔽，进入下道工序施工。

（五）施工过程质量检测制度

施工过程的质量检测按三级进行，即跟踪检测、复测、抽检三级。通过对施工过程的质量检测达到及时发现问题、及时解决问题的目的，为验收时的质量检验打下良好基础。

（六）例会制度

项目经理部和施工队要建立施工例会制度。施工队每天晚上召开施工交班会，由各工区班组汇报当日施工生产完成情况和质量、安全情况，质量检查员汇报当日质量检查结果。对发现的质量问题立即安排整改，落实责任人、整改时间和整改措施。布置第二天施工生产任务，下达技术交底，明确质量要求。施工队每天要将施工完成情况及质量情况向项目经理部汇报。项目经理部每周召开一次施工生产例会，对全标段施工完成情况和工程质量进行通报。

二、组织管理保证措施

（一）物资管理

严把工程材料质量关。做到未经检验的材料不进场、不放行，检验不合格的材料不使用，同时抓好材料储存、保管、领发使用监督及回收、周转等管理环节的工作。

（二）机具设备管理

施工所需的测量、试验设备均进行校验或标定，确保测量、试验数据准确。所需的施工机械进场前维修检查，确保操作可靠性，并做到组织合理、人机固定、持证操作、高效运转。

（三）施工技术管理

(1) 做好施工前的技术准备工作。认真核对设计文件和图纸资料，切实领会设计意图，会同设计部门和建设单位及时解决所发现的问题。认真进行技术交底，由项目总工程师、工程技术部长、现场技术员逐级进行书面技术交底，确保操作人员掌握各项施工工艺及操作要点、质量标准等。

(2) 组织施工精测队，负责全线的控制测量网和施工放样，执行复测制度，复测工作要核对，并换手复测。

(3) 抓好技术资料管理。施工过程要做好详细记录，各种原始资料搜集齐全，用于组织后期施工、编制竣工文件，并进行施工技术总结。

(4) 配备经过计量检定的仪器设备，确保原材料、半成品和成品符合技术标准。

(5) 每周由项目总工程师组织召开一次由各级质量检查人员参加的质量通报和质量会诊会，落实质量措施，通报质量情况，分析研究质量动态，把影响质量的因素消灭在萌芽中。

三、保证箱梁现浇质量的技术措施

(1) 箱梁生产中的关键工序如钢筋绑扎、拆立模、混凝土灌注施工等，应根据工程特点编制相应的作业指导书。张拉、管道压浆等特殊工序要预先检验及连续监控，设专人负责。

(2) 钢筋的下料、弯制、安装应严格按图纸施工，绑扎完毕先自检合格后才能交专职检查员检查并报请监理工程师检验签认，合格后方可进行下道工序。

(3) 模板使用前对模板进行清灰、涂油以保证结构尺寸的精确及拆模后混凝土质量。

(4) 混凝土灌注严格按照施工配合比施工，振捣密实，桥面混凝土压实抹平。施工中主管工程师及质检员、试验员负责技术指导和质量监督。

(5) 防水层制作之前，应保证桥面清洁无杂物，不得有积水，防水卷材的涂铺应表面平整、无鼓泡、皱折、接口不严或翘边等现象，并由主管工程师检查合格后方可制作保护层。

(6) 张拉之前必须对张拉设备进行检验，高压油表1.0级每周要校验一次，0.4级每月校验一次，千斤顶每6个月要校验一次。张拉过程中，应安排专业技术人员监控张拉吨位、预应力筋的伸长值及有无断丝、滑丝等现象，出现问题应立即处理。

(7) 压浆过程中，对水泥浆的稠度、流动度、进浆压力、孔道真空度、持压时间等指标进行全过程检测，并设专职技术人员进行监控，做好记录。

(8) 梁体拆模、初张、终张等重要环节完成后应对梁长度、梁跨、上拱度进行追踪测量，随时观察梁长、上拱度等关键项的发展规律，及时调整底模板的反拱度和预留压缩量，以控制梁体的尺寸。

四、预应力施工质量通病及防治措施

(一) 预应力施工质量通病

(1) 钢绞线批量生产，质量不稳定，开工前钢绞线弹性模量的测值与以后批次的弹性模量的测值不一致，相差大，造成理论伸长量偏小。

(2) 因施工造成波纹管内漏浆，管道摩阻力损失较大，设计没有及时修正张拉应力，造成预应力不足。

(3) 压浆不及时或压浆不饱满造成钢丝锈蚀引起预应力损失，或钢绞线与混凝土间握裹力不足产生预应力效应下降。

(4) 锚具质量造成预应力丝滑丝或断丝，产生预应力下降。

(5) 锚后混凝土不密实，造成变形过大，预应力损失。

(二) 防治措施

(1) 钢绞线进料后，按批量抽测弹性模量及延伸值，按实测值计算理论伸长值，要按所进材料及时调整。

(2) 批量生产前做首件工程时，建议测定管道摩阻力损失，将资料反馈给设计部门，以便及时修正设计张拉力。

(3) 施工中除检查波纹管质量及混凝土振捣质量外，张拉时发现阻力大时，必须及时开膛处理，查验及清除阻塞的砂浆后，再用环氧混凝土补开膛处，待强度达到要求后再张拉。

(4) 对压浆不正常的要查找原因，严重者应开膛检查认定，重新压浆。

(5) 因锚具产生断丝、滑丝或锚后混凝土不密实的必须返工，重新张拉。

五、文明、环保施工措施

施工过程中应采取有效措施防治大气污染、水污染、噪声污染及固体、废弃物的污染。

其中防治大气污染的重点是控制机动车尾气污染和扬尘污染。

第四节 雨季、夏季、冬季施工措施

一、雨季施工措施

夏秋季节是雨水较多时期，若施工、养护过程不采取有效措施，均有可能造成质量问题。为此，雨季混凝土施工应采取以下措施：

(1) 拌合站场地平整后应进行硬化，并在车辆通行路段铺垫小石子进行硬化，场地内及四周挖设排水沟，以利于雨季排水，保证施工时场地干爽、道路畅通。

(2) 建立防汛组织(与安全保证体系一致)，上有专人抓，下有专人管。密切关注天气情况，注意收听天气预报，并与当地气象部门联系掌握天气变化情况，以便提前安排工作。有大雨或汛情必须及时通知各施工处(队)，采取必要应对措施，确保人身、机具和材料的安全。加强职工雨季施工的安全意识。

(3) 雨季不准在相对低洼处存放机具、材料。

(4) 雨季在搭设支架时注意防雷，危险品库要设避雷针，较高支架施工时亦设避雷针。

(5) 检查办公、生产、生活用房质量，做好防漏、防潮、防霉工作，尤应注意做好受潮后易变质材料(如水泥、钢材等)的保管工作，责任到人。

(6) 做好一线职工的雨具发放工作，加强高空作业脚手架和平台的防滑措施(下雨时一般要停止作业)。

(7) 做好生产所需材料的储备工作。

(8) 备足防水篷布，一旦突然降雨，及时遮盖已浇筑混凝土，并遮盖现场，防止雨水进入模板内。

(9) 所有车辆要加强保养，出现问题及时检修，禁止带病作业，确保行车安全，保证防汛抢险动员时设备完好。

(10) 对于水泥、外加剂的储存，应修建水泥房及储存库，对不同出厂日期及不同品种水泥、外加剂分类分批堆放，地面应铺 10 cm 厚混凝土，以方木、木板支垫并铺设油毡防潮。露天存放的钢筋底面以方木支垫，并预备防水篷布若干，以备雨季及时覆盖。

(11) 雨季施工混凝土，应及时对砂石料含水量进行检测，根据砂石料含水量，调整混凝土用水量，保证雨季混凝土施工质量。

(12) 雨水对外业工作影响较大，雨天可将钢筋加工、焊接、模板等各项准备工作转入加工棚内进行，以便雨后迅速转入正常施工。另外，利用雨天组织人员进行质量、安全学习，进一步提高施工人员的整体素质。

二、夏季施工措施

夏季气温高、水蒸发量大，对于新浇筑混凝土工程可能出现干燥快、凝结速度快、强度降低、裂缝多等现象，从而影响混凝土结构本身质量。因此，夏季混凝土施工，特别是混凝土的拌制、运输、浇筑和养护等，应采取一些有效的保湿措施，保证混凝土的施工质量符合规范及设计要求。

在混凝土拌制、运输中有以下几项措施是行之有效的：

(1) 使用减水剂或以粉煤灰取代部分水泥以减少水泥用量，同时，在混凝土浇筑条件允许的情况下，增大骨料直径。

(2) 随着泵送混凝土迅速发展，流动性与和易性的要求提高，坍落度增加、水灰比增大，水泥用量、用水量、砂率均增加，以及其他外加剂增加等一些因素变化，导致混凝土收缩及水化热作用加剧。因此，严格控制配合比可有效控制裂缝产生，提高混凝土抗拉、抗压强度。

(3) 可以用冷水或地下水来代替部分拌合水。

(4) 做好施工组织设计，避免在最高气温时浇筑混凝土。在高温干燥季节，晚间浇筑混凝土受风和温度的影响相对较小，且接近日出时终凝，而此时的相对温度最高，因而早期干燥和开裂的可能性最小。

(5) 项目上配备足够的人力、设备和机具，以便及时应付预料不到的不利情况，并随时控制好混凝土表面与外界的温差及混凝土内部与表面的温差的影响。

(6) 降低浇筑温度，在具体的施工中应注意骨料防晒，运输中的容器加盖，防止日晒；降低水化热温升，主要是通过选择合理的原材料，采用良好的配合比，来降低水泥用量。

三、冬季施工措施

(一) 管理技术措施

(1) 为预防气温突然下降，造成机械设备、人员及混凝土工程遭受冻害问题，项目部应安排专人负责下载每天、旬、月的天气预报，并整理成册，保证在天气突变时及时准确地通知现场施工负责人，以便及时采取防冻措施。

(2) 给冬季施工人员尽量创造一个良好的施工环境，在现场施工人员居住的房屋内、办公室内安装取暖设备。

(3) 为现场施工人员配备棉衣、棉鞋、手套、防风镜、防冻药品等冬季施工必备的劳动保护用品。

(4) 进行冬季施工安全质量教育动员，使全体施工人员认识到冬季施工的必要性、艰巨性，号召全体施工人员做好冬季施工准备。

(二) 钢筋施工措施

(1) 材料存放。钢筋原材料严格按《公路桥涵施工技术规范》(JTG/T F50)中的要求放置，并在表面用彩条布覆盖，防止雨、雪侵入造成锈蚀。另合理控制钢筋原材料进场数量，尽量做到不积压过多原材料，防止钢筋锈蚀。

(2) 钢筋焊接。当气温低于 0 ℃时对钢筋骨架的焊接质量会产生一定的负面影响。冬季施工时除按照常温焊接的有关规定外，对焊接工艺参数(焊接电流、焊接电压等)作适当调整。在钢筋焊接时采取防风、防雨、防雪措施。具体措施为：搭设防风棚，焊接后的焊件在棚内停放一段时间，减小焊件温差对焊接质量影响的程度；焊件的接头避免直接接触雨、雪，尽量在白天气温较高时进行焊接。

(三) 混凝土施工措施

(1) 原材料控制。从源头严格控制砂石料的质量，将砂石料的各项杂质含量控制在规范要求范围内，并尽量降低，以此达到尽量减少石料冲洗时间的目的。

在气温较高时大量储备砂石料，并将石子提前冲洗好放置待用，以免气温过低时增加石子的冲洗难度。在冬季施工气温过低时，对于现场清洗好的石子，应放置于搭设好的堆料棚内，防止其冻结。砂子过筛后集中堆放并覆盖，防止雨、雪浸泡形成结块。使用前应检查，将夹杂有冰碴及硬块的砂石料清出场地，作为废料，且严禁将含有冰雪或冰团的骨料投入搅拌机内。

(2) 为使混凝土灌注(入模)温度不低于 5 ℃，冬季施工采用热拌混凝土施工工艺。具体措施为：在拌合站处设锅炉，对拌合用水进行加热，保证拌合用水的温度控制在 40～60 ℃之间。混凝土投料时，先将骨料和拌合用水投入，后投入水泥，拌合时间比常温时延长 50%左右。

(3) 混凝土输送及浇筑。混凝土拌合好后，为保证运输过程中混凝土的温度，罐身用定做的保温棉被包裹，搅拌运输车运送混凝土到位的时间尽量缩短。灌注前对料斗用热水湿润，加快灌注时间，以减少混凝土的热量损失，力求做到搅拌运输车就位后立即灌注，防止搅拌运输车等待时间过长热量散失。冬季混凝土施工应尽量安排在白天气温较高的时间，有利于混凝土温度控制和人员的操作。

(四) 质量控制措施

(1) 对拌合用水及拌制的成品混凝土安排专人负责测量其温度，及时调整水温，保证混凝土入模温度。

(2) 对混凝土坍落度每 10～20 m^3 测量一次，加大检测频率。

第八章　斜拉桥施工案例

某大桥全长 4.2 km，由南岸引桥、主桥、北岸引桥组成。主桥结构形式为部分斜拉，采取 85 m＋170 m＋88 m 的跨径布置，斜拉部分塔梁固接、塔墩分离，如图 8-1 所示。主梁形式为大悬臂变截面预应力混凝土连续箱梁，截面形式采用单箱五室，三向预应力结构。下部结构主墩形式为花瓶式实体墩，材料采用 C40 混凝土，主桥桥墩基础采用摩擦型钻孔灌注桩。主桥承台为矩形截面，其以下位置设置永久钢护筒。主桥主墩每个承台下设置 20 根 $\phi 2.5$ m 的摩擦型钻孔灌注桩，如图 8-2 所示。

图 8-1　桥梁效果图

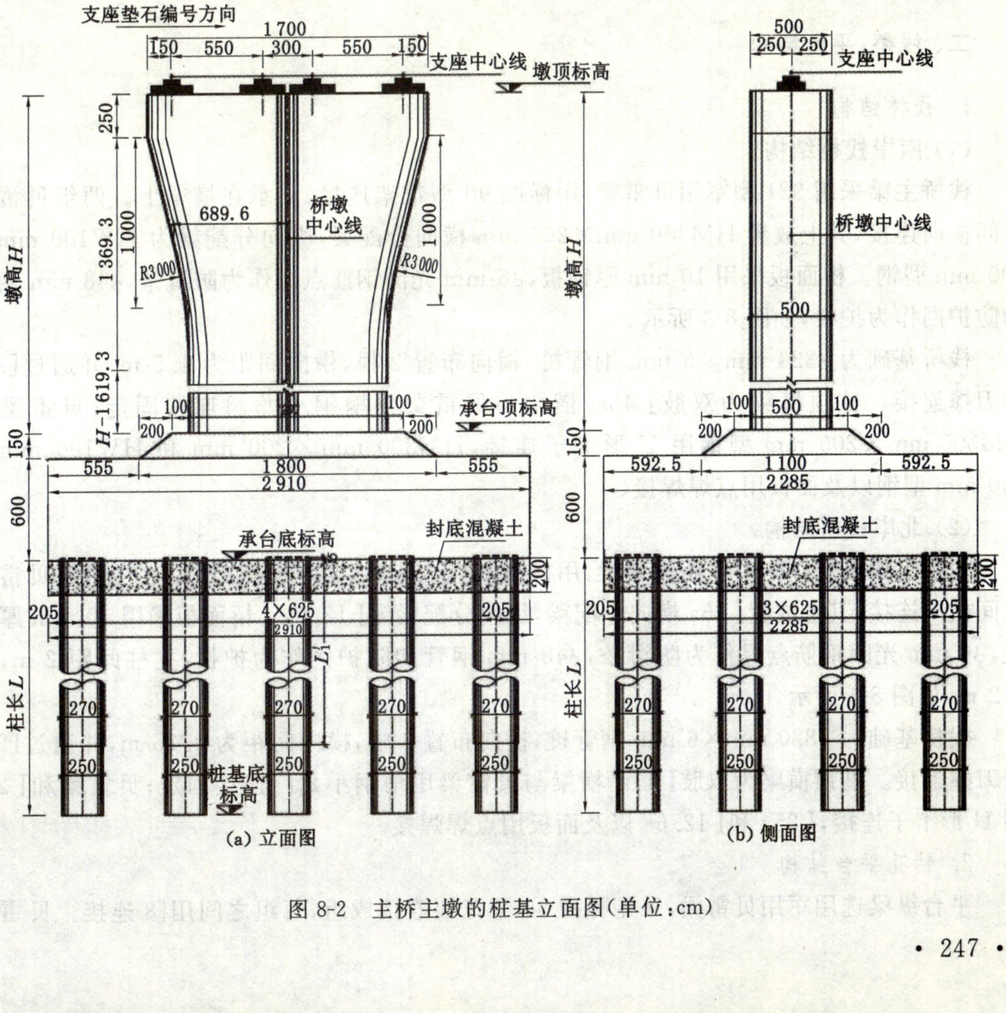

图 8-2　主桥主墩的桩基立面图(单位：cm)

第一节 栈桥、平台结构设计与施工

由于主桥主墩位于水中，采用搭设钢栈桥、施工平台进行桩基施工。考虑河床下沉地层受到挠动，栈桥及平台设计及施工较常规水上栈桥更为复杂，因此通过减少主梁跨径以便于荷载更均匀向下传递，栈桥基础采用双排桩，减小平台基础间距，同时增强各部分之间的连接等措施以确保稳定性及承载力满足要求。

一、栈桥、平台布置

栈桥分为南岸栈桥和北岸栈桥两部分，自淮河南、北两岸分别向河中心方向搭设，中间留有河道通航孔。南岸栈桥位于桥位路线左侧，栈桥边缘距离桥梁中心线 23 m(为了有效利用河岸地形以减少栈桥搭设长度及考虑主墩承台变更)，栈桥长 78 m；北岸栈桥位于桥位路线右侧(为了减小高压线对栈桥、平台施工影响)，栈桥边缘距离桥梁中心线 17 m，栈桥长 72 m。

平台位于 39 号、40 号墩位置处，平台标高＋22 m，平台与栈桥相连接。钻孔灌注桩施工完成后拆除部分平台，进行钢围堰施工，平台上设置龙门吊。钻孔灌注桩施工过程中的钻机就位、钢筋笼下放、混凝土灌注、单壁钢围堰施工和承台墩身施工均使用龙门吊作业。

二、栈桥、平台结构

1. 栈桥结构

(1) 南岸栈桥结构。

栈桥主梁采用 321 型军用贝雷梁，用标准 90 型花架连接，支承在横梁上。两组贝雷梁之间横向连接，其上放置 HM300 mm×200 mm 横向分配梁，纵向分配梁为 HW100 mm×100 mm 型钢。桥面板采用 10 mm 厚钢板，ϕ6 mm 光圆钢筋点焊作为防滑条，ϕ48 mm 钢管和防护网作为护栏，如图 8-3 所示。

栈桥基础为 ϕ820 mm×6 mm 钢管桩，横向布置 2 根，横向间距为 4.5 m，并通过[22a 剪刀撑连接。桩顶横梁为双肢I 45a，横梁与贝雷梁用槽钢小龙门连接固定；贝雷梁和 HM300 mm×200 mm 型钢用 U 形卡子连接，HM300 mm×200 mm 和 HW100 mm×100 mm 型钢以及面板用点焊焊接。

(2) 北岸栈桥结构。

栈桥主梁采用 321 型军用贝雷梁，用标准 90 型花架连接，支承在横梁上。两组贝雷梁之间横向连接，其上放置I 25a 横向分配梁，纵向分配梁为I 12.6a。桥面板采用 10 mm 厚钢板，ϕ6 mm 光圆钢筋点焊作为防滑条，ϕ48 mm 钢管和防护网作为护栏，立柱间距 2 m，高 1.2 m，如图 8-4 所示。

栈桥基础为 ϕ820 mm×6 mm 钢管桩，横向布置 3 根，横向间距为 3.25 m，并通过[22a 剪刀撑连接。桩顶横梁为双肢I 45a，横梁与贝雷梁用槽钢小龙门连接固定；贝雷梁和I 25a 用 U 形卡子连接，I 25a 和I 12.6a 以及面板用点焊焊接。

2. 钻孔平台结构

平台纵梁选用军用贝雷梁，采用标准 90 型花架连接成组，每组之间用[8 连接。贝雷梁

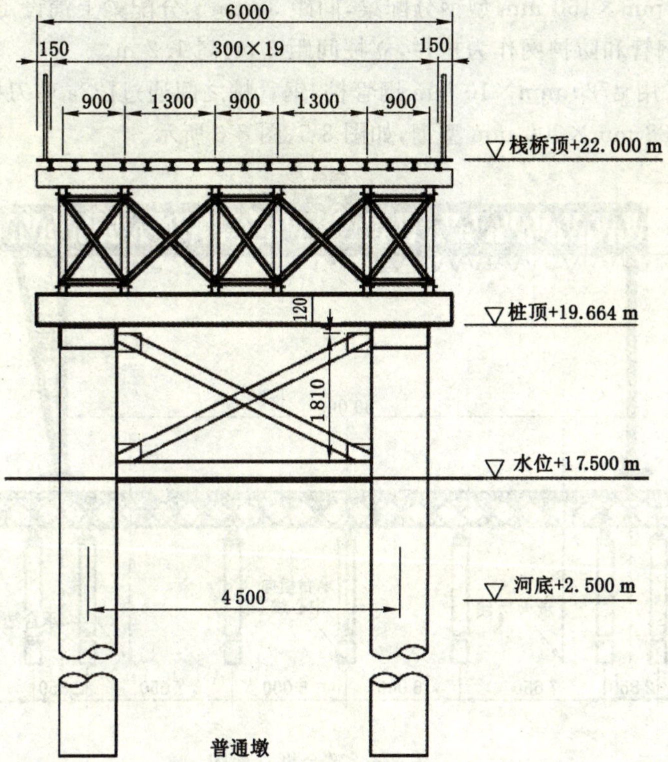

图 8-3　南岸栈桥立面图

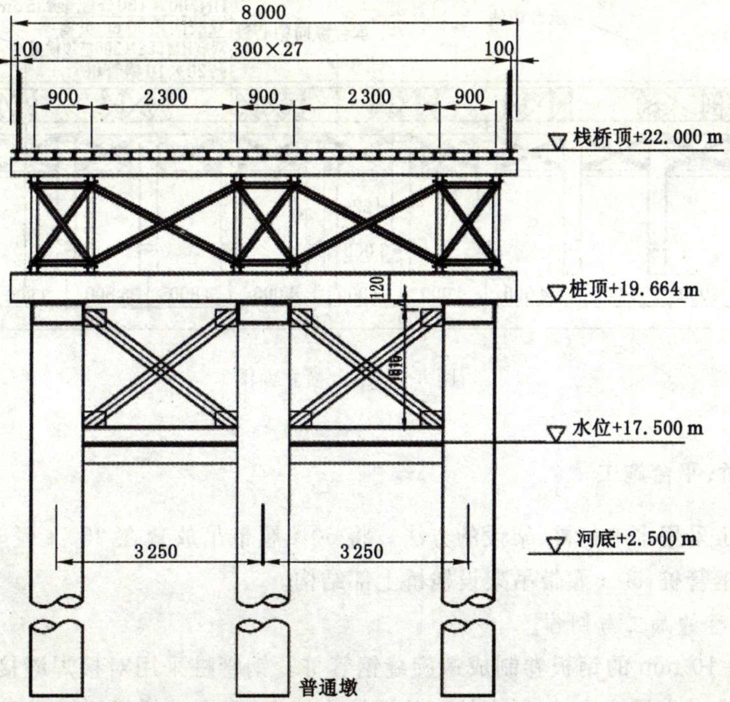

图 8-4　北岸栈桥立面图

上放置 HW300 mm×150 mm 型钢分配梁，间距 35 cm。分配梁上铺设 10 mm 厚钢板作为面板，ϕ48 mm 钢管和防护网作为护栏，立柱间距 2 m，高 1.2 m。

平台基础采用 ϕ720 mm×10 mm 钢管桩，钢管桩之间通过[22a 剪刀撑进行连接。桩顶横梁为双肢 H588 mm×300 mm 型钢，如图 8-5、图 8-6 所示。

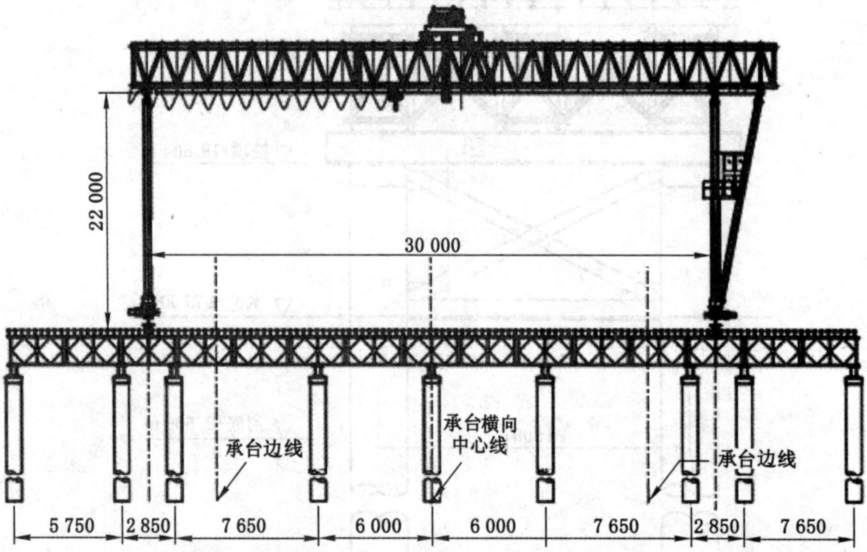

图 8-5　平台纵立面图

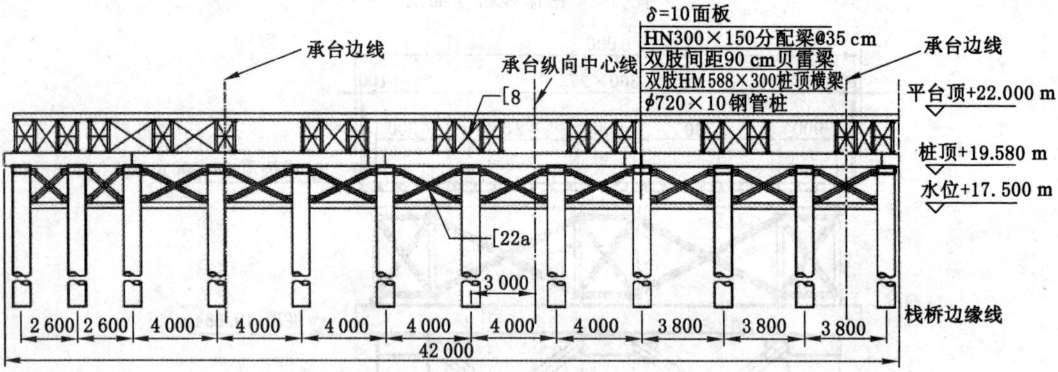

图 8-6　平台横立面图

三、栈桥、平台施工

栈桥施工采用水中打桩、架设的方法。将 50 t 履带吊放置在 350 t 驳船上配合 90 kW 振动锤打设钢管桩，50 t 履带吊架设栈桥上部结构。

1. 钢管桩的加工与制作

采用 δ=10 mm 的钢板卷制成螺旋缝钢管桩。钢管桩采用对接焊缝接长，并达到母材等级强度要求。先焊接接口，再在接口处焊接连接板，要求满焊焊缝厚度不小于 8 mm。焊接完成后，检查焊接质量，合格后方可使用。

2. 钢管桩的插打

由于河床下陷、地质情况复杂，根据施工单位试打桩情况，为确保承载力，钢管桩要穿过受扰动的土层。单根钢管桩长度为 30～40 m，在陆上加工单根为 24 m 钢管桩，然后进行插打，剩余部分需采取水上接长再锤击入土，如图 8-7 所示。

图 8-7　钢管桩水上接长

采用驳船上 50 t 履带吊加振动锤锤击沉桩。驳船抛锚定位，自制导向架放在驳船的侧面，定位钢管桩，保证其偏差在 5 cm 范围内，导向架为双向定位，既能水平定位，又能垂直定位。用履带吊带动振动锤吊起钢管桩，放入导向架内，徐徐插入水中，振动过程中随时调整方向，保持钢管桩的垂直度。

沉桩以最终贯入度控制为主，即在振动锤电流达到 280 A 之后 10 min 内最终贯入度为 5 cm。沉桩偏差控制标准为：平面位置 5 cm，桩顶标高 2 cm，桩身垂直度 1%。

每排钢管桩搭设完毕之后，及时进行桩间连接，增加桩的稳定性，剪刀撑材料为[22a，尺寸需要根据现场尺寸下料。焊缝质量满足设计及规范要求。

钢管桩应进行试打(图 8-8)，以明确地质状况，最后确定持力层和钢管桩桩底标高。试打之前记录钢管桩长度，试打完毕之后用水准仪测量桩顶标高，同时用测绳测量该钢管桩所处河床标高，以计算入土深度并确定桩底标高，然后对比钻孔地质报告确定钢管桩所处的持力层。

3. 下横梁安装

经测量放线后，下横梁(双肢Ⅰ45a)直接嵌入钢管桩内 30 cm，露出桩顶 15 cm。

4. 上部结构安装

贝雷梁预先在陆地上通过花架进行连接成组，然后运输到位，通过履带吊进行安装。贝雷梁的位置需经放样确定，确保栈桥轴线不偏移。为减少贝雷梁的磨损，在桩顶横梁与贝雷梁之间垫设 3 cm 硬质木板。贝雷梁安装就位后通过槽钢小龙门与桩顶横梁进行连接。

贝雷梁拼装完毕后在其上铺设 HM300 m×200 mm 横向分配梁，间距 150 cm，与贝雷

图 8-8　振动锤试打钢管桩

梁通过U形螺栓连接，每个节点1套螺栓。然后在HM300 mm×200 mm横向分配梁上铺设HW100 mm×100 mm纵向分配梁，间距30 cm，如遇与U形螺栓冲突，可适当调整其位置。HM300 mm×200 mm与HW100 mm×100 mm梁之间通过点焊连接。

5. 桥面板及附属结构施工

纵向分配梁铺设完毕后，铺设桥面钢板，并在其上焊接防滑条。栈桥护栏高1.2 m，采用ϕ48 mm钢管作为立柱及水平扶手，立柱间距1.5 m，焊接在HM300 mm×200 mm横向分配梁上，护栏上涂刷红白相间的反光漆，以便警示，确保安全。

第二节　主桥40号主墩双壁围堰设计与施工

一、钢围堰施工概述

围堰是指在水利工程建设中，为建造永久性水利设施，修建的临时性围护结构。其作用是防止水和土进入建(构)筑物的修建位置，以便在围堰内排水，开挖基坑，修筑建(构)筑物。一般主要用于水工建(构)筑物中，除作为正式建(构)筑物的一部分外，围堰一般在用完后拆除。围堰高度高于施工期内可能出现的最高水位。

根据前述施工条件，国内常规采用双壁钢围堰或单壁钢围堰进行施工，其优缺点比较如表8-1所列。

表 8-1　双壁钢围堰和单壁钢围堰优缺点比较表

名称	优　点	缺　点
双壁钢围堰	1. 挖方工程量小，减小水下土方开挖难度，缩短水下土方开挖时间。 2. 对围堰外土体扰动小，避免土方垮塌，保证承台施工用辅助平台和跨墩龙门的安全性。 3. 承台施工用辅助平台和跨墩龙门吊不用拆除，节省了辅助平台和跨墩龙门吊重新安装的时间，缩短了施工周期3个月	1. 围堰分块多，焊接工程量大，焊接质量要求较高，加工周期长，现场焊接质量不易保证，易造成拼缝间漏水。 2. 围堰使用钢材量大，施工成本增加。 3. 围堰下放时间长，河床标高变化大，围堰倾斜度控制困难。 4. 围堰一次性投入，水下割除困难，难于回收

表 8-1(续)

名称	优　点	缺　点
单壁钢围堰	1. 围堰加工钢材量小,施工成本低。 2. 围堰水下拆除方便,回收率高。 3. 围堰采用螺栓连接,拼装时间短,拼装质量易于保证	1. 水下挖方工程量大,开挖难度较大,水下土方开挖时间长。 2. 对围堰外土体扰动大,易造成土方垮塌,对承台施工用辅助平台和跨墩龙门安全不利。 3. 承台施工用辅助平台和跨墩龙门吊须拆除,辅助平台和跨墩龙门吊重新安装时间增加施工周期3个月

为保证40号墩承台施工安全,缩短施工周期,加快施工进度,选择一套双壁钢围堰进行40号墩承台施工。

二、双壁钢围堰结构设计

(一) 总体布置及设计原则

围堰内轮廓尺寸比承台设计尺寸周边各向外放宽 0.1 m,双壁钢围堰厚 1.6 m,钢围堰标高设计参数如表 8-2 所列。

表 8-2　钢围堰标高设计参数

序　号	项　目	标高/m
1	钢围堰顶标高	+20.500
2	钢围堰底标高	−1.291
3	承台顶标高	+10.509
4	承台底标高	+3.009
5	设防水位	+21.000

围堰壁板采用 6 mm、8 mm 厚钢板。底节采用∟75 mm×50 mm×6 mm 做加劲肋,角钢间距 350 mm,环形板截面尺寸 200 mm×10 mm,水平斜撑采用∟75 mm×75 mm×7 mm。中节采用∟100 mm×100 mm×6 mm 做加劲肋,角钢间距 350 mm,环形板截面尺寸 300 mm×16 mm,水平斜撑采用∟125 mm×125 mm×10 mm。顶节采用∟75 mm×75 mm×6 mm 做加劲肋,角钢间距 350 mm,环形板截面尺寸 280 mm×14 mm,水平斜撑采用∟100 mm×100 mm×7 mm。隔舱板采用 12 mm 厚钢板,壁板加强板采用 10 mm 厚钢板。

(二) 围堰内支撑结构

围堰下放时共设 3 层内撑,每一层采用 4 根双肢 H588 mm 型钢斜撑(短撑)和 4 根 ϕ800 mm×10 mm 钢管(长撑),支撑底座均设置在隔舱板处,采用钢板进行局部加强。

封底混凝土为承台施工操作平台。封底混凝土浇筑并达到一定强度后,使围堰与钢护筒间形成连接,从而使围堰具有一定的抗浮能力,抽水后可进行承台施工。围堰抽水水头设计为+21.500 m,围堰封底厚为 4 m,封底混凝土等级为 C25。钢围堰平面布置图如图 8-9 所示。

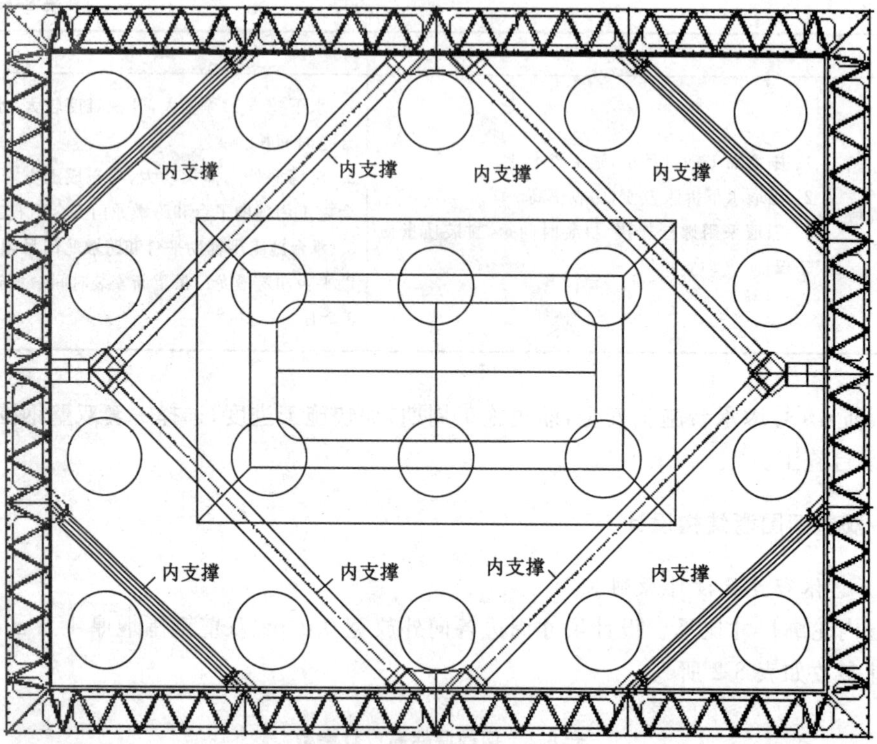

图 8-9　钢围堰平面布置图

（三）围堰节块施工

1. 围堰节块组拼

围堰节块在现场钢结构加工场加工完成经检验合格后，采用龙门吊吊运装车，运至 40 号墩处后采用跨墩龙门吊吊拼（见图 8-10）。根据测量人员定出的围堰侧板轮廓线和平面尺寸控制点位置，开始吊装侧板，拼装过程中必须严格控制侧板接缝位置平顺，块与块拼装时必须保证水平环板对接平顺，顶端拼接板平面平整。

底节侧板拼装合龙后开始焊接，焊接结束后检查验收底节侧板，符合标准后在底节围堰顶端拼接板上标出第二节围堰侧板的控制点，开始拼装第二节侧板，围堰节与节之间拼装必须保证竖肋角钢和隔舱板对齐，拼装过程同底节，以此类推。

2. 施工方法

（1）围堰为深水基础，以淮河水面标高＋19.000 m 为基准，40 号墩处水深 6.60～17.19 m 不等。

（2）施工单位进场后进行水位与河床地形勘察时发现河床标高与图纸不符，且桥位处有采砂船违规采砂作业，对比原始河床标高和详勘复测河床标高及砂层顶底板标高变化情况综合确定采砂地层为中砂层，开采深度 40 m 左右，采砂扰动造成河床下陷，部分河岸坍塌。河床沉陷后河床标高呈西北高东南低的地势。

该方案是利用钢围堰作为承台施工挡水结构，围堰底节加工完成后在钻孔平台处拼装成整体，接高钻孔桩钢护筒并安装吊挂系统，整体起吊下放，逐节接高、下沉至河床，井壁内注水，水下吸泥，灌封底混凝土，在封底混凝土上浇筑承台。

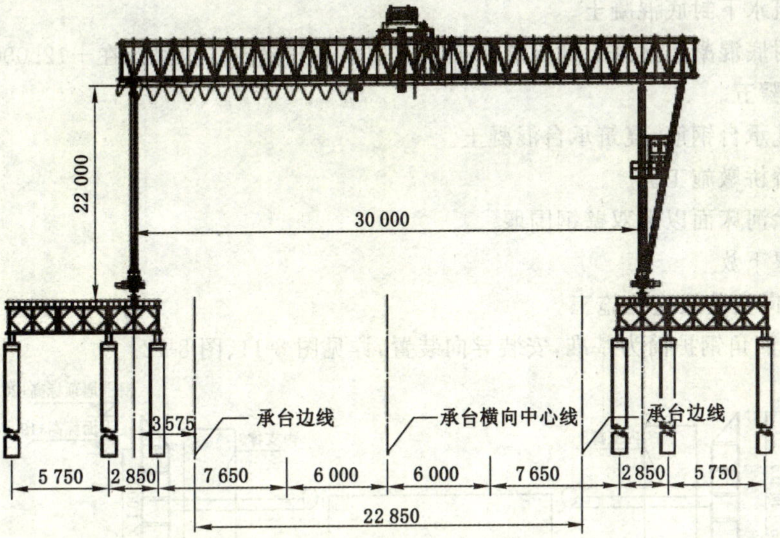

图 8-10　平台 60 t 龙门吊

3. 钢围堰施工流程

(1) 步骤一。

① 拆除钻孔平台范围内钢板、型钢和钢管桩。

② 复测下放围堰范围内河床标高，检查是否在围堰下放范围内有散落的型钢或废弃的桩基混凝土块。

③ 接高四根角桩护筒。

④ 在接高的护筒顶安装吊挂梁。

⑤ 在围堰四角处安装导向装置。

⑥ 安装吊挂下放设备。

⑦ 在外围护筒标高＋19.000 m 处挖洞，安装拼装平台水平梁，焊接斜撑和止位块，水平梁上安放型钢垫梁和操作平台。

⑧ 围堰平面位置放样，安放围堰底节和中节及相应斜撑，定位复核后焊接。

⑨ 启动围堰四角 4 台 400 t 千斤顶，起吊已安装双壁围堰，抬升 10 cm 后停止，停留 3 min 检查围堰结构是否有变形等异常情况，在确认无误后拆除围堰拼装平台。

⑩ 逐步下放双壁钢围堰，通过在井壁内注水使围堰顶标高高于水面标高 2.5～3 m。

(2) 步骤二。

自浮状态下水中接高顶节围堰同时安装第三层内支撑，吊挂起到稳定及控制摆动作用，便于接高测量控制，接高时围堰节块与吊挂梁及吊挂结构冲突时，可先解除吊挂，待该处围堰节块接高完成后，重新安装吊挂系统。

第一节围堰井壁内混凝土全部灌满(4.786 m)，下沉围堰着床。

(3) 步骤三。

通过井壁内注水、水下吸泥方式，使围堰下沉到设计标高。

(4) 步骤四。

① 检查基底标高，潜水工对围堰内壁及护筒外壁进行清理确认。

② 浇筑水下封底混凝土。

③ 待封底混凝土达到设计强度后抽水。抽水时井壁内水位保持在+12.000 m。

(5) 步骤五。

① 绑扎承台钢筋,浇筑承台混凝土。

② 主桥桥墩施工。

③ 拆除河床面以上双壁钢围堰。

4. 围堰下放

(1) 导向安装及定位施工。

以承台四角钢护筒为基准,安装导向装置,详见图 8-11、图 8-12。

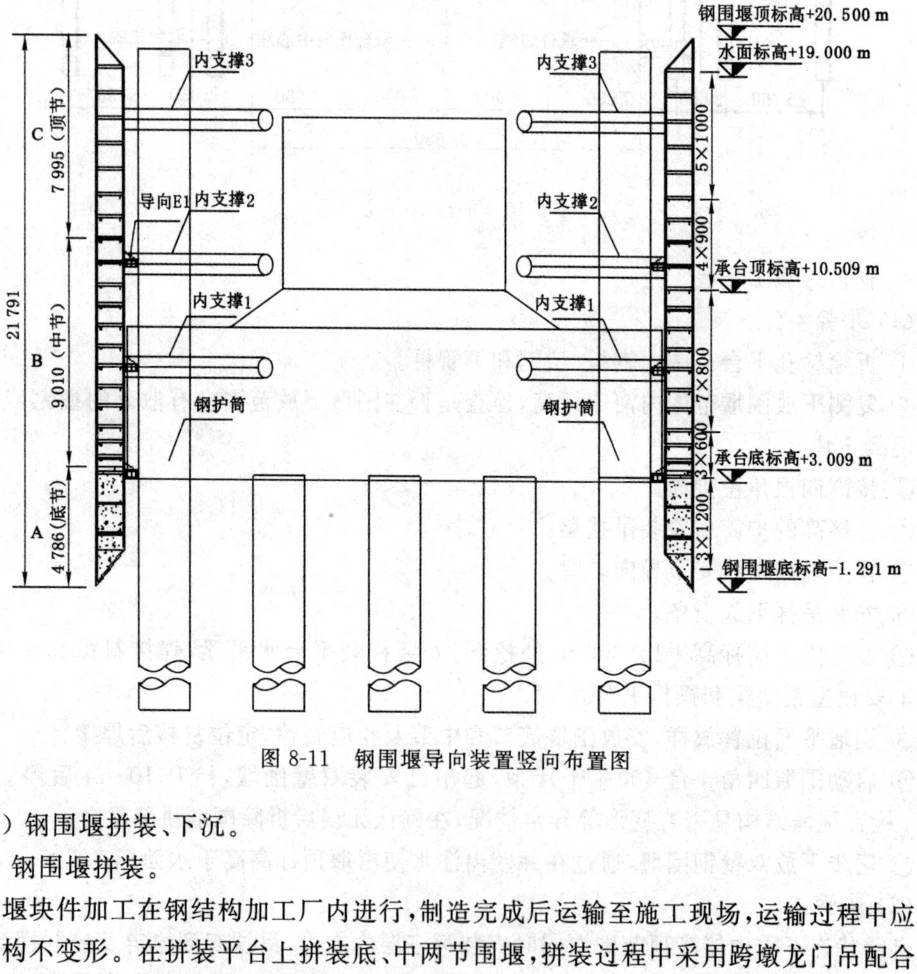

图 8-11　钢围堰导向装置竖向布置图

(2) 钢围堰拼装、下沉。

① 钢围堰拼装。

围堰块件加工在钢结构加工厂内进行,制造完成后运输至施工现场,运输过程中应确保围堰结构不变形。在拼装平台上拼装底、中两节围堰,拼装过程中采用跨墩龙门吊配合进行围堰单元组拼,第一节围堰拼装的同时接高钻孔桩钢护筒并安装吊挂系统,现场根据平台顶标高调整钢护筒顶高程,并相应调整精轧螺纹钢筋长度,贝雷分配梁在护筒部应设置可靠限位,对围堰进行下放,然后在水中接高顶节围堰。围堰拼装过程中必须保证纵向及环向焊缝质量达到相应的规范标准,围堰下放前须进行围堰渗透试验,确保不漏水。

接高顶节围堰时,因河床地势起伏较大,中节顶面和刃角下沉至设计高程,双壁钢围堰仅西侧、北侧入土,东侧和南侧处于悬空状态。为保证围堰平面位置,限制围堰东侧、南侧向

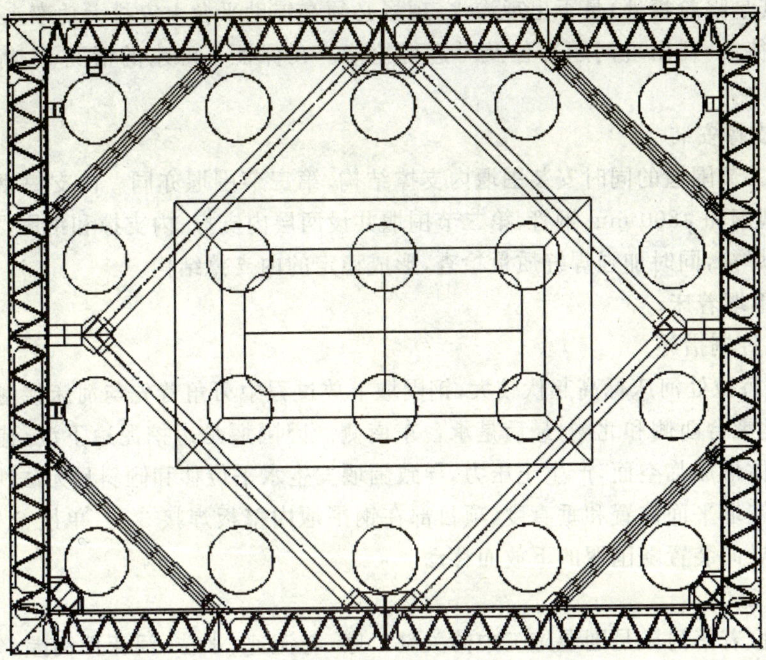

图 8-12　钢围堰导向装置平面布置图

下移动，在围堰内侧焊接反向牛腿通过穿入护筒的垫梁避免安装顶节围堰时其发生向下位移。

② 钢围堰下放设备配备。

围堰分两次下放。第二次围堰下放待顶节拼装后进行，此时围堰局部已着河床且注水下放，则吊杆受力小于首次下放。

围堰下放采用液压提升系统，根据钢围堰重量及各吊点的荷载值，每个吊点各设置 1 台 400 t 千斤顶，每台千斤顶配置 8 根 ϕ32 mm、强度 930 MPa 精轧螺纹钢筋。

精轧螺纹钢筋依次穿过扁担梁、垫梁、下放支架，与钢围堰上的吊点通过精轧螺纹螺帽相连接构成承力系。

③ 围堰下放顶面高程控制。

为了保证吊杆拉力基本一致，要求钢围堰下放过程中其四角高程偏差小于 10 cm。钢围堰下放前在围堰吊点附近从贝雷梁处挂钢卷尺，记录好围堰顶面处卷尺刻度。千斤顶下放时每顶行程 30 cm，随时测量下放距离。两次回程后在下放平台上记录卷尺刻度，推算钢围堰顶面高程。若高程偏差超过提升要求，及时进行调整。

④ 钢围堰试吊。

正式起吊入水前应进行试吊，以检验起吊系统是否能满足正常工作要求。试吊必须在有经验人员的指挥下进行，保持 4 台千斤顶同步进行，确保钢围堰保持同步缓慢提升，在提升过程中安排专人观察；试吊采用分阶段进行，实时观察起吊系统、精轧螺纹钢筋以及各结构物的状态，确保提升的安全；在提升 10 cm 后停止，检查双壁结构，然后拆除拼装平台。

⑤ 钢围堰起吊入水。

试吊完成后，重新紧固构件后，即可吊起就位入水。入水过程中安排技术人员观察钢围堰焊缝(尤其是隔舱板处)是否出现渗水,现场必须在辅助平台上安排大功率水泵备用,同时电焊工随时待命,在出现问题部位及时进行抢修。在保证不渗水的情况下,将钢围堰放入水中。

(3) 内支撑安装。

接高第二节围堰的同时安装围堰内支撑结构,第三节围堰亦同。内支撑钢管采用双肢H588 mm 型钢和 ϕ800 mm 钢管,第二节围堰共设两层内支撑,内支撑和钢围堰接头位置用三角加劲板焊接,同时加强焊缝质量检查,形成稳定的内支撑结构。

(4) 钢围堰着床。

① 定位控制措施。

40 号墩桥位处河床标高起伏较大,钢围堰下放过程中刃角首先与河床接触的是承台西北角,然后是承台西侧和北侧,最后是承台东南侧。因围堰是边挖泥边下沉,造成外壁板已挖泥位置土体形成临空面,产生土压力,导致围堰发生水平位移和倾斜且无法纠正。

为保证围堰平面位置和垂直度,项目部在钢围堰内壁板焊接 3 层、单层 6 处共计 16 个导向装置。导向装置随围堰的下放而移动。

② 围堰定位。

围堰定位着落河床是围堰施工中的关键工序,与流速、水位、河床面高差、气象条件、围堰位置等因素有关,因此,在围堰着床前和着床中必须随时充分掌握这些因素的实测数据,才能准确定位,以使围堰顺利着床到设计位置上。

③ 钢围堰着床。

围堰刃脚底部距河床 0.5 m 保持悬浮状态,检查定位满足要求后,采用多点同时迅速、均匀、对称地向各隔舱内浇筑混凝土至 4.386 m,使围堰刃脚尽快着床。同时要随时测量围堰的位置、状态情况,当需要调整时,通过千斤顶调整围堰的位置和垂直度,最后使围堰的着床精度满足要求。

然后继续在舱体内注水至标高,使围堰舱体内外水面平齐。

④ 水下吸泥。

围堰内挖泥目前常规采用的是水下抓斗法及水下空气吸泥机法。根据现场地质资料和现场勘察,主桥桥位处粉质黏土颗粒较细、黏性好,采用水下抓斗法及水下空气吸泥机法效果不理想,为了尽快清除围堰内泥土,项目部首先采用旋挖钻配合松土器、挖斗将围堰范围内的泥土挖松,然后采用水下搅拌器搅松泥土,吸砂泵配合清土。

(四) 围堰封底混凝土施工

1. 钢围堰内基坑、护筒清理

基坑清理完成后,需对整个基坑顶面高程进行测量,确定表面是否平整,并绘制测量地形图,最后派潜水员潜水核实。

为减小基坑底部淤泥对封底混凝土的不利影响,围堰清理完成后在基坑底部抛填 50 cm 厚片石。片石抛填完毕之后,派潜水员水下作业修整片石表面平整度。为保证护筒与封底混凝土之间的黏结力,护筒外壁附着的残泥利用高压射水进行清除,同时派潜水员铲除护筒外壁的浮锈。护筒外壁附着清理完之后,派另一组潜水员水下查看清理情况,确保清理干净。

2. 钢围堰封底

(1) 封底混凝土浇筑工艺及流程。

封底混凝土采用一次性浇筑。在护筒上搭设封底操作平台，混凝土利用混凝土运输车运输，汽车输送泵泵送，采用2个大料斗和4套小料斗配合导管进行浇筑。如图8-13所示。

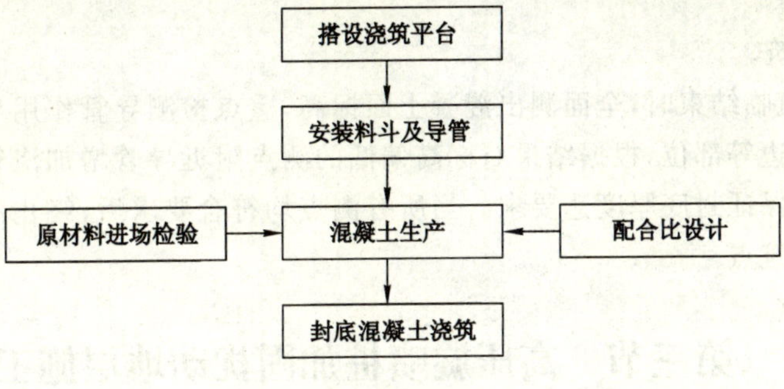

图 8-13　封底混凝土浇筑施工流程图

(2) 施工准备。

① 封底平台。

封底平台在护筒上临时搭设。封底平台材料采用现场拆除的钻孔平台材料，承台采用HW588 mm×300 mm型钢，次梁采用HN300 mm×150 mm型钢，面板采用钢板或者脚手板铺设。

② 混凝土浇筑设施布置。

a. 料斗及导管支承系统搭设。导管采用外径 ϕ273 mm钢管，导管使用前做水压、水密性实验，合格后使用。试验的水压按导管超压力的1.3倍取值。料斗采用直接置于夹具梁上，导管采用手拉葫芦吊挂于夹具梁或平台梁上。

b. 下料点的布置。导管的移动半径按3.5 m考虑，导管底口距离钢围堰封底混凝土底面20 cm左右。

③ 封底混凝土封底施工。

a. 混凝土封底顺序。

封底混凝土一次性浇筑完成，浇筑顺序由围堰四周向中间对称进行。

浇筑采用20套导管，共设置30个布料点，配置2套大料斗、4套小料斗。

b. 封底。

在封底前，用测深锤从导管内测出导管下口与河床距离，依靠葫芦调整至20 cm悬空。

先在1、2号布料点使用大料斗进行首盘混凝土浇筑。用塞子堵住料斗管口并用吊车挂住塞子。汽车输送泵泵送混凝土至料斗，当料斗内充满混凝土时，拔塞，同时连续不断地泵料，完成导管首批封底混凝土浇筑。首批封底混凝土浇筑完成后，导管埋深在0.8～1.0 m。

1、2号布料点首批料浇筑完成后，换用小料斗继续浇筑，大料斗移至下一布料点。

在一根导管封底完成后进行其相邻导管封底时，先测量其导管底口处的混凝土顶标高，根据实测重新调整导管底口的高度。为保证封底混凝土顺序进行，在每根导管封底完成后，按45～60 min控制同一导管两次灌入混凝土的间隔时间。

c. 混凝土正常灌注。

封底混凝土总厚度 4.0 m，封底时浇筑 3.8 m 厚，剩余 0.2 m 作为抽水后的承台底面的调平层。为保证导管有一定埋深，混凝土灌注顺利时，一般不随便提升导管，即使需要提管，每次提升的高度都严格控制在 20 cm 之内，且采用手拉葫芦进行提升。

浇筑过程中注意控制每一浇筑点标高及周围 5 m 范围内的测点都要测一次，并记录灌注、测量时间。

d. 终止浇筑。

混凝土浇筑临结束时，全面测出混凝土面标高，重点检测导管作用半径相交处、护筒周边、围堰内侧周边等部位，根据结果对标高偏低的测点附近导管增加浇筑量，力求封底混凝土顶面平整，并保证封底厚度达要求。当所有测点均符合要求后，终止混凝土浇筑，上拔导管，移至下一浇筑点。

第三节　高压旋喷桩加固扰动地层施工

一、采砂扰动地层概述

在进行大直径超长桩基钻进过程中发生护筒掉落，经量测未发现明显变化，基本排除塌孔可能。项目部立即启动桩基应急处理预案，组织相关技术专家及专业技术人员最快时间赶到施工现场进行原因分析及处理。

主桥桥位处近年来河床深层采砂现象严重，开采深度达 40 m，造成河床下陷，部分河岸坍塌。目前该范围内土层处于沉降状态，造成河床地层土质松散，形成扰动地层，设计护筒底未穿过砂层，位于软弱土层内。钻进过程中在采用优质泥浆护壁、慢速钻进的情况下扩孔仍然严重，并大于护筒外径，且沿护筒外壁向上侵蚀，造成护筒外侧虚空，当侵蚀至护筒外侧摩阻力无法支撑护筒自重时，发生护筒掉落现象。因扰动地层较厚，扩孔范围较大，导致护筒掉落深度较大。

在主桥桩基专项施工方案评审时，多位专家也提示采砂扰动层护筒下沉和钻孔塌孔风险，项目部根据专家的意见和建议，采用了观测护筒、平台、泥浆比重、水头等常规措施，但仍出现了护筒掉落的现象。

通过专家的分析及本次护筒掉落情况得出结论：主桥桥位处因采砂造成的特殊地质情况，如果不首先进行扰动土层的加固处理，无法正常进行大直径超深桩的施工。鉴于此次钻孔事件，为保证桩基成孔质量，防止扰动层扩孔、塌孔，项目部采用高压旋喷桩固结扰动层及砂层后再进行钻进成孔的施工方案。

二、高压旋喷桩设计与施工

（一）双重管高压旋喷桩原理

双重管高压旋喷法是将双通道的二重注浆管放至设计的土层深度后，通过在管底侧面的一个同轴双重喷嘴，同时喷射出高压浆液和空气两种介质的喷射流冲击破坏加固土体。即以高压泥浆泵等高压发生装置将 20～25 MPa 以上压力的浆液从喷嘴中高速喷出，并用 0.5 MPa 左右压力把压缩空气从外喷嘴中喷出，随着喷管的旋转与提升，高压水泥浆射流冲切破坏土体，将水泥浆与桩基附近土掺搅形成桩体；压缩气起到升扬置换的作用，使切割的部分土体从孔口冒出，水泥浆与土混合物固结后，形成圆柱状固结体。高压旋喷桩机如图8-14所示。

图 8-14　高压旋喷桩机

双重管高压旋喷法的主要优点是：压力大、流量大、能量大、桩径也较大，相对于三重管旋喷法，它直接用水泥浆切削地层，消除了高压水对水泥浆的稀释影响，节约了水泥，从而也保证了成桩质量，减少了废浆的排放。

（二）高压旋喷桩加固方案简述

在每根桩基周围设置一定数量的高压旋喷桩加固采砂区扰动土层，将土层固结。

高压旋喷桩桩径 ϕ100 cm，桩心距 76.57 cm，相互咬合 23.43 cm，设置 13 根；旋喷桩上端包裹护筒 5.00 m，下端嵌入全风化砂质泥岩 2.0 m。

旋喷桩施工时河床底至平台部分设置 ϕ200 mm×8 mm 钢套管，入土深度不小于 2 m，孔口平面误差不大于 20 mm，套管倾斜度不大于 1%。

浆液材料采用 32.5 级普通硅酸盐水泥，每延米桩长水泥胶体用量 530 kg。如图 8-15 和图 8-16 所示。

（三）高压旋喷桩加固方案施工

双重管高压旋喷桩施工工艺为：钻孔，贯入喷射注浆管至钻孔底设计标高后喷射注浆，当压力流量达到规定值后，随即旋转和提升，进行自下而上喷射。详图及流程如图 8-17～图 8-19 所示。

1. 测量放线

依据控制桩和设计图，准确放出旋喷桩孔位。将主轴线控制点引至施工平台上，并

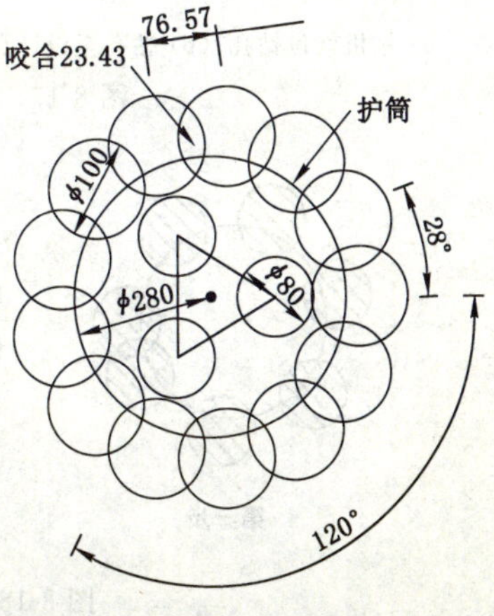

图 8-15　高压旋喷桩设计示意图(一)(单位:cm)

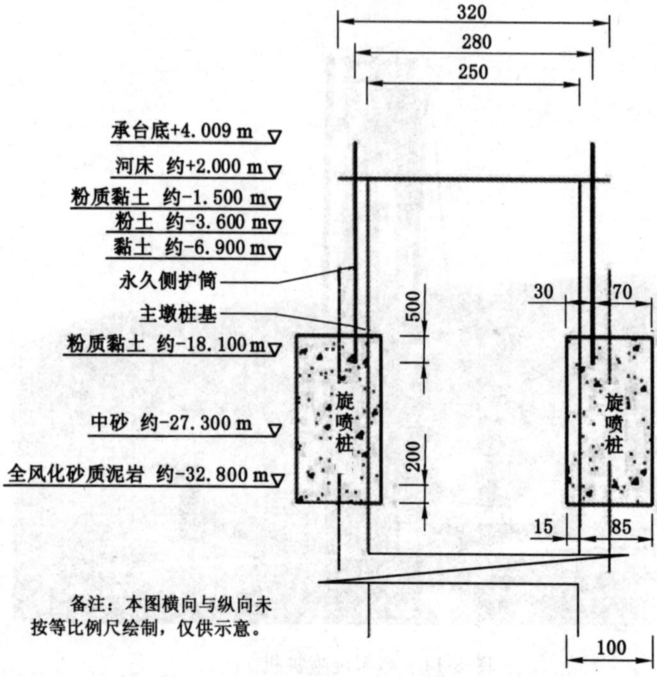

图 8-16　高压旋喷桩设计示意图(二)(单位：cm)

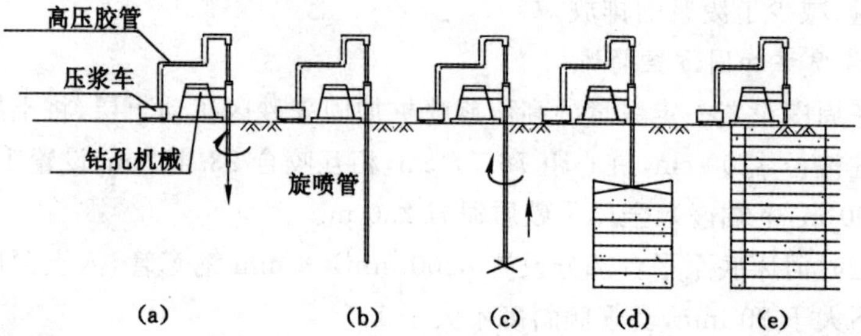

(a) 钻机就位钻孔；(b) 钻孔至设计高程；(c) 旋喷开始；(d) 边旋喷边提升；(e) 旋喷结束成柱。

图 8-17　双重管法高压喷射注浆工艺

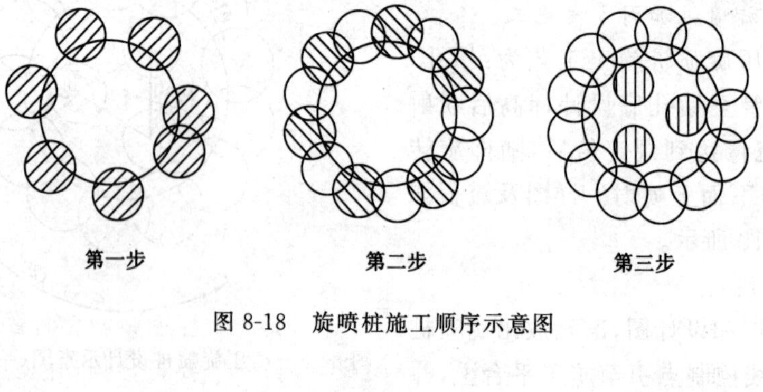

图 8-18　旋喷桩施工顺序示意图

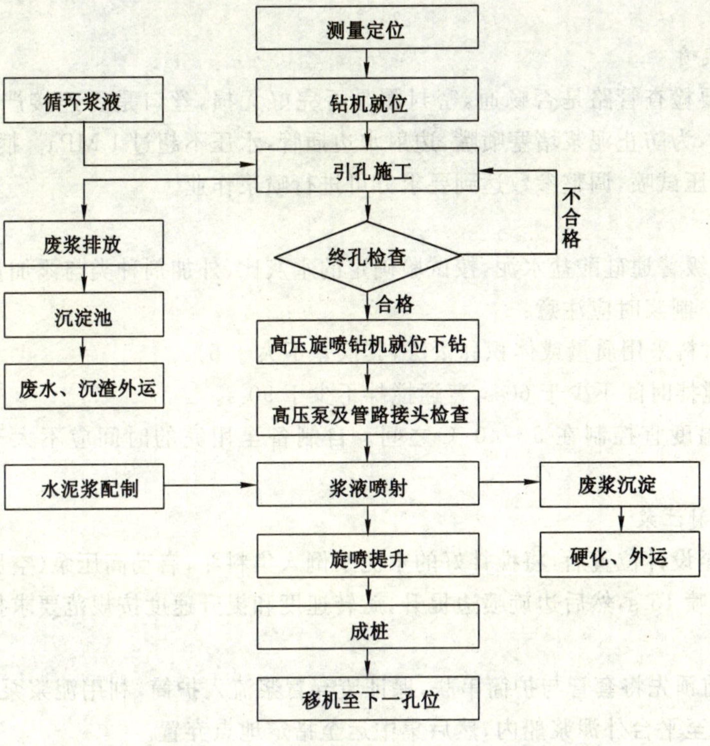

图 8-19　双重管高压旋喷桩施工工艺

加以覆盖保护。

2. 设置水中套管(定位孔)

严格按照设计放样打设水中套管，套管采用 ϕ200 mm×8 mm 钢管，入土深度不小于 2 m，孔口平面误差不大于 20 mm，套管倾斜度不大于 1%，定位准确后将孔口固定于施工平台上。

3. 钻机就位

根据现场放线移动钻机，使钻头对准孔位的中心，同时为保证钻机达到设计要求的垂直度，钻机就位后必须作水平校正，使其钻杆轴线垂直对准钻孔中心位置，保证钻孔的垂直度偏差不超过 1%。在校直纠偏检查中，利用垂球(高度不得低于 2 m)从纵、横两个方向检查，若发现偏斜，则在机座下加垫薄钢板调整，然后将钻机固定于施工平台上，防止钻机偏离桩位中心。

4. 钻孔

采用 XY-100 型地质钻机进行预先成孔，孔径 ϕ110 mm，严格按已定桩位进行成孔，采用膨润土造浆护壁。

(1) 在钻进过程中，应精心操作，精神集中，合理掌握钻进参数和钻进速度，防止埋钻、卡钻等各种孔内事故。一旦发生孔内事故，应争取一切时间尽快处理，并备齐必要的打捞工具。

(2) 为避免钻孔倾斜，在钻机就位和钻孔过程中，要随时注意校核钻杆的垂直度，发现倾斜及时纠正，以确保钻孔倾斜度在设计允许的范围内；钻速要打慢挡，并采用导正装置防止孔斜。

5. 插管、试喷

在钻孔前要检查管路是否畅通，密封圈是否完好无损，丝口是否连接严紧。引孔钻好后，插入旋喷管，为防止泥浆堵塞喷嘴，边射水边插管，水压不超过 1 MPa。插管到达地层预定深度，先作高压试喷，调整参数达到要求方可进行喷浆作业。

6. 制浆

采用 42.5 级普通硅酸盐水泥，按试验确定的水灰比、外加剂种类与添加量，使用搅拌机拌制水泥浆液。制浆时应注意：

(1) 制浆材料采用质量或体积称量法，其误差不大于 5%。

(2) 高速搅拌时间不少于 60 s，普通搅拌不少于 90 s。

(3) 浆液温度宜控制在 5～40 ℃之间。自制备至用完的时间应不大于 4 h，超时应废弃。

7. 高压喷射注浆

旋喷管下至设计位置后，将搅拌好的水泥浆倒入集料斗，启动高压泵（空压机）送水泥浆（空气），原地旋喷 15 s，然后边旋喷边提升，旋转速度和提升速度按规范要求控制，直至达到桩顶标高。

(1) 施工前预先将套管与护筒串联，保证废弃冒浆流入护筒，利用泥浆泵将废浆排至河岸沉淀池，或排至平台外泥浆船内，然后集中运至指定地点弃置。

(2) 施工过程中，按要求随时检验并记录提升速度、喷浆压力与流量、气压与气量、进浆和回浆比重、实际孔位、孔深和每个钻孔内的地下障碍物等资料；每孔需做制浆与耗浆（水泥量）统计和记录。

(3) 喷射时应先达到预定的喷射压力，流量正常后再逐渐提升注浆管，由下而上旋喷注浆。

(4) 每次旋喷时，应先喷浆后旋转和提升，以防浆管扭断。

(5) 喷浆过程中水泥浆随拌随用，防止水泥浆沉淀，浓度降低。

(6) 高压喷射注浆过程中出现骤然下降、上升或大量冒浆等异常情况时，应查明产生的原因并及时采取措施。

(7) 高压旋喷注浆应自下而上连续进行。若施工中出现停机故障，立即将喷管下沉至停供点以下 30 cm，待复供后再行提升，以保证固结体的整体性。

(8) 当提升至设计桩顶下 100 cm 深度时，放慢提升速度至设计高程。

(9) 高压旋喷结束后，在孔内水泥浆液固结过程中因体积收缩、孔内浆液仍向孔壁四周范围有一定渗漏等，孔内浆液将出现一段时间的下降，应不间断地回灌浆液到已喷孔内，直至孔内浆液面不再下沉为止。

第四节　主桥桩基施工

一、桩基施工难点及总体施工方法

根据水文、地质资料及设计文件和现场实际情况，主桥桩基施工难点主要有以下几方面：

(1) 穿过受扰动土层的桩基成孔控制。

(2) 钻孔深度最深达到 124 m，钻进岩层厚度达到 70 m，钻机选型及成孔效率。

(3) 大直径桩基钢筋笼下放及混凝土灌注工艺。

结合以上工程重点、难点，主桥桩基施工方法如下：

(1) 搭设高稳定性、高承载力的施工平台、钢栈桥作为桩基施工作业场地和材料、机械运输道路。

(2) 钢护筒施工采用 80 t 履带吊配合 DZJ-400 kW 大型振动锤现场接长、分节沉放。

(3) 桩基采用大功率液压动力头气举反循环钻机成孔，钻孔灌注桩检测仪检测成孔质量。桩基钢筋笼加工在陆上采用长线胎座法加工场制作，分节运至现场，履带吊配合龙门吊安装接长。

(4) 桩基灌注时由拌合站集中拌合、混凝土运输车运至现场，运输车就位到孔位配合大、小料斗，单导管法灌注。

(5) 38 号过渡墩右幅位于水中，因此也采用搭设平台、气举反循环钻机施工。41 号过渡墩位于陆上，采用一般反循环钻机、陆上桩基施工工艺进行施工。

主桥桩基施工工艺流程图如图 8-20 所示。

二、钢护筒施工

主桥主墩设计每棵桩基外围设置内径 2.7 m、壁厚 16 mm 的永久性钢护筒。为保证钻孔顺利进行，施工中主墩钢护筒内径扩大为 2.8 m，最长达 43 m。为防止下沉过程中刃脚变形，钢护筒底部 1 m 范围内壁厚 20 mm。

钢护筒由钢结构加工场加工，分节运输至现场，现场焊接接长，用 60 t 龙门吊配合 DZJ-400 kW 大型振动锤分节沉放到位。

(一) 钢护筒材质

钢护筒采用 Q235C 钢板卷制拼焊，焊缝等级为一级。

卷制钢护筒的钢板必须平直，不得使用表面锈蚀或受过冲击的钢板，且应符合规范标准和设计要求。

(二) 钢护筒加工

(1) 采用剪板机下料和开坡口，钢板边缘加工的切削量不小于 2 mm，偏差直线度控制在 $L/3\,000$(L 为钢护筒长度)且不大于 2 mm。

(2) 钢料在切割后进行矫正，矫正后钢料表面不应有明显的凹痕和其他损伤。矫正可采用锤击法或热矫法。

(3) 钢护筒采用三辊轴卷管机卷制，为防止歪扭，将板料对中，使板料的纵向中心线与轴轮保持严格的平行，并用挡板挡紧。

(4) 卷板时因钢板回弹，必须施加一定的过卷量，在达到所需的过卷量后来回多卷几次。

(5) 为满足钢护筒接缝处的圆度要求，卷管后应进行校圆。校圆分整体校圆和局部校圆两道工序。整体校圆可在卷板机上进行，也可在整体校圆夹具上进行；局部校圆采用薄钢板剪成直径为钢护筒内径的圆弧的一部分作为样板，该样板内靠筒体口附近进行检查，若不

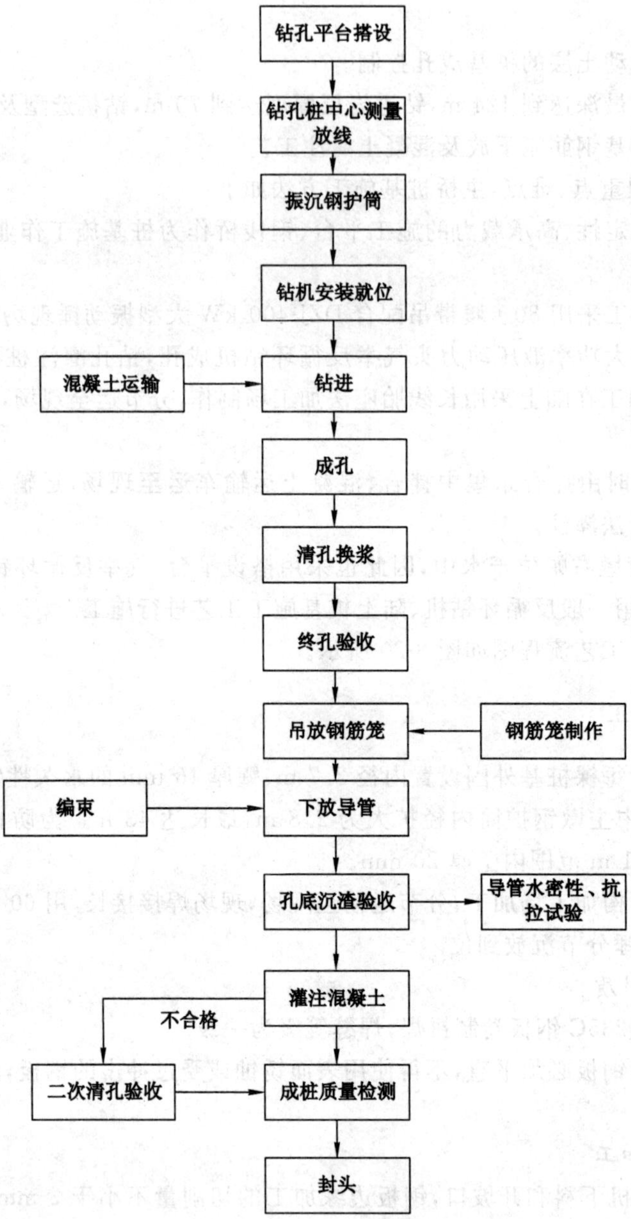

图 8-20 主桥桩基施工工艺流程图

密贴表示该处不圆，不圆处局部修正，直至密贴为止。

(6) 管节对口拼接时，相邻管节的管径偏差小于 3 mm，对口板边高差小于 1 mm。

(三) 钢护筒的吊装和运输

为保证钢护筒吊装时不变形，采用长吊绳小夹角方法减小水平分力，起吊时顶端吊点采用两点吊装，根部吊点采用一点吊装，先起吊顶部吊点，后起吊根部吊点。

运输过程中为防止钢护筒出现失圆和碰撞变形，在护筒上、下口及中间位置焊接十字或米字支撑，同时固定好其位置。

钢护筒采用平板车运输，为了确保运输途中钢护筒的稳固，车上设置圆弧形底托，并用钢丝绳固定。运输至平台途中设专人负责指挥，并先行清障。如图 8-21 所示。

图 8-21　钢护筒的运输

（四）导向架安装固定

钢护筒插打前，利用全站仪确定桩位，精确调位后安装导向架，并焊接固定于平台上。导向架分为两层，导向装置内设置有钢护筒定位、纠偏、调整的液压千斤顶和限位轮，以控制钢护筒垂直度和平面位置。导向架结构形式如图 8-22 所示。

（五）钢护筒打设

导向架安装完毕后进行钢护筒接长、下放施工。钢护筒共分为 5 节，首节长度 9 m，其余节长度 8 m，具体接长、沉放顺序如下：

(1) 80 t 履带吊起吊首节 9 m 长护筒悬挂在导向架底层型钢上。

(2) 80 t 履带吊起吊第二节护筒与第一节焊接接长，焊接完毕后用履带吊沉放前两节，并再次悬挂在导向架底层型钢上。

(3) 80 t 履带吊起吊第三节护筒与前两节焊接接长完毕后沉放，护筒可入土保持稳定。

(4) 80 t 履带吊依次起吊剩余节段护筒接长，并用 DZJ-400 kW 振动锤锤击入土。DZJ-400 kW 振动锤如图 8-23 所示。

(5) 护筒沉设到设计标高后，割除多余护筒，护筒顶标高＋21.7 m。在护筒沉设过程中，采用两台经纬仪沿相互垂直的两个方向控制护筒垂直度，并用全站仪检查其平面位置。根据设计图纸及相关规范要求，主墩钢护筒平面位置偏差＜＋5 cm、垂直度偏差＜0.5%。

三、钻孔施工

由于主桥桩基钻孔深度达到 124 m，并且主桥桥墩处由于采砂原因，造成河床下陷，部

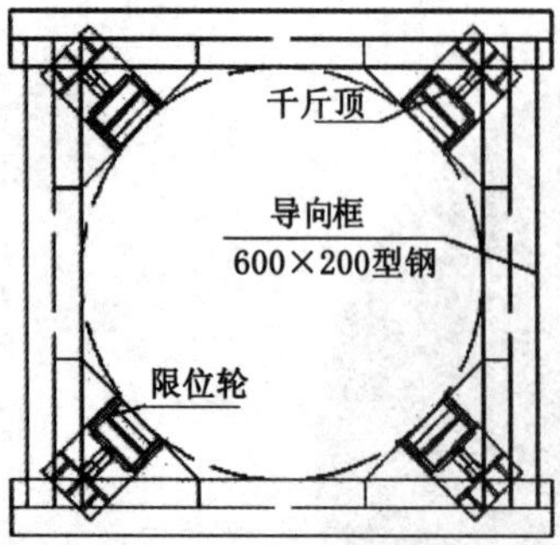

图 8-22　导向架结构平面图

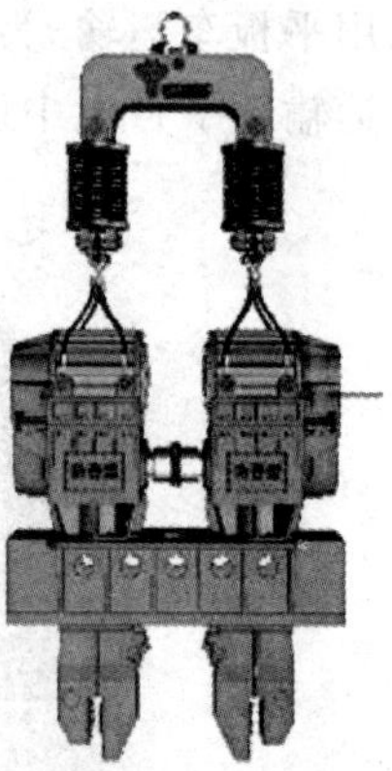

图 8-23　DZJ-400 kW 振动锤

分土层扰动，因此采用大功率、全液压动力头气举反循环钻机(ZJD-3500 和 ZDZ-4000)成孔，并采用优质 PHP 泥浆护壁，保证钻孔顺利进行和成孔质量。

(一) 泥浆

主桥主墩处地层中有较厚的黏土层，钻孔中除充分利用此部分黏土造浆外，为保证大直径深水桩基的钻孔灌注桩质量，采用优质 PHP 泥浆(聚丙烯酰胺泥浆)以利于孔壁稳定、加快成孔速度、控制孔壁泥皮厚度。PHP 泥浆具有不分散、低密度、低固相、高黏度的性能。

1. 泥浆组分及配合比

PHP 泥浆循环系统中需制备两种泥浆，一种为不含 PHP 的基浆，另一种为含有 PHP 的新浆。基浆采用以蒙脱石为主要矿物质的膨润土作为泥浆制作的原料，施工用水取自淮河，按照水∶膨润土∶Na_2CO_3=300∶18.2∶1(质量比)制成。膨润土和水在自然状态下不能混合成泥浆，必须通过高速搅拌机高速搅动才能形成泥浆胶体。新浆选用分子量为 1 200 万的非速溶水解型 PAM(聚丙烯酰胺)为原料制作，按 PAM∶NaOH∶水=10∶1∶612(质量比)水解成 PHP 溶液。在每立方米基浆中加入 0.6 kgPHP 溶液，制成 PHP 新鲜泥浆。

钻孔过程中及时根据地层及水文情况，修正基本配合比，以满足最容易坍塌地层孔壁稳定为主要条件。

2. PHP 泥浆制备

(1) 基浆拌制。

基浆用 ZJ-80 强制式搅拌机制备，按配合比将水注入搅拌机内开始搅拌，逐步加入优质膨润土、纯碱等搅拌成浆。拌好的泥浆注入储浆池存储，同时采用高压水泵自吸反喷多次循环，充分搅拌使泥浆性能均匀，形成匀质泥浆。

基浆(膨润土+碱)配置完成后必须在储浆池内静置 24 h，使膨润土颗粒都充分膨胀后方可使用，基浆的黏度小于 22 s。

(2) PHP 新浆配置。

PHP 是 PAM 的水解化合物。PAM 原料为非水解型，使用前要先水解，水解后称 PHP。施工时，采用常温法制成 PHP。提前水解的步骤如下：将 PAM 置于清水中浸泡1 d；同时加入 NaOH 在搅拌筒中搅拌以促溶，NaOH 用量约为 PAM 的 10%左右；将搅拌溶液停置 2～3 d，使 PAM 分子有效地分散于水中，形成 PHP 溶液。

(3) PHP 新鲜泥浆配置。

将 PHP 溶液加入膨润土浓基浆中，经高压反复喷射混合，形成 PHP 新鲜浓泥浆。制作时应注意：浓鲜浆的黏度大幅度提高(即黏度≥25 cSt，达到 30 cSt 左右)时，必须将基浆 pH 值加碱调至 10～12。这种浓度很高的鲜浆可利用储浆池存放，在施工中可随时掺到不同泥浆中使用。PHP 掺用剂量为泥浆体积的 0.003%左右，合理的比例通过实验确定，也可通过其表征点来判断。

PHP 鲜浆的表征：PHP 含量不足时泥浆呈红黄色；含量合适时呈嫩豆腐色果冻状；过量时则变成清水，水土分层。

在钻孔施工的不同阶段，通过增加新鲜泥浆或加入少量膨润土的方法对钻孔泥浆的性能进行不同的调整，各阶段钻孔中泥浆性能指标如表 8-3 所列。

表 8-3　各阶段钻孔中泥浆性能指标表

项目	阶段				试验方法
	新鲜泥浆	钻进泥浆	回流泥浆	清孔泥浆	
密度/(g/cm^3)	≤1.04	≤1.20	1.08～1.20	1.02～1.06	泥浆相对密度计
黏度/cSt	26～35	25～28	24～26	18～22	标准漏斗黏度计
失水量/(mL/30 min)	≤10	≤18	≤15	≤10	滤纸、玻璃板
泥皮厚/(mm/30 min)	≤1.0	≤2.0	≤1.5	≤1.0	尺
胶体率/%	100	≥96	≥98	>98	量筒
含砂量/%	≤0.5	≤4.0	0.5～1.0	<0.5	含砂率计
pH 值	10～12	9～10	9～10	8～9	试纸

单个钻孔所需总泥浆量应考虑泥浆充满钻孔和泥浆槽、泥浆池，还要考虑钻孔的孔径扩大，井孔壁、泥浆槽等处的渗漏，以及泥浆经过多次使用后其性能指标降低，需加更换等情况，一般按井孔体积(含扩孔量)1.06 倍考虑。造浆池如图 8-24 所示。

图 8-24　造浆池

3. 泥浆循环净化

泥浆净化采用布置在钻孔平台上的泥浆净化系统完成。每套泥浆净化系统由 1 台旋筛机、1 台 DZX-500 泥浆净化器(图 8-25)、1 个泥浆箱及排渣槽、运渣车组成。

图 8-25 DZX-500 泥浆净化器

钻渣的排除采用多级沉淀的方法,即钻机经反循环排出的泥浆首先经过泥浆净化装置顶面的旋筛机进行预筛,将比较大的颗粒或泥块等排除,然后经过 DZX-500 泥浆净化器将 0.074 mm 以上的颗粒排除,经净化器处理后的泥浆排到循环浆池内(或邻近护筒),如图 8-26 所示,经过再一次沉淀,然后再补回孔内。

图 8-26 循环浆池

钻孔桩混凝土浇筑时,对孔内泥浆均进行回收。回收时将钻孔桩内干净泥浆通过泥浆泵直接泵送到泥浆船内或待钻孔内,重复利用,同时避免了泥浆流入河中,污染环境。泥浆循环系统布置图如图 8-27、图 8-28 所示。

4. 钻渣及废弃泥浆处理

钻孔灌注桩钻渣通过泥浆循环系统分离后,由运渣车统一运输到指定位置。废弃泥浆通过泥浆泵输送至泥浆船,然后采用泥浆运输车运输到指定位置。不得向河内排放泥浆,以免污染河流。

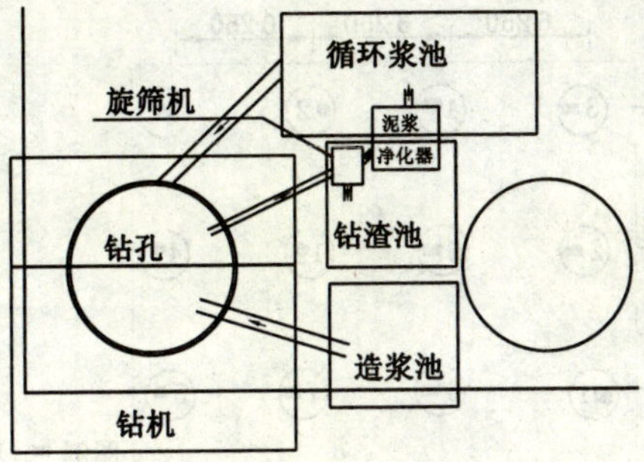

图 8-27　泥浆循环系统布置图

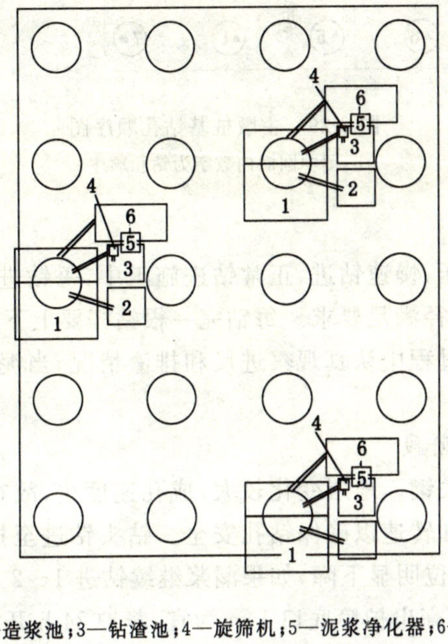

1—钻机；2—造浆池；3—钻渣池；4—旋筛机；5—泥浆净化器；6—循环浆池。

图 8-28　钻孔平台泥浆循环系统布置图

（二）钻孔顺序

每个平台设置 3 台钻机，通过 7 个循环完成一个桥墩桩基施工。钻孔顺序以相邻孔位不同时开钻为原则，同时考虑钻机的布置相互之间不影响施工。钻孔顺序如图 8-29 所示。

（三）钻机安装及对中就位

根据平台上桩位测量点，将钻机移到孔中对中、找平，经验收合格后，将钻机在平台上固定，保证钻机在钻进过程中不移位，然后下钻头、配重块，准备钻进。

（四）钻进成孔

钻孔在出护筒前采用清水开孔钻进，钻进前将出浆管、回浆管、泥浆槽、泥浆池相互连接，以此循环钻进。钻进时要加快放渣速度，注意保持护筒内的水头高度，保持孔内的浆面高于孔外水位 2 m 以上。钻机就位后钻进成孔过程划分为三个阶段：护筒内钻进阶段、护筒底口以下钻进阶段和清孔阶段。

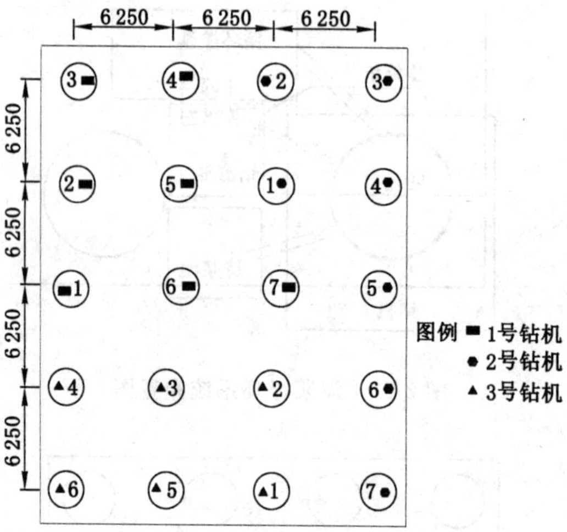

图 8-29　主墩桩基钻孔顺序图

注：图中圆圈内数字为钻孔顺序。

1. 护筒内钻进阶段

在开孔钻进时采用轻压、慢速钻进，正常钻进施工中，每钻进一个回次的单根钻杆要及时进行扫孔，以保证钻孔直径满足要求。每钻完一根钻杆要上下慢速窜动几次，目的是加强对钻渣的充分吸收。钻进过程中认真观察进尺和排渣情况，当泥浆中含渣量较多或排量减少时，应控制钻进速度。

2. 护筒底口以下钻进阶段

此阶段是整个施工的关键。地层变化较大，成孔速度快，故在不同地层的钻进施工中，操作人员要及时调整钻压和转速以确保钻孔安全。钻头钻进至护筒底口时，认真观察护筒底口是否漏浆，其表现为水位明显下降，如果漏浆继续钻进 1～2 m，起钻吊出钻头下导管灌注 C20 混凝土，混凝土面以高出护筒底口 1 m 为宜，养护 24 h 开始下钻具再次钻进，此时应采用小钻压、低转速，钻压为 20～30 kN，转速为 1～2 r/min。

3. 清孔阶段

钻进过程中出浆端滤渣槽应用细密的滤网铺设，目的是使钻渣尽可能一次滤尽，从而减少终孔后清孔时间。终孔后，清孔时将钻具提离孔底 30～50 cm，缓慢旋转钻具，进行反循环清孔。经检测泥浆指标满足设计要求，并经监理验收合格后，方可进行起钻工作。经检查孔径及垂直度均满足要求后，才能移走钻机，尽快进行成桩施工。

四、钢筋笼施工

桩基内设置通长钢筋笼。39 号墩桩基钢筋笼长 105 m，40 号墩桩基钢筋笼长 107 m。考虑声测管质量，单根钢筋笼总质量最大达 56 t。

钢筋笼主筋为 HRB400、ϕ32 mm 钢筋，钢筋笼沿笼长方向每间隔 2 m 设加强箍筋一道。伸入承台部分箍筋为 HRB400、ϕ16 mm 钢筋，其余部分螺旋箍筋为 HPB235、ϕ10 mm 钢筋。

钢筋笼由后场加工场分段制作，隔断钢筋接头相间布置。主筋采用机械连接，连接方式为剥肋滚轧直螺纹套筒连接，接头技术标准应符合相关规定。

在钢筋笼加强箍筋内侧均布 4 根 ϕ50 mm×3.5 mm 声测管，声测管下端距离钢筋笼底口 10 cm，顶端伸出桩顶不小于 30 cm。实际施工时，为便于成桩后立即进行桩基检测，声测管顶端与施工平台等高。声测管采用套管连接。

（一）主筋连接工艺

桩基钢筋笼主筋采用滚轧直螺纹机械连接。滚轧直螺纹机械连接是将钢筋的连接端头用专用机械滚轧成直螺纹，通过直螺纹连接套筒把两根钢筋连接成一体，达到接头与被连接钢筋等强度。

（二）钢筋笼制作

1. 胎座设置

由于钢筋笼主筋间采用机械套筒连接，所以对主筋位置布设精度要求很高。为此采用长线胎座法，消除主筋在加强圈布置上的横向误差。具体做法是：用 18 mm 厚的钢板制成弧形卡板（其弧面直径为钢筋笼主筋外缘位置构成的弧度 2 332 mm），每块卡板竖直放置在倒扣的槽钢（[20a）上，每隔 2 m 设置一块卡板。在卡板弧面上按主筋设计间隔位置制作支托主筋的卡位，卡位厚度 15 mm，以便留出两根紧贴主筋间足够的套筒拧转空间。卡位与卡位的中心距即为主筋中心距。每块卡板位置用经纬仪控制布设，使每块卡板弧面中心（即弧面最低点）沿钢笼纵向方向在一条线上，每块卡板竖向板面与钢笼纵向中心线保持垂直，然后用水准仪对每块卡板弧面中心的标高调至同一水平，最后把槽钢卡板基座固定在平台的钢板上。如图 8-30 所示。

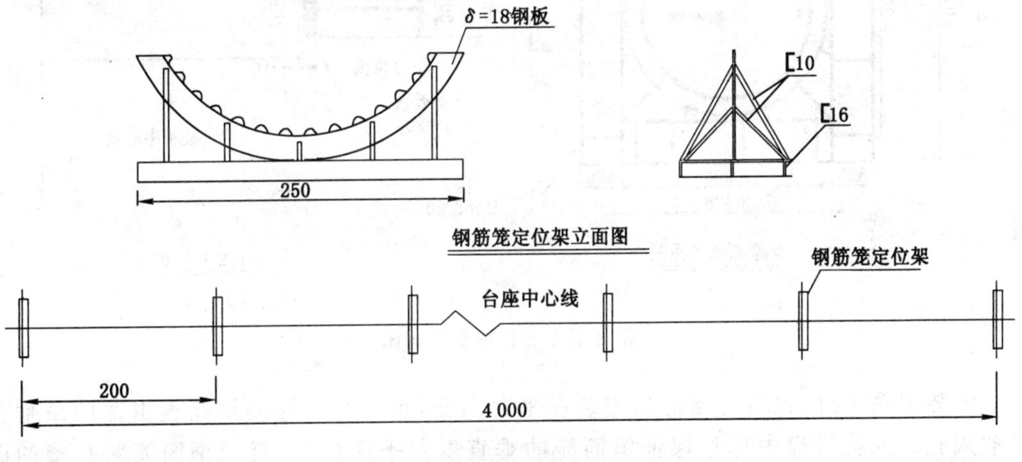

图 8-30　胎座布置图

2. 分段连续预拼

钢筋笼主筋的纵向偏差控制，采取分段连续预拼法。即从底笼至顶笼每三节一组作为一次预拼，每组预拼时的第三节作为一个传递点逐渐传至顶笼，即第三节既作为上一组预拼的顶节，又是下一组预拼的底节。具体做法为：将底笼作为第一节开始制作钢筋笼，沿着卡板布置方向制作第二节，第二节制作好后，再沿着卡板布置方向制作第三节。钢筋笼在卡板上制作完成三节后，将第三节与下面两节之间的丝扣套筒拧脱，将下部两节移离卡板（移离前在同一根主筋的接口上做好相应标记），第三节再移至卡板底部后继续向上制作第四节、第五节。制作好后，将第三节、第四节移离卡板，移离前同样在同一根主筋的接口上做好相应标记，再将第五节移至卡板底部后继续向上制作第六节、第七节。以此类推，完成整套钢筋笼的制作。这样钢筋笼制作中的纵向误差将传递至顶笼，而下笼过程中上节笼与下节笼对接时，因为已经在卡板上预拼过，所以就消除了对接拼装中的纵向偏差。

（三）钢筋笼运输

钢筋笼按制作时的编号顺序从最底层钢筋笼至顶层钢筋笼依次吊装在平板车（安装搁置支架）上，四周塞垫稳固，两侧用手拉葫芦或花篮螺丝拉紧，运输至施工现场使用。

（四）钢筋笼安装

1. 支撑框架制作

由于钢筋笼节段数量多、重量大，普通打捎扁担不能满足受力要求，且由于钢护筒处于扰动地层中，不能作为钢筋笼临时支撑，故根据现场实际情况加工支撑框架支撑已下放入孔的钢筋笼。支撑框架由型钢和短节护筒两部分焊接组成。支撑框架结构如图 8-31 所示。

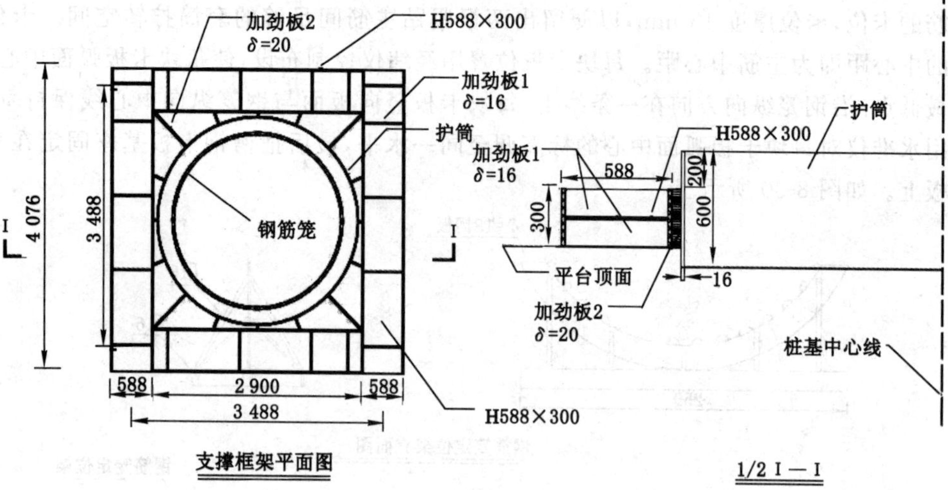

图 8-31　支撑框架结构图

安装钢筋笼时，先将支撑框架安装在平台顶面，再将欲入孔的钢筋笼由龙门吊垂直吊放入孔。入孔过程中尽量保证钢筋笼的垂直度及平面位置，避免钢筋笼对孔壁的破坏，同时依次取下钢筋笼内支撑，下放到位后通过焊接在加强箍下方的 16 mm×220 mm×150 mm 加强钢板悬挂在 S 形卡板上，S 形卡板另一侧悬挂在支撑框架的护筒上。如图 8-32 所示。

节段钢筋笼加工时，在平面均布 16 mm×220 mm×150 mm 加强钢板 16 块，钢板与钢筋笼主筋双面焊接，焊缝长度 15 cm，焊缝高度 10 mm。焊接位置位于每节段钢筋笼顶部加强箍下方，钢板上端紧靠加强箍。其中 12 块钢板悬挂于 S 形卡板上，另外 4 块当作钢筋笼吊点使用。为防止受力不均匀，每次下放钢筋笼时须使用 12 块 S 形卡板，不可少用。

2. 钢筋笼吊放安装

钢筋笼采用汽车吊配合龙门吊吊装。钢筋笼前场吊装采用三点起吊，顶端吊点为加强钢板，根部采用卡环吊装，先起吊顶部吊点，后起吊根部吊点，使平卧变为斜吊，根部离

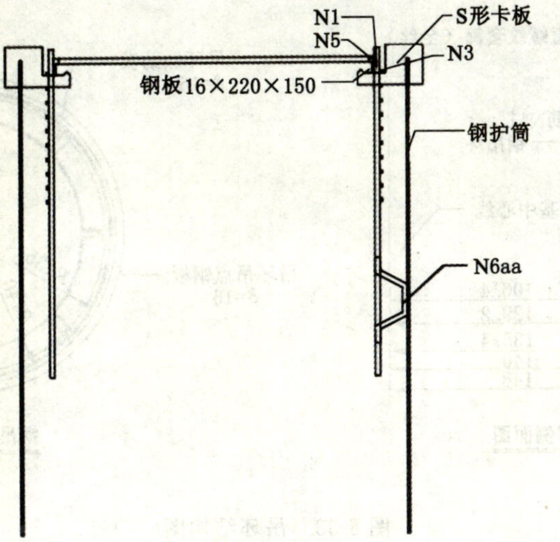

图 8-32 钢筋笼下放临时支撑图

开地面时，顶端吊点迅速起吊到 90°后，卸除根部吊点垂直起吊钢筋笼入孔安装，缓缓放入孔内，注意钢筋笼中心线和桩位中心线保持一致，同时在下落过程中，割除钢筋笼的内支撑，下放到最后一个内支撑时，将钢筋笼临时支撑在支撑框架上，然后依次进行剩余钢筋笼施工。

3. 钢筋笼接长

钢筋笼接长前应在现场备好主筋连接套筒、管钳、氧气、乙炔、接长的螺旋钢筋、绑扎铅丝、电焊机、焊条和手拉葫芦等工具，并备妥起重用的各种型号的卡环、钢丝绳和吊具。

吊起下节钢筋笼，主筋对准前节钢筋笼主筋，上、下节主筋对应连接。对于少数由于起吊钢筋笼变形引起的错位，可以用小型手动葫芦牵引就位。对于极少数错位严重的，无法进行丝扣对接，则可采用双面帮条焊的焊接方法解决，双面帮条焊要求焊缝平整密实，焊缝长度符合规范规定，确保焊接强度与主筋强度相等。

下放前认真检查钢筋笼内支撑是否割除完毕，并注意不得将任何工具、短钢筋等铁件掉入孔内，以免钢筋笼无法下放到设计标高位置。一旦不慎掉入，应打捞后再下放钢筋笼。钢筋笼下放时注意尽量不碰到孔壁，如有阻挡，需缓慢提升钢筋笼再试探性下放。

4. 声测管接长

声测管采用套管接长节省时间，保证声测管的施工质量。声测管在后场与钢筋笼配套生产，与钢筋笼一同转运出场，现场拼接完成。下放完毕的节段钢筋笼内应及时注满水以平衡内外压力。

(五) 钢筋笼定位

钢筋笼定位包括竖向定位和平面定位两方面。

(1) 竖向定位即是将钢筋笼的顶标高固定至设计位置。钢筋笼的竖向定位通过吊环来实现，吊环由钢吊环和 8 根定位钢筋组成。钢吊环为内设加劲箍的钢环，钢环上预制有 8 个定位钢筋卡口，卡口直径稍大于定位钢筋直径，小于套筒外径。定位钢筋套丝拧上套筒后由套筒固定在钢环卡口上。吊环结构如图 8-33 和图 8-34 所示。

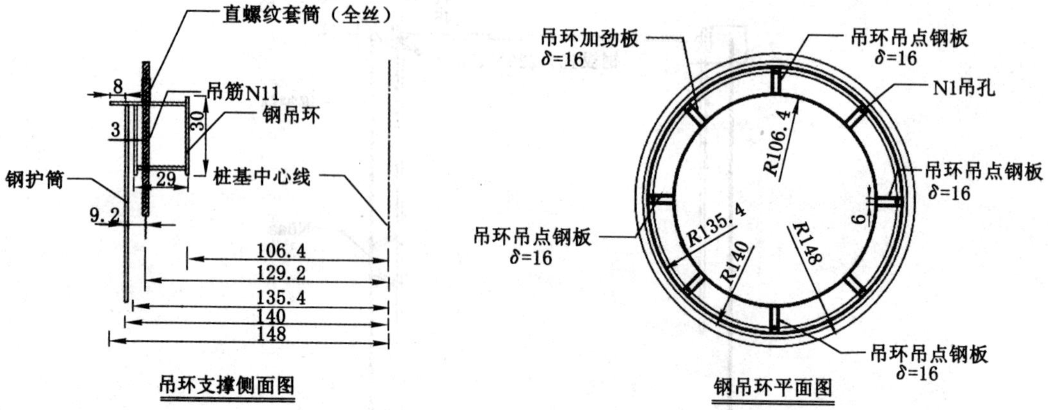

图 8-33　吊环结构图(一)

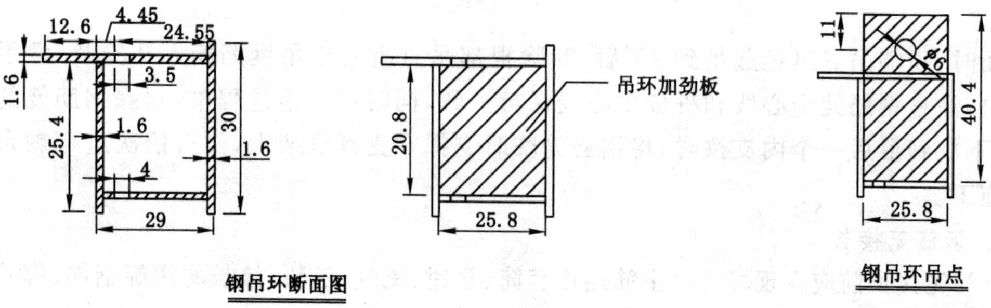

图 8-34　吊环结构图(二)

主体钢筋笼对接完成后，起吊吊环与钢筋笼对接，定位钢筋下口与钢筋笼主筋通过套筒机械连接，将钢筋笼与定位吊环连成一体，然后将其整体下放，使吊环悬挂在支撑框架护筒上，所以定位钢筋与主筋的连接位置可事先结合钢筋笼设计顶标高，通过支撑框架及吊环的高度进行反向推算得出。

(2) 由于主桥桩基钢筋笼底距平台顶标高超过 120 m，因此采取两条措施来控制钢筋笼的平面位置：一是固定定位吊环时，严格控制其钢环的顶面位置及定位钢筋的垂直度，并利用定位吊环的顶面位置及钢筋垂直度推算出桩顶钢筋笼位置；二是超声波检测仪检孔时，可准确地反映出桩顶处钢护筒的圆度及偏位情况，可根据检孔的情况，在桩顶处设置钢筋笼限位钢筋，控制钢筋笼的平面位置。

(3) 吊环定位钢筋数量计算：钢筋笼主筋及吊环钢筋均为 HRB400、ϕ32 mm 钢筋，则钢筋抗拉强度标准值为 400 MPa，抗拉强度设计值为 360 MPa，直径 32 mm 螺纹钢公称截面面积为 804.2 mm^2。考虑施工安全性，吊环钢筋抗拉强度取值为 180 MPa，则吊环钢筋根数 $N=600\times1\,000/(180\times804.2)\approx4$。实际设置 8 根，安全性满足要求。

五、桩基混凝土施工

桩基混凝土为水下 C30 混凝土，由拌合站集中拌合，混凝土运输车运输到孔位后配合大、小料斗，用单导管法灌注。

（一）导管安装及灌注平台

（1）钢筋笼安装完毕，经检查合格后，即可安装导管及水下混凝土灌注设施。导管内壁应光滑圆顺，内径一致，底节长度为 4 m。漏斗下应配长度为 0.5 m 或 1.0 m 的导管，以方便调节漏斗的高度。

（2）导管在使用前或使用一个时期后，应对其规格、质量和拼接构造进行认真的检查，还要做拼接、水密性、承压和接头抗拉试验。

① 试拼好后要按顺序编号。

② 水密性试验时的水压力应不小于孔内水深 1.5 倍水压力。

③ 在每个接头上涂少量黄油，以方便安装与拆除。

（3）安装下放导管时，应尽可能放在护筒中心，连接最后一节导管前确定导管位置，导管底面应高出孔底 0.4 m，以免堵塞。

（4）安装混凝土灌注平台，安装阀门及储料斗，混凝土阀门安装前应检查阀门是否能自由开启，用后应立即用水冲洗干净，清除残渣，涂抹机油保护。同时备好水泵，用来清理导管里面残留的混凝土。

（二）导管控制

（1）灌注过程中，要观察导管内混凝土下降和孔内水位升降情况，及时测量孔内混凝土面高度，正确指挥导管的提升和拆除；导管拆除动作要快，控制在 15 min 以内，并防止杂物掉入孔内；拆下的导管要立即清洗干净，堆码整齐；根据灌注架的高度，导管应分节拆除以免造成混凝土堵塞后导管无法提升，严禁 2 节甚至 3 节一次拆除。导管提升要保持轴线竖直和位置居中。

（2）导管埋入混凝土的深度控制在 3～8 m 范围内，拔管前需仔细探测混凝土面深度，需由 2 人用 2 个测锤测深并相互校对，防止误测。

（3）灌注过程中，要防止混凝土从漏斗顶溢出或从漏斗外掉入孔内，使泥浆内含有水泥而变稠凝结，致使探测不准确。

（4）为了防止钢筋笼上浮，当混凝土面接近钢筋笼底口时，应控制导管底口处于钢筋笼底口 1～3 m 处，并减慢灌注速度。当混凝土进入钢筋笼 4～5 m 后，适当提升导管，减少导管埋深，以增加钢筋笼在导管口以下的埋置深度，从而增加混凝土对钢筋笼的握裹力。

（5）在灌注将近结束时，由于导管内混凝土柱高度减少，压力降低，而导管外的泥浆稠度增加，相对密度大而造成混凝土顶升困难，可往孔内加水稀释泥浆，使灌注工作顺利进行。

（6）水下混凝土灌注应高出设计标高 0.5～1.0 m，以便清除浮浆，确保混凝土质量，应精确测量总结经验，力求既保证桩头混凝土质量，又减少切除桩头的工作量。

（7）在拨出最后一节长导管时，拨管速度要慢，以防止桩顶沉淀的泥浆挤入导管而形成泥心。

（8）混凝土灌注完毕，应仔细冲洗导管、储料斗、漏斗、吊斗、混凝土拌合机、混凝土泵及管道等灌注设备，以备下一次使用。

第五节　主桥承台钢套箱围堰设计与施工

一、主桥钢套箱围堰设计

（一）设计参数

钢围堰采用单壁、无底结构形式。围堰顶标高根据设计图纸中水文资料结合近 5 年淮河水文站观测数据、淮河漫滩平均地面标高（＋19.5 m）综合考虑确定。

考虑主桥桩基、围堰基坑开挖、钢围堰下放等施工环节的不确定因素造成工期延误，导致钢套箱施工时间顺延，因此增加一节高度 1 m 的备用侧板。当水位上升至＋19.2 m 时，利用备用侧板接长钢围堰，使钢围堰顶标高变为＋20.5 m。如表 8-4 所列。

表 8-4　钢套箱设计基本数据表

序号	项　目	单位	位　置	
			39 号墩	40 号墩
1	钢围堰顶标高（正常施工水位）	m	＋19.5	＋19.5
2	钢围堰顶标高（非正常施工水位）	m	＋20.5	＋20.5
3	钢围堰设计水位（正常施工水位）	m	＋19	＋19
4	钢围堰总高度（正常施工水位）	m	21	22
5	钢围堰总高度（非正常施工水位）	m	22	23
6	钢围堰底标高	m	－1.5	－2.5
7	承台底标高	m	＋4.009	＋3.009
8	承台顶标高	m	＋11.509	＋10.509
9	河床标高	m	＋6.74	＋5.35
10	套箱下放时水位	m	＋18	＋18
11	钢围堰尺寸	m	29.1×22.85	29.1×22.85
12	钢护筒直径	m	2.8	2.8
13	封底厚度	m	4.3	4.3
14	封底时水位	m	＋19	≤＋19
14	封底混凝土强度等级		C25	C25

（二）钢围堰结构

钢围堰主要由侧板、围囹及内支撑、下放系统和导向结构组成。

1. 侧板

侧板由面板和背楞组成。面板底节、中节为 8 mm 厚的 Q235B 钢板，顶节、备用节为 6 mm 厚的 Q235B 钢板。背楞为 H300 mm×150 mm×6.5 mm×9 mm 型钢，间距 40 cm。侧板底节采用 8 mm×200 mm 钢带加强，中节、顶节、备用节采用 2 [20a 组成的“[]”形槽钢加强，槽钢间用螺栓连接。侧板竖向法兰采用∟125 mm×125 mm，侧板水平法兰盘采用 10 mm×300 mm 法兰通过 ϕ22 mm 普通螺栓连接。法兰盘间加垫 20 mm 橡胶海绵条，以防止渗水。

通过现场试验，在水深 25 m 条件下，套箱侧板法兰盘用 ϕ22 mm 普通螺栓施加 300 N·m 扭矩连接后，未发生渗水现象，证明套箱法兰盘栓接设计是成功的。

为保证侧板间连接密封性，在水平接缝处内侧设置 M20 拉杆，拉杆平面距离 80 cm，沿钢围堰侧板四周设置。

在封底混凝土施工时，为减小混凝土侧压力对底节侧板的变形影响，在距离封底混凝土底部 40 cm 位置处，设置一层纵、横向底节对拉钢筋。对拉钢筋为 HRB400、ϕ25 mm 钢筋，水平间距 3 m。对拉钢筋两侧端部通过长度 20 cm 的∟125 mm×125 mm 与侧板焊接连接。

在顶节侧板施工水位以下 50 cm 处设置 40 cm×25 cm 透水孔，透水孔在围堰四周各设 1 个。透水孔通过法兰盘与 ϕ36 cm 橡胶软管连接，以便于止水施工。

2. 围囹及内支撑

钢围堰围囹、内支撑设置 5 层，由型钢加工而成，现场采用 M26 螺栓连接或焊接。第一、二层围囹为 3 肢 H588 mm×300 mm×12 mm×20 mm 型钢，第三、四、五层围囹为双肢 H600 mm×200 mm×11 mm×17 mm 型钢。第三、四、五层支撑为双肢 H600 mm×200 mm×11 mm×17 mm 型钢，第一、二层支撑为双肢 H600 mm×200 mm×10 mm×16 mm 型钢。

由于内支撑长度较大，为加强内支撑整体稳定性，内支撑同一层平面间及层间设置联系构件。同层间采用[20a 连接，上下层间采用 H100 mm×50 mm 型钢连接。

内支撑根据不同的承台、墩柱混凝土浇筑工况进行体系转换。在第三层内支撑拆除前，安装专用转换内支撑。转换内支撑为三角框架结构，由 H300 mm×150 mm 型钢焊接而成。底部一端通过精轧螺纹钢筋与承台锚固，底部另一端与预埋钢板焊接，上部与第三层围囹焊接，从而形成稳定结构。在浇筑承台时注意预埋精轧螺纹钢筋和钢板。

3. 下放系统

围堰整体下放系统由下放支架和提放装置组成。下放支架由设置在护筒顶部垫梁及护筒顶部加强装置组成。提放装置由扁担梁、千斤顶、ϕ32 mm 精轧螺纹钢筋组成。钢围堰共设置 8 个吊点，其中 4 个为下放吊点，4 个为转换吊点。下放吊点分别位于承台 4 个边角护筒上。每个下方吊点设置 1 套提放装置，每个提放装置由 1 台 400 t 千斤顶、8 根精轧螺纹钢筋（σ_s=785 MPa）、扁担梁组成，下端与围堰侧板连接。纵桥向两侧各 2 台千斤顶采用 1 套油泵进行下放，避免 4 点下放时产生超静定内力。

转换吊点为拼装顶节侧板时的临时吊点，位于中间护筒上。每个转换吊点由垫梁和 8 根精轧螺纹钢筋（σ_s=785 MPa）组成，下端与围堰侧板连接。

4. 导向结构

为控制围堰平面位置，在护筒与底节钢围堰之间设置导向结构。底节导向装置设计有厚度可变化部分，以适应现场护筒实际偏位和垂直度。另外，现场可根据护筒的垂直度在围囹与护筒外缘之间设置不同厚度钢板作为导向结构。

二、主桥钢套箱围堰计算

（一）设计荷载及计算工况

1. 结构工况分析

从施工的基本过程来看，钢套箱的主要控制工况为抽水后承台施工阶段。该阶段主要确定以下几个参数：

（1）壁板的结构与受力情况。

（2）内支撑的结构与受力情况。

2. 设计荷载取值

（1）静水压力 F_1。

$$F_1 = \gamma h$$

式中 F_1——静水压力，kN/m²，水面以下呈三角形分布；

γ——水的重力密度，取 10 kN/m³；

h——水深，m。

（2）流水压力 F_2。

$$F_2 = K\gamma v^2/(2g)$$

式中 F_2——流水压力，kN/m²；

K——挡水形状系数，取 1.0；

γ——水的重力密度，取 10 kN/m³；

v——水的流速，设计水流速取 2.25 m/s；

g——重力加速度，取 10 m/s²。

水面以下流水压力均匀分布。

（二）钢套箱计算

1. 计算模型

由于钢套箱为空间结构，受力较为复杂，因此采用 Midas Civil 软件对该结构整体建模，整体计算内部应力。模型主要采用了梁单元和板单元。

2. 计算结果

经计算，钢套箱最大组合应力为 74.3 MPa，最小组合应力为－178.3 MPa；其中竖向背楞最大组合应力为 53.4 MPa，最小组合应力为－63.1 MPa；面板最大组合应力为 124.7 MPa；围囹最大组合应力为 74.3 MPa，最小组合应力为－178.3 MPa，均小于钢材强度容许应力值 188.5 MPa（1.3×145 MPa）；钢套箱最大变形 15.5 mm，满足要求。

（三）封底混凝土计算

基本数据：

钢套箱自重：706.5 kN。

护筒直径：2.8 m。

护筒中心间距：6.25 m。

混凝土干重力密度：24 kN/m³。

混凝土与护筒握裹力：100 kN/m²。

封底混凝土强度等级：C25。

C25 混凝土抗拉强度 f_t：1.27 MPa。

经计算，封底厚度为 4.3 m，且经验算，封底混凝土抗弯强度符合要求。

（四）结论

经计算，该钢套箱结构整体应力基本上均在 145 MPa 以下，围囹内支撑局部交点应力稍大，但仍低于钢材的强度设计值。

钢套箱各构件强度、刚度均满足规范要求，结构上是可靠和安全的。

采用C25混凝土封底，封底厚度4.3 m，封底混凝土方量2 859 m^3。

三、主桥钢套箱围堰施工

（一）钢围堰施工概述

根据前述施工条件，国内常用双壁钢围堰进行施工。但双壁钢围堰分块较多，焊接工程量巨大，对焊接质量要求较高；加工周期长且分块较多容易造成拼缝之间漏水，影响施工效率；使用钢材较多，增加施工成本。因此，该工程钢围堰采用单壁、无底结构，平面尺寸与承台尺寸相同，与承台接触部分兼作承台模板。采用单壁围堰能够减少分块数量，易于拼装和保证拼装质量，且围堰加工简单、加工周期短。

1. 施工准备

承台钻孔桩施工完毕后，拆除钻孔平台，保留辅助平台。在外围每根护筒割孔安装双肢Ⅰ36a作为钢围堰拼装平台。

开挖围堰基坑，根据开挖出来的土质密实情况适当调整开挖底标高，以利于钢围堰下放到位。

2. 钢围堰施工过程

钢围堰在后场分块制作，经检验、试拼合格后汽车运输至施工墩位处。钢围堰通过设置在平台上的60 t龙门吊对称分块、分节拼装。拼装完成后，用4台400 t千斤顶整体下放入水，下放至设计标高。根据入土后具体情况进行围堰内部及外围基底抛填或清理施工，一次性浇筑水下封底混凝土。封底混凝土达到强度后，抽水，割除护筒、凿除桩头、封底找平，进行承台钢筋、混凝土施工。

（二）施工工艺

钢围堰施工工艺如图8-35所示。

（三）主桥钢围堰加工

1. 钢围堰分块

(1) 分块原则。

钢围堰分块遵循以下原则：

① 块件满足现场起重设备起吊要求。

② 制作场地及出运条件满足要求。

③ 汽车运输能满足每个块件运输要求。

④ 在满足以上要求的同时尽量减少分块数量，以减少现场块件拼装工程量，加快块件拼装进度。

(2) 分块。

钢围堰总高度为22 m(39号墩)和23 m(40号墩)，竖向分4节，相应分节长度(自下而上)分别为4 m＋10.5 m＋6.5 m＋1 m、4 m＋10.5 m＋7.5 m＋1 m。

钢围堰水平方向分为20块，顺水方向尺寸分别为5.9 m和5.5 m两个规格，纵桥向尺寸分别为4.3 m和4.75 m两个规格。分块单元最大质量10 t。

2. 钢围堰加工

(1) 放样。

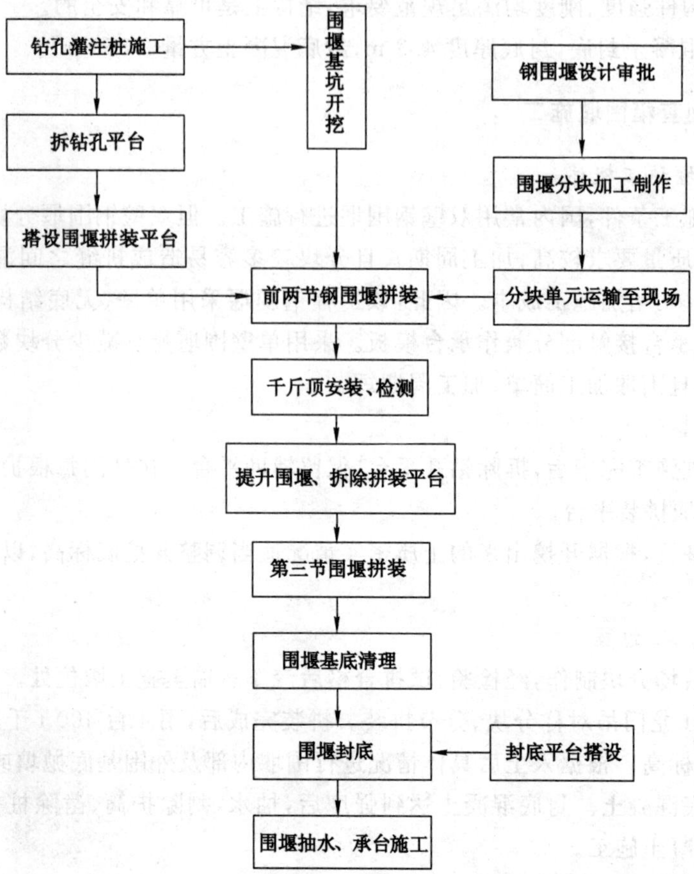

图 8-35 钢围堰施工工艺流程图

放样是保证钢围堰质量、提高劳动效率、节约材料的重要工作之一。放样的主要作用是确定各构件的实际形状尺寸及相互间的相关关系。根据设计图放样绘制施工工艺图作为板材、型材下料的依据。

根据设计图纸，护筒外缘理论上与内圈梁内侧净距 5 cm（承台边缘至最外侧桩中心距离 205 cm－护筒半径 140 cm－内圈梁高度 60 cm＝5 cm）。为保证钢套箱围堰正常下放，桩基施工过程中项目部安排测量人员对外侧护筒中心位置、倾斜度进行测量，根据测量数据对套箱尺寸进行调整。

（2）下料及预加工。

① 板材下料采用半自动切割机下料。

② 无论采用何种形式下料，其边缘应平整、光洁，无氧化物、缺棱等现象。

③ 下料时需进行构件编号，并用记号笔书写清楚。

（四）钢围堰下放前基坑开挖

围堰仅靠自重不能下放到位，需采取开挖基坑、减小围堰入土深度的办法使围堰下放到位。由于河床土层下沉，造成同一层标高处土质不同，为保证钢围堰均匀下放，围堰基坑开挖标高比围堰底标高高 100 cm。围堰基坑开挖宽度每侧比承台宽 2 m，开挖坡度为 1∶1.5。围堰开挖过程中，及时测量基坑边坡高程，以掌握边坡坍塌情况。

由于河床地势起伏较大，钻孔平台和辅助平台钢管桩入土深度差别较大，因此基坑开挖采用两种方式、两个步骤进行。首先，桩基施工结束之后，在平台上布置4台汽车反循环钻机进行吸泥，吸泥标高控制原则为吸泥完成之后钢管桩入土深度能够满足汽车反循环钻机荷载下承载力和稳定性要求。然后再拆除全部平台，拔除钢管桩，利用50 t履带吊就位在驳船上配合1.5 m^3抓斗水下抓泥，开挖的泥土利用泥浆船运输到钢围堰以外位置。每个平台配置2套抓泥设备。

待围堰基坑开挖到位之后，重新搭设辅助平台钢管桩。打设钢管桩过程中，要勤测基坑底及基坑边坡标高。当由于振动锤震动影响造成基坑边坡坍塌时，需利用抓斗重新清理基坑，清理完毕之后方可铺设辅助平台上部结构。

（五）安装拼装支架、下放支架

1. 安装拼装支架

钻孔桩施工结束后，拆除钻孔平台，在外侧每根护筒上中心割孔安装2 I 36a作为钢套箱侧板拼装支架，同时接长吊点护筒至设计标高。

2. 下放支架施工

钢围堰下放支架采用在护筒顶上放置的垫梁作为主要受力构件，垫梁为箱形结构，截面尺寸为760 mm×600 mm，由20 mm厚钢板焊接而成。垫梁一端作为下放吊点，另一端与护筒通过精轧螺纹钢筋进行锚固。护筒顶部设置20 mm厚加强板，同时为防止护筒口偏心受压而失稳，在顶部设置防失稳结构。下放支架在后场加工，现场组装焊接。

（六）钢围堰拼装、下放

1. 钢围堰拼装

拼装前，在拼装支架上放样出拼装轮廓线及相邻块件间的拼装接线，并在外侧轮廓边线上焊制限位块，以此控制钢围堰下口线的平面位置。钢围堰上口固定及控制采用在钢护筒外侧焊接临时支撑，临时支撑既可用于钢围堰侧板拼装，又可控制钢围堰垂直度。

龙门吊将分块围堰吊起至安装位置，下口就位后，与限位块临时焊接加以固定，上部用型钢和护筒临时焊接，通过测量仪器校检平面位置和垂直度，检校达到要求后，分块之间进行螺栓连接。

首先进行套箱侧板底节拼装，拼装时要求按底节顶面高程控制，其高差不超过2 mm。以底节套箱侧板为基础，拼装中节套箱侧板。中节套箱侧板拼装时，首先拼装拐角处侧板，以此为起点向两侧逐块拼装，螺栓紧固从已紧固侧板和下部侧板交汇处同步开始，单层侧板若水平法兰孔偏差较大时，通过加垫橡胶海绵进行调整。

侧板连接完之后，安装围囹及内支撑。除按套箱设计要求进行现场焊接外，为避免套箱下放时侧板与内圈梁间发生位移，保证套箱侧板平面尺寸准确，现场采用三角限位板点焊在内圈梁支撑架上。

2. 钢围堰下放

(1) 下放系统。

下放系统由400 t千斤顶、ϕ32 mm精轧螺纹钢筋、下放支架、扁担梁等组成。一个主墩围堰设置8个吊点，其中4个为下放吊点，位于4个边角护筒上。精轧螺纹钢筋下锚固端位于侧板内外侧，在拼装顶节时需设置 4 个转换吊点，避免侧板外侧下放精轧螺纹钢筋干扰导致上节侧板无法安装。

(2) 钢围堰下放施工。

钢围堰分两次进行下放。首次下放底节、中节围堰，将它们拼装完成且内支撑安装完成后作为整体进行下放。第二次是在三节围堰体系全部完成后整体下放。

在钢围堰下放前，对提升系统进行调试，以确定每台千斤顶的工作状态处于良好状态，并检测各台千斤顶伸缩行程是否一致。然后将围堰提起 3～5 cm 检查围堰上的锚固点及围堰结构是否正常。检查无误后拆除围堰拼装平台正式开始下放。此外，设置若干台水准仪，随时观察围堰下放的同步性，当发现某点的标高超过最大允许偏差时即对系统进行调整以保证围堰的平衡下放。

将底节、中节围堰下放到顶标高，然后将吊点转换到转换用梁上，拆除下放用梁上的精轧螺纹钢筋。然后对称拼装吊点之外的顶节侧板、围囹、内支撑，拼装完毕之后再将吊点转换到下放吊点位置，继续拼装剩余顶节的侧板、围囹和内支撑。拼装完毕之后整体下放围堰至设计标高。

(七) 钢围堰定位

1. 平面位置控制措施

钢围堰平面位置控制通过在钢围堰内壁板与最外围钢护筒间设置导向装置来实现。在同一标高平面位置主墩周圈均布置 6 个导向装置。导向装置设置在底节钢围堰上，随围堰的下放而移动，主要定位围堰下部平面位置。围堰上部的平面位置利用在围囹和护筒之间设置一定厚度的钢板控制。

2. 围堰偏位及垂直度调整措施

(1) 平面位置。

钢围堰平面位置主要在围堰入土前进行调整。钢围堰平面位置精确控制主要通过已设置的导向装置的约束来控制。

(2) 垂直度。

在平面控制的同时进行标高控制，平面控制点除具有平面坐标外还具有高程，以利于测量操作。

钢围堰拼装后下放前，在围堰内钢护筒顶口搭设 3 个测量平台架设经纬仪，在钢围堰下放过程中，对钢围堰纵横两个方向的垂直度进行观测。

钢围堰垂直度通过下放千斤顶调整。因拼装误差，钢围堰平面标高与垂直度控制在实际施工中可能出现难以同时达到要求的情况，此时则以垂直度和顶口处平面位置控制为主。

(八) 钢围堰基坑回填

钢围堰下放到位后入粉质黏土中深度 1 m，稳定性较差，采取在围堰外侧周围抛填中砂进行稳固，同时避免封底混凝土翻到围堰外侧。

回填厚度经计算取 3 m，钢围堰入土深度经验算满足要求。

四、钢围堰封底

钢围堰封底施工参见本章第二节相关内容。封底混凝土浇筑布料点布置图如图 8-36 所示。

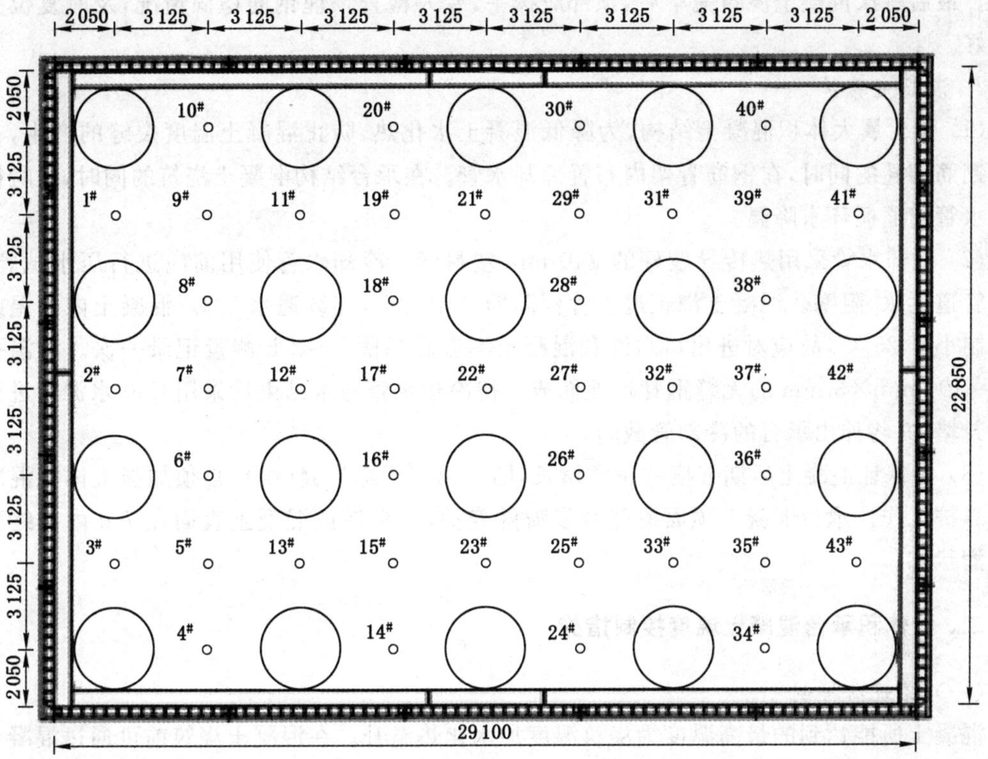

图 8-36　封底混凝土布料点布置图

第六节　承台施工

待钢围堰封底混凝土达到一定强度后，采用大功率水泵抽水。抽水完毕后，割除桩基钢护筒、凿除桩头，进行大体积承台施工。承台根据围堰内支撑设置情况，分三次浇筑完毕。钢筋绑扎依据浇筑高度分次绑扎完毕，ϕ28 mm、ϕ32 mm 钢筋采用直螺纹套筒连接，其余采用搭接或焊接。采取优化混凝土配合比及设置冷却管等措施防止大体积混凝土出现裂缝。

一、施工工艺

（一）钢筋安装

由于承台钢筋网层次较多，除架立钢筋外，可用型钢临时架立各层钢筋网片，确保钢筋的保护层厚度。墩身预埋钢筋在承台混凝土浇筑前预埋。

（二）承台混凝土施工

1. 浇筑工艺

(1) 主桥墩承台混凝土分三次浇筑成型。

(2) 承台混凝土采用混凝土运输车运输、汽车输送泵泵送浇筑。

(3) 混凝土浇筑前，应将已浇筑混凝土顶面凿毛，凿除表面水泥浆和松散层，用水冲洗干净。最后一次混凝土浇筑完毕后，顶部应抹平，专人检查预埋钢筋稳固情况，及时复位并固定好。

2. 混凝土养护

(1) 承台属大体积混凝土结构，为降低混凝土水化热，防止混凝土温度裂缝的产生，在承台钢筋绑扎的同时，在钢筋骨架内布置冷却水管。在承台结构混凝土浇筑的同时，适时往冷却水管内通循环水降温。

(2) 冷却水管采用热传导较好的 ϕ40 mm 塑料管。冷却水管使用前应进行压水试验，防止管道漏水、阻塞。混凝土浇筑过水管标高即开始通水，连续通水 7 d。混凝土内外温差应控制小于 25 ℃，故应对进出口水温和混凝土测温孔每隔 1～2 h 测量记录一次。测温孔采用 ϕ100 mm×3 mm 的无缝钢管预埋而成。待冷却水管通水结束后采用 C30 水泥浆进行压浆封堵，并将伸出承台的冷却管截断。

(3) 为保证混凝土后期强度的正常增长，防止出现干缩裂缝(纹)，必须加强大体积混凝土的养护工作。承台混凝土顶面覆盖麻袋喷淋养护，至少保证混凝土表面在 7 d 内始终处于湿润状态。

二、大体积承台混凝土温度控制措施

(一) 浇筑前控制

混凝土所能达到的最高温度为浇筑温度加水化热温升。在混凝土浇筑前可通过混凝土配合比的试验尽量减小温升。

(二) 浇筑过程控制

混凝土浇筑过程主要是控制混凝土的出机温度及浇筑温度。降低混凝土浇筑温度最有效的措施就是降低砂石的温度。最好选择一天中温度最低时进行浇筑。

(三) 浇筑完毕控制

混凝土浇筑完毕后开始进行冷却管水循环。每次混凝土浇筑完毕后，需要按照设计要求不间断通水不少于 7 d，加速冷却管内的水循环，促进混凝土内部热量散发，使大体积混凝土内外温差保持在较小的范围内，避免裂缝的产生。并在混凝土表面铺盖麻袋，定期在麻袋上洒水，保证混凝土面处于湿润状态。

为了及时了解混凝土的内外温差，在混凝土内部安装测温计，掌握内部各测温点的变化，以便及时调整冷却管冷却水的流量，控制温差在 25 ℃内。

(四) 降温管布置

(1) 降温管布置水平分 8 块、竖向分 6 层。

(2) 冷却管开始通水后，进出口温差超过 10 ℃时应调换进出水口(注意：冷却管进出口应高于承台标高)。

(3) 冷却管安装时，要将钢筋骨架固定牢，并做通水试验。

(五) 注意事项

(1) 加强混凝土的测温工作，混凝土浇筑完毕 12 h 后开始测温，前 3 d 每 2 h 测温一次，3～7 d 内每 4 h 测温一次，直到内部温度降到环境温度，温差不大于 25 ℃。

(2) 混凝土表面蓄水养护不得形成干湿循环，保持湿润。

第七节　主桥主墩墩身施工

一、工程概况

主墩结构为花瓶式实体墩，主墩墩身横桥向顶宽为 17.0 m，底宽为 12.0 m，顺桥向宽度为 5.0 m。39 号主墩高度为 22.0 m，40 号主墩高度为 23.0 m。主墩墩身采用 C40 混凝土，其中 39 号墩为 1 529.76 m^3，40 号墩为 1 588.90 m^3。

主桥主墩 39 号、40 号承台均为矩形截面，平面尺寸 29.1 m×22.85 m。其中 39 号墩承台顶标高＋11.509 m，底标高＋4.009 m，承台厚 7.5 m；40 号墩承台顶标高＋10.509 m，底标高＋3.009 m，承台厚 7.5 m。

二、墩身施工方法

主桥 39 号墩、40 号墩墩身采取的主要施工方法为：模板采用大型组合钢模板，墩身钢筋在施工现场加工安装，每座墩身采用两次浇筑而成。混凝土施工采用汽车泵泵送。

墩身模板共投入一套，周转使用。首先施工 40 号墩，待 40 号墩身首次浇筑完毕并达到拆模条件后，保留顶节模板作为锚固段，拆除剩余底节模板并移运至 39 号墩进行施工。主墩施工时主要起重设备为设置在辅助平台上的 60 t 龙门吊和 50 t 履带吊。

1. 墩身模板安装

墩身模板为定型组合钢模板，在模板厂进行加工，验收合格后进场使用。模板面板为 6 mm 厚钢板，横法兰、竖法兰为 12 mm 厚钢板，宽 10 cm，竖筋为[10，模板的对拉杆采用 PSB785、ϕ32 mm 的精轧螺纹钢筋。

(1) 模板清理。模板首次使用前应进行打磨，打磨要求为清除表面浮锈及面板氧化膜。安装模板时应保证模板表面整洁无污物。模板表面需要刷脱模剂。模板拼缝处粘贴双面胶带，防止漏浆。模板安装完毕后对其结构尺寸和垂直度进行检查，符合规范要求后方可进行混凝土浇筑施工。

(2) 模板安装。底节模板安装以测量放样后的模板位置标记(墨线)为准。模板单块吊装就位后再进行拼装连接。连接时先用定位销定位，然后将所有螺栓安装拧紧。模板安装时严格控制其拼装质量。模板安装及拆除施工时主要起重设备为设置在辅助平台上的 60 t 龙门吊和 50 t 履带吊。

(3) 模板底砂浆带。根据测出的承台顶面标高点的高度不同，先浇筑 3～5 cm 厚的砂浆带作为支立模板找平层。

(4) 模板拆除。

① 当混凝土达到规定强度时开始拆模。模板拆除前，应有防摆动措施。

② 拆除的模板应及时修复和清理，以便周转使用。

③ 拆模时应注意对主墩已浇筑混凝土的保护，防止拆模损坏结构表面。拆模后如发现混凝土表面有缺陷时，应及时修复。

2. 墩身钢筋制作与安装

主墩钢筋主要型号有 ϕ32 mm、ϕ20 mm、ϕ16 mm、ϕ12 mm 钢筋和 D16 带肋钢筋网。

ϕ32 mm 主筋采用等强直螺纹接头，其余钢筋采用焊接或绑扎连接。D16 钢筋网片距墩身顶面 8 cm，网片垂直间距为 8 cm，共 10 层。

(1) 钢筋加工。

钢筋加工要严格按规范和设计图纸的要求操作，每节施工长度不得大于 9 m。在钢筋加工场内制作钢筋，经检验合格后运至施工现场。钢筋的表面应洁净，使用前应将表面的油渍、漆皮、鳞锈等清除干净。钢筋应平直，无局部弯折。钢筋焊接前必须根据施工条件进行试焊，合格后方可正式施焊。

(2) 钢筋安装。

主墩钢筋安装顺序为：主筋→箍筋→拉筋→钢筋网。主筋逐根就位后进行直螺纹接头连接，箍筋和拉筋利用主筋定位绑扎。

主墩内 ϕ32 mm 的垂直主筋采用 9 m 长定尺钢筋，直螺纹接头，同一平面接头数量应满足规范要求。钢筋绑扎时，主筋的间距、排距应符合图纸及规范要求。箍筋的间距、弯钩长度和方向应符合设计要求，并与主筋绑扎牢固。主筋通过直螺纹连接套筒逐根接长，用扭矩扳手拧紧套筒，再由下至上绑扎箍筋及水平钢筋。钢筋间距、数量要符合设计和规范要求，保护层垫块符合标准，垫块绑扎应牢固。

墩身、墩顶骨架钢筋加工时严格按设计图及有关规范要求布置，经检查无误后即可开始绑扎。

主墩顶面应设置 D16 带肋钢筋网，钢筋网混凝土外缘保护层厚度不小于 3 cm，上表面的净保护层厚度不小于 8 cm。

钢筋安装完毕报监理工程师验收合格后方可进行下道工序。

(3) 预埋件的布置。

墩身钢筋绑扎时应注意支座垫石预埋钢筋及箱梁 0 号块支架预埋件埋设，同时按照业主要求，配合主墩防撞设施施工单位预埋件的埋设。

3. 墩身混凝土施工

主墩墩身分两次浇筑成形，39 号墩先浇筑第一段 13.5 m(40 号墩为 16.5 m)，待其初凝凿毛清理后再浇筑第二段 8.5 m(40 号墩为 6.5 m)，并做好接缝处理，保证外观一致。混凝土用混凝土运输车运至现场后，对坍落度进行检测，到场的混凝土每车检测一次。检测坍落度时，必须认真观察混凝土拌合料的和易性，确保混凝土拌合料的稠度、水灰比等各项技术指标，符合国家现行《混凝土质量控制标准》(GB 50164)的有关规定。浇筑时坍落度超出规定范围的混凝土不得使用。混凝土通过输送泵输送到浇筑部位

(1) 浇筑混凝土。

模板轴线偏位、标高和钢筋报经监理工程师检验合格后方可浇筑混凝土，混凝土浇筑采用汽车泵泵送，每层摊铺厚度不宜超过 30 cm，应在新浇筑完成的下层混凝土初凝或能重塑前完成上层混凝土浇筑。混凝土浇筑应连续进行，因此施工前项目部人员应对拌合站、便道、施工现场以及发电机组等各种机械及设施进行检查，合格后方可进行混凝土浇筑。

首段墩身浇筑时，泵管接长软管之后伸入模板内进行布料，第二段浇筑时，由于高度较大，增加串筒进行施工，确保混凝土自由下落高度小于 2 m。

混凝土浇筑过程中指派专人巡查模板连接件和模板变化情况，如发生异常情况应立即报告，及时处理。混凝土浇筑过程中或浇筑完成时，如果混凝土表面泌水较多，须在不扰动

已浇筑混凝土的条件下，用人工将水排除。

(2) 混凝土振捣。

首段墩身混凝土浇筑时，钢筋间距较大，施工人员可以进入模板内进行振捣，将墩身范围分为4个浇筑区域，每个区域由2人负责振捣。第二段墩身施工时，采用插入式振捣器进行振捣，混凝土振捣过程中，应避免重复振捣，防止过振。振捣棒要垂直地插入混凝土内，并插入前一层混凝土5～10 cm。振捣棒要快插慢拔，以免产生空洞。混凝土振捣时间要适当，当混凝土停止下沉、不冒气泡、泛浆、表面平坦后，即停止该点振捣，转至下点。在振捣时应加强检查模板支撑的稳定性和接缝的密合情况，防止在振捣混凝土过程中产生漏浆和跑模现象。

(3) 墩身混凝土养护。

墩身养护采用塑料布外裹同时不间断滴灌养护法，墩顶设置水桶，底部设开水口，不间断向墩身混凝土供水，保持混凝土处于湿润状态，滴灌养护时间不得小于7 d。养护用水及材料不能使混凝土产生不良外观。

第八节　辅助墩墩柱施工

一、辅助墩工程概况

某大桥桥面布置为0.5 m(防撞护栏)＋14.5 m(机动车道)＋0.5 m(防撞护栏)＋3.0 m(索塔区)＋0.5 m(防撞护栏)＋14.5 m(行车道)＋0.5 m(防撞护栏)。主桥主墩为39号墩、40号墩，位于河道中；过渡墩为38号墩、41号墩，其中38号墩左幅位于陆上、右幅位于水中，41号墩位于陆上。

过渡墩基础为直径2.0 m的钻孔灌注桩，矩形承台，平面尺寸23.6 m×8.6 m，高度为3 m。墩柱为带L形墩帽的门式实体墩，其中38号墩墩柱高度22.6 m，41号墩墩柱高度18 m。过渡墩墩柱采用C40混凝土，38号墩墩柱约852 m^3，41号墩墩柱约710 m^3。

二、施工准备

(一) 施工方案

过渡墩混凝土施工采用定型钢模板，其中直线段墩柱钢模板投入一套，周转使用，门式墩柱墩帽钢模板投入一套。38号墩和41号墩每座门式墩分4次浇筑，前3次分别浇筑3座门式墩直线段墩柱，浇筑高度分别为13.85 m和9.25 m，第4次搭设支架浇筑门式墩墩帽。施工顺序如图8-37所示。

墩身支架布设在过渡墩承台上，共投入一套，周转使用。先施工41号墩墩柱，再施工38号墩墩柱，待41号墩施工完毕之后，利用38号墩直线段墩柱的施工时间，进行支架的安装、预压工作。

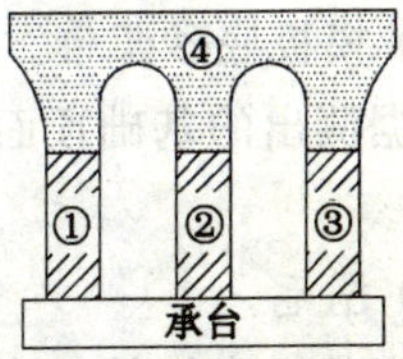

①～④—施工顺序。

图8-37　门式墩施工节段顺序图

(二) 施工测量

混凝土墩柱施工测量主要包括侧板放样、高程放样，对墩柱的线形控制主要通过对模板的边线、中线、角点等位置进行测量放样。

三、主桥过渡墩墩柱施工

(一) 施工工艺流程

过渡墩施工工艺流程如图 8-38 所示。

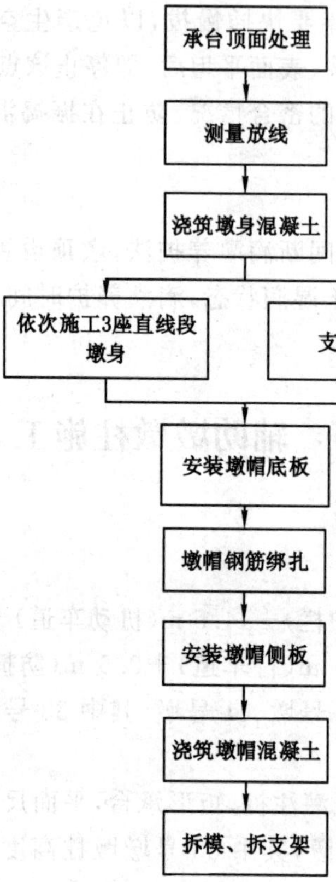

图 8-38　过渡墩施工工艺流程图

(二) 墩身施工

1. 施工准备

(1) 测量放样。

按照门式桥墩墩底的平面尺寸及墩的立模高度位置的平面尺寸按图纸收坡高度进行复核。复核采用 8 个点,其中线路左线中心线与模板交点位置 2 个点,右线中心线与模板交点位置 2 个点,垂直于线路方向墩中心 4 个点,并用水准仪测出其标高。

(2) 模板底砂浆带。

根据测出的基础顶面标高点的高度不同,先浇筑 1～3 cm 厚的砂浆带作为支立模板找平层。

(3) 凿毛。

在绑扎墩身钢筋和支立墩身模板之前,先把基础与墩身接触面的混凝土凿毛,凿毛标准是使其基础混凝土露出新鲜的粗骨料和石子,并将残渣完全清除掉。

2. 墩身混凝土施工

(1) 浇筑混凝土。

模板轴线偏位、标高和钢筋报经监理工程师检测合格后方可浇筑混凝土，混凝土浇筑主要以汽车泵泵送为主，汽车泵忙不过来时可采用吊车吊装混凝土。吊车吊装混凝土时，吊车设有漏斗，模板内设有串筒，沿墩身四侧设立 2～3 个，串筒伸到距承台基础顶或上次浇筑混凝土顶面 2 m 之内，保证浇筑混凝土时不致产生离析现象。吊车作业时，由专人统一指挥，以预防安全事故发生。

混凝土每层摊铺厚度不宜超过 40 cm，在新浇筑完成的下层混凝土上再浇筑新混凝土时，应在下层混凝土初凝或能重塑前浇筑完成上层混凝土。混凝土浇筑应连续进行，不间歇，因此在施工前项目部人员对拌合站、便道、施工现场以及发电机组等各种机械及设施预先检查合格后方可进行混凝土浇筑。

(2) 混凝土振捣。

采用插入式振捣器进行振捣，混凝土振捣过程中，应避免重复振捣，防止过振。振捣棒要垂直地插入混凝土内，并插入前一层混凝土 5～10 cm。振捣棒要快插慢拔，以免产生空洞。混凝土振捣时间要适当，当混凝土停止下沉、不冒气泡、泛浆、表面平坦后，即停止该点振捣，转至下点。在振捣时应加强检查模板支撑的稳定性和接缝的密合情况，防止在振捣混凝土过程中产生漏浆和跑模现象。

(3) 墩柱混凝土养护。

根据标准化实施细则的要求，墩柱养护采用一布一塑不间断滴灌养护法，即采用土工布缠绕墩柱，外裹紧塑料布，墩顶设置水桶，底部设开水口，不间断向土工布供水，保持混凝土处于湿润状态，一布一塑不间断滴灌养护时间不得小于 7 d。养护用水及材料不能使混凝土产生不良外观。

(三) 过渡墩支架安装

1. 支架结构形式

过渡墩碗扣支架按照立杆横桥向间距 60 cm、顺桥向间距 30 cm、竖向步距 120 cm 布设在横向分配梁上，横向分配梁采用 H300 mm×150 mm×4 000 mm 型钢，按照间距 30 cm 布设。分配梁下方为 321 型军用贝雷梁，将荷载传递给 2H588 mm×300 mm×12 000 mm 横向主梁。

横向主梁坐落在 ϕ820 mm×10 mm 钢管桩上，钢管桩在过渡墩承台上对称布置，顺桥向间距 5.8 m，横桥向 4 根间距分别为 6.75 m、8.5 m、6.75 m，利用 H300 mm×150 mm 型钢作为桩间联系连接。

2. 支架搭设

钢管桩安装前，先用全站仪对平面控制点位置进行精确放样，钢管桩底部焊接法兰盘，法兰盘用 10 mm 厚钢板，由于采用焊接连接，应严格控制焊接质量，安装时严格控制钢管桩的倾斜度小于 0.1%。钢管桩的顶部采用 1 000 mm×100 mm×10 mm 的钢板作为法兰与型钢横梁焊牢，以增强横梁的稳定性。钢管桩安装完成后及时进行桩间连接，增加桩的稳定性。桩间连接采用 H300 mm×150 mm 型钢，并根据现场尺寸下料。焊缝质量满足设计及规范要求。

贝雷梁预先在地面上通过花架进行连接，4 片为一组，然后在主梁安装就位之后进行吊装。贝雷梁安装完毕后在其上铺设 H300 mm×100 mm 横向分配梁，间距 30 cm，与贝雷梁通过 U 形螺栓连接，每个节点 1 套螺栓。然后在 H300 mm×150 mm 型钢上安装碗扣支架，碗扣支架按照立杆横桥向间距 60 cm、顺桥向间距 30 cm、竖向步距 120 cm 的要求搭设。顶托之上为 H100 mm×100 mm×4 000 mm 纵向分配梁，最后铺设底模板。

（四）过渡墩支架预压

1. 预压目的

支架预压目的是消除支架及模板的非弹性变形，同时获得支架及模板的弹性变形和检验支架承载能力。以观测得到的变形数据结合监控小组的相关数据，作为控制模板高程的依据，从而保证门式墩墩帽线形。

2. 支架预压施工

预压荷载考虑梁体混凝土自重、施工荷载等确定为 120%P（P 为墩帽混凝土重量）。预压荷载要按照单位横断面积荷载分布情况进行布置，以便能真正模拟实际荷载，达到预压目的。

预压采用砂袋法。预压荷载分级加载和卸载。加载程序为：0→60%P→90%P→120%P（持荷 24 h）。卸载程序为：120%P→60%P→0。

为了解支架沉降情况，在预压之前测出各测量控制点标高，测量控制点按顺桥向每 2 m 布置 1 排，每排 4 个点。在加载至 60%P 和 120%P 后均要复测各控制点标高，加载 120%P 并持荷 24 h 后要再次复测各控制点标高。如果加载 120%P 后所测数据与持荷 24 h 后所测数据变化很小时，表明支架已基本沉降到位，可卸载，否则还须持荷进行预压，直到支架沉降到位方可卸压。支架日沉降量不得大于 2.0 mm（不含测量误差）。卸压完成后，要再次复测各控制点标高，以便得出支架和模板的弹性变形量（等于卸压后标高减去持荷后所测标高），用总沉降量（即支架持荷后稳定沉降量）减去弹性变形量为支架和模板的非弹性变形（即塑性变形）量。根据相关数据最终确定底模板高程，重新调整模板和检查支架后，正式进入施工。

（五）墩帽施工工艺

墩帽施工工艺与墩身施工工艺相同。

（六）支架拆除

待墩帽混凝土强度达到设计强度的 90%后方可进行支架拆除，支架的拆除为支架搭设的逆工序，先降低顶托落模，拆除钢模板，然后自上至下依次拆除纵向、横向分配梁等。

支架拆除过程中应注意：

（1）支架拆除时，应按多点、对称、缓慢、均匀的原则进行。

（2）拆除作业必须由上而下逐层拆除，严禁上、下同时作业。

（3）拆除过程中，凡已松开连接的杆、配件应及时拆除运走，避免误扶、误靠。

（4）拆下的杆件应以安全方式吊走或运出，严禁向下抛掷。

第九节　斜拉桥主塔施工

某大桥为双塔单索面预应力钢筋混凝土主梁斜拉桥，主塔为独柱式 C50 钢筋混凝土结构，布置在中央分隔带上，主塔上设索鞍，以便拉索通过。主塔为矩形截面，顺桥向宽度 5

m，横桥向宽度 3 m，总高 33.4 m，底部 11 m 为无索区，中部 14.4 m 为有索区，上部 7 m 为装饰区。顺桥向中部设有宽度 60 cm、深度 20 cm 的装饰槽。主塔采用翻模法施工。翻模高度为 0.65 m＋3×2.25 m，每次浇筑高度为 4.5 m。两主塔各配置塔吊一台，混凝土浇筑采用混凝土输送泵泵送。

一、模板设计及施工

（一）浇筑节段划分及模板设计

主塔计划分 7 次浇筑完成，首次浇筑 7.4 m，然后浇筑 4 次 4.5 m 节段，最后浇筑顶部 1 m 变截面段和 7 m 装饰区。变截面段以下模板分为基本段和调节段，基本段共 3 节，每节 2.25 m，调节段 0.65 m。顶部变截面段和装饰区设专用模板。

主塔首次浇筑时安装基本段和调节段模板共 7.4 m，浇筑完成之后拆除调节段和 2 节 2.25 m 段且保留第三节 2.25 m 段不拆除，将 2 节 2.25 m 段安装至第三节 2.25 段之上，浇筑完混凝土之后重复上述步骤，循环 4 次后浇筑至变截面段，安装变截面段和装饰区模板，完成混凝土浇筑。

主塔模板采用大块钢模，具有较大的刚度，以防浇筑混凝土时产生变形。模板面板采用 6 mm 厚 Q235 钢板，竖向筋板采用[10，间距 30 cm，加强筋板和法兰均为 δ12 mm×100 mm 钢板，桁架为 2 Ⅰ 22a，桁片竖向间距为 100 cm。拉杆采用 φ32 mm 精轧螺纹钢筋，在主塔塔身及四周设置对拉。索鞍槽口模板采用 6 mm 厚 Q235 钢板加工而成。模板构造如图 8-39 所示。

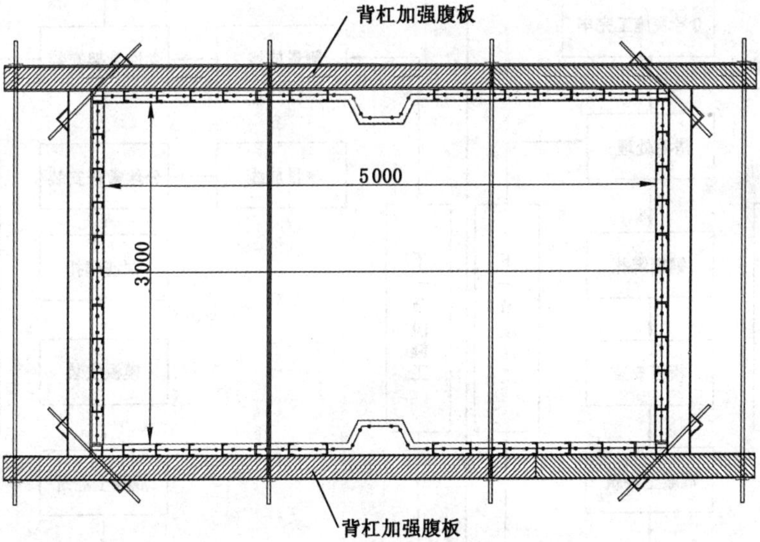

图 8-39 主塔模板构造平面图

（二）混凝土的浇筑与养护

泵管在便桥与箱梁顶面高度之间附着在由角钢焊制的桁架上，箱梁顶面以上附着在型钢桁架上。混凝土入模采用泵送软管下料，确保浇筑过程中混凝土落差不大于 2 m，防止混凝土落差过大造成离析。混凝土按照纵向水平分层浇筑，每层混凝土厚度控制在 30 cm 左右，左右相互交替连续浇筑，如此循环，直至混凝土浇筑完毕。采用插入式振捣器振捣混凝土，全断面振捣应均匀，振捣棒插入部位与钢筋、模板保持一定距离，以免损伤永久结构，影响施工质量。

混凝土应有较大的流动度、高弹性模量和较小的收缩、徐变性能，同时对于泵送混凝土还要满足缓凝、早强、高强的泵送要求，因此宜采用高集料、低水灰比、低发热水泥、适量掺加粉煤灰和泵送外加剂的方法。混凝土坍落度严格控制在 12～14 cm，初凝时间为 3 h 55 min。

混凝土浇筑完成后，应在收浆初凝后尽快予以覆盖洒水养护，不得损伤或污染混凝土的表面，保持混凝土表面湿润状态至少 7 d。

二、主塔施工流程

主塔采用翻模法施工，模板为钢模板，需投入 2 套翻模（39 号、40 号主塔各一套翻模），每套翻模高度为 0.65 m＋3×2.25 m，每次浇筑高度为 4.5 m。主塔施工时设置型钢劲性骨架以利于钢筋和斜拉索索鞍定位。在 0 号块箱梁顶面、主塔一侧设置 80 t 塔吊一部作为主塔施工时的主要起重设备。主塔周围用扣件式钢管支架搭设爬梯作为施工人员上、下主塔通道。

混凝土浇筑采用混凝土输送泵泵送。主塔模板安装和混凝土浇筑尽量安排在箱梁养护期间，以减少交叉作业影响，亦可保证上、下交叉作业的安全。

主塔施工流程如图 8-40 所示。

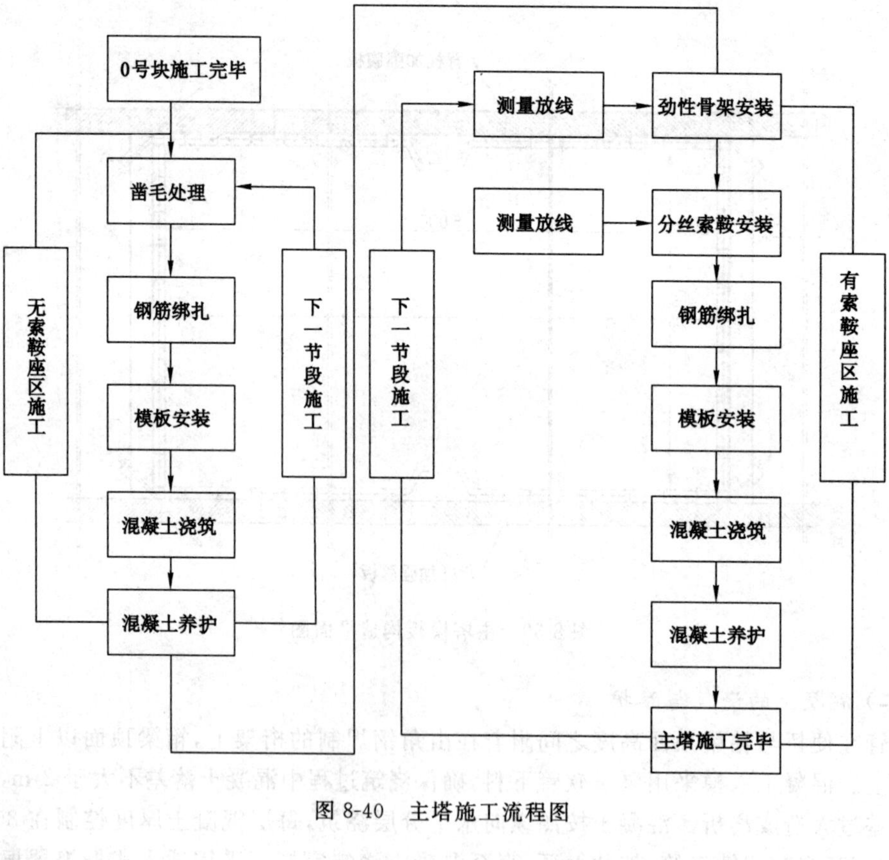

图 8-40　主塔施工流程图

三、预应力工程及主塔测量控制系统

（一）劲性骨架及钢筋工程

主塔劲性骨架总高度 14.05 m（装饰区及无索区不设劲性骨架），劲性骨架竖向及横向采用∟100 mm×100 mm×10 mm 制作，其余采用∟75 mm×75 mm×7 mm 制作。

1. 劲性骨架施工方法

考虑到钢筋模数及方便施工，采取分节加工安装，每节骨架高度为 3 m，最后一节高度为 2.05 m。

随主塔混凝土节段的升高，依次逐节接高劲性骨架。两节劲性骨架的对接用角钢进行限位及固定。对接前，测量放样限位角钢位置；对接时，塔吊吊起劲性骨架，利用倒链将劲性骨架移入限位角钢内；再利用倒链调整劲性骨架顶口位置，必要时用楔形钢板微调，测量跟踪校核；达到要求后，加焊连接脚板，焊接牢固后，松开塔吊吊钩。劲性骨架初步定位采用线锤进行测量。

劲性骨架初步定位后，进行临时固定，采用全站仪进行测量，复核骨架的精确位置，精确定位应选择合适时段，避免因温差、荷载等因素引起的偏差。

2. 钢筋工程施工

主塔钢筋主要型号有 ϕ32 mm、ϕ16 mm、ϕ12 mm 钢筋和 D6 带肋防裂钢筋网。ϕ32 mm 主筋采用等强直螺纹接头，其余钢筋采用焊接或绑扎连接。防裂钢筋网片自主塔外侧四周从上至下均应设置，其净保护层不小于 2 cm。主筋与箍筋交叉处采用点焊方式连接。

主塔钢筋安装顺序为：主筋→箍筋→拉筋→防裂网钢筋。主筋依靠劲性骨架精密定位，逐根就位后进行直螺纹接头连接，箍筋和拉筋利用主筋定位绑扎。

当普通钢筋与主塔索鞍管道有干扰时，可适当挪动或截断后按等强原则进行补强。主塔塔身外侧四周从上至下均应设置 D6 带肋防裂钢筋网，防裂钢筋网至塔柱外表面的净保护层不小于 2 cm。

3. 高强度等级混凝土配合比设计及泵送混凝土

主塔共分 7 次浇筑完成，最大浇筑方量为 111 m^3，混凝土强度为 C50。

（1）原材料比选。

水泥：进场后，应按其品种、强度、证明文件以及出厂时间等分批进行检查验收，对所用水泥应进行复查试验。

细骨料：采用级配良好、质地坚硬、颗粒洁净的中砂。

粗骨料：采用坚固的 5～10 mm 及 10～20 mm 小碎石。

外加剂：采用减水剂。

水：采用饮用水。

（2）配合比设计。

水泥∶粉煤灰∶砂∶石子∶碎石∶水∶外加剂＝440∶35∶670∶274∶866∶165∶6.18（质量比）。

混凝土坍落度为（180±20）mm，初凝时间为 3 h 55 min，终凝时间为 5 h 45 min。

（3）浇筑工艺。

混凝土输送：混凝土在拌合站集中拌制，通过设置在水上平台靠近主塔位置的拖泵泵送至主塔。

混凝土浇筑：混凝土浇筑采用水平分层浇筑方法，分层振捣厚度 30 cm。混凝土振捣采用插入式振捣器，振捣要密实。

（二）主塔测量控制

（1）主塔的平面位置、主塔倾斜度和高程采用全站仪坐标法配合水准仪钢尺进行控制。主塔节段施工中采用后方交会测量定位全站仪，前视主塔模板每边的结构中点或其他特征点，得出此点的 X,Y,Z 初始坐标，与理论计算该断面点坐标进行比较，调整模板到理论位置。

（2）为减少日照对主塔定位变形的影响，主塔各部位和各构件的施工测量和施工放样，应根据多日温度观测记录，选择在不受日照影响和气温变化较小的日出前清晨时间进行。

（3）主塔施工采用劲性骨架等措施确保精确定位。主塔施工按规定布设观测点，观测因混凝土收缩、弹性压缩、徐变及周围温度变化对主塔变形的影响。

（4）主塔施工中测定并检查施工部位的位置和标高，主塔每节段施工完毕后要对其位置进行复核。

（三）索鞍测量控制

索鞍坐标模型的建立是以顺桥向为 X 轴正方向，横桥向为 Y 轴正方向，以指向塔顶为 Z 轴正方向。选择在主塔扭转变化较小的时间段和大气温度较稳定的有利时间段测放索鞍锚固点和中心三维坐标。

1. 初定位

放出塔柱的纵、横轴线以及高程控制线，使用垂球和钢尺对定位架进行粗定位，利用倒链等工具不断调整定位架的纵、横轴线位置、高度和垂直度。

2. 精确定位

对初定位后的索鞍使用全站仪测量定位架特征点的三维坐标值，以及定位架上索鞍的锚固中心点和下管口的三维坐标值，利用微调螺栓不断调整索鞍的三维位置，直到满足设计图纸和规范要求。

第十节　斜拉索施工

一、斜拉索安装施工流程

斜拉索安装施工流程如图 8-41 所示。

二、斜拉索安装施工

1. 斜拉索挂索

（1）准备工作。

检查 HDPE（高密度聚乙烯）管焊接质量，检查锚孔、密封板孔位是否对齐，清理锚孔内杂物，对张拉端锚固位置进行调整，清理锚垫板、预埋管内杂物，下端注意清理排水槽。钢绞线穿索前，在工地现场进行定长切割下料、剥套、清洗油脂及索鞍段防护

（2）工作平台准备。

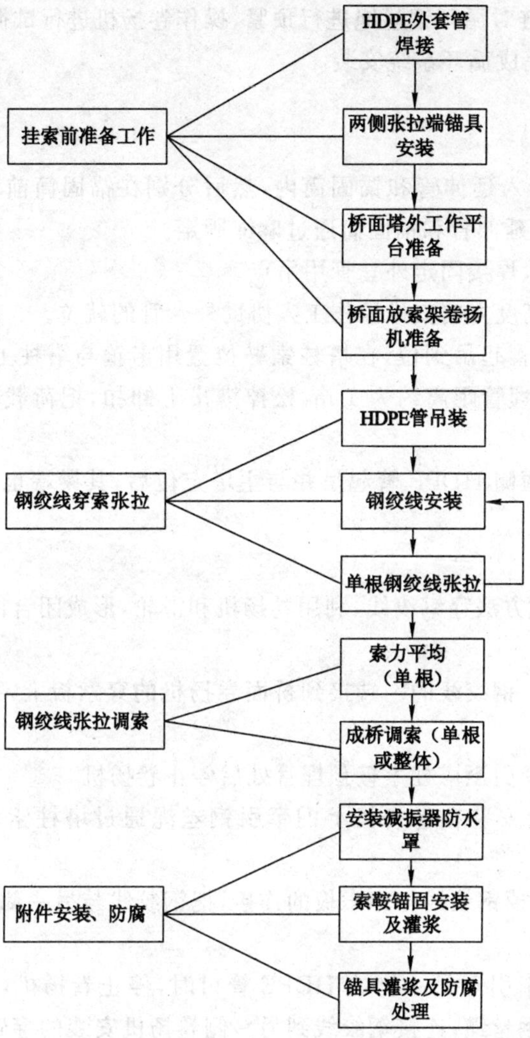

图 8-41　斜拉索安装施工流程图

斜拉索挂索前，需要在梁端和塔端安装操作平台，以方便斜拉索施工。

① 梁端工作平台布置。梁端工作平台用于放置钢绞线放线架及其相关设备。

② 塔端工作平台布置。塔端工作平台利用钢管搭设，同时作为主塔施工时的工作平台和通道。

(3) 循环牵引动力系统安装。

循环系统安装步骤如下：

① 设置导向并将卷扬机移动到位。

② 从塔外将循环钢丝绳一端加配重，穿过 HDPE 护管放到桥面。

③ 桥面人员将它与牵引器连接。

④ 另一端通过塔外导向后，沿索塔向放到桥面。

⑤ 在桥面将它通过桥面导向后，引入卷扬机。

⑥ 从卷扬机引出循环钢丝绳，通过挂索点导向后与牵引器另一端连接。

⑦ 在桥面导向处用 3 t 倒链对循环钢丝绳进行预紧，操作卷扬机进行试循环。

⑧ 对上述作业进行检查，完成循环系统安装。

2. 钢绞线穿索

(1) HDPE 管吊装。

① 将 HDPE 管前端一次套入延伸管和锚固筒内，然后分别在锚固筒前和延伸管后安装索箍，利用索箍耳板上的孔将延伸管和锚固筒通过麻绳固定。

② 在塔柱上设置转向滑轮，焊接固定外套管用吊点。

③ 塔身脚手架上，沿塔柱高度方向安排操作工人协助外套管的就位。

④ 塔吊吊外套管。一旦套管起吊到位，在塔柱索鞍位置用卡箍与塔柱上的索鞍连接，此时应保证 HDPE 外套管至预埋管距离约为 1 m，松掉塔吊上卸扣，把荷载传至连接钢丝绳上。

⑤ 对于每个索号，待主塔两侧 HDPE 管起吊并与主塔定位后，其梁端也应用绳索将其临时固定，防止偏摆。

(2) 钢绞线安装。

为提高施工效率，采用机械方法穿钢绞线，利用卷扬机和滑轮，形成闭合循环穿索回路，具体安装步骤如下：

① 从放线架上放出钢绞线，钢绞线的一端接到桥面卷扬机的穿索板上，穿入 HDPE 外套管。

② 开动卷扬机，将钢绞线牵引至塔柱索鞍预埋管处后停止卷扬机。

③ 塔柱另一侧工作人员用安装在卷扬机上的牵引钢丝绳通过塔柱索鞍穿出对面索鞍口。

④ 塔柱一侧处工作人员卸掉钢绞线与穿索板的连接，把钢绞线与另一侧穿过来的牵引钢丝绳连接。

⑤ 开动卷扬机，使钢绞线牵引至另一侧的 HDPE 管口时，停止卷扬机，然后卷扬机回走到 HDPE 管口处，解下牵引钢丝绳，连接钢绞线到另一侧卷扬机安装的穿索板上，穿入另一侧 HDPE 外套管，开动另一侧卷扬机，把钢绞线牵引至梁上预埋管处时停止卷扬机。

⑥ 梁上工作人员卸掉钢绞线与穿索板的连接，同时梁下工作人员将牵引棒穿出预埋索导管，由梁上工作人员连接钢绞线与梁下的牵引棒，然后用对讲机通知一侧工作人员将钢绞线人工送出锚孔到设计长度停止。

⑦ 一侧梁上工作人员将钢绞线反穿到梁上预埋管，直到露出锚具相应长度，两侧安装夹片并打紧。

⑧ 将千斤顶安装到钢绞线上，两侧梁上的张拉人员同时进行初步张拉。

⑨ 继续张拉，当张拉力达到计算给定的张拉吨位后，稳压持荷 2 min 后回油锚固。移出千斤顶，完成一根钢绞线的穿索张拉。

⑩ 重复上述①～⑨步骤，直至该束拉索中全部穿索完成。

(3) 钢绞线单根张拉。

① 单根张拉力。

为了保证单束拉索中每根钢绞线应力满足设计要求，保证索力均匀度控制在 2% 范围内，张拉时严格按工艺控制进行，而且施工前必须提供以下项目：

a. 斜拉索安装控制张拉力。

b. 斜拉索锚固点计算相对位移量(或变形量)。

c. 主梁相应截面的相关物理参数。

d. 斜拉索索体几何和物理参数。

② 环境温度变化对单根张拉力的影响。

由于斜拉桥结构复杂,受环境温度影响比较敏感,而且挂索施工需要时间比较长,温差变化以及风等环境因素会导致索塔和主梁发生变化,所以正在安装的拉索某根绞线的即时控制应力与理论计算所得到的控制应力有较大的误差,采用传感器控制即时张拉力可以克服以上缺点。

③ 单根张拉力计算。

斜拉索第一次张拉是通过单根张拉索力累积达到整束设计第一次张拉索力的,实际施工操作时按以下原则进行:

a. 第一、二根张拉力。为减少 HDPE 外套管对单根张拉力造成过大的非线性影响,第一、二根钢绞线用来承受 HDPE 外管的自重,所以张拉力由该管的垂度确定。

b. 第三根张拉力。根据整束拉索索力平均之后由主梁及索塔的变形量进行修正,使安装完成之后单根索力累计值与设计值接近,避免单根挂索之后索力大调整。

④ 传感器安装。

单根钢绞线张拉过程采用振弦式传感器控制,该传感器使用时安装在第三根钢绞线上,通过单孔锚具临时锚固,待该整束斜拉索安装完成之后拆除。

⑤ 单根钢绞线张拉锚固。

斜拉索施工利用单根张拉千斤顶,采用等值张拉方式对钢绞线进行逐根张拉。

a. 钢绞线采用 25 t 专用顶压千斤顶张拉,选用 0.4 级配套标定的油压表控制。

b. 张拉加载至单根钢绞线控制应力的 15%时开始测初始伸长值。

c. 当张拉到该根钢绞线计算控制应力的 100%时,开始启动油泵顶压夹片,保证均匀和跟进同步,同时记录此时传感器的显示值以指导下一根钢绞线张拉。

d. 夹片安装时必须严格检查夹片的外观质量,牙槽内不允许有杂质、油脂等,避免影响夹持质量,而且夹片外锥面(或锚孔内圆锥面)预先涂退锚灵以利于夹片跟进锚固。

e. 由于张拉时采用一端张拉,所以在张拉时保证固定端(梁端)夹片锚固质量,在张拉过程中,轻轻地敲打夹片使之跟进均匀。

f. 单根张拉过程中,控制同一塔相应中跨和边跨各索钢绞线根数差不大于控制索力的 2%所计算得到的根数。

单根钢绞线张拉示意图如图 8-42 所示。

⑥ 索力均匀性控制。

为使每根索中各钢绞线索力均匀,采用等值张拉法进行张拉,即每根钢绞线的拉力以控制压力表读数为准,以传感器读数进行监测。挂索前将监测传感器安装在一根不受外界影响的钢绞线上,安装顺序为支座垫板→传感器→单孔工具锚。随后张拉时,每根钢绞线的拉力是按当时传感器的显示变化值进行控制的。通过以上索力控制,索力均匀性可控制在每根斜拉索的各股钢绞线的离散误差不大于理论值的±1%;横桥向相同编号斜拉索之间差值小于 2%;斜拉索整索索力误差不大于理论索力的±2.5%。

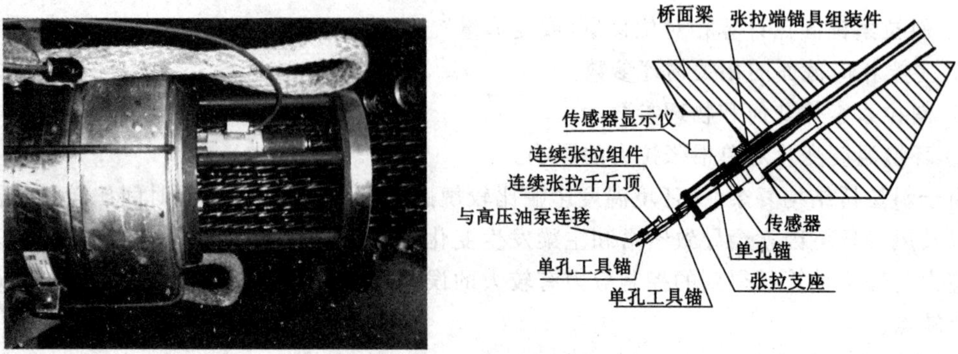

图 8-42　单根钢绞线张拉示意图

3. 斜拉索调索

斜拉索的张拉将引起桥梁线形的变化。斜拉索张拉后，可能需要通过索力调整来改变桥梁线形，使之与设计值相符。调索分为增加索力调索和降低索力调索两种情况。如需增加索力调索，可采用与上述单根钢绞线张拉相同的方法进行；如需降低索力调索，为防止钢绞线上夹片咬合部位进入自由段，需进行整束调索。斜拉索整束调索采用大型千斤顶进行。

降低索力的整体调索方法如下：

(1) 计算调索所需钢绞线的伸长值，即螺母外旋距离。

(2) 在锚具上安装防松装置。调节防松装置螺栓的锁紧程度，使防松弹簧充分压缩，确保夹片被弹簧压紧。

(3) 安装撑角和整体千斤顶，检测各千斤顶油路是否正常，并空行程运行 2～3 次，排除顶内空气。

(4) 安装工具锚板和工具夹片。

(5) 启动油泵，整体张拉斜拉索直至螺母脱离锚垫板。

(6) 从撑角根部槽口内，用钢筋伸入螺母侧面设置的调节孔内，两侧同时旋转螺母，使其向外侧运动规定距离。

(7) 千斤顶缓慢卸载回油，直至螺母贴紧锚垫板。记录此时索力，测量桥梁线形。

(8) 当桥梁线形满足监控要求后，撤除千斤顶，调索结束。

4. 夹片顶压

斜拉索调索后，需对夹片进行顶压，以防夹片松脱，其步骤如下：

(1) 安装夹片顶压工具。

(2) 利用专用顶压千斤顶，逐孔对夹片进行顶压，顶压力宜为 120 kN。

5. 斜拉索的减振器安装

减振器分为塔端减振器和梁端减振器。塔端减振器为全橡胶结构，同时起密封拉索的作用；梁端减振器为钢-橡胶混合结构，仅起减振作用。

(1) 检查索体与梁端预埋管是否同轴。

(2) 将梁端减振器套入预埋管内，收紧减振器上的 4 个锁紧螺钉，减振器的 4 个滑块将向预埋管内壁收紧，直至其紧贴预埋管内壁。

(3) 将减振器上螺钉头下方的锁紧板用扳手掀起，使螺钉头固定。

(4) 利用工具将塔端橡胶减振器压入索鞍密封筒内,使其紧密压紧拉索索体。

6. 斜拉索防腐施工

桥梁拉索的防腐在整个工程中至关重要。斜拉索防腐施工包括锚具内防腐油脂灌注、锚具和钢绞线外露部分涂油密封等。

(1) 锚具内防腐油脂灌注。

① 按技术文件要求,锁紧锚具密封筒内的密封装置。

② 将电加热棒插入防腐油脂筒内,将防腐油脂加热熔融。

③ 在锚具端面的注油口/出油口上分别安装管接头和油管。

④ 将注油管一端伸入防腐油脂筒内,另一端与黄油泵连接。

⑤ 将出油管的自由端上提至超出锚具密封筒高度。

⑥ 启动油泵,向锚具内注油,直至出油管有油脂渗出。

⑦ 关闭油泵,拆除油管和管接头,封堵锚具上的注油口/出油口。

(2) 锚具和钢绞线外露部分涂油密封。

① 取熔融的防腐油脂待用。

② 用砂轮切割机,将锚具外露钢绞线余长切割到规定长度。

③ 将防腐油脂涂抹在锚具及外露钢绞线表面。

④ 在锚具及外露钢绞线表面套上棉布袋,并用胶带缠绕密封。

⑤ 锚具保护罩密封垫两侧涂抹密封胶。

⑥ 用螺钉将锚具保护罩与锚具螺母连接固定。

第十一节　斜拉桥主梁施工

斜拉桥主桥施工顺序如下。

(1) 主梁 0 号～2 号块均采用支架施工。

(2) 主梁 3 号～22 号块节段利用菱形挂篮悬臂浇筑施工。

(3) 边跨现浇段采用钢管型钢梁柱式支架施工。

(4) 边跨合龙:挂篮前移,安装合龙吊架和配重,现浇边跨合龙段混凝土;混凝土养护达到设计强度的 90%后,张拉边跨合龙段预应力束并及时压浆,实现边跨合龙。

(5) 中跨合龙:挂篮前移,安装吊架,解除主墩临时固结,水箱配重,中跨合龙剩余施工程序与边跨合龙相同,不再赘述。

一、0 号～2 号块施工

主梁采用单箱五室大悬臂变截面 PC(预应力混凝土)连续箱梁,0 号块长度为 6 m,1 号块长度为 3 m,2 号块长度为 3.5 m,总长 19 m,梁宽 34 m。

(一) 施工流程

0 号～2 号块施工工艺流程参见图 7-3。

(二) 0 号～2 号块施工

1. 0 号～2 号块支架施工

承台混凝土最后一次浇筑前,在每根钢管桩底部适当位置预埋精轧螺纹钢筋;主墩墩身施工时，根据锚锥设计位置精确预埋锚锥锥母，将提前加工好的锚锥钢牛腿吊装至预埋锥母处，将锚杆穿过钢牛腿用专用扳手与锥母拧紧。钢管桩利用布置在辅助平台上的履带吊进行吊装配合人工就位，钢管桩吊装就位后，及时吊装焊接两相邻钢管桩之间联系构件。首先吊装横向分配梁并填充干硬性砂浆以塞实与纵向分配梁之间的缝隙，再按照设计间距放置纵向分配梁。0 号块支架示意图如图 8-43～图 8-46 所示。

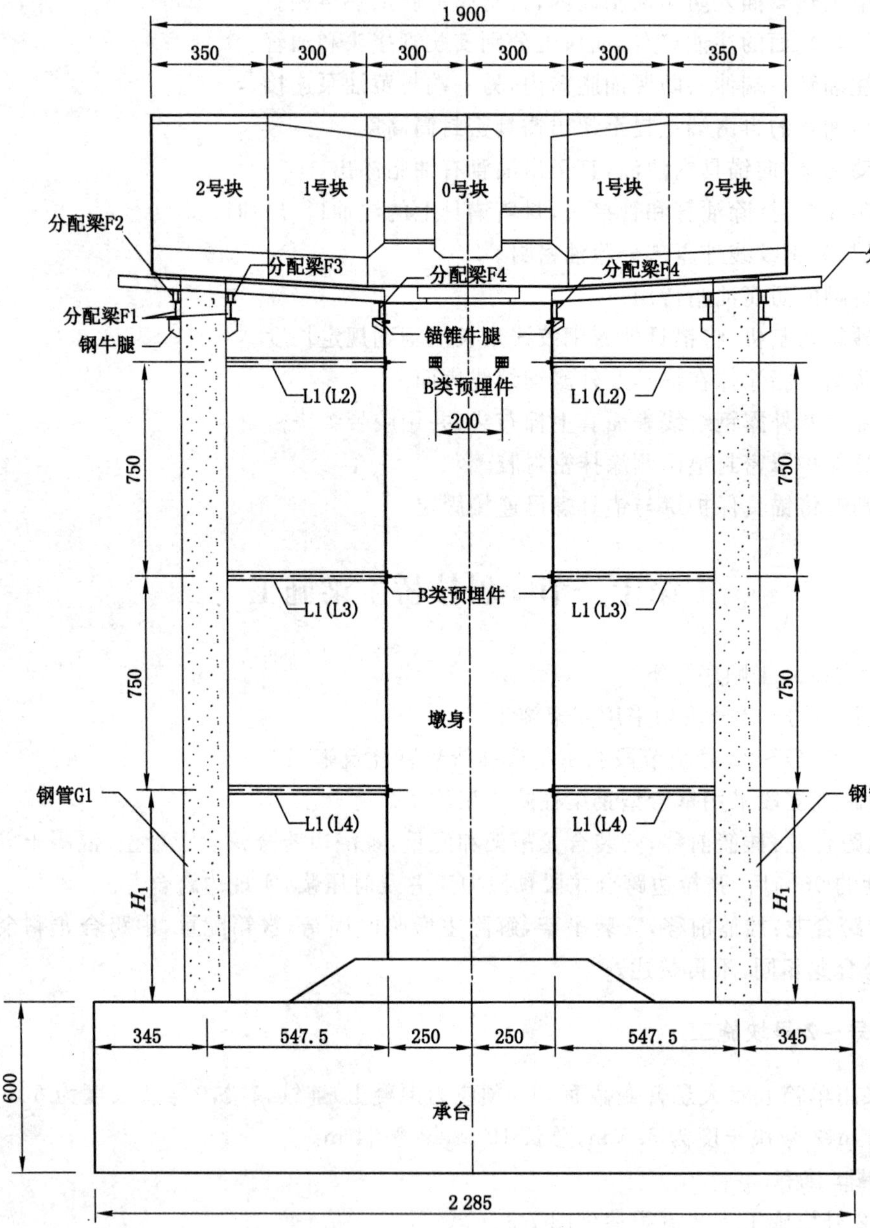

图 8-43　0 号块支架纵断面(一)(单位：cm)

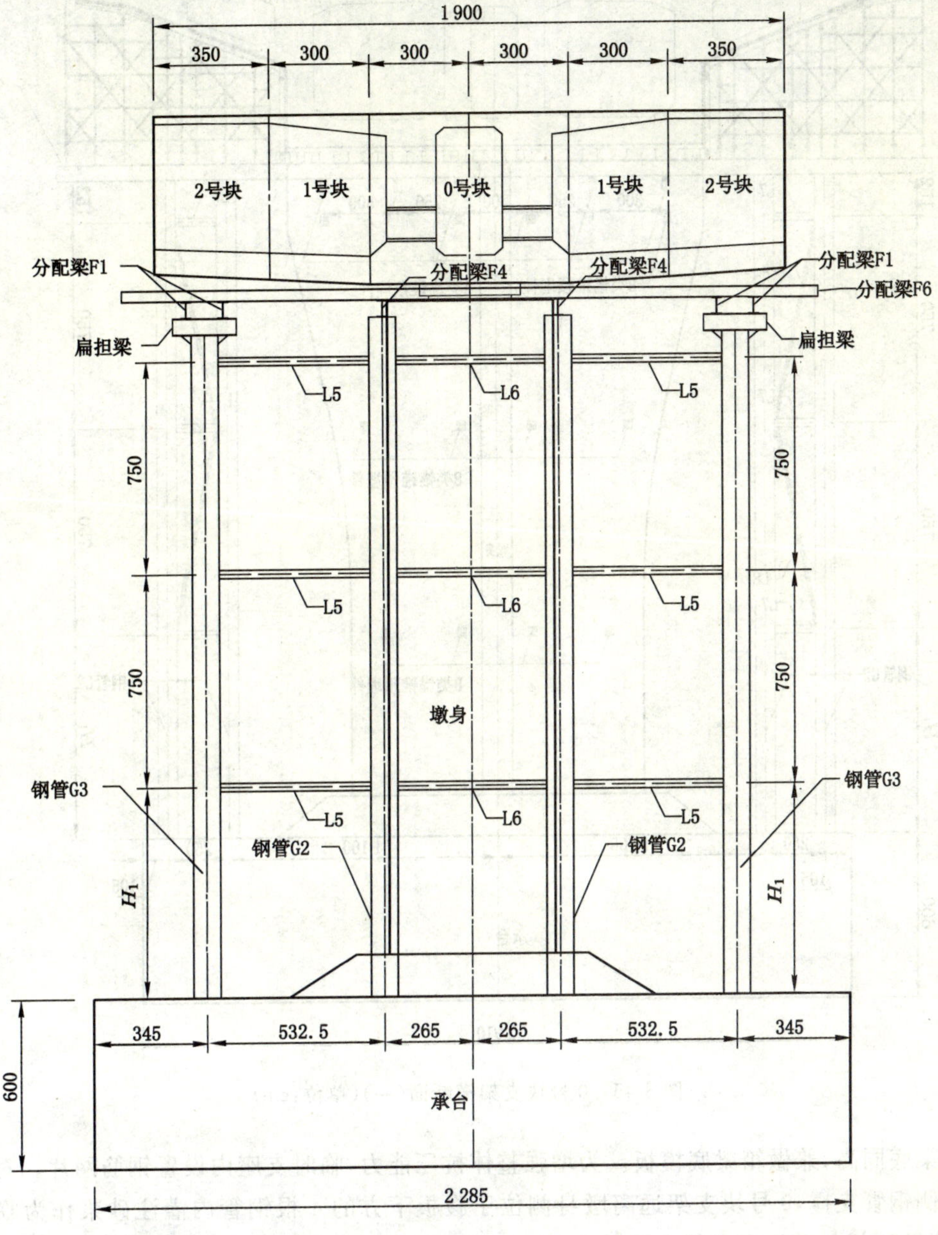

图 8-44　0 号块支架纵断面(二)(单位:cm)

2. 临时固结

主桥悬臂箱梁施工时临时固结采用体内固结与体外固结相结合的方式。即墩身内设置精轧螺纹钢筋、墩顶设置临时混凝土支座、墩身外设置钢管桩三种方式来抵抗施工中的不平衡荷载。

对于精轧螺纹钢筋,利用墩身主筋和钢模板制作固定架,确保精轧螺纹锚固钢筋安装位置准确。箱梁钢筋骨架较密,不增设抗剪加强钢筋,相关结构混凝土强度达到设计强度的90%后进行预应力筋的张拉。对于临时支座,在每个主墩墩顶布置两条临时支座,支座上表

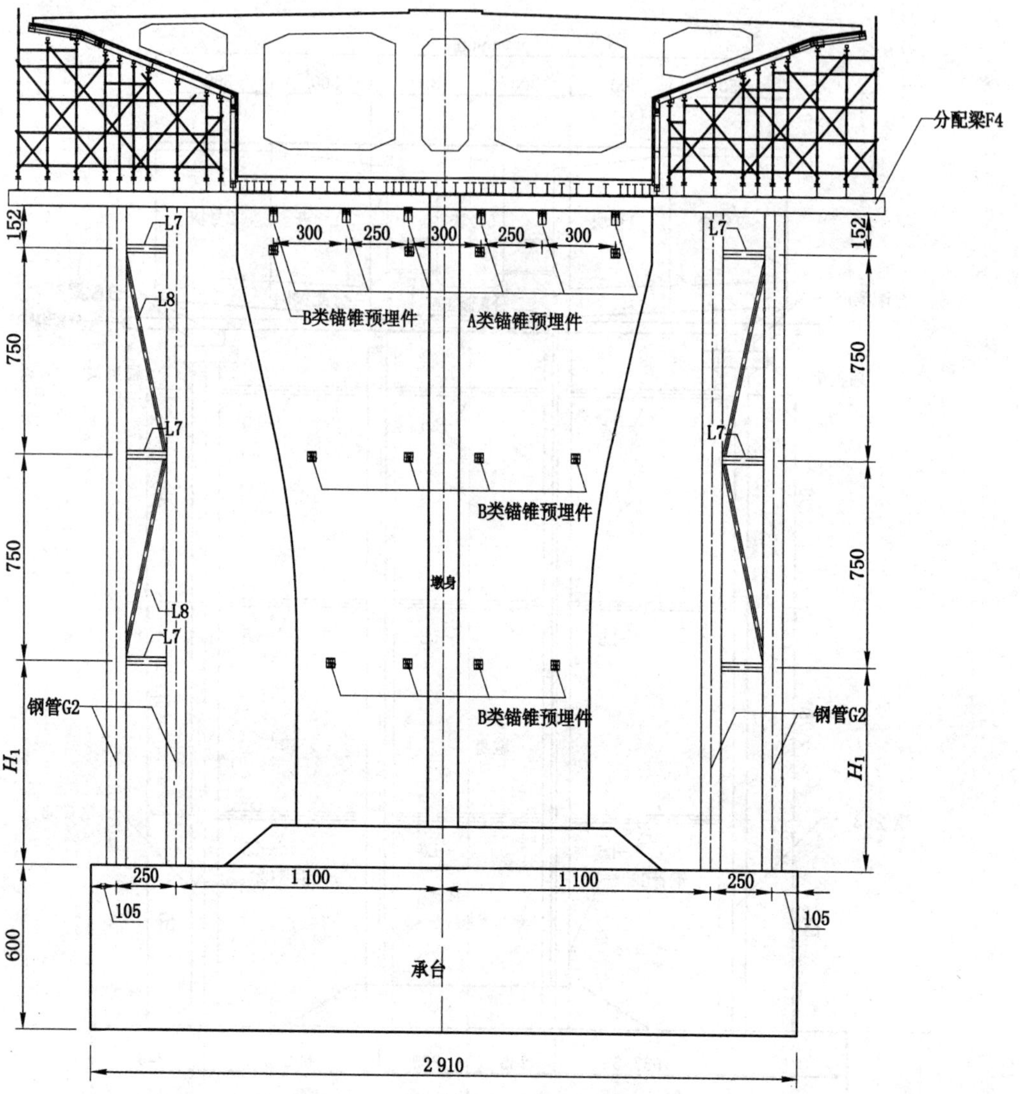

图 8-45　0 号块支架横断面(一)(单位:cm)

面与梁底同高,兼做箱梁底模板。为增强整体抗压能力,临时支座内设置钢筋网片。对于墩身外侧钢管支撑,0 号块支架远离墩身侧位于腹板下方的 4 根钢管内灌注砂浆作为临时支撑,管桩顶部与预埋在箱梁 2 号块底板上的钢板焊接,在钢管桩外侧与钢板之间设置加劲肋。由于单根钢管桩受力较大,为保证钢管稳定性,用型钢与墩身预埋钢板连接以减小钢管受压自由长度。当边跨合龙段张拉预应力束完毕之后,即可凿除临时混凝土支座,拆除临时精轧螺纹锚固钢筋和钢管临时支撑。临时支座示意图如图 8-47 和图 8-48 所示。

3. 模板工程

主梁 0 号～2 号块模板主要包括底模板、外侧模板、内模板、端模板及横梁模板。

(1) 底模板。

箱梁底模板采用木模板。面板为 15 mm 厚的优质竹胶板,背肋为 10 cm×10 cm 方木,间距为 25～30 cm,方木直接放置在支架纵向分配梁上。底模板直接在现场制作铺设。

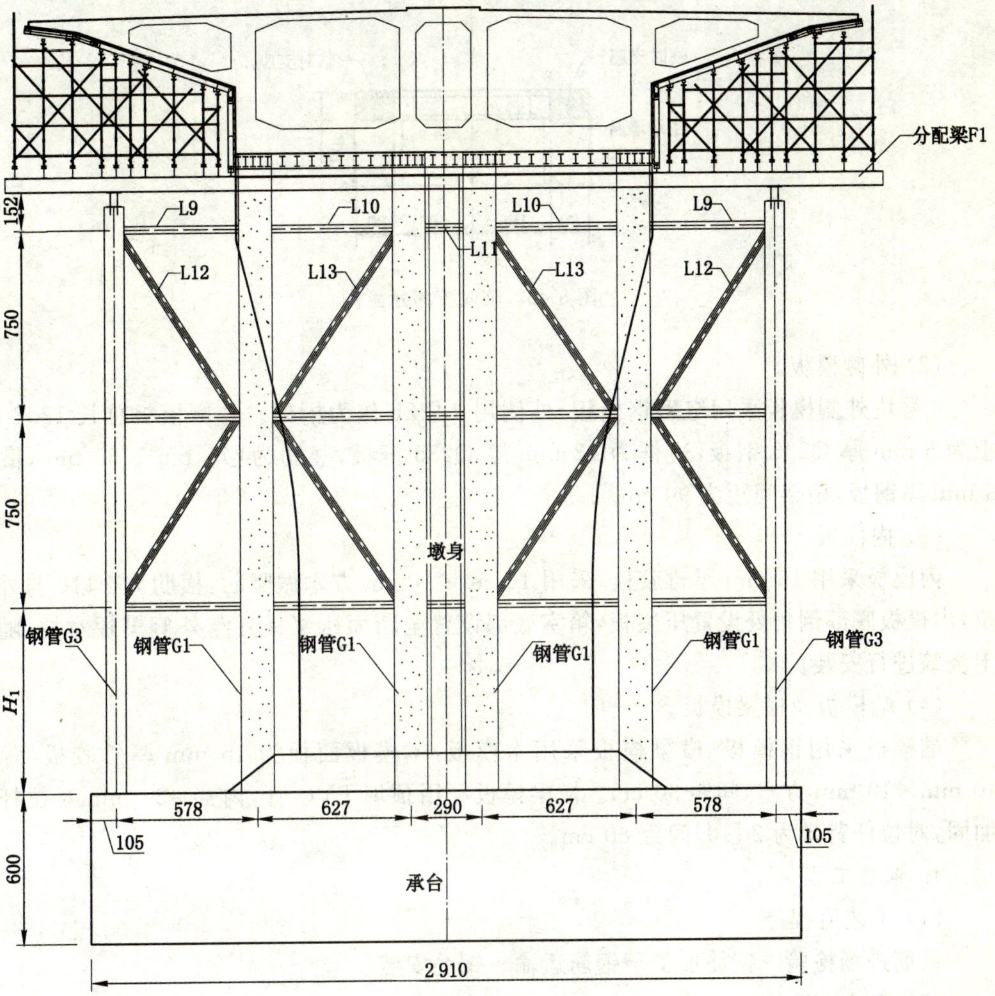

图 8-46　0 号块支架横断面(二)(单位:cm)

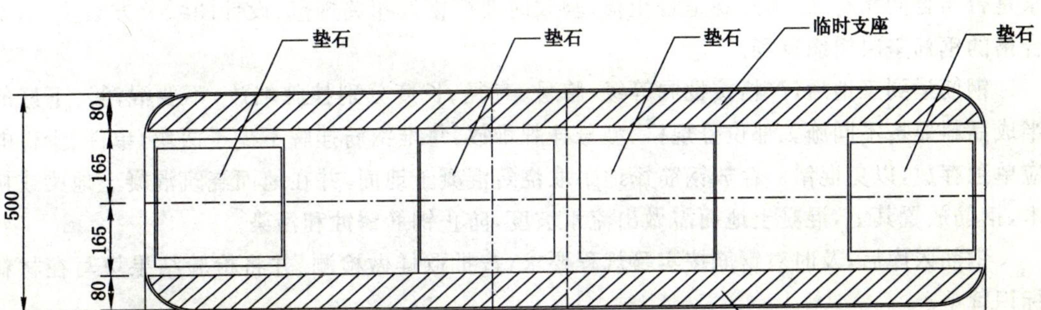

图 8-47　临时支座设计图

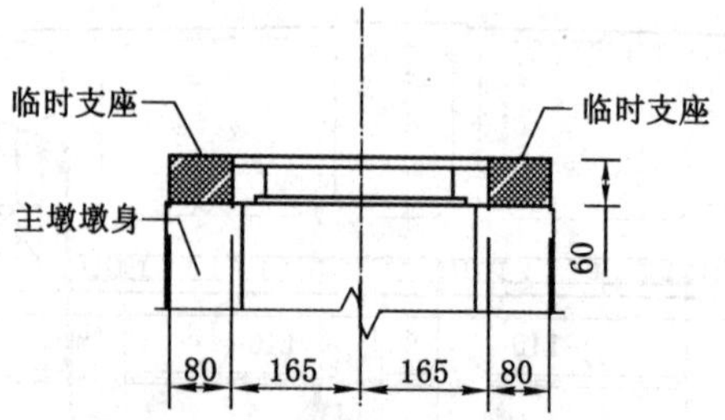

图 8-48　临时支座示意图

(2) 外侧模板。

0 号块外侧模板采用定型钢模板，外侧用 2 [22b 作为桁架。外侧模板总长 12.2 m，面板为 5 mm 厚 Q235 钢板，边框为 12 mm 厚 Q235 钢板，竖肋为∟75 mm×50 mm，横肋为 8 mm 厚钢板，桁架间距为 90 cm。

(3) 内模板。

内模板采用 15 mm 厚竹胶板，采用 10 cm×10 cm 方木做竖肋，横肋为 2 [10 与外模对拉，内模板底部倒角处设置压浆板，箱室底部设置全断面压浆板并与外侧模板对拉，随混凝土浇筑进行安装。

(4) 端模板及横梁模板。

端模板采用钢模板；横梁模板采用木模板，木模板面板为 15 mm 厚竹胶板，背肋为 10 mm×10 mm 方木，间距 30 cm。横梁模板利用预埋 PVC 管，内穿 ϕ20 mm 对拉杆方式加固，对拉杆背带为 2 [10，间距 80 cm。

4. 钢筋工程

(1) 工艺流程。

钢筋进场检验→钢筋加工→钢筋运输→钢筋安装。

(2) 钢筋进场检验。

进场钢筋必须具备原材料质量证明书。检查进场所有钢筋的牌号、等级、规格、生产厂家是否与合同相符，钢筋外观是否受损，验收时要严格按相关规范、设计图纸及方案执行，不合格的钢筋坚决组织退场。

钢筋运到工地后，严格按批同等级、牌号、直径、长度分别挂牌堆放，不要混淆。下好的半成品料要按不同施工部位分规格、型号挂牌堆放，每堆钢筋挂牌不少于两块，单件、少件的应单独存放，以免混淆。存放钢筋场地采取浇筑混凝土地面，并在地面浇筑混凝土地梁或枕木，钢筋放置其上，混凝土地面需做出流水坡度，防止钢筋锈蚀和污染。

钢筋入库后，及时对钢筋按实验规程要求，按批取样做检测，并将检验结果填写在材料标识牌上。

(3) 钢筋下料和加工。

根据各部位尺寸及浇筑高度与长度计算钢筋下料长度。计算钢筋下料长度时须特别注意钢筋的锚固长度、搭接长度和箍筋弯钩的平直长度。

钢筋的加工主要包括调直、除锈、下料、弯曲等。圆钢的调直采用调直机拉直，钢筋除锈主要采用钢丝刷，钢筋的下料采用钢筋切断机或砂轮切断机，钢筋的弯曲采用钢筋弯曲机。

钢筋加工允许偏差如表 8-4 所列。

表 8-4　钢筋加工允许偏差

项　目	允许偏差/mm
受力钢筋顺长度方向全长的净尺寸	±10
弯起钢筋的弯折位置	±20
箍筋内净尺寸	±5
弯起点高度	±5

(4) 钢筋连接。

钢筋连接采用焊接，直径大于 25 mm 的钢筋采用直螺纹套筒连接。

现场连接钢筋时，应使套筒两端钢筋相互顶紧，并保持套筒的居中位置，两端外露扣不超过一个完整丝扣。受力钢筋相邻机械连接接头位置相互错开 $35d$（d 为钢筋直径）且纵向≥500 mm，同一截面内接头面积按钢筋接头总面积的 50%错开，接头过渡段坡度≤1∶3。

(5) 钢筋绑扎。

梁体钢筋应整体绑扎，先进行底板及腹板钢筋的绑扎，然后进行顶板钢筋的绑扎，当梁体钢筋与预应力钢筋相碰时，可适当移动梁体钢筋或进行适当弯折。为确保预应力质量，要求对定位钢筋、管道成形进行严格控制，绑扎钢筋间距应满足设计和规范要求。

(6) 垫块施工。

钢筋垫块采用混凝土垫块，垫块尺寸为 ϕ25 mm×30 mm 的倒圆锥体且带限位槽，呈梅花形布置，沿梁体纵向 80 cm 一排，梁底垫块布设 5 列。垫块绑扎时应使纵向分布筋卡入垫块凹槽，在桥面梁体底部使垫块长度方向与梁体方向垂直，其余部位与梁体长方向重合。

5. 混凝土工程

(1) 混凝土配合比设计。

箱梁采用 C50 混凝土，泵送施工，混凝土应满足强度、和易性、泵送等要求，由项目部工地试验室设计配合比，具体为：水泥∶粉煤灰∶砂∶石子∶碎石∶水∶外加剂＝440∶35∶670∶274∶866∶165∶6.18（质量比）。

水泥：52.5 级普通硅酸盐水泥。

细骨料：采用级配良好、质地坚硬、颗粒洁净的中砂。

粗骨料：采用坚固的 5～10 mm 及 10～20 mm 小碎石。

外加剂：采用减水剂。

水：采用饮用水。

(2) 浇筑前准备。

检查钢筋、模板及各种预埋件；检查是否有足够的砂石料及水泥；检查搅拌及泵送设备工作状况，以保证梁段一次浇筑完毕并有一定的保障措施；准备足够的振捣设备并有一定的备用设备。

(3) 混凝土浇筑。

① 混凝土搅拌。

混凝土由拌合站集中拌合，混凝土搅拌运输车运输至现场，通过汽车输送泵泵送，一次性浇筑。浇筑混凝土时布置两台汽车泵在辅助平台上。

② 混凝土布料及振捣。

为保证主梁混凝土的平整度及顶板混凝土横坡，浇筑混凝土之前，在两侧翼缘板边缘处，纵桥向每隔 1.5 m 设置标高控制点，固定在翼缘板模板上。箱梁底板应在混凝土收浆后抹面。箱梁顶面用 5 m 铝合金尺刮平后进行二次收浆和抹面，并用扫帚进行拉毛。

混凝土在浇筑过程中，先浇筑底板及倒角，底板混凝土从两端的溜槽溜入，浇筑量约占总量的 2/3，剩余 1/3 从隔墙及腹板上口下料，分层浇筑，通过适当减少坍落度、放慢浇筑速度等方法控制混凝土从腹板及横隔墙下口翻入底板。如若存在局部流动不到的地方，可通过内模顶板开天窗补充混凝土。腹板浇筑时，两侧应对称浇筑。

混凝土浇筑由墩顶横梁向两侧分层进行，分层厚度 30 cm 左右。采用插入式振捣器振捣，其中顶板、底板用 B50 型振捣器，腹板用 B30、B50 型振捣器，振捣器与模板间距为 10～20 cm，避免碰撞预应力管道。掌握好混凝土振捣时间，防止欠振或过振。另外，振捣器应快插慢拔，以便插孔闭合、不留空隙及防止出现砂浆柱而影响混凝土的均匀性。

③ 混凝土养护。

混凝土浇筑完毕后，及时覆盖麻袋和洒水养护，以防止混凝土出现干缩裂缝。

6. 预应力工程

(1) 预应力管道工程。

纵向预应力束管道采用塑料波纹管。顶板及腹板预应力管道采用“井”字形定位筋固定。底板纵向预应力管道全范围内及顶板纵向预应力管道平弯、竖弯范围内每隔 20 cm 设置一道 U 形定位筋，定位筋与箱梁底板、顶板纵向主筋焊接。为防止混凝土浇筑时，水泥浆渗入波纹管堵塞预应力管道，混凝土浇筑前在纵向管道内插入略小于管道内径的硬衬管。

横向预应力束采用单端交错张拉，纵桥向每 50 cm 布置一束。施工时注意波纹管道在竖弯位置的准确定位。

竖向预应力筋为 ϕ32 mm 精轧螺纹钢筋，其管道亦采用塑料波纹管。波纹管安装时，下端与锚垫板要密封好，并防止波纹管变形、穿孔造成管道漏浆。同时，根据图纸设计中竖向预应力压浆工艺要求，注意上、下锚垫板之间加设钢管。

(2) 预应力张拉、压浆。

0 号～2 号块同时有纵向预应力束、横向预应力束、竖向预应力束需张拉。根据设计要求，当混凝土强度达到设计强度的 90%后方可张拉。箱梁顶、底板束及腹板束采用二端张拉；横向预应力束采用一端张拉、一端固定。竖向预应力束采用二次张拉工艺，两次张拉控制力均为 473 kN，第二次张拉在第一次张拉后 20 d 进行且两次张拉应由两个班组进行，绝对不允许出现漏拉，否则将引起箱梁腹板开裂。

张拉顺序为先张拉纵向预应力束，在下一节段混凝土纵向预应力束张拉完成之后再张拉上一节段的竖向、横向预应力束。

压浆采用真空辅助压浆工艺，压浆液由专用压浆剂配置而成。

二、主梁悬浇施工

0 号～2 号块施工完成后，3 号～22 号块共计 20 块均采用菱形挂篮悬浇施工。

（一）施工流程

主梁施工工艺流程如图 8-49 所示。

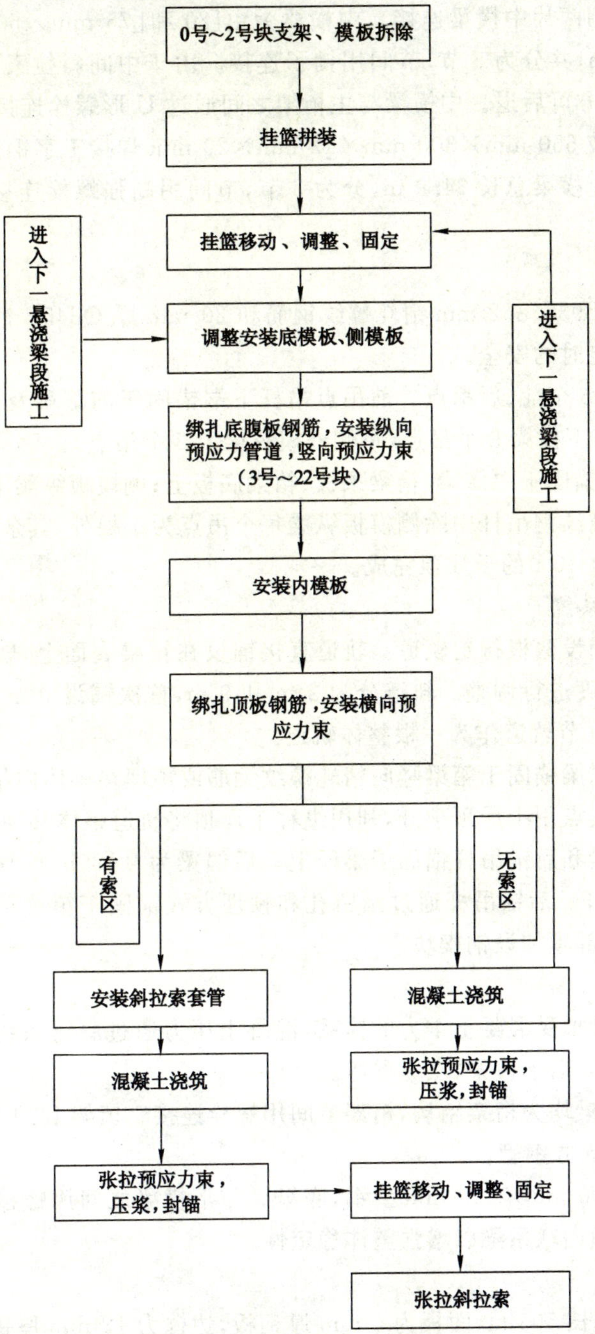

图 8-49　主梁施工工艺流程图

（二）挂篮系统

1. 主桁架系统

主桁架系统是挂篮的主要承重结构，由六片菱形架、前上横梁、中横梁组成。整个主桁架系统通过前、后支座与轨道连接。每片菱形架包含 5 根杆件及 4 组节点箱，杆件均采用口对口[36b 加连接板焊接而成，各相邻杆件之间均采用销轴连接。

菱形桁片间利用两片中横梁连接。中横梁为由[20 和∟75 mm×50 mm 焊接而成的桁架结构，全长 34.7 m，共分为 5 节，节间用销子连接。由于中间斜拉索影响，须拆除中横梁 2.02 m 节段后挂篮方可后退。中横梁与主桁架之间通过 U 形螺栓连接。

前上横梁由双肢 650 mm×300 mm×12 mm×20 mm 焊接工字钢焊接而成，并设置 22 道腹板加劲肋。前上横梁总长 34.9 m，分为 3 节，节间用高强螺栓连接。前上横梁与菱形架之间用法兰连接。

2. 悬吊系统

悬吊杆采用 PSB930、ϕ32 mm 精轧螺纹钢筋和 20 mm 厚 Q345B 钢吊带。钢吊带主要作用为确保挂篮行走时的安全。

本挂篮共设置 15 个前、后吊点。前吊点吊杆下端锚固于前下梁及外模纵梁上，上端吊挂于前上横梁上（前下横梁 9 个吊点，每侧外模纵梁上 3 个吊点）。后吊点杆下端锚固于后下横梁上，上端分别锚固于中横梁、箱梁顶板、箱梁底板上；侧模板纵梁上的吊点后端锚固于箱梁顶板上。精轧螺纹钢吊杆中除侧模板纵梁每个吊点为 1 根外，其余每个吊点均为 2 根。吊杆的调节通过 10 t 的千斤顶完成。

3. 走行及锚固系统

每片菱形架下铺设两根行走轨道。轨道直接铺设在箱梁表面上，轨道与主桁支架的高差通过前、后支座高度进行调整。轨道分为 2 m 和 9 m，首次铺设 9 m 轨道，3 号块浇筑完成后在前段接长 2 m 节轨道作为一根整体轨道。

行走轨道通过锚梁锚固于箱梁竖向精轧螺纹钢筋或预埋在梁体内精轧螺纹钢筋上。轨道行走时将挂篮前支点用千斤顶顶升，利用纵移千斤顶将轨道整体移动到位。

挂篮通过后锚梁和后锚吊杆锚固于梁段上。后锚梁为 2 [25b，单片菱形桁架设置 2 根后锚梁，4 根后锚吊杆。后锚吊杆通过预留孔和预埋方式锚固于箱梁顶板上。为保证吊杆垂直受力，在锚杆底部须加设钢楔块。

4. 底篮系统

底篮系统为直接承受混凝土重力的体系，混凝土压力通过底篮系统传递至主桁架。底篮系统包含前下横梁、后下横梁、底纵梁等。

挂篮前、后下横梁均为桁架结构，桁架节间用螺栓连接。桁架上、下弦杆为 2 [25b，腹杆为 120 mm×120 mm 方钢管。

底纵梁为 HN400 mm×200 mm 型钢，底纵梁与下横梁之间用螺栓连接。底纵梁纵向跨中位置设有一道横向联系梁以增强整体稳定性。

5. 模板系统

(1) 箱梁侧模板长 5.3 m，面板为 5 mm 厚钢板，边框为 12 mm 厚钢板，横肋为∟75 mm×50 mm，竖肋为 8 mm 厚钢板。大桁架为 2 [22b，纵向间距 90 cm。

(2) 箱梁底模板直接承受悬浇梁段施工荷载，由底模板横肋、纵肋、面板组成。底模板直接放置在底篮系统的底纵梁上，底纵梁与底模板横肋垂直设置。

(3) 内模板由内侧模板、内顶模板、内模板支架组成。内侧模板为小型组合钢模板，通过 ϕ20 mm 对拉杆与外侧模板对拉。内模板支架采用扣件式架管，其结构形式与 0 号块浇筑时内模板支架相同。

(4) 堵头模板为钢模板以便周转使用。

(三) 挂篮施工步骤

挂篮横向结构图如图 8-50 和图 8-51 所示。挂篮后锚点状态如图 8-52 所示。

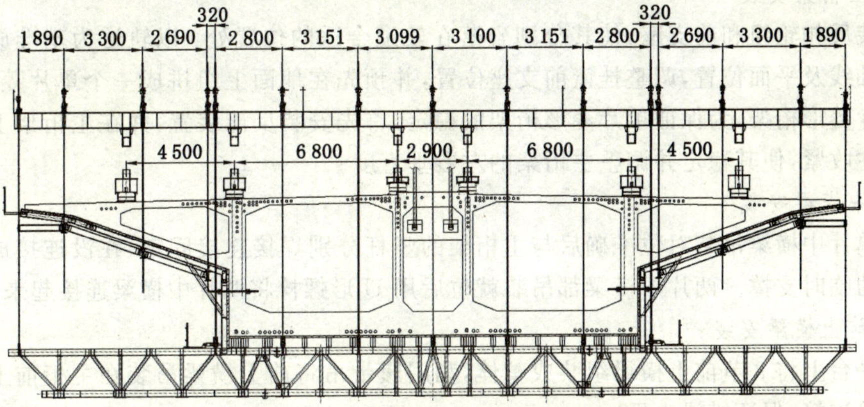

图 8-50　挂篮横向结构图一(前端)

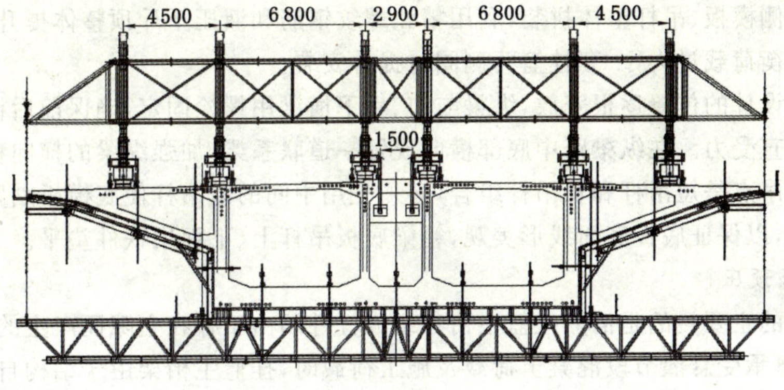

图 8-51　挂篮横向结构图二(后端)

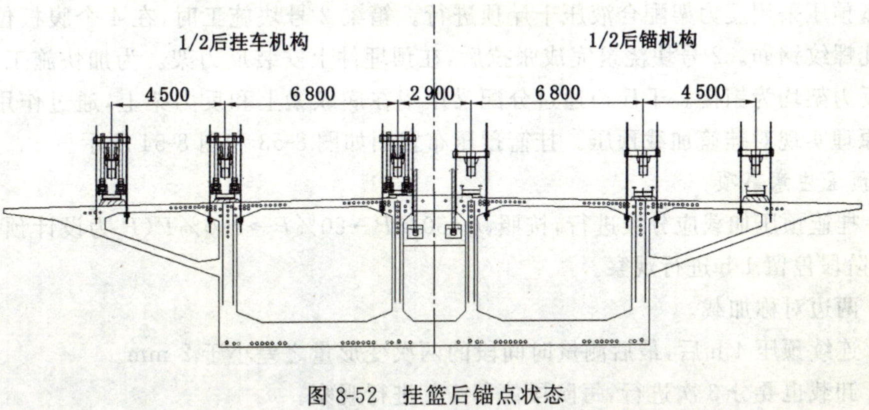

图 8-52　挂篮后锚点状态

1. 轨道安装

放样挂篮行走轨道轴线，精确设置一组中两根轨道间距及两组轨道间距。采用合格精轧螺纹钢连接器把箱梁竖向预埋精轧螺纹钢筋接长到能锚固至轨道的长度，利用轨道锚固梁和精轧螺纹钢垫板把轨道压紧，最后用长尺复核轨距。

2. 主桁架安装

安装反扣轮组和前支座，使其分别坐落在轨道合适的位置处，以轨道为基准放出主桁架安装轴线及平面位置，调整挂篮前支座位置，并预先在地面上组拼成一个单片菱形桁架。吊装单片菱形桁架，为保证单片菱形桁架的稳定，首先安装反压装置，并在主桁架上用倒链左右拉住收紧，使其稳定并调整主桁架的左右垂直度。

3. 中横梁安装

将单片中横梁吊装对位准确后与主桁架的竖杆分别焊接连接固定，在没连接成型前要有牢固的临时支撑。两片中横梁都吊装就位后用U形螺栓将两片中横梁连接起来。

4. 前上横梁安装

在平台上将3节前上横梁组装成整体，利用履带吊将前上横梁吊装在主桁前上弦杆上并用螺栓连接，保证横梁水平。

5. 底篮系统及侧模板、底模板整体提升安装

在辅助平台上搭设整体底篮系统拼装平台并放样安装位置，将前下横梁、后下横梁、底纵梁、底模板、侧模板、吊杆整体拼装，利用精轧螺纹钢筋和液压千斤顶整体提升就位。为避免安装时不平衡荷载过大，一套挂篮两侧同时提升安装。

底纵梁按设计的位置逐根安放，纵梁与前、后下横梁用螺栓固定，确保前后横梁的间距，保证吊杆的垂直受力。在纵梁跨中底部横向设置一道联系梁，加强纵梁的横向稳定性。

后下横梁吊点是短吊杆和长吊杆组合，必须先用中间的短吊杆使底模板贴紧后，再提升两侧的长吊杆，以保证底板底面线形美观，箱梁底板吊杆上、下面用铁件垫平。

（四）挂篮预压

挂篮预压的主要目的是消除挂篮主桁各组成杆件间由于存在空隙而产生的非弹性压缩变形，测出挂篮承受悬灌节段混凝土荷载及施工荷载时，挂篮主桁架由于结构自身受力而产生的弹性变形，为挂篮实际施工提供参考数据。

1. 挂篮预压方法

挂篮预压采用反力架配合液压千斤顶进行。箱梁2号块施工时，在4个腹板位置分别预埋精轧螺纹钢筋。2号块浇筑完成张拉后，在预埋件上安装反力架。为加快施工进度，预埋件与反力架均为销接。千斤顶通过分配梁作用在底纵梁上和反力架上，通过作用力与反作用力原理实现对挂篮加载预压。挂篮预压布置图如图8-53和图8-54所示。

2. 预压注意事项

(1) 挂篮预压加载应分级进行，按照$0\rightarrow50\%P\rightarrow80\%P\rightarrow100\%P$（$P$为设计预压值）顺序，且每阶段停留1 h进行观察。

(2) 两边对称加载。

(3) 连续预压4 h后，最后测量时间段的两次变形量之差小于2 mm。

(4) 卸载也要分3次进行，每阶段停留1 h进行观察。

预压结束后，应对观测数据进行分析处理，根据加、卸载实测数据，绘制各测点的加、卸

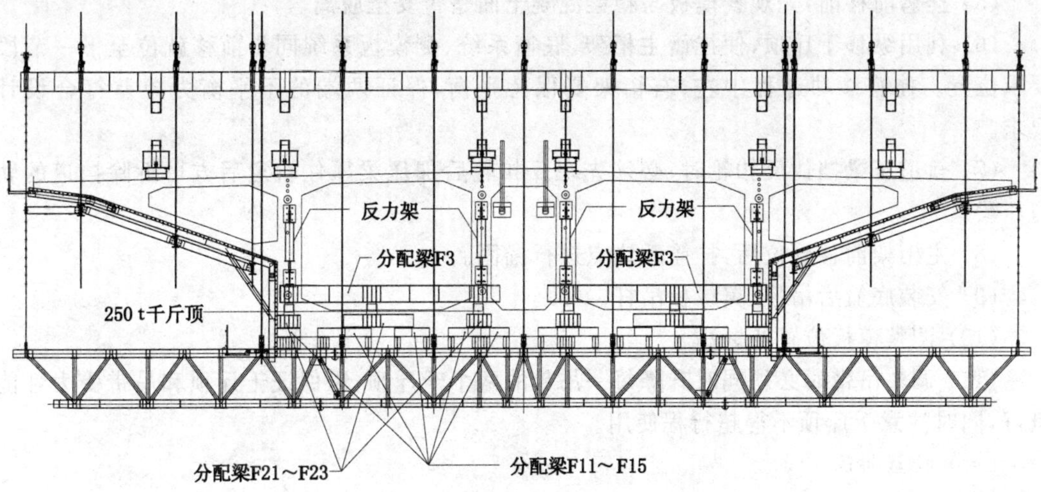

图 8-53　挂篮预压布置横断面图

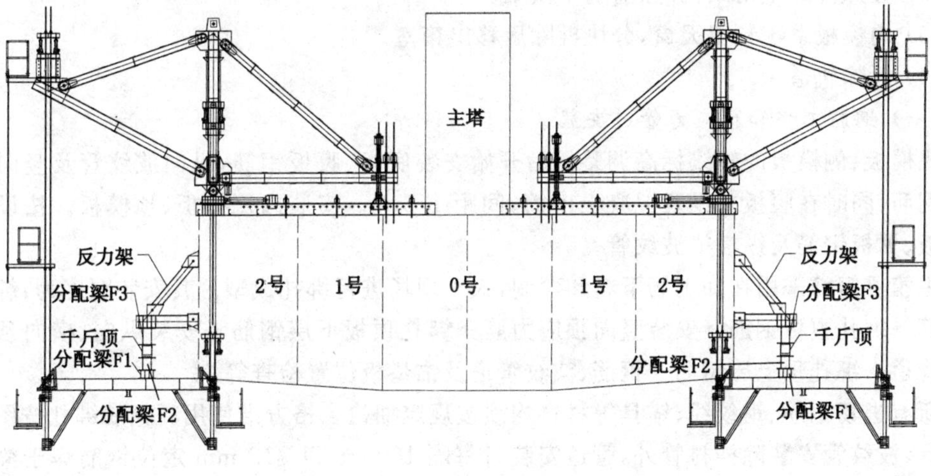

图 8-54　挂篮预压布置纵断面图

载过程变化曲线，通过分析计算挂篮在各阶段荷载作用下的变形值，作为挂篮悬浇施工立模标高调整的依据。

（五）挂篮前移

（1）放样挂篮前移轨道位置，利用纵移千斤顶将轨道整体向前移动就位，就位后利用精轧螺纹钢筋将轨道锚固。

（2）同步下放底篮后吊杆，底篮脱离箱梁底，再同步下放前吊杆，使前后两根下横梁顶面保持水平。脱落模时，应注意先松后吊杆，再松前吊杆。底篮前下横梁与前上横梁加设10 t倒链加以保护，拆除锚固在箱梁上的其他后下梁上的吊杆。

（3）用三角牛腿把外侧模板和后下横梁连接。

（4）放松主桁架后锚杆，用反扣轮扣住轨道，检查各反扣轮咬住轨道情况及反扣轮受力情况。

(5) 挂篮前移前,先观察模板与箱梁混凝土面是否安全脱离。

(6) 利用纵移千斤顶,使挂篮主桁架、底篮系统、侧模板系统同步前移就位至下一节段要求位置。挂篮移动过程中左、右桁架要保持平衡,保证两端的不平衡力矩差符合设计要求。

(7) 轨道压梁挡住反扣轮时,必须先在反扣轮后加压梁压住轨道后方可拆除挡道的轨道压梁。

(8) 主桁架前移到位后,挂篮后锚点进行锚固。

(9) 安装底篮后吊杆、翼缘板吊杆。

(10) 调整模板位置及标高。

(11) 调整吊带时必须同时升降每一吊带的两个千斤顶,以保证千斤顶和吊带受力性能良好,同时注意千斤顶不得超行程使用。

(六) 挂篮拆除

待合龙段施工完成后,便可拆除挂篮,拆除顺序如下:

(1) 下放挂篮底模板和侧模板系统,拆除中跨侧挂篮和边跨侧挂篮。

(2) 分片拆卸主桁架,拆除前上中横梁。

(3) 内模板系统预留天窗,分块拆除后移出箱室。

(4) 拆除轨道。

(七) 钢筋工程和预应力管道安装

底模板、侧模板的轴线标高调整好后开始安装底板、腹板钢筋,纵向波纹管及竖向精轧螺纹钢筋,同时在腹板上设置混凝土串筒,间距 1.5 m。安装内侧模板、顶模板。按设计安装顶板、翼板钢筋及纵横梁波纹管。

主箱梁钢筋采用在加工场下料和弯制,人工现场进行绑扎成型。其安装顺序为:绑扎底板钢筋→绑扎腹板钢筋→安装竖向预应力筋→绑扎顶板下层钢筋→安装纵向、横向预应力波纹管道→绑扎顶上层钢筋→钢筋、波纹管道及锚垫板位置检查等。

所有进场钢筋、钢绞线、锚具等材料均须按规定抽检合格方准使用。钢筋绑扎按图纸要求进行,波纹管安装除插衬管外,管道安装时每隔 100 cm 以 ϕ12 mm 定位钢筋焊于梁体钢筋骨架上。

波纹管接头用大一号波纹管套接。锚垫板与波纹管连接要稳固,接头要包缠严密,防止漏浆堵塞压浆孔。

1. 钢筋绑扎注意事项

(1)为避免杂散电流对结构钢筋和金属管线的腐蚀,应采取杂散电流防护措施。结构表面钢筋应焊接,并保证成为统一的电气回路,同时在结构端上部引出钢筋连接端子,结构两侧连接端子用钢绞线连接。

(2) 挂篮箱内后锚及顶板后悬吊均需预留吊带孔,该处钢筋要调整移位,并增设钢筋网,以改善局部应力集中。

(3) 横向预应力锚垫板与箱梁纵向钢筋相冲突,在安装锚垫板时此钢筋需切断,待预应力张拉后补强。

(4) 在钢筋绑扎时如钢筋与预应力波纹管道发生冲突,钢筋位置需适当调整,以避让预应力波纹管道。

(5) 严禁电焊作业时产生电火花灼伤精轧螺纹钢筋，影响其强度。

2. 预埋件和预留孔安装

(1) 预埋件。在相应的位置按设计预埋相应的预埋钢筋。

(2) 预留孔。预留孔安装要横平竖直。梁体块段顶板、底板上的预留孔(含预埋件位置)要准确并与水平面垂直。与齿块相遇，不准改变波纹管的位置和碰伤波纹管，齿块钢筋先预留，待以后恢复。预留孔周边应安装加强钢筋。

(八) 混凝土施工

(1) 混凝土浇筑必须由挂篮前端向后推进浇筑，以防混凝土重力引起挂篮变形造成接缝处混凝土开裂。

(2) 腹板浇筑必须保持两侧相对平衡。

(3) 顶、底板设置标高控制点，以保证浇筑厚度和表面平整度。

(4) 混凝土浇筑前和浇筑过程中，要设专人仔细观察和检查模板各拉吊杆、主桁架后锚、侧模板后锚、底篮后锚、侧模板前吊杆和底篮前吊杆等主要受力部件有无变形，实施跟踪测量监控，掌握挂篮与箱梁挠度变形，以便实时调整立模标高，确保成桥后的线形达到设计要求。

(5) 浇筑顺序为先底板、腹板，后顶板、翼板。底板浇筑时纵桥向为块段远墩端向近墩端方向进行，横桥向为两侧腹板向箱梁块板中轴方向对称均衡进行，防止横桥向过大偏载。对于顶板混凝土，纵桥向为块段端部向根部进行，横桥向为中部顶板→内侧顶板→外侧顶板对称进行。

(6) 混凝土浇筑应分层进行，分层厚度 30 cm，采用插入式振捣器振捣。特别要注意振实纵锚垫板后的混凝土，防止锚后混凝土不密实。顶板混凝土浇筑应注意桥面的平整度及高程，在箱梁翼板两侧设置标高控制带。箱梁混凝土灌注完毕后，立即用通孔器检查管道，处理因万一漏浆等情况出现的堵管现象。

(7) 混凝土表面进行二次抹面拉毛，防止表面收缩裂缝；以铝合金长尺刮平，同时后期养护要及时。

(8) 每个块段混凝土浇筑完成达到规范要求强度后，及时对接合面进行凿毛处理。在下一块段混凝土浇筑前，表面洒适量水进行湿润，防止混凝土接合面出现干缩裂缝。

(9) 挂篮每次悬浇前，均需进行挂篮检查签证手续。必须检查全体结构螺栓、电焊、后锚设备连接状态，前后吊杆及横梁的受力状态，并检查模板各吊杆螺丝是否拧紧。挂篮锚固应有专人负责，以保证挂篮在每次变形时规律一致。

(九) 预应力工程

主梁设置三向预应力，分别为纵向预应力、竖向预应力和横向预应力。主梁纵向预应力束分为顶板束、腹板束和底板束。顶板束采用 9-ϕ15.2 mm、12-ϕ15.2 mm 和 16-ϕ15.2 mm 钢绞线，腹板束采用 22-ϕ15.2 mm 钢绞线，底板束采用 12-ϕ15.2 mm、19-ϕ15.2 mm 和 22-ϕ15.2 mm 钢绞线，配套使用 AM15-22、AM15-19、AM15-16/16P、AM15-12、AM15-9 型锚具。纵向预应力管道采用内径 80 mm、90 mm、100 mm、120 mm 塑料波纹管成孔。主梁竖向预应力筋采用 ϕ32 mm 高强精轧螺纹钢筋，配套使用 YGM-32 型锚具。竖向预应力筋标准强度 $f_{pk}=785$ MPa，锚下控制应力 $0.75f_{pk}$。预应力管道采用外径 45 mm 塑料波纹管成孔。主梁顶板横向预应力束沿桥梁纵向每隔 50 cm 布置一根，采用 4-ϕ15.2 mm 钢绞线，配套使用 BM15P-4 型锚具，预应力管道采用 25 mm×70 mm 塑料波纹管成孔。中横梁横向预应力束采用 5-ϕ15.2 mm、16-ϕ15.2 mm 钢绞线，配套使用 BM15-5、AM15-16 型锚具，预应力管道采用内径 90 mm 塑料波纹管成孔。

1. 预应力穿束、张拉

(1) 预应力穿束。

预应力筋采用穿束机穿束，预应力筋束前端应扎紧并裹缠胶布或套装弹头形壳帽。采用蒸气养护的，养护完成前不得安装预应力筋；非蒸气养护的，当未采取防腐蚀措施时，预应力筋安装后至压浆的间隔不应超过下列规定：

① 空气平均相对湿度大于 70%或盐分过大时 7 d。

② 空气平均相对湿度 40%～70%时 15 d。

③ 空气平均相对湿度小于 40%时 20 d。

(2) 张拉顺序和张拉方法。

① 在下一节段混凝土纵向预应力筋张拉完成之后再张拉上一节段的竖向、横向预应力筋。

② 纵向预应力筋应两端同步且左右对称张拉，最大不平衡束不得超过一束。张拉顺序为先腹板束、再顶板束、后底板束，从外向内左右对称进行。底板束张拉时先张拉长束、后张拉短束。施加预应力过程中应保持两端的伸长量基本一致。

③ 顶板横向预应力筋单端交错张拉，采用小型千斤顶逐根张拉。每一梁段伸臂端的最后一根横向预应力筋应在下一梁段横向预应力筋张拉时进行张拉，以防止由于梁段接缝两侧横向压缩不同引起开裂。

(3) 张拉。

① 张拉程序。

a. 梁体混凝土强度达到设计强度的 90%且弹性模量不低于混凝土 28 d 弹性模量的 80%时方可进行预应力束的张拉工作。

b. 纵向预应力钢束两侧对称张拉。两端张拉时，两端应同步。

c. 张拉程序：0→10%σ_k(σ_k 为张拉应力设计值，做伸长量标记，并测夹片的外露长度)→20%σ_k(测伸长量作为 0→10%σ_k 时的伸长量)→100%σ_k(静停 5 min)→补拉 σ_k(测伸长量)→千斤顶停止供油压(测回缩量)→锚固。

② 张拉质量要求。

a. 预应力筋张拉前，应清除锚垫板上的混凝土，检查疏通压浆孔；检查锚垫板是否与预应力管道垂直；检查锚垫板处混凝土质量，如有蜂窝、空洞等缺陷时应采取措施补救。

b. 预应力筋的实际伸长值与理论伸长值的差值不得大于理论伸长值的±6%，超出规定范围时应停止张拉锚固，查明原因，确保预应力控制应力。

c. 预应力筋张拉前，应进行油泵及千斤顶排气。

d. 预应力筋张拉时应采用张拉应力与伸长量双控措施，并以张拉应力为主控参数。两端同时张拉时，张拉过程应保持两端伸长量基本一致，测量伸长值应两端同时进行。

e. 未压浆的锚头不得敲击振动和脚踩手攀，防止发生断丝和安全事故。

f. 夹片式锚具的锚具夹片回缩量不应大于 6 mm，锚具的锚口和喇叭口摩阻损失合计不宜大于 6%。

g. 后张法预应力构件的预应力筋断丝或滑脱数量不得超过预应力筋总数的 1%，并且不得位于结构的同一侧，且每束内断丝、滑丝不得超过 1 根。

h. 预应力筋张拉锚固切割后的外露长度不宜小于其直径的 1.5 倍，且不宜小于 30 mm。

i. 预应力张拉采用的张拉系统在张拉前必须经过检验核定，并按规范要求定期复检。千斤顶及压力表应配套标定，配套使用。

2. 压浆

该连续梁根据不同的管道类型采用不同的压浆工艺。纵向预应力束采用真空辅助压浆工艺，横向、竖向预应力束采用常规压浆工艺。

(1) 孔道压浆应在预应力筋终张拉锚固后尽早进行且应在 48 h 内完成。同一孔道压浆应连续进行，一次完成。因故中断不能连续施工时，应用高压水冲洗干净后重新压浆。

(2) 压浆液由水泥和专用压浆剂配置而成。水泥为 52.5 级普通硅酸盐水泥，压浆剂为 HL-80 型压浆剂。压浆液配比(每立方米用量以千克计)为：水泥：压浆剂：水＝1 530：170：476。根据此配比配置的压浆液性能如下：28 d 抗压强度为 65.6 MPa，抗折强度为 12.6 MPa；初始流动度 14 s，30 min 流动度 14 s，60 min 流动度 16 s；泌水率 0%；3 h 自由膨胀率 1% ，24 h 自由膨胀率 2%，符合规范及设计要求。

3. 孔道压浆要求

(1) 压浆时，浆体温度应在 5～30 ℃之间。梁体混凝土温度不低于 5 ℃，同时气温不得高于 35 ℃。

(2) 压浆前应用高强水泥浆封闭锚具孔隙。

(3) 拌制水泥浆时应先将水倒入搅拌机里，后加入水泥，使用转速不低于 1 000 r/min 的搅拌机进行搅拌，搅拌不少于 5 min。水泥浆应随拌随用，置于带有搅拌功能的储存罐中的浆体应继续搅拌，从拌制到压入孔道的时间间隔不应超过 40 min。水泥浆拌制均匀后，应经过孔格不大于 3 mm×3 mm 筛网过滤后方可压入孔道。

(4) 纵向预应力孔道压浆的顺序应自下而上进行。

(5) 水泥浆试件应在压浆地点随机取样制作 4 组，3 组标准养护进行抗压和抗折强度试验，1 组随梁体进行同条件养护。

(6) 同一孔道压浆应连续进行，一次完成，互相串道的管道应同时进行压浆。

4. 真空辅助压浆施工工艺

(1) 准备工作。

① 张拉施工完成后切除外露的钢绞线且保证外露量不宜小于 30 mm，然后用水泥砂浆密封锚头，再安装密封罩，最后连接真空泵和压浆泵及其他配套设备并连接牢固、密封不漏气。

② 在压浆施工前清理锚垫板表面，装上石棉密封圈，将密封罩与锚垫板上的安装孔对正，用螺栓拧紧。

③ 清理锚垫板上的压浆孔，保证压浆通道通畅。

④ 确认浆体配合比，按配方称量浆体材料。

⑤ 检查材料、设备、附件的型号或规格、数量等是否符合要求。

⑥ 连接真空辅助压浆各单元体的密封，确保密封罩、管路各接头的密封性。

⑦ 检查供水、供电是否齐全、方便。

(2) 试抽真空。

启动真空泵 10 min 试抽真空,检查水泥砂浆封锚头或密封罩是否完全密封,真空度应达到−0.08 MPa 左右。将压浆阀关闭,抽真空阀打开,启动真空泵抽真空,从导管中排除空气,观察真空压力表的读数,应能达到−0.08 MPa 左右,并保持稳定。此时真空度已基本达到真空泵的最大真空度,密封性较好。

(3) 拌浆。

拌浆前先加水至搅拌机拌浆筒空转数分钟,使拌浆筒内壁充分湿润;将称量好的水倒入搅拌机的拌浆筒之后边搅拌边倒入水泥,再搅拌 3～5 min 直至均匀;将外加剂倒入搅拌筒,再搅拌 5～15 min,测试稠度后放入储浆桶;倒入储浆桶的浆体不管是否马上泵送都要不停地搅拌。

(4) 压浆。

启动真空泵,当真空度达到并维持在−0.08～−0.06 MPa 值时,启动压浆泵;压浆泵的高压橡胶管出口打出浆体,待这些浆体浓度与储浆筒中的浓度一样时,关掉压浆泵,关闭高压橡胶管压浆阀门,将高压橡胶管的压浆管接到孔道的压浆管上,打开这两个压浆管的阀门开始压浆;观察出浆情况,当浆体稠度和灌入之前稠度一样时孔道加压到 0.5 MPa 左右,仍继续压浆 2～3 min,使管道内有一定的压力,完成排气泌水,使管道内浆体密实饱满,完成压浆,最后关掉压浆阀。

5. 梁体封锚

(1) 封锚(端)混凝土表面应凿毛和处理干净,并对锚具进行防锈处理。

(2) 封锚前应对锚具和锚垫板表面及外露预应力筋按设计要求进行防水处理。

(3) 锚穴内应按设计要求设置钢筋网,可利用原锚板螺孔拧入带钩的螺钉,将钢筋网与锚垫板连接。

(4) 封锚(端)混凝土性能和强度等级应符合设计要求。封端混凝土填充宜分两步进行,即先用干硬的混凝土填充至距离锚穴顶 2 cm 左右,并振捣密实,然后再用正常稠度混凝土填充抹平。封端混凝土养护结束后,应对周边新旧混凝土接缝按设计要求进行防水处理。

(5) 封端混凝土自然养护时应采用保湿、保温材料覆盖混凝土表面,保持混凝土充分润湿。当环境温度低于 5 ℃或高温露天暴晒时,混凝土表面应喷涂养护剂并采取保温、防晒措施。

6. 竖向预应力筋张拉及压浆

(1) 张拉。

① 张拉前,千斤顶与压力表要配套校核,精轧螺纹钢筋要抽样合格。使用时压力表和千斤顶应配套。

② 竖向预应力筋上端为张拉端,下端为锚固端。施工时要注意,张拉时以张拉力为主,以伸长值校核。

③ 竖向预应力筋左右对称单端张拉,宜从已施工端顺序进行。为减少预应力损失,竖向预应力筋应采用两次张拉方式,即在第一次张拉完成 20 d 后进行第二次张拉,弥补由于操作和设备等原因造成的预应力损失。

(2) 压浆。

竖向预应力筋张拉完成后，管道采用C50水泥浆压浆，张拉槽口采用C50微膨胀混凝土填补，槽内钢筋不得取消，应按相关规范要求进行焊接。竖向预应力筋压浆从下压浆口压进，从上压浆口冒出，以保证压浆密实。具体施工工艺与纵向预应力筋压浆相同。

三、边跨现浇段施工

边跨现浇段长度6.8 m，梁高3 m，利用钢管支架浇筑。边跨现浇段支承系统由钢管柱支撑和H型钢纵梁组成。

（一）施工流程

主梁边跨现浇块施工工艺流程参见图7-3。边跨现浇支架布置如图8-55～图8-58所示。

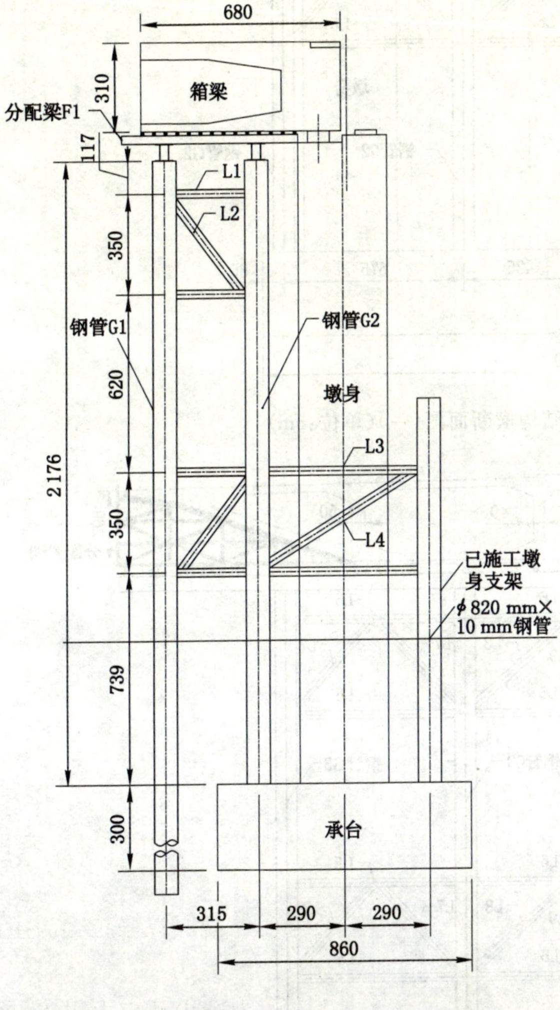

图8-55　39号墩边跨现浇支架纵断面图(单位:cm)

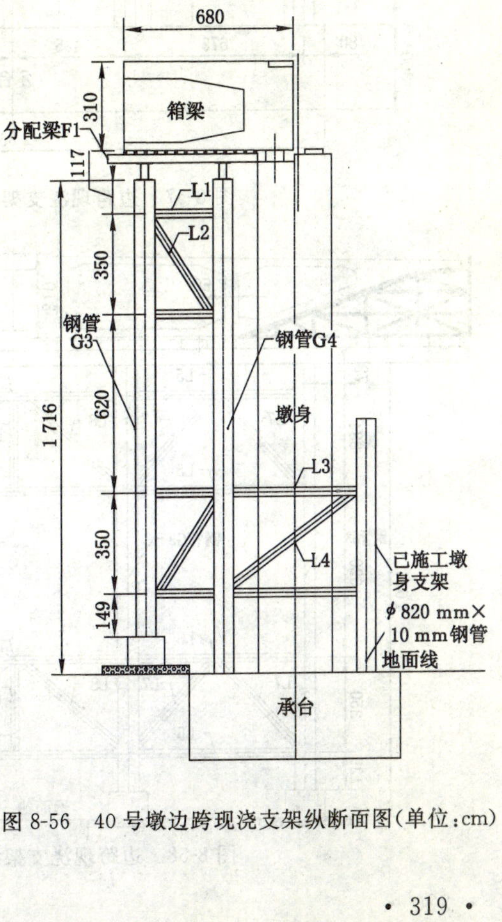

图8-56　40号墩边跨现浇支架纵断面图(单位:cm)

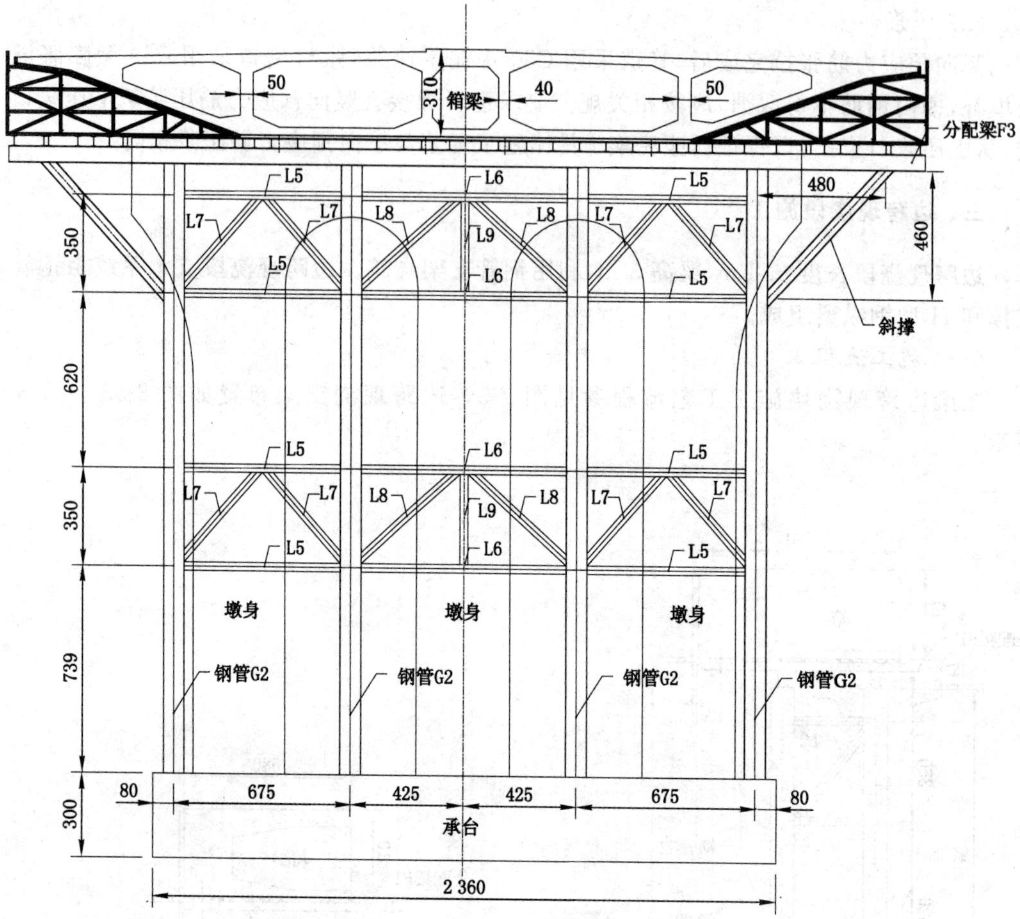

图 8-57　边跨现浇支架结构横断面图(一)(单位:cm)

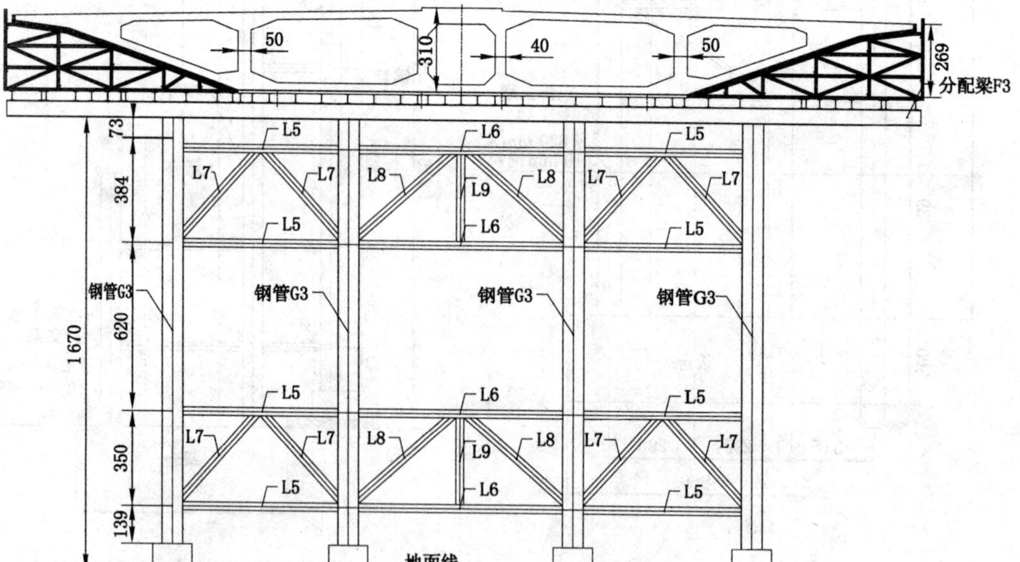

图 8-58　边跨现浇支架结构横断面图(二)(单位:cm)

（二）支架结构

1. 立柱设计

采用 ϕ820 mm×10 mm Q235 钢管 8 根，按纵桥向间距 3.15 m 布置 2 列，近墩身侧一列直接支撑在承台上，远墩身侧一列处于原地面，由于 39 号、40 号主墩边跨所处区域地基承载力不同而采用不同的支撑方式。39 号主墩边跨支架远墩身侧钢管需利用 DZ90 振动锤锤击入土，入土深度以 DZ90 振动锤持续锤击 10 min 钢管桩不再下沉作为最终入土深度。40 号主墩边跨远墩身侧钢管设置 C30 混凝土基础，基础尺寸为 1.5 m×1.5 m×1 m。

钢管横桥向 4 排，间距分别为 6.75 m、8.5 m、6.75 m，立柱纵、横向之间均用 HN300 mm×150 mm 型钢连接加强，共设置 2 层。钢管的接长采用焊接对接。钢管之间的 HN300 mm×150 mm 型钢连接构件根据钢管实际定位和倾斜度现场下料焊接，连接件与钢管接触处均应施焊。

2. 纵横梁设计

桩顶横向承重梁为双肢 HM588 mm×300 mm 型钢，承重梁上放置单肢 HN350 mm×175 mm 型钢作为纵向分配梁。翼缘板范围内纵梁个别位置为双肢 HN350 mm×175 mm 型钢。承重梁在支点位置设置加强肋，防止腹板失稳。靠近墩身侧横梁由于端部挠度较大，需在横梁与钢管之间设置 HM440 mm×300 mm 型钢斜撑。

3. 模板设计

底模板为木模板，面板为 15 mm 厚竹胶板，背楞采用 10 cm×10 cm 方木，间距 40 cm，端横梁位置范围内加密为 25 cm。外模板采用定型钢模板，模板桁架支撑在纵梁上。内模板采用木模板，面板为 15 mm 厚竹胶板，背肋为 10 cm×10 cm 方木，内模板与外模板设置对拉筋。内模板竖向支撑采用 ϕ48 mm×3.5 mm 扣件式钢管，支撑结构同 0 号块内模板支撑结构。

（三）支架预压

1. 预压方法和预压荷载

支架预压采用砂袋（或混凝土预制块）预压，预压荷载 P 为箱梁混凝土重量的 1.2 倍。

预压荷载分级加载和卸载。加载程序为：0→50%P→80%P→100%P（持荷 24 h）。卸载程序为：100%P→80%P→50%P→0。

2. 观测点布置

在纵向分配梁跨中设置观测点，每侧翼缘板下 3 个，底板范围内 5 个。利用高强度测绳系铅垂挂在测点上，在地面上设点并用红油漆标注，铅垂对中地上测点。

四、合龙段施工

合龙段为第 23 号块，长度 2 m，梁高 3 m。合龙利用挂篮进行。合龙顺序为先边跨合龙再中跨合龙。

（一）边跨合龙

1. 施工流程

边跨合龙工艺流程如图 8-59 所示。

2. 边跨合龙施工程序

(1) 挂篮前移。割除边跨现浇之间外伸部分纵梁 50 cm，边跨侧挂篮解除前吊点（保留

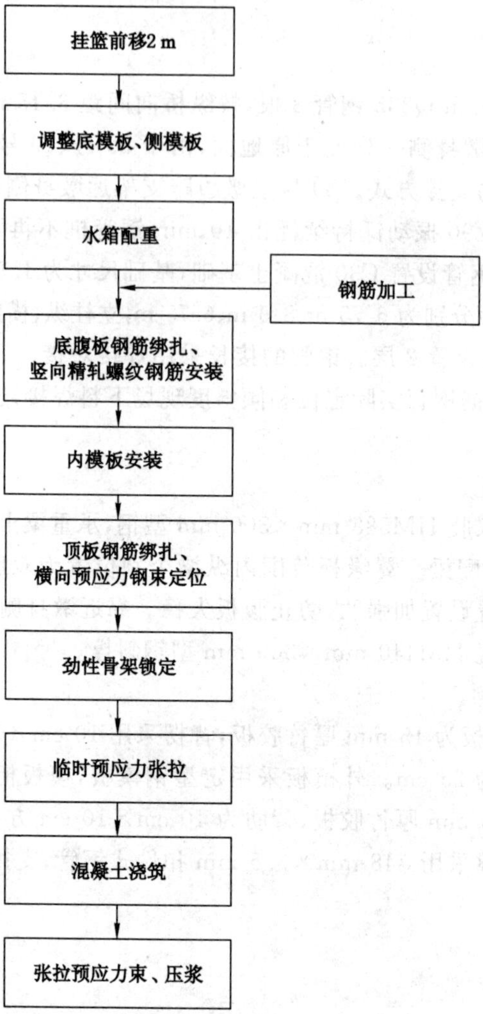

图 8-59　边跨合龙工艺流程图

行走专用吊点处的吊带)吊杆,将挂篮前移 2 m,使挂篮外侧模板、底模板伸入边跨现浇段梁底约 20 cm。

(2) 安装吊架和底模板、侧模板。利用挂篮的底模板、侧模板作为边跨合龙段的底模板、侧模板,并用精轧螺纹钢筋将其悬挂在箱梁底板和翼缘板上。

(3) 水箱配重。边跨合龙前,在合龙口 22 号块上利用水箱进行配重,其重量为 1/2 合龙段混凝土湿重。在混凝土浇筑过程中,同时卸载减重,当混凝土浇筑完成,应将水箱中水卸载完毕。

(4) 安装底腹板钢筋和波纹管。

(5) 劲性骨架锁定。每个合龙段劲性骨架含有 10 根刚接杆,每根钢接杆由 2 根[40b 组拼,钢接杆与预埋钢板焊缝长度不小于 60 cm,余下长度间断点焊。钢筋绑扎及焊接完成后,应在一天中温度较低且比较稳定时进行锁定。劲性骨架锁定前,应测量合龙段两侧高程,确保高程平顺,高差小于 2 cm。

(6) 临时预应力张拉。边跨合龙口锁定后,张拉临时预应力束。根据计算需临时张拉底板束 BS9(横向中间 2 束)和 TS5(2 束),每束张拉力控制在 400 kN。

(7) 选择在一天中气温最低的时间进行混凝土浇筑,边浇筑边卸载配重。

(8) 混凝土养护达到设计强度的 90%后,张拉边跨合龙段预应力束并及时压浆。在张拉之前,不得拆除边跨现浇支架和合龙段吊架。

(二) 中跨合龙

1. 施工流程

中跨合龙工艺流程如图 8-60 所示。

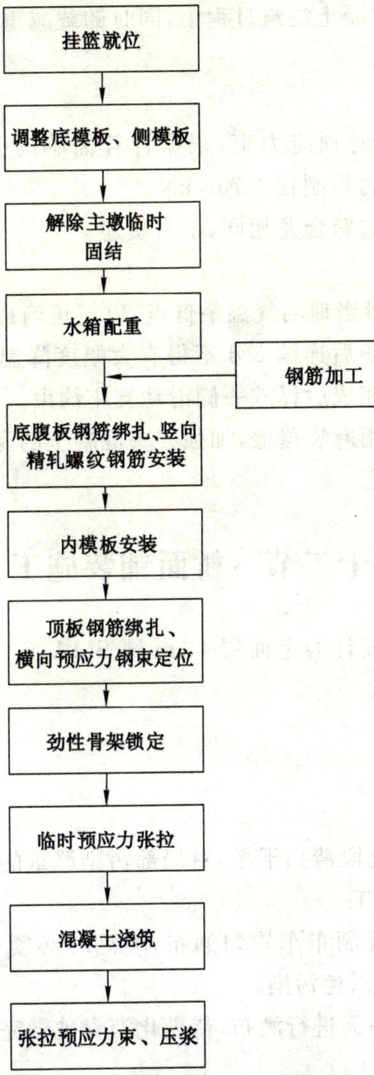

图 8-60　中跨合龙工艺流程图

2. 中跨合龙施工程序

待边跨合龙完毕之后即可进行中跨合龙段的施工。中跨合龙利用 39 号墩中跨侧挂篮进行合龙。

(1) 挂篮前移。分别解除 39 号、40 号主墩中跨侧挂篮前吊点,保留行走专用吊点。将

40 号墩中跨侧挂篮后退 1 m,39 号主墩中跨侧向前移动 2 m,将外侧模板、底模板伸入 40 号墩中跨侧已完成梁段(22 号段)20 cm。

(2) 安装吊架和底模板、侧模板。利用挂篮的底模板、侧模板作为中跨合龙段底模板、侧模板,用精轧螺纹钢筋将其悬挂在箱梁底板和翼缘板上。40 号墩中跨侧 22 号节段施工时注意在翼缘板和底板上预留吊点吊孔,吊点在箱梁上的横向位置与挂篮前吊点横向位置相同。

(3) 解除主墩临时固结。

(4) 水箱配重。中跨合龙前,在合龙口两侧(即 22 号节段)利用水箱进行配重,其重量为 1/2 合龙段混凝土湿重,在混凝土浇筑过程中,同时卸载减重,当混凝土浇筑完成,水箱中水应卸载完毕。

(5) 临时预应力束张拉。

中跨合龙口锁定后张拉临时预应力束,根据计算需临时张拉底板束 BM12(2 束)和 BM11(侧箱室 4 束),每束张拉力控制在 1 700 kN。

中跨合龙剩余施工程序与边跨合龙相同,不再赘述。

3. 合龙段施工注意事项

合龙段施工前连续 5 d 测量当地的气温最低点,以便正确选择合龙时间,并且根据天气预报确保合龙段混凝土浇筑完毕后连续 5 d 不得有大幅度降温天气。合龙口锁定应迅速、对称进行,劲性骨架安装、焊接完成后释放一侧滑动支座约束。合龙段混凝土浇筑在全天中气温最低时完成,低温合龙时,用麻袋覆盖,加强接头混凝土的保温和养护,使混凝土的早期硬结过程始终处于升温受压状态

第十二节　桥面铺装施工

桥面铺装沥青混凝土结构设计为上面层 4 cm 厚 SMA-13(SBS 改性)+黏层+下面层 6 cm 厚 AC-20C(SBS 改性)。

一、黏层施工

1. 施工准备及注意事项

(1) 黏层油洒布前将施工路段清扫干净,对局部污染严重的地方用水车冲洗,报请监理工程师检查同意后,方可进行施工。

(2) 黏层油采用智能型沥青洒布车均匀洒布,喷洒时必须呈雾状,洒布过量处予以刮除。喷洒时对构造物进行遮挡,以免污染。

(3) 黏层油在沥青摊铺前一天进行洒布,待乳化沥青破乳完成后,进行沥青混凝土面层的施工,确保黏层不受污染。

(4) 路面潮湿时,不进行黏层洒布。

(5) 洒布黏层沥青后立即封闭交通,严禁车辆行驶,避免黏层遭受污染。

二、沥青混凝土桥面铺装施工

1. 机械进场

在面层施工前,对施工机械设备进行检修、试运行,以确保所有机械处于良好状态。施

工期间加强设备的维修、保养工作，尽量减少故障的发生，切实保障施工效率。主要机械设备如表 8-5 所列。

表 8-5　主要机械设备

序号	设备名称	数量
1	沥青混合料拌合机	1
2	沥青摊铺机	2
3	双钢轮压路机	3
4	轮胎式压路机	2
5	洒水车	1
6	运输车	15
7	切割机	1
8	发电机	1

2. 人员配备

沥青面层铺装施工设施工处，共配备 30 名技术工、2 名试验工、2 名测量工、7 名操作工和 16 名司机。

3. 材料

(1) 沥青采用优质 SBS 改性沥青，其各项指标均应符合《公路沥青路面施工技术规范》(JTG F40)的规定，同时满足招标文件和设计图纸的要求。

(2) 粗集料应是破碎的非吸水性石料，且应洁净、干燥、无风化、表面粗糙，符合《公路沥青路面施工技术规范》(JTG F40)的规定。沥青混凝土面层粗集料进场前先进行强度、磨光值、压碎值、磨耗值等各项指标试验，试验合格并经监理工程师批准后才能使用。

粗集料质量技术要求如表 8-6 所列。

表 8-6　粗集料质量技术要求

指　　标	单位	上面层	下面层
压碎值，不大于	%	20	24
洛杉矶磨耗损失，不大于	%	25	28
表观密度，不小于	t/m^3	2.60	2.60
吸水率，不大于	%	2.0	2.0
坚固性，不大于	%	12	12
针片状颗粒含量(混合料)，不大于	%	10	13
水洗法小于 0.075 mm 颗粒含量，不大于	%	1	1
软石含量，不大于	%	3	5
石料磨光值，不小于	%	42	
对沥青的黏附性，不小于		5 级	4 级

(3) 细集料应洁净、坚硬、干燥、无风化、无杂质，并有一定的颗粒级配，其粒径与质量符

合《公路沥青路面施工技术规范》(JTG F40)的要求。所选用的细集料应与沥青有良好的黏结力。细集料质量技术要求如表 8-7 所列。

表 8-7　细集料质量技术要求

项　　目	单位	上面层	下面层
表观密度,不小于	t/m^3	2.50	2.50
坚固性(大于 0.3 mm 部分),不小于	%	12	12
水洗法小于 0.075 mm 颗粒含量,不大于	%	3	3
砂当量,不小于	%	60	60

(4) 矿粉是用石灰岩石料经磨细得到的,具有干燥、洁净的特点,其质量符合规范及招标文件的技术要求。不使用回收粉尘作为填料。矿粉质量技术要求如表 8-8 所列。

表 8-8　矿粉质量技术要求

表观密度/(t/m^3)		≥2.5
含水量/(t/m^3)		≤1
粒度范围/%	<0.6 mm	100
	<0.15 mm	90～100
	<0.075 mm	75～100
外观		无团粒结块
亲水系数		<1
塑性指数		<4
加热安定性		实测记录

三、施工管理

1. 沥青混合料拌制

沥青混合料采用 QLB3000 型间歇式沥青混凝土拌合机拌制,沥青采用导热油加热,拌合后,每盘拌合时间为干拌 10～20 s,湿拌 30～60 s。对于生产出的沥青混合料温度按 175～185 ℃控制,必须使所有集料颗粒全部裹覆沥青结合料,并以沥青混合料拌合均匀为准。

2. 沥青混合料运输

沥青混合料采用 20 t 以上自卸汽车运输。装卸时,自卸车应前后移动装料,以免造成混合料的离析。运输车辆进入摊铺现场时,轮胎上不得粘有泥土等脏物,以免污染路面,影响工程质量。

3. 沥青混合料摊铺

两台摊铺机组成梯队联合摊铺,两台摊铺机前后的间距为 10～20 m,前后两台摊铺机轨道重叠 30～60 mm。摊铺机开工前必须提前预热熨平板不低于 100 ℃,以免出现拖痕。摊铺过程中按照试验段结果确定的摊铺速度缓慢、均匀、连续不断进行,不随意变速或中途停顿。

4. 沥青混合料碾压

碾压原则：压路机要紧跟、慢压、高频、低幅。碾压过程按初压、复压、终压三个阶段进行。

初压：采用钢轮压路机静碾 1～2 遍，速度 2～3 km/h。初压完成时铺装温度必须大于 150 ℃。

复压：采用压路机碾压 3～4 遍，速度 3～4.5 km/h。下面层用轮胎式压路机，上面层用钢轮水平振荡压路机。复压完成时铺装温度应大于 130 ℃。

终压：采用钢轮压路机静碾 1～2 遍，速度 4～6 km/h。终压完成时铺装温度应大于 120 ℃。

5. 接缝处理

接缝必须紧密、连续、平顺，不得产生明显的接缝离析，平整度要符合要求。沥青路面施工纵向施工缝采用热接缝，横向施工缝采用平接缝。

参考文献

[1] 范立础. 桥梁工程:上册[M]. 3 版. 北京:人民交通出版社,2017.
[2] 范立础. 预应力混凝土连续梁桥[M]. 北京:人民交通出版社,1988.
[3] 顾安邦,向中富. 桥梁工程:下册[M]. 3 版. 北京:人民交通出版社,2017.
[4] 黄绳武. 桥梁施工及组织管理:上册[M]. 北京:人民交通出版社,1999.
[5] 交通部第一公路工程局. 公路施工手册:桥涵[M]. 北京:人民交通出版社,2000.
[6] 雷俊卿. 桥梁悬臂施工与设计[M]. 北京:人民交通出版社,2000.
[7] 林元培. 斜拉桥[M]. 北京:人民交通出版社,2004.
[8] 刘士林,梁智涛,侯金龙,等. 斜拉桥[M]. 北京:人民交通出版社,2002.
[9] 马尔立. 公路桥梁墩台设计与施工[M]. 北京:人民交通出版社,1998.
[10] 邵旭东. 桥梁工程[M]. 4 版. 北京:人民交通出版社,2016.
[11] 徐岳,王亚君,万振江,等. 预应力混凝土连续梁桥设计[M]. 北京:人民交通出版社,2000.
[12] 严国敏. 现代斜拉桥[M]. 成都:西南交通大学出版社,1996.
[13] 姚玲森. 桥梁工程[M]. 2 版. 北京:人民交通出版社,2010.
[14] 张联燕,程懋芳,谭邦明,等. 桥梁转体施工[M]. 北京:人民交通出版社,2001.
[15] 张明君. 城市桥梁工程[M]. 北京:中国建筑工业出版社,1998.
[16] 中华人民共和国交通运输部. 公路钢结构桥梁设计规范:JTG D64—2015[S]. 北京:人民交通出版社,2016.
[17] 中华人民共和国交通运输部. 公路钢筋混凝土及预应力混凝土桥涵设计规范:JTG 3362—2018[S]. 北京:人民交通出版社,2018.
[18] 中华人民共和国交通运输部. 公路桥涵地基与基础设计规范:JTG D63—2007[S]. 北京:人民交通出版社,2007.
[19] 中华人民共和国交通运输部. 公路桥涵设计通用规范:JTG D60—2015[S]. 北京:人民交通出版社,2015.
[20] 中华人民共和国交通运输部. 公路桥涵施工技术规范:JTG/T F50—2011[S]. 北京:人民交通出版社,2011.
[21] 中华人民共和国住房和城乡建设部. 城市桥梁工程施工与质量验收规范:CJJ 2—2008[S]. 北京:中国建筑工业出版社,2009.
[22] 中华人民共和国住房和城乡建设部. 城市桥梁设计规范:CJJ 11—2011[S]. 北京:中国建筑工业出版社,2011.